大数据应用与技术丛书

R 统计高级编程和数据模型

分析、机器学习和可视化

[美] 马特·威利(Matt Wiley)
约书亚·F. 威利(Joshua F. Wiley) 著

吴文国　胡明晓　译

清华大学出版社

北　京

北京市版权局著作权合同登记号 图字：01-2019-5884

Advanced R Statistical Programming and Data Models: Analysis, Machine Learning, and Visualization
Matt Wiley, Joshua F. Wiley
EISBN：978-1-4842-2871-5

Original English language edition published by Apress Media. Copyright © 2019 by Apress Media. Simplified Chinese-Language edition copyright © 2020 by Tsinghua University Press. All rights reserved.

本书中文简体字版由 Apress 出版公司授权清华大学出版社出版。未经出版者书面许可，不得以任何方式复制或抄袭本书内容。

本书封面贴有清华大学出版社防伪标签，无标签者不得销售。

版权所有，侵权必究。举报：010-62782989，beiqinquan@tup.tsinghua.edu.cn。

图书在版编目(CIP)数据

　　R 统计高级编程和数据模型：分析、机器学习和可视化 / (美)马特·威利(Matt Wiley)，(美)约书亚·F. 威利(Joshua F. Wiley) 著；吴文国，胡明晓 译. —北京：清华大学出版社，2020.7 (2023.11重印)
　　(大数据应用与技术丛书)
　　书名原文：Advanced R Statistical Programming and Data Models: Analysis, Machine Learning, and Visualization
　　ISBN 978-7-302-55700-5

　　Ⅰ. ①R… Ⅱ. ①马… ②约… ③吴… ④胡… Ⅲ. ①统计分析-统计程序 Ⅳ. ①C819

　　中国版本图书馆 CIP 数据核字(2020)第 103192 号

责任编辑：王　军
装帧设计：孔祥峰
责任校对：牛艳敏
责任印制：杨　艳

出版发行：清华大学出版社
　　　　　网　　址：https://www.tup.com.cn, https://www.wqxuetang.com
　　　　　地　　址：北京清华大学学研大厦 A 座　　邮　　编：100084
　　　　　社 总 机：010-83470000　　邮　　购：010-62786544
　　　　　投稿与读者服务：010-62776969，c-service@tup.tsinghua.edu.cn
　　　　　质 量 反 馈：010-62772015，zhiliang@tup.tsinghua.edu.cn
印 装 者：三河市君旺印务有限公司
经　　销：全国新华书店
开　　本：170mm×240mm　　印　张：33　　字　数：762 千字
版　　次：2020 年 7 月第 1 版　　印　次：2023 年 11 月第 2 次印刷
定　　价：128.00 元

———————————————————————————————————————

产品编号：084274-01

译 者 序

大数据和机器学习是当前计算机领域最热门的两个话题，R语言是数据分析和机器学习的最理想工具。本书综合了这三方面内容，以R语言为工具把机器学习应用到统计分析中。

《R统计高级编程和数据模型　分析、机器学习与可视化》不是一本入门级图书，没有介绍R语言的基础编程，也没有论述数据分析的基本概念和方法，更没有阐述机器学习的算法和实现过程；而是一本专家指南，介绍了如何将机器学习算法应用到统计分析中，以及如何用统计分析方法解决一些实际问题。本书以数据准备、数据探索、假设检验和结果展示为线索，介绍了几个与现实生活密切相关的问题，并使用回归模型、泊松模型、负二项模型、固定效应和混合效应分析了情感因应、心理压力、睡眠状态等个人情感问题和世界各地青少年就学、婚前怀孕、健康寿命和生活压力等社会问题。

翻译是一项很具挑战性的工作，其中的甘苦只有行内人知道。在翻译本书时，此种感觉更加强烈。本书翻译能够顺利完成，与温州大学数理学院金柏琪教授的帮助分不开。金教授是留美博士，有十几年教授数理统计课的经历。他的英语水平和专业水平是我顺利完成本书翻译的重要保证。在翻译过程中，我无数次与他讨论统计问题和专业术语的翻译，受益匪浅。此外，本书在翻译过程中还得到温州大学计算机学院的赵汉理、王艳丹、吴承文、王明、王咏、周艳等老师的帮助，在此向他们深表谢意。我还要特别感谢清华大学出版社的编辑，感谢他们对我的信任，他们总是及时耐心地回复我的问题。

翻译这样一本专业图书不是一件容易的事情。误译或错译在所难免，恳请读者批评指正，我会谦虚接受，以提高今后的翻译质量。

吴文国
2020.2.20 于温州大学

作 者 简 介

Matt Wiley 数学专业终身副教授,他在数学教育和学生培养方面获得过许多奖项。Matt 在加州大学和得克萨斯 A&M 大学获得了理论数学学位、计算机科学学位和工商管理学位。他是维多利亚学院质量提升项目的主任,负责学院综合评估、关键绩效指标管理、一键式报表生成器和校园师生数据咨询等工作。他还兼职 Elkhart 集团有限责任公司的管理工作,是该公司的数据咨询师。Matt 在 R 语言、SQL、C++、Ruby、Fortran 和 JavaScript 等语言方面具有丰富的编程经验。他喜欢把自己的热情融入程序设计中,从逻辑问题求解和数据科学中找到乐趣。从董事会会议室到教室,他总是能找到合适的方法来与不同学科和不同领域的团队建立起良好的合作关系,他总是能把复杂的思想和项目变得容易理解和解决。

Joshua F.Wiley 莫纳什大学认知与临床神经科学学院和心理学学院讲师,他在加州大学洛杉矶分校获得了博士学位,并在初级保健和预防领域完成了博士后训练。Joshua 研究如何用先进的量化方法理解心理因素之间的动态关系、睡眠以及其他与身心健康有关的行为。他开发或与他人共同开发了众多 R 语言包,如用于建立位置尺度结构化方程模型的 varian 包,能够把 R 语言链接到商业软件 Mplus 的 MplusAutomation 包,他还设计了许多数据分析函数和能够加快 JWileymisc 处理速度的函数。

技术审校者简介

Andrew Moskowitz 娱乐行业的数据科学专家，他的研究领域包含用户行为的理解、营销归因与功效。他将先进的数据科学概念应用于管理问题，他在加州大学洛杉矶分校获得量化心理学专业的博士学位，他的博士研究方向是假设检验和混合效应模型。

致 谢

本书献给我亲爱的家人。他们也许不能完全理解本书的内容,但他们还是乐意把我的图书放在壁炉边和咖啡桌上。

译者简介

吴文国　温州大学计算机科学与人工智能学院副教授、博士，从事计算机专业基础课教学工作，讲授 C 程序设计、C++程序设计、Python 程序设计、数据结构与算法等课程，研究方向是算法、数据挖掘和人工智能，他还翻译了许多计算机专业的英文图书。

前　言

本书介绍如何使用流行的 R 语言进行数据分析，其目的是为使用 R 语言进行高级统计分析的科研人员提供实用的资源。本书属于高级图书，我们假设本书的读者已具备 R 语言的背景知识，并且熟悉一般的数据管理和相关函数的用法。

由于我们首要考虑的是本书的实用性，因此，我们不打算对书中介绍的各种统计模型在理论上或概念上做详细讨论。然而，为了帮助读者更好地理解这些分析方法及其应用，我们也会适当地介绍书中每个分析方法的概念背景。

本书约定

本书为黑白印刷，因此有些图片的彩色效果无法展示，对于此类图片，我们专门做了彩插，所对应的正文图片以星号标识，比如图 1-12*就表示彩图，彩色效果可参见在线资源。

包的配置

全书要用到很多不同的 R 包。这些 R 包大大简化了我们的工作，并且提供了更加稳健和高级的图形选项及分析选项。

虽然没有必要求读者如此，但我们还是利用 checkpoint 包以确保本书的程序具有可重复性。如果读者不关心程序的可重复性问题，或者愿意碰碰运气，相信自己的代码在某个版本的 R 语言中能够正常运行，而且安装的程序包都能在 R 的任何一个版本中运行，那么读者可以跳过此处的内容。如果读者想保证程序的可重复性，但是不关心它为什么能运行，且不关心它如何运行，那么只需要将每一章的代码保存为 R 程序，然后在程序的开头运行 checkpoint 包。如果读者关心并想知道这一切的原理和过程，就请继续阅读前言中的后面几段内容。

有关程序的可重复性

R 语言提供了很多额外的程序包，这是它的众多优点之一，但这也带来了一些问题。例如，假设读者今年一月份在自己的计算机里安装了 R v3.4.3，并且作为 R 的一部分还安装了 ggplot2 包用于图形绘制。默认情况下，所安装的 ggplot2 包就是该包在 1 月份的版本。现在，在本书的某一章，作者要求安装 ggplot2 和 cowplot 两个包。因为已安装了 ggplot2 包，所以不再需要安装它。然而，假设你还没有安装 cowplot 包，因此，当你正好阅读到那一章时，你会想要安装 cowplot 包，假设时间就在今年 4 月份。这时候，默认情况下，你将获得与 R 语言在 4 月份的版本相匹配的 cowplot 最新版本。

现在假设另一个读者出现了，他也安装了 R v3.4.3，但是还没有安装 ggplot2 和 cowplot 这两个包。他也在 4 月份读到了那一章，并且在 4 月份同时安装了这两个包，因此他安装了这两个包在 4 月份的版本。

即使你与其他读者安装了 R 语言的同一个版本，到最后你们也很可能安装了不同版本的 ggplot 和 cowplot 包，而且很可能不同于作者编写本书时使用的版本。

最终结果是：不同的人，即使有同一个版本的 R，也很可能使用不同的包；或者即使使用相同的包，也可能是不同的版本。这给可重复性带来一个严重的问题。假设读者正在阅读一本书，但是书中的代码总是不能像书里所说的那样运行，这对于你来说很可能是一次非常沮丧的经历。如果读者正在生产或科研中使用代码，不可重复性将会是一个更严重的问题。

解决办法就是在所有读者之间实现标准化的版本，确保结果完全可重复，即不仅控制 R 的版本，而且还要控制所有包的版本。这将要求一种不同于默认系统的包安装和管理办法，默认系统总是使用 CRAN 提供的最新版本。我们设计 checkpoint 包就是为了解决这个问题。但是，需要做一些额外的准备工作和操作，对此有些读者可能觉得不爽，但这么做带来的好处是，能够保证读者不仅使用同一个版本的 R 语言，而且全部使用相同版本的程序包。

为了理解 checkpoint 包的工作过程，我们需要先了解一下有关 R 语言库和包的工作模式。

现在，主流的 R 包都是通过 CRAN 发布的。包的作者可将他们的最新包提交给 CRAN，CRAN 每天晚上都更新。对于某些操作系统，如 Linux，CRAN 只保存包的源代码；对于其他操作系统，如 Windows，CRAN 先编译生成这些包的二进制文件，并为这些二进制文件提供宿主服务。CRAN 保存旧的源代码，但是通常不会保存旧的二进制格式的包太久时间。当在本地计算机上执行 install.packages 命令时，R 语言访问一个在线程序库，默认就是 CRAN，找到相应的包名，并把它下载到本地计算机，之后再把它安装到本地库。本地库实际上只是硬盘上的一个目录。R 语言总是把某个目录当作默认本地库。在默认情况，当某个包安装结束时，它们就被添加到这个默认库中。当某个包安装到本地机器后，就可以使用 library()函数装入或打开包了。R 语言会自动从默认本地库中找到这个包，然后打开它。

checkpoint 包的工作过程如下：我们首先在本地机器上创建一个新的库目

录，用来保存某个日期的 R 包，然后在 R 的当前工作目录(读者可以通过调用 getwd()函数得到当前工作目录)里扫描所有的 R 脚本文件，识别文件中的 library()或 require()函数调用。之后检查这些包是否安装在本地库中。如果不是，就找到 CRAN 的一个快照，此快照是由另一服务器专门创建的，用于支持 checkpoint 包的工作。这样，checkpoint 包就可以安装所有可用程序包在某个特定日期的版本，进而确保读者使用的 R 语言和其他包的版本都是本书作者在编写此书时使用的同一个版本。如果读者想重新运行一年前编写的分析程序，那么也可以在新机器上安装这些包在一年前的版本。

假设读者已在一个 R 脚本里包含以下代码，可以使用 checkpoint 包读取这个 R 脚本，找到所有类似 library(data.table)的语句，并且自动安装 data.table 包。顺便提一下，data.table 是一个可用于数据管理的功能强大的程序包。如果读者不想让 checkpoint 包扫描当前工作目录，那么可以像本书那样设置另外一个项目路径。读者也可以将 checkpoint 包的库位置改到另一个文件夹位置，而不是使用默认位置，事实上我们就是这样做的。为此，本书专门设置了两个变量：book_directory 和 checkpoint_directory。如果读者在自己的计算机中使用 checkpoint 包，就需要将这两个变量设置为相应的目录，例如把 book_directory 设置为 path/to/your/directory。需要注意的是，不管我们选择哪个文件夹，R 程序都必须拥有该文件夹的读写权限。

```
library(checkpoint)
checkpoint("2018-09-28", R.version = "3.5.1",
  project = book_directory,
  checkpointLocation = checkpoint_directory,
  scanForPackages = FALSE,
  scan.rnw.with.knitr = TRUE, use.knitr = TRUE)

library(data.table)

options(
  width = 70,
  stringsAsFactors = FALSE,
  digits = 2)
```

数据设置

本书用到了许多数据集，其中一个来自一项长期研究：美国生活变迁(Americas'Changing Lives，ACL)研究。数据是公开的，我们可以从 http://doi.org/10.3886/ICPSR04690.v7 网站下载。

美国生活变迁(ACL)是一项长期研究，分为五波数据集，如表 Q-1 所示。

表 Q-1　ACL 研究的五波数据集

数据集	年份
W1	1986
W2	1989
W3	1994
W4	2002
W5	2011

我们所需要的是一个 R 格式的数据文件，它的文件名是 04690-0001-Data.rda。如果想详细了解这个研究项目，就有必要下载这个数据集的使用文档(PDF 格式)。数据集下载后，需要将它解压到某个文件夹中。

在建立了 R 语言会话，并且装入所必需的库之后，就可以装入这个数据集。读者可能需要修改路径，改到数据文件解压后所在的文件夹。由于是一个 RDA 文件，装入这个数据集相当于把一个 R 对象装入工作区。接着，需要将它转换为数据表，只选择本书将要用到的变量，并把变量名改成比较直观的名字，后缀(如 W1)表示了这些变量来自哪一波数据集。最后，需要将某些变量转换为因子类型，并且使用 saveRDS()函数将处理后的数据集保存成压缩格式。这样做的好处在于，在后面的几章中，我们将能够很容易把这个经过处理的数据文件重新读回到 R 中，并把它赋给任何对象名，而非总是使用 RDA 文件中的对象名。

```
load("../ICPSR_04690/DS0001/04690-0001-Data.rda")
ls()

## [1] "book_directory"        "checkpoint_directory"
## [3] "da04690.0001"          "render_apress"

acl <- as.data.table(da04690.0001)
acl <- acl[, .(
  V1, V1801, V2101, V2064,
  V3007, V2623, V2636, V2640,
  V2000,
  V2200, V2201, V2202,
  V2613, V2614, V2616,
  V2618, V2681,
  V7007, V6623, V6636, V6640,
  V6201, V6202,
  V6613, V6614, V6616,
  V6618, V6681
)]

setnames(acl, names(acl), c(
  "ID", "Sex", "RaceEthnicity", "SESCategory",
  "Employment_W1", "BMI_W1", "Smoke_W1", "PhysActCat_W1",
  "AGE_W1",
```

```
    "SWL_W1", "InformalSI_W1", "FormalSI_W1",
    "SelfEsteem_W1", "Mastery_W1", "SelfEfficacy_W1",
    "CESD11_W1", "NChronic12_W1",
    "Employment_W2", "BMI_W2", "Smoke_W2", "PhysActCat_W2",
    "InformalSI_W2", "FormalSI_W2",
    "SelfEsteem_W2", "Mastery_W2", "SelfEfficacy_W2",
    "CESD11_W2", "NChronic12_W2"
            ))
acl[, ID := factor(ID)]
acl[, SESCategory := factor(SESCategory)]
acl[, SWL_W1 := SWL_W1 * -1]

saveRDS(acl, "advancedr_acl_data.RDS", compress = "xz")
```

目录

第 1 章 单变量数据可视化 ······ 1
1.1 分布 ······ 2
- 1.1.1 可视化观测数据的分布 ···2
- 1.1.2 堆积点阵图与直方图 ·····2
- 1.1.3 经验密度图 ······ 4
- 1.1.4 比较观测分布与期望分布 ······ 6
- 1.1.5 Q-Q 图 ······ 7
- 1.1.6 比较经验密度图与期望分布的密度图 ···10
- 1.1.7 其他分布的拟合 ······ 11

1.2 异常值 ······ 16
1.3 小结 ······ 23

第 2 章 多变量数据可视化 ······ 25
2.1 分布 ······ 25
2.2 奇异值 ······ 30
2.3 变量之间的关系 ······ 33
2.4 小结 ······ 45

第 3 章 GLM Ⅰ ······ 47
3.1 概念背景 ······ 48
3.2 分类预测器和虚拟编码 ······ 49
- 3.2.1 二级分类预测器 ······ 49
- 3.2.2 三级或三级以上的分类预测值 ······ 50

3.3 交互作用和调节效应 ······ 52
3.4 公式接口 ······ 53
3.5 方差分析 ······ 55
- 3.5.1 概念背景 ······ 55
- 3.5.2 R 语言的 ANOVA 函数 ···58

3.6 线性回归 ······ 61
- 3.6.1 概念背景 ······ 61
- 3.6.2 R 语言中的线性回归 ···62
- 3.6.3 高性能线性回归 ······ 76

3.7 控制混合影响 ······ 78
3.8 案例研究：多线性回归与交互作用 ······ 86
3.9 小结 ······ 93

第 4 章 GLM Ⅱ ······ 95
4.1 概念背景 ······ 96
- 4.1.1 Logistic 回归 ······ 96
- 4.1.2 计数回归 ······ 97

4.2 R 程序示例 ······ 99
- 4.2.1 二项 Logistic 回归 ······ 99
- 4.2.2 有序 Logistic 回归 ···106
- 4.2.3 多分类 Logistic 回归 ···109
- 4.2.4 泊松回归和负二项回归 ······ 113

4.3 案例研究：多项 Logistic 回归 ······ 119
4.4 小结 ······ 127

第 5 章 广义可加模型 ······ 129
5.1 概念背景 ······ 130
5.2 R 语言中的 GAM 模型 ···136

5.2.1	高斯因变量	136
5.2.2	二值因变量	159
5.2.3	无序因变量	164
5.2.4	计数因变量	168
5.3	小结	176

第6章 机器学习：引言 179
- 6.1 训练数据和验证数据 180
- 6.2 重采样和交叉验证 186
- 6.3 自采样法 189
- 6.4 并行处理和随机数 191
- 6.5 小结 198

第7章 机器学习：无监督学习 201
- 7.1 数据背景和探索性分析 202
- 7.2 k-均值聚类算法 212
- 7.3 层次聚类算法 223
- 7.4 主成分分析 235
- 7.5 非线性聚类分析 245
- 7.6 小结 246

第8章 机器学习：监督学习 249
- 8.1 数据准备 250
  - 8.1.1 独热编码 252
  - 8.1.2 定标化与中心化 254
  - 8.1.3 变换 255
  - 8.1.4 训练数据与验证数据 260
  - 8.1.5 主成分分析 261
- 8.2 监督学习模型 266
  - 8.2.1 支持向量机 267
  - 8.2.2 分类与回归树 276
  - 8.2.3 随机森林 282
  - 8.2.4 随机梯度提升 288
  - 8.2.5 多层感知机 297
- 8.3 小结 318

第9章 缺失数据 321
- 9.1 概念背景 322
- 9.2 R示例 328
  - 9.2.1 回归模型与多重插补 332
  - 9.2.2 多重插补与并行处理 342
  - 9.2.3 使用随机森林法实现多重插补 345
- 9.3 案例研究：使用RF实现多重插补 349
- 9.4 小结 360

第10章 GLMM：引言 361
- 10.1 多层数据 362
  - 10.1.1 数据重整 363
  - 10.1.2 日记研究数据集 365
- 10.2 描述性统计量 368
  - 10.2.1 基本描述量 370
  - 10.2.2 组内相关系数(ICC) 376
- 10.3 探索与假设 379
  - 10.3.1 分布与奇异值 379
  - 10.3.2 时间趋势 384
  - 10.3.3 自相关 386
  - 10.3.4 假设 390
- 10.4 小结 395

第11章 GLMM：线性 397
- 11.1 理论 398
  - 11.1.1 广义线性混合模型 398
  - 11.1.2 术语混合效应和多层次模型 401
  - 11.1.3 统计推断 402
  - 11.1.4 效应量 403
  - 11.1.5 随机截距模型 404
  - 11.1.6 可视化随机效应 404
  - 11.1.7 解释随机截距模型 409
  - 11.1.8 随机截距斜率模型 416
  - 11.1.9 将截距和斜率作为因变量 420
- 11.2 R示例 425

11.2.1 随机截距的线性
　　　　　　混合模型…………425
　　　11.2.2 随机截距和随机斜率
　　　　　　的线性混合模型……437
11.3 小结………………………453
第 12 章　GLMM：高级…………457
12.1 概念背景…………………458
12.2 Logistic 广义线性混合
　　 模型……………………458
　　　12.2.1 随机截距…………458
　　　12.2.2 随机截距和随机
　　　　　　斜率………………463
12.3 泊松分布和负二项分布
　　 GLMM …………………467

　　　12.3.1 随机截距…………467
　　　12.3.2 随机截距和随机
　　　　　　斜率………………477
12.4 小结………………………486
第 13 章　建模 IIV ………………489
13.1 概念背景…………………490
　　　13.1.1 贝叶斯推断………490
　　　13.1.2 什么是 IIV………490
　　　13.1.3 将 IIV 作为预测量…495
　　　13.1.4 软件实现：
　　　　　　VARIAN …………499
13.2 R 程序示例………………500
13.3 小结………………………508

第 1 章

单变量数据可视化

在绝大多数情况下,本书其余部分介绍的统计模型都需要对数据做出假设,并且假设将最好的模型应用于数据。作为数据分析师,经常需要定义一个分布,并且假设数据来自于这个分布。异常值(又称为极端值或奇异值)可能会对统计模型的结果带来意想不到的不利影响。本章将讨论数据的可视化方法和图形表示法,并讨论如何用这些方法分析单变量数据分布和异常值问题。本章的目的不是介绍如何生成漂亮或高质量的图表或出版物,也不是介绍如何显示分析结果,而是介绍如何用图表帮助我们理解变量的分布和识别异常值。本章的重点是单变量数据的可视化技术以及下一章将要用到的一些概念,可将它们推广到多变量分布,并用于评价变量之间的关系。

```
library(checkpoint)
checkpoint("2018-09-28", R.version = "3.5.1",
  project = book_directory,
  checkpointLocation = checkpoint_directory,
  scanForPackages = FALSE,
  scan.rnw.with.knitr = TRUE, use.knitr = TRUE)

library(knitr)
library(ggplot2)
library(cowplot)
library(MASS)
library(JWileymisc)
library(data.table)

options(width = 70, digits = 2)
```

ggplot2 包可以用于创建漂亮的图形;cowplot 包是一种插件,它能使图形更"干净"。MASS 包提供了许多函数,这些函数可检验各种分布曲线与数据的拟合程度。Jwileymisc 包是由本书一位作者开发的,其中提供了许多函数,它们可以帮助我们将注意力集中到本章的图形上面。data.table 包常用于数据管理。

1.1 分布

1.1.1 可视化观测数据的分布

许多统计模型要求定义变量的分布。直方图用条形表示数据分布，它可能是最常用的单变量分布可视化工具。虽然堆积点阵图没有直方图那么常用，但它也是一种普遍使用的可视化工具，提供了一种可以精确显示单个数据分布的方法。最后，密度图也十分常用，它用线段表示出现在某个值附近的密度或数据量。

1.1.2 堆积点阵图与直方图

点阵图为每个观测数据绘制一个点，如果两个点相互重叠，它们就堆积起来。与直方图或密度图相比，点阵图的特点是对每个原始数据点进行绘制，而不是绘制它们的汇总结果或累加结果。因此，点阵图成为我们研究变量分布的首选对象，它特别适用于观测数据量相对较少的情形。

颗粒化是指对数据点逐个进行绘制，这是点阵绘制的局限性所在。对于数据量比较大的数据集(如几百个数据点)，绘制全部数据点是不切实际的。对于几千个或几百万个数据点，很难有效地用点阵图来可视化数据集的整体分布。

用 ggplot2 包生成图形是一件非常容易的事情。下面的代码将生成如图 1-1 所示的图形：

```
ggplot(mtcars, aes(mpg)) +
  geom_dotplot()
```

```
##'stat_bindot()'using 'bins=30'.Pick better value with 'binwidth'.
```

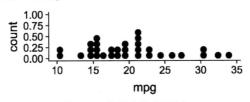

图 1-1　堆积点阵图示例

顺便说明一下，ggplot2 包的许多绘图函数都可按下面代码段中的格式调用。在这个例子中，我们要绘制一张点阵图，因此选择的几何对象(geom)是点阵图(geom_dotplot())。网络上有很多在线教程和图书专门介绍了 ggplot2 包的用法，因此这里我们再不对 ggplot2 的用法进行详细介绍。

```
ggplot(the-data, aes(variable-to-plot)) +
  geom_type-of-graph()
```

不同于点阵图直接绘制原始数据，直方图用条形图表示数据在某个范围内出现的次数，这个范围是由条形的宽度决定的。通过改变条形的宽度，可以控制有多少个近似数据点落在同一个条形中。条形的宽度越窄，落在条形内的数据点就越少，从而提供更为细化的视图。反之，条形的宽度越宽，汇集的数据点就越多，从而提供更为广阔的视图。图 1-2 所示的直方图显示了花萼长度的分布，这些数据来自著名的 iris 数据集。

```
ggplot(iris, aes(Sepal.Length)) +
  geom_histogram()

## `stat_bin()` using `bins = 30`. Pick better value with `binwidth`.
```

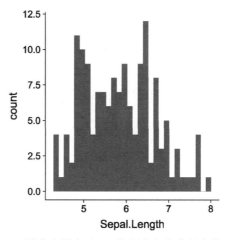

图 1-2　用直方图表示 iris 数据集中花萼长度的分布

如果事先知道某个分布的形状(例如正态分布)，就可以检查某个变量的直方图是否在外形上像我们认识的分布。例如前面的花萼长度数据，我们发现它们的直方图与正态分布十分相似，尽管两者并不完全一致。

如果数据的分布看起来不符合我们期望的分布(如正态分布)，通常的做法是对原始数据进行变换。同样，对于变换后的数据，直方图仍然是分析数据分布的一个有用工具。图 1-3 所示的直方图显示了每年加拿大鲍鱼捕获量的分布。从中我们可以看出，它是正偏态分布(有一条长长的右尾)。

```
ggplot(data.table(lynx = as.vector(lynx)), aes(lynx)) +
  geom_histogram()

## `stat_bin()` using `bins = 30`. Pick better value with `binwidth`.
```

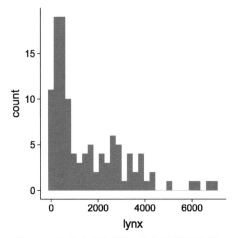

图 1-3 加拿大每年鲍鱼捕获量的直方图

对于正偏态分布,可以用平方根或对数变换减轻其正偏移程度,使得它更加接近正态分布。我们假设这个数据集中没有负数。将自然对数变换应用于鲍鱼捕获量,得到的直方图如图 1-4 所示。

```
ggplot(data.table(lynx = as.vector(lynx)), aes(log(lynx))) +
  geom_histogram()
```

```
## 'stat_bin()' using 'bins = 30'. Pick better value with 'binwidth'.
```

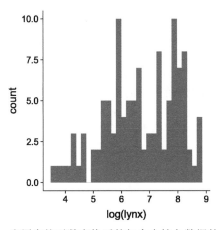

图 1-4 应用自然对数变换后的加拿大鲍鱼数据的直方图

1.1.3 经验密度图

另一种经常用来可视化观测数据分布的方法是绘制经验密度图。用 ggplot2 包绘制经验密度图的代码与绘制直方图的代码非常相似，只是把代码中的 geom_histogram()函数改成了 geom_density()函数。下面是相应的代码及绘制结果(见图 1-5)。

```
ggplot(iris, aes(Sepal.Length)) +
  geom_density()
```

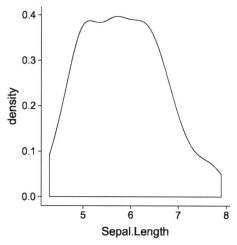

图 1-5　花萼长度的经验密度图

在绘制经验密度图时，要考虑分布曲线的光滑度。因为对于连续变量，不可能在任意值位置都有观测数据(例如，即使在 3.281 和 3.292 位置都有观测值，也不能保证在 3.286 位置也有观测值)。经验密度图用光滑度表示分布曲线的总体形状。我们经常通过调整光滑度，得到较粗分布曲线(接近原始数据)或较细分布曲线(接近实际分布)。ggplot2 包利用 adjust 参数控制绘制曲线的光滑度。默认情况下，adjust=1，如图 1-5 所示。adjust 小于 1 表示"噪声较多"，图形不够光滑；如果 adjust 大于 1，就增加光滑度。下面比较两种相对情形：图 1-6 所示的分布曲线噪声比较多，图 1-7 所示的分布曲线非常光滑。

```
ggplot(iris, aes(Sepal.Length)) +
  geom_density(adjust = .5)

ggplot(iris, aes(Sepal.Length)) +
  geom_density(adjust = 5)
```

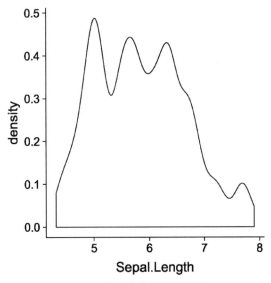

图 1-6 带噪声的经验密度图

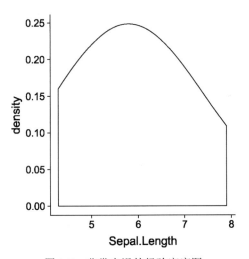

图 1-7 非常光滑的经验密度图

1.1.4 比较观测分布与期望分布

虽然对观测数据的分布进行研究是很有必要的，但通常研究分布的目的是判断分布是否满足我们想要使用的统计分析模型。例如，线性回归模型假设数据是有条件正态分布的。如果经验分布偏离正态分布比较严重，或者更接近于另一个分布，那么对它们应用正态线性回归是不合适的。

1.1.5 Q-Q 图

为了评估数据是否拟合或接近某个期望分布，我们可以使用分位数-分位数图，简称 Q-Q 图。Q-Q 图表示观测数据的分位数与期望分布(如正态分布、beta 分布等)的理论分位数之间的关系。利用 Q-Q 图可分析观测数据是否来自某一分布。由于到目前为止，正态分布或高斯分布是我们最常用的分布，因此 ggplot2 包在绘制 Q-Q 图时使用的默认函数是正态分布。对于 Q-Q 图，如果观测数据分布与某个期望分布十分符合，那么在 Q-Q 图中数据点会落在一条直线上。下面的代码将生成图 1-8 所示的图形。

```
ggplot(iris, aes(sample = Sepal.Length)) +
  geom_qq()
```

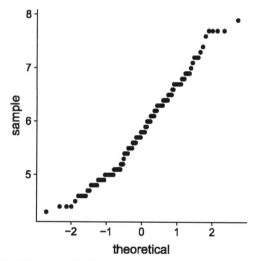

图 1-8　正态数据的 Q-Q 图就像一条直线，Sepal.Length 数据看起来相当正态

为更好地理解 geom_qq() 函数是如何绘制 Q-Q 图的，我们动手生成一个观测数据集。R 语言内置了许多概率分布函数。其中，有的函数(如 rnorm())可以生成随机数，有的(如 pnorm())可以生成某个观测值大于或小于给定值的概率，有的(如 qnorm())可以计算某个分布的分位数，有的(如 dnorm())可以得到某个分布在某个值位置的密度。根据约定，这些函数名都以 r、p、q、d 开头，后面紧跟分布名(或分布名的缩写，如 norm 代表正态分布)。有了这些预备知识，我们就可得到均值为 0、标准差为 1 的正态分布概率为 0.1(10%)的分位数：

```
qnorm(p = .1, mean = 0, sd = 1)
## [1] -1.3
```

可以很容易将上述代码应用于不同均值、不同标准差的正态分布。假设有三个数据点，它们都遵循正态分布，我们可能希望中间的数据点落在正态分布中 0.5 概率的位置，而另外两个数据点分别落在 0 到 0.5 和 0.5 到 1 的正中间位置(也就是 0.25 和 0.75)，我们很容易得到这些概率值在正态分布中的分位数：

```
qnorm(p = c(.25, .50, .75), mean = 0, sd = 1)
## [1] -0.67 0.00 0.67
```

为了得到等间隔的概率值，可以使用 ppoints()函数：

```
ppoints(n = 3, a = 0)
## [1] 0.25 0.50 0.75
```

默认情况下，使用 ppoints()并不能得到完全等间隔的数据点，可使用一个默认值作为微小调整量。等于或小于 10 个数据点时，间隔点的计算公式是$(1:N-3/8)/(n+1-2\times 3/8)$；大于 10 个数据点时，使用公式$(1:N-1/2)/(n+1-2\times 1/2)$。不管哪种情况，思想是一样的。

```
ppoints(n = 3)
## [1] 0.19 0.50 0.81
```

接下来要做的事情就是排序数据，并绘制它们与正态分布中理论分位数的关系。从技术角度看，设置均值和标准差并非必需的，它们只是线性调整。无论哪种情况，这些数据点都落在一条直线上，但是设置均值和标准差能使理论分位数与原始数据拥有相同的均值和刻度(scale)。

现在我们使用 ggplot2 包中的 qplot()函数绘制图形。为了得到更好的可视效果，我们使用 geom_abline()函数添加一条斜率为 1、截距为 0 的直线，这个函数的名字是根据以下直线方程得到的：

$$b*x+a \tag{1.1}$$

这里的参数 a 代表直线的截距，参数 b 代表直线的斜率。结果如图 1-9 所示。

```
qplot(
  x = qnorm(
    p = ppoints(length(iris$Sepal.Length)),
    mean = mean(iris$Sepal.Length),
    sd = sd(iris$Sepal.Length)),
  y = sort(iris$Sepal.Length),
  xlab = "正态分布的理论分位数",
  ylab = "Sepal Length") +
          geom_abline(slope = 1, intercept = 0)
```

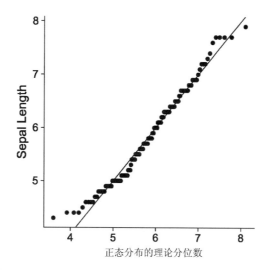

图 1-9　显示理论分位数(基于均值和标准差的预测值)

在这个示例中，我们看到，图 1-9 中的绘制点都非常接近于正态直线，而且基本上以这条直线为对称轴，分布在它的两侧，因此我们有理由认为这个数据集属于正态分布。

虽然我们经常需要检验数据集是否符合正态分布，但是实际数据也可能与其他分布非常接近。因此，我们在使用 geom_qq()函数绘制 Q-Q 图时，可以给期望分布定义分位函数。例如，回到前面的鲍鱼数据，图 1-10 显示了原始鲍鱼数据与对数正态分布(qlnorm())的拟合程度。

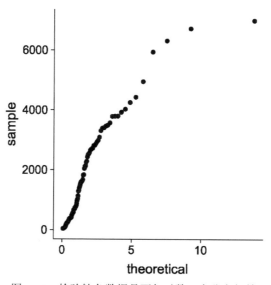

图 1-10　检验鲍鱼数据是否与对数正态分布相符

对于不经常使用的分布，有时 ggplot2 包不知道如何给分布设置默认参数。如果有必要，可以通过 dparams 参数把期望分布所需的参数传递给 ggplot 函数。在下面这个例子中，为了测试鲍鱼数据是否符合泊松分布，可通过 dparams 参数把泊松分布的 lambda 参数传递给 ggplot 函数，结果如图 1-11 所示。

```
ggplot(data.table(lynx = as.vector(lynx)), aes(sample = lynx)) +
  geom_qq(distribution = qlnorm)

ggplot(data.table(lynx = as.vector(lynx)), aes(sample = lynx)) +
  geom_qq(distribution = qpois, dparams = list(lambda = mean(lynx)))
```

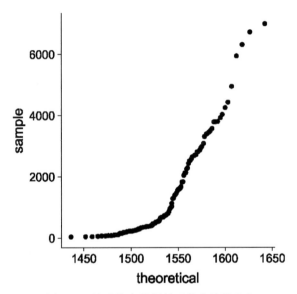

图 1-11　检验鲍鱼数据是否符合泊松分布

1.1.6　比较经验密度图与期望分布的密度图

判断观测分布是否符合期望分布的另一种方法是在同一张图中绘制经验密度图与期望分布的密度图。为此，我们首先用 geom_density() 函数绘制经验密度图，然后用 stat_function() 函数绘制期望分布的密度图。后者是一种泛化方式，可以绘制任何函数。如果我们绘制 dnorm() 函数，得到的就是正态密度分布。我们只需要设置均值和标准差就行，而这些参数可以根据数据集得到，结果如图 1-12 所示。这里再次表明，这个数据分布看起来与正态分布十分接近，尽管不是十分完美。

```
ggplot(iris, aes(Sepal.Length)) +
  geom_density() +
  stat_function(fun = dnorm,
```

```
  args = list(
    mean = mean(iris$Sepal.Length),
    sd = sd(iris$Sepal.Length)),
  colour = "blue")
```

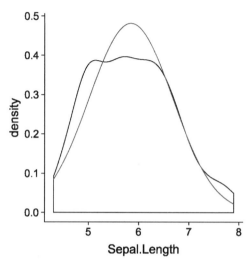

图 1-12*　正态分布曲线和花萼长度数据的经验密度图(使用默认光滑参数)

虽然经验密度图和期望分布的密度图提供的信息同样可以从 Q-Q 图获得，但是它们可以帮助我们更加直观地看出这两个分布的关系，因为它们相互叠加在一起，而不是两个分布的关系曲线。

1.1.7　其他分布的拟合

有了 Q-Q 图以及经验密度图或期望分布的密度图，就可以评估很多不同类型的分布。然而，对于正态分布之外的分布，为得到分位数或密度，通常需要定义它们的参数。当然也可以用手动方法计算这些参数，然后把计算结果传递给相应的分位或密度函数，但是利用 MASS 包提供的 fitdistr()函数，我们只需要说明分布名称，就可以拟合许多分布并且让 R 语言自动估算这些参数。目前 fitdistr()函数支持以下分布：
- beta 分布
- 柯西分布
- 卡方分布
- 指数分布
- 伽马分布
- 几何分布
- 对数正态分布

- Logistic 分布
- 负二项分布
- 正态分布
- 泊松分布
- t 分布
- 韦伯分布

虽然以上并未列出全部的统计分布，但是对于本书用到的统计分析已经足够了，并且覆盖了本书用到的所有分布。

为了介绍 fitdistr()函数的用法，我们先根据 beta 分布生成一些随机数据。beta 分布用于比例数据，因为 beta 分布被限制在 0 与 1 之间。为了确保以下程序具有重复性，我们使用 set.seed()函数。

```
set.seed(1234)
y <- rbeta(150, 1, 4)
head(y)

## [1] 0.138 0.039 0.111 0.099 0.377 0.384
```

fitdistr()函数需要传入一个数据集、一个表示分布名称的字符串和一个表示分布参数起始值的列表：

```
y.fit <- fitdistr(y, densfun = "beta",
                  start = list(shape1 = .5, shape2 = .5))
```

从 fitdistr()函数可以得到分布的参数估计。我们可以显式地读取这些值：

```
y.fit

## shape1 shape2
## 1.08 4.28
## (0.11) (0.52)

y.fit$estimate["shape1"]

## shape1
## 1.1

y.fit$estimate["shape2"]

## shape2
## 4.3
```

我们也可以得到对数似然值(Log Likelihood，通常简称为 LL)，这个值告诉我们观测数据来自某个分布的可能性有多大。对数似然值越大，表示观测数据与被检验的分布越接近。顺便说明一下,除了对数似然值(LL)外,我们通常也会输出-2×LL,经常简化为-2LL。最后,相对复杂的模型经常(但并不总是)比较容易拟合到观测数据。为了解释这种现象,我们可以计算给定似然值的自由度。logLik()函数可以得到对数似然值和自由度。

```
logLik(y.fit)

## 'logLik.' 95 (df=2)
```

虽然单个似然值的意义很难解释,但主要用法在于比较相对值。如果我们用一组数据拟合两个分布,那么似然值比较大的(对数似然值)拟合得比较好。现在我们用 fitdistr()函数拟合正态分布,然后比较 beta 分布拟合的似然值与正态分布拟合的似然值。

```
y.fit2 <- fitdistr(y, densfun = "normal")
logLik(y.fit2)

## 'logLik.' 67 (df=2)
```

相同的自由度,beta 分布拟合的似然值较大(LL=95.4),正态分布拟合的似然值较小(LL=67.3),以上结果建议我们应该为给这个数据集选择 beta 分布。

JWileymisc 包提供了一种方式,可用于自动拟合多个分布,并且通过 testdistr()函数可以自动生成密度图或 Q-Q 图。对于正态分布,实现这个功能只需要很少的代码,结果如图 1-13 所示。

```
testdistr(y)
```

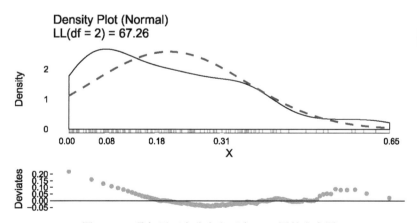

图 1-13*　叠加了正态分布和正态 Q-Q 图的密度图

为了比较正态分布拟合和 beta 分布拟合,我们对每个分布进行拟合,并把结果绘制成两个图形。用 cowplot 包的 plot_grid()函数把这两个图形绘制在同一画板中,结果如图 1-14 所示。它说明数据与 beta 分布拟合得比较好，而与正态分布拟合得比较差。注意，在这个例子中，密度函数产生的警告信息是很常见的，不必为此担心。

```
test.beta <- testdistr(y, "beta",
                       starts = list(shape1 = .5, shape2 = .5),
                       varlab = "Y", plot = FALSE)

## Warning in densfun(x, parm[1], parm[2], ...): NaNs produced
## Warning in densfun(x, parm[1], parm[2], ...): NaNs produced
## Warning in densfun(x, parm[1], parm[2], ...): NaNs produced
## Warning in densfun(x, parm[1], parm[2], ...): NaNs produced
test.normal <- testdistr(y, "normal", varlab = "Y", plot = FALSE)

plot_grid(
    test.beta$DensityPlot, test.beta$QQPlot,
    test.normal$DensityPlot, test.normal$QQPlot,
    ncol = 2)
```

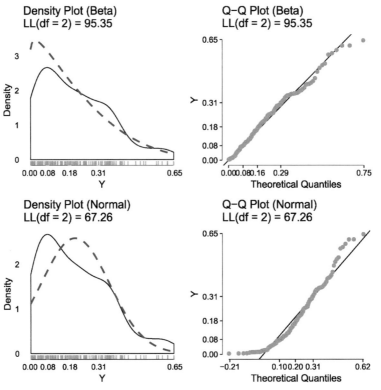

图 1-14*　叠加了正态分布与 beta 分布或正态 Q-Q 图的密度图

对于离散分布，如计数数据，testdistr()函数可生成另一类稍微不同的图形。这类图形是专为以下目的而设计的：为了更好地显示观测比例值与理论分布的概率密度函数之间的关系。具体来说，密度值就是观测数据比例和某个给定分布在每个值位置的期望概率。

现在用例子来说明。我们首先由一个负二项分布生成一组模拟数据，然后用这些数据拟合泊松分布，结果如图 1-15 所示。再用这些数据去拟合负二项分布，结果如图 1-16 所示。比较这两个图，我们发现，无论从对数似然值还是从相对于期望值的偏差来看，负二项分布拟合得比较好，而泊松分布的拟合效果不如前者。

```
set.seed(1234)
y <- rnbinom(500, mu = 5, size = 2)
testdistr(y, "poisson")

testdistr(y, "nbinom")
```

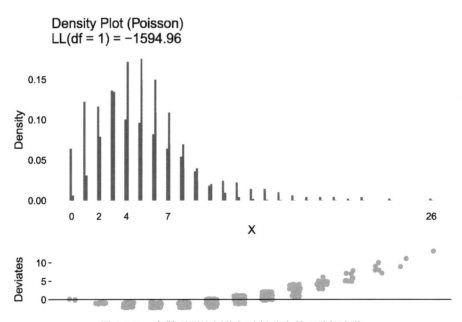

图 1-15*　离散观测比例值与泊松分布的理论概率值

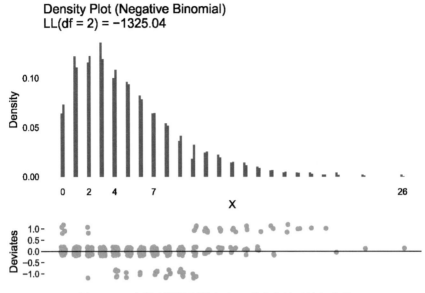

图 1-16*　离散观测比例值与负二项分布的理论概率值

1.2　异常值

异常值是指不同于其他值的数据,它们在某些方面是非标准的或非典型的。异常值也常称为奇异值或极端值。要精确定义什么性质的数据是异常值是非常困难的,但是通常这些值在某些方面显得与大多数数据不一样,并且会以一种相对极端的方式表现出来。

对于来自正态分布的数据,确定奇异值常用的阈值被定义为 z 分数±3,在此范围之外的为异常值。这些阈值是基于正态分布的概率值。具体来说,假设一个数据集属于正态分布,有 0.10%的数据小于 z 分数-3,大约有 0.10%的数据点大于 z 分数+3。精确的概率值可由 pnorm()函数求得,如下所示:

```
pnorm(c(-3, 3))

## [1] 0.0013 0.9987
```

由于这些阈值都是基于正态分布的,因此对于非正态分布的数据,它们不一定有意义。虽然许多统计分析,如线性回归,都假定因变量服从(有条件的)正态分布,但是很少对预测量的分布做假设。尽管如此,异常值对预测量,特别是当它们处于极端位置时,会产生严重的影响。

通常,比起用定量的准则确定异常值,用可视化方法更容易识别它们。例如,图 1-17 中有两个图形,这两个图形都在值为 5 的位置出现三个异常点。然而,图形 A 的这三个点显得与其他点格格不入,因为其他点形成了一个几乎连续的一组数据,而它们与异常点有较大的间距。在图形 B 中，由于其他点之间也存在间距，因此一个点离其他点稍微远一点也不足为奇。在图形 B 中，数据之间似乎存在一种分离模式，而图形 A 则没有这种模式。

```
set.seed(1234)
d <- data.table(
  y1 = rnorm(200, 0, 1),
  y2 = rnorm(200, 0, .2) + rep(c(-3, -1, 1, 3), each = 50))

plot_grid(
  qplot(c(d$y1, rep(5, 3)), geom = "dotplot", binwidth = .1),
  qplot(c(d$y2, rep(5, 3)), geom = "dotplot", binwidth = .1),
  ncol = 1, labels = c("A", "B"))
```

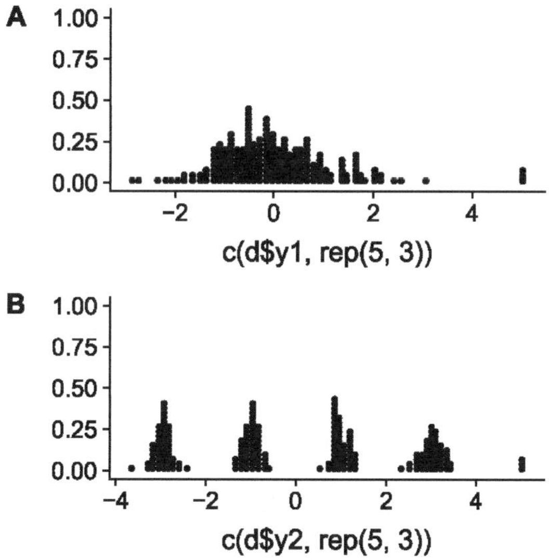

图 1-17　包含异常值的堆积点阵图

难以确定异常值的另一个原因与分布的形状有关。图 1-18 显示了两个分布。图形 A 是伽马分布，特征是有一条长长的右尾。虽然有几个点处在极端位置，但是它们与其他数据点并没有明显的"中断"，因为这类分布的特征就是有一条连续的长长的右尾。而且，我们可以很容易看出，这个数据集存在一种频数可压缩的模式，但是几个非常极端的正数除外。相反，图形 B 是正态分布的，形状比较对称，并且没有出现长尾。在图形 B 中，添加一两个极端正值，它们就可能成为所谓的异常值。

```
set.seed(1234)
d2 <- data.table(
```

```
  y1 = rgamma(200, 1, .1),
  y2 = rnorm(200, 10, 10))

plot_grid(
  qplot(d2$y1, geom = "dotplot", binwidth = 1),
  qplot(d2$y2, geom = "dotplot", binwidth = 1),
  ncol = 1, labels = c("A", "B"))
```

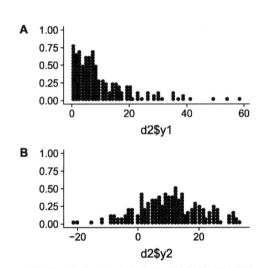

图 1-18　由伽马分布和正态分布生成的随机数(没有添加异常值)

这些不同的例子强调了这样的事实：想要严格定义哪些是异常值、哪些不是异常值是非常困难的。虽然没有准则供我们使用，但是 testdistr()函数内置了一些额外的工具，可以帮助我们做出判断。extremevalues 参数可用来确定数值是否落在经验分布中某个分位数的上面或下面，或者用来确定数值是否落在理论分布中某个分位数的上面或下面。图 1-19 突出显示了经验分布中底部 1%和顶部 1%的数据点。高亮的数据点出现在密度图下方的线段中，用黑色圆点表示，从而区别于其他灰色点。在 Q-Q 图中，也是用黑色实心点表示异常点。如果没有黑色实心点，就说明没有点落在 1%和 99%经验分位值之外。当使用经验数据时，除非是大数据集，否则必须仔细检查顶部 1%和底部 1%的值。但是，为了防止偶然因素引起的异常值，还需要检查比 1%更极端的位置，如顶部和底部的 0.10%位置。

```
testdistr(d$y1, extremevalues = "empirical", ev.perc = .01)
```

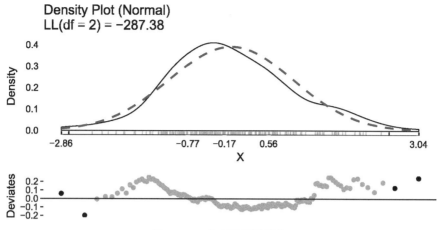

图 1-19*　高亮显示极端值

除了用经验确定极端值外,我们还可以根据理论分布确定极端值。具体是指,检查是否有数值处于正态分布的顶部 0.1%和底部 0.1%之外(见图 1-20);或者根据伽马分布的分位数,检查是否存在极端值(见图 1-21)。这些图说明,对于同一数据集的某些点,根据正态分布的要求,它们可能是异常值;而根据伽马分布的要求,它们可能不是异常值。实际上,作为数据分析师,必须明白,奇异值的判断需要结合分布曲线的形状和模式以及数据最终的处理方式。

```
testdistr(d2$y1, "normal", extremevalues = "theoretical",
    ev.perc = .001)
```

```
testdistr(d2$y1, "gamma", extremevalues = "theoretical",
    ev.perc = .001)
```

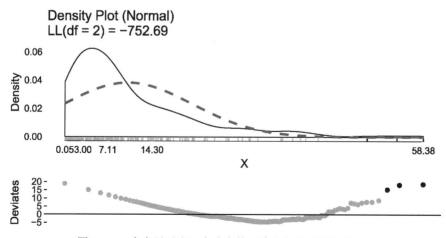

图 1-20*　高亮显示由正态分布的理论分位数确定的奇异值

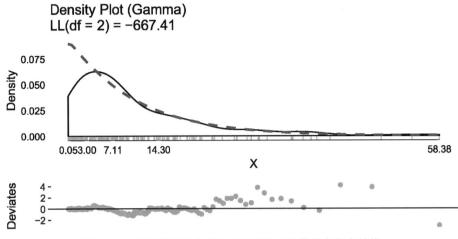

图 1-21*　高亮显示由伽马分布的理论分位数确定的奇异值

有可能存在多个奇异值。但是，当我们使用理论分布时，并且当某个奇异值比另一个奇异值更极端时，后者可能会被前者屏蔽掉，因为参数估计总是由最极端的值决定。图 1-22 就展示了这样一个实例，它有两个奇异值：100 和 1000。100 这个极端值会被 1000 屏蔽掉，因为理论上正态分布的均值和标准差已被 1000 远远拉大，使得 100 这个值不再是奇异值。

```
testdistr(c(d2$y2, 100, 1000), "normal",
          extremevalues = "theoretical",
          ev.perc = .001)
```

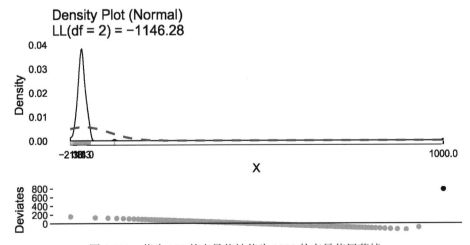

图 1-22*　值为 100 的奇异值被值为 1000 的奇异值屏蔽掉

如果存在多个奇异值，可使用迭代方法。先处理最极端的奇异值，再重新检查，直到找不到明显的奇异值为止。但是，这个过程可以通过稳健算法得到简化。假如我们感兴趣的是均值和方差(或协方差)，最小协方差决定因子(Minimum Covariance Determinant，MCD)估算器就是这样的稳健算法。简而言之，MCD 估算器试图找到原问题的一个子问题，这个子问题具有样本协方差矩阵的最小因子。在单变量情况下，这等价于原数据的一个子集，这个子集具有较小的方差。testdistr()函数有一个可选的 robust 参数，可作用于正态分布。当 robust = TRUE 时，testdistr()函数调用 robustbase 包中的 covMcd()函数，后者会用推荐的快速算法计算 MCD 值(近似值)。利用稳健估算算法得到的结果如图 1-23 所示。使用稳健估算算法，这两类奇异值都得到了辨认，甚至在删除更极端的奇异值之前，同样可以确认奇异值。

```
testdistr(c(d2$y2, 100, 1000), "normal",
         robust = TRUE,
         extremevalues = "theoretical",
         ev.perc = .001)
```

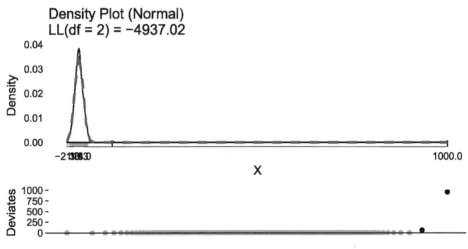

图 1-23*　高亮显示由稳健估算算法的得到异常值

最后，当奇异值确认后，处理它们时有几种可选方法。如果有可能，最好先检查一下这些值是否准确。异常值经常由编码错误或数据输入错误引起。如果没有这方面的错误，或者无法检查，那么最简单的办法是把出现异常值的实例排除在外。排除或删除包含奇异值的实例非常适合于以下情形：包含奇异值的实例很少，而排除奇异值后的数据集仍然包含很多实例，仍然是大数据集。如果数据集比较小，而且每个数据实例都比较重要，那么排除奇异实例可能造成数据量丢失过大的问题。当数据集很大且出现奇异值的实例很多时，这种情形也会出现。

一种不同于排除法的方法是温莎法(winsorizing)，这种方法是以 Charles Winsor 命名的。温莎法接收奇异值，但把它们替换为距离最近的非奇异值。自动实现温莎法的一种办法是计算期望的经验分位数，把任何落在这些经验分位数之外的数值设置为已计算得到的分位数。即使奇异值只存在于分布的尾巴上，这个算法也同样可以作用于上尾和下尾。调整两个尾有助于确保算法本身不会把分布的位置移到更高或更低位置。在 R 语言中，温莎法很容易用 JWileymisc 包的 winsorizor()函数来实现。唯一需要设置的参数是每端需要缩尾的比例。winsorizor()函数的一个特性就是除了返回被缩尾的变量外，还会添加属性以说明缩尾的界限和百分分位数。

```
winsorizor(1:10, .1)

## [1] 1.9 2.0 3.0 4.0 5.0 6.0 7.0 8.0 9.0 9.1
## attr(,"winsorizedValues")
##   low high percentile
## 1 1.9  9.1        0.1
```

图 1-24 比较了伽马分布变量(前面我们曾讨论过)的两端尾巴经过 1%缩尾处理之前(图形 A)和之后(图形 B)的结果。图形 B 展示了缩尾的扁平效果，现在原始值只能到达 49.2 而非原来的 58.4。

```
plot_grid(
  testdistr(d2$y1, "gamma", extremevalues = "theoretical",
            ev.perc = .005, plot=FALSE)$QQPlot,
  testdistr(winsorizor(d2$y1, .01), "gamma", extremevalues =
            "theoretical", ev.perc = .005, plot=FALSE)$QQPlot,
            ncol = 2, labels = c("A", "B"), align = "hv")
```

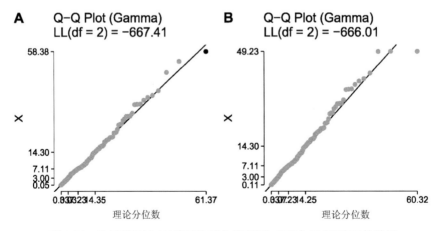

图 1-24　头尾都经过 1%缩尾处理之前(图形 A)和之后(图形 B)的结果

1.3 小结

本章介绍了 R 语言中的各种可视化方法。这些方法既可以应用于原始数据，也可应用于混合格式数据。此外，除了用图形解释数据分析外，我们还学习了一些量化方法，这些方法可以衡量数据与各种分布的拟合程度。表 1-1 汇总了本章用到的一些重要函数。

表 1-1 本章用到的一些重要函数及其功能

函数	功能
ggplot()	用 ggplot2 包创建图形
qplot()	"快速"绘图函数，语法已得到简化(所以不那么令人讨厌)
geom_dotplot()	创建点阵图，显示全部原始数据
geom_histogram()	创建直方图
geom_density()	创建密度分布，实际上就是光滑的直方图
geom_qq()	Q-Q 图，表示观测数据分位数与理论分位数之间的关系
testdistr()	自动显示密度图或 Q-Q 图
winsorizor()	用最近的非奇异值替换奇异值
plot_grid()	在网格中绘制多个图形
stat_function()	在当前图形上绘制函数
fitdistr()	读入数据、分布以及分布的参数
logLik()	LL 用来衡量数据来自 fitdistr()拟合分布的可能性，越大越好

第 2 章

多变量数据可视化

第 1 章介绍了单变量数据可视化方法。本章继续介绍可视化这个主题，但从单变量可视化转到多变量可视化。除了像第 1 章那样讨论观测分布和奇异值外，本章还要介绍如何可视化变量之间的关系。可视化变量之间的关系对于比较传统的统计模型很有帮助，因为在传统的统计模型中，数据分析师必须定义函数的形式(如线性函数、二次函数等)。在本书后面几章，还将介绍机器学习模型，它们利用机器学习算法学习数据中存在的函数形式，因而不需要由数据分析师定义。

```
library(checkpoint)
checkpoint("2018-09-28", R.version = "3.5.1",
  project = book_directory,
  checkpointLocation = checkpoint_directory,
  scanForPackages = FALSE,
  scan.rnw.with.knitr = TRUE, use.knitr = TRUE) library(knitr)

library(ggplot2)
library(cowplot)
library(MASS)
library(mvtnorm)
library(mgcv)
library(quantreg)
library(JWileymisc)
library(data.table)

options(width = 70, digits = 2)
```

2.1 分布

评估单变量分布相对比较容易，但是评估多变量分布却比较困难。多个变量的联合分布是由它们的单个变量分布组成的。因此，除了研究各种单变量分布外，还要研究它们的不同组合如何生成联合分布。从可视化角度看，在二维平面上可视化多维数据通常是非常困难的。

本书要介绍的唯一多变量分布是多变量正态分布(Multi-Variate Normal，MVN)。实际上，这并不是一个十分苛刻的限制，因为大多数分析一次只针对一个因变量，而且只需要知道因变量的分布即可。因子分析和结构方程模型是两种常用的分析方法，它们可以同时模拟多变量分布，而且经常假设数据是多变量正态分布。如果某人能确定数据是多变量正态分布，那么我们的经验是，结果将覆盖绝大多数基于多变量分布假设的分析。

正态分布由两个参数决定：均值(μ)和标准差(σ)，它们分别控制分布的位置和尺度。一个 p 维多变量正态分布是由两个矩阵控制的：一个是 p 行 1 列的均值矩阵 μ，另一个是 p 行 p 列的协方差矩阵 Σ。

在二变量情形下($p=2$)，绘制多变量分布比较容易。在下面的代码中，我们首先使用 mvtnorm 包的 rmvnorm() 函数生成一个多变量正态数据集。然后使用 geom_density2d()函数和 ggplot2 包绘制经验密度图，结果如图 2-1 所示。

```
mu <- c(0, 0)
sigma <- matrix(c(1, .5, .5, 1), 2)

set.seed(1234)
d <- as.data.table(rmvnorm(500, mean = mu, sigma = sigma))
setnames(d, names(d), c("x", "y"))
ggplot(d, aes(x, y)) +
  geom_point(colour = "grey60") +
  geom_density2d(size = 1, colour = "black") +
  theme_cowplot()
```

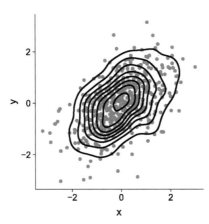

图 2-1 多变量正态数据的二维经验密度图

分析经验密度图是很用的，但这里我们并没有对它们与多变量正态分布的期望结果进行比较。为了对获得的经验密度与多变量正态分布的期望密度进行比较，我们可根据数据集的范围，创建一个由 x 和 y 值构成的网格。然后使用 dmvnorm()函数计算每个位置(x,y)的密度。多变量正态分布的参数 μ 和 Σ 可以由观测数据计算得到。以下代码的运行结果如图 2-2 所示，现在为了清楚起见，删除了原始数据点。

```
testd <- as.data.table(expand.grid(
  x = seq(from = min(d$x), to = max(d$x), length.out = 50),
  y = seq(from = min(d$y), to = max(d$y), length.out = 50)))
testd[,Density:=dmvnorm(cbind(x,y),mean=colMeans(d),sigma=cov(d))]

ggplot(d, aes(x, y)) +
  geom_contour(aes(x, y, z = Density), data = testd,
               colour = "blue", size = 1, linetype = 2) +
  geom_density2d(size = 1, colour = "black") +
  theme_cowplot()
```

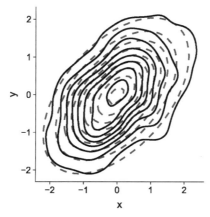

图 2-2*　二维经验密度图与多变量正态密度图

在图 2-2 中，经验密度和正态分布密度非常接近，因此认为数据是多变量正态分布是合理的。接着，我们模拟两个单变量正态分布，但是它们不属于多变量正态分布。图 2-3 显示了每个单变量的密度图，它们看起来属于正态分布。

```
set.seed(1234)
d2 <- data.table(x = rnorm(500))
d2[, y := ifelse(abs(x) > 1, x, -x)]

plot_grid(
  testdistr(d2$x, plot = FALSE)$Density,
  testdistr(d2$y, plot = FALSE, varlab = "Y")$Density,
  ncol = 2)
```

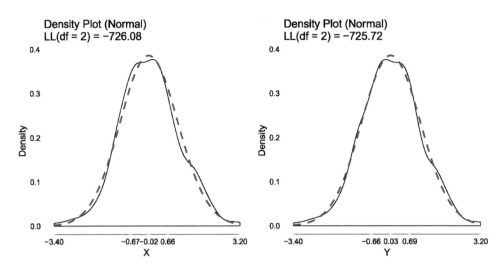

图 2-3* 单变量密度图，说明模拟变量属于单变量正态分布

虽然单个变量是正态分布的，但这不能保证它们的组合是多变量正态分布的。这点非常重要，它强调了对多变量分布进行评估的重要性，特别是当我们的分析技术假设多变量正态分布时，这就是所谓的验证性因子分析(confirmatory factor analysis)。与前面的代码一样，我们绘制经验密度图和多变量正态密度图，结果如图 2-4 所示。

```
testd2 <- as.data.table(expand.grid(
  x = seq(from = min(d2$x), to = max(d2$x), length.out = 50),
  y = seq(from = min(d2$y), to = max(d2$y), length.out = 50)))
testd2[,Density:=dmvnorm(cbind(x,y),mean=colMeans(d2), sigma=cov(d2))]

ggplot(d2, aes(x, y)) +
  geom_contour(aes(x, y, z = Density), data = testd2,
               colour = "blue", size = 1, linetype = 2) +
  geom_density2d(size = 1, colour = "black") +
  theme_cowplot()
```

图 2-4 清楚地表明，这两个变量并不是多变量正态分布的。虽然这只是一个极端的例子，但它突出了这样一个事实：我们很容易受到单变量评估的误导。

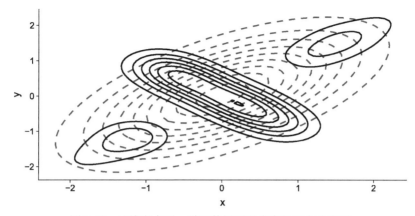

图 2-4* 二维密度图,说明数据不是多变量正态分布的

当 $p > 2$ 时,直接可视化多变量正态分布是非常困难的,但我们可以利用 Mahalanobis 的研究成果。他设计了一种方法,可以计算数据离"中心"的距离,数据和中心都可以是多维的。这个测量距离也称为马哈拉诺比斯距离,简称马氏距离。将之应用于这个数据集的每一组数据,计算它们与中心的距离(多变量)。假设数据是多变量正态分布的,则这些距离可以看成 p 个自由度的卡方变量(Chi-square variable)。

前面介绍过的 testdistr() 函数有一个选项,表示可以根据马氏距离绘制多变量正态数据的分布图。图 2-5 是前面二元正态数据的绘制结果,图 2-6 是二元非正态数据的绘制结果。

```
testdistr(d, "mvnorm", ncol = 2)
testdistr(d2, "mvnorm", ncol = 2)
```

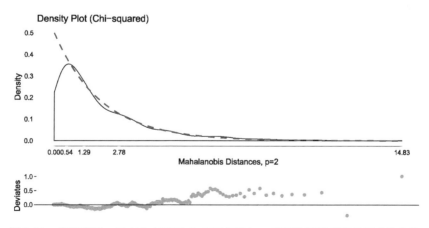

图 2-5* 将密度图、正态分布图和 Q-Q 图相叠加,说明数据是多变量正态分布的

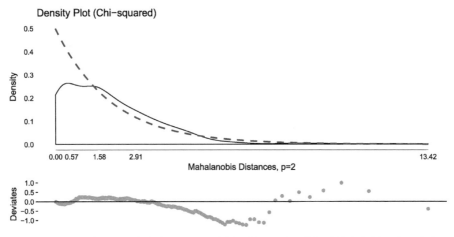

图 2-6* 将密度图、正态分布图和 Q-Q 图相叠加，说明数据不是多变量正态分布的

即使变量的数量不断增大，但只要数据通过了多变量正态性检验，它们的图形就是相似的。例如，检验 mtcars 数据集，其中有 11 个变量和 32 条汽车记录。结果如图 2-7 所示，这说明数据接近于多变量正态分布，但是 Q-Q 图稍微有点偏离标准形态，具有一定程度的非正态性。

```
testdistr(mtcars, "mvnorm", ncol = 2)
```

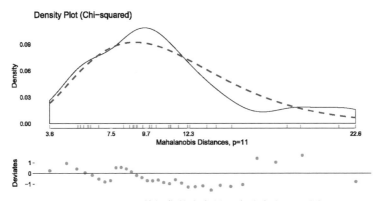

图 2-7* mtcars 数据集的多变量正态分布和 Q-Q 图

2.2 奇异值

对于多变量数据，某些值可能是某个变量的奇异值，也可能是多变量空间中的奇异值。如果某个值是单变量奇异值，那么它肯定也是多变量奇异值。不过我们将看到，正如单变量正态性一定也是多变量正态性，单变量奇异值肯定也是多变量奇异值，但是单变量非奇异值不能保证它们也是多变量非奇异值。

在下面的代码中，我们将模拟生成强正相关的多变量正态数据，给 V3 添加两个奇异值,仔细检查 V3 的值(单变量),可以很容易看出,删除这个奇异值后,不容易看出还有奇异值(见图 2-8)。

```
mu <- c(0, 0, 0)
sigma <- matrix(.7, 3, 3)
diag(sigma) <- 1

set.seed(12345)
d <- as.data.table(rmvnorm(200, mean = mu, sigma = sigma))[order(V1)]
d[c(1, 200), V3 := c(2.2, 50)]

plot_grid(
  testdistr(d$V3,extremevalues="theoretical",plot=FALSE)$Density,
  testdistr(d[V3 < 40]$V3, extremevalues = "theoretical",
  plot=FALSE)$Density, ncol = 2, labels = c("A", "B"))
```

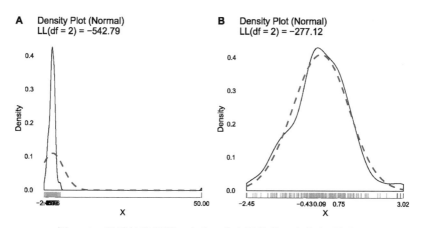

图 2-8* 重叠的密度图:含有一个奇异值的正态分布(图形 A)和去掉奇异值后的正态分布(图形 B)

接着,我们再次使用 testdistr()函数以发现多变量奇异值。结果如图 2-9 所示,可以明显看出存在一个奇异值,但没有发现其他奇异值。但是,当我们删除那个已确认的奇异值后,第二个多变量奇异值就出现了(见图 2-10)。当删除第一个奇异值后,会引起变量 V3 的均值和方差下降,因此又会出现新的奇异值。

```
testdistr(d, "mvnorm", ncol = 2, extremevalues = "theoretical")

testdistr(d[V3<40],"mvnorm", ncol = 2, extremevalues = "theoretical")
```

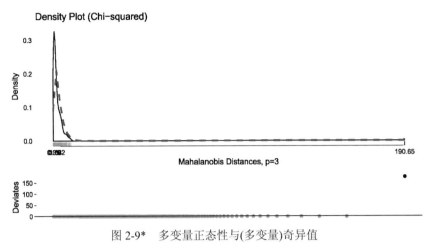

图 2-9*　多变量正态性与(多变量)奇异值

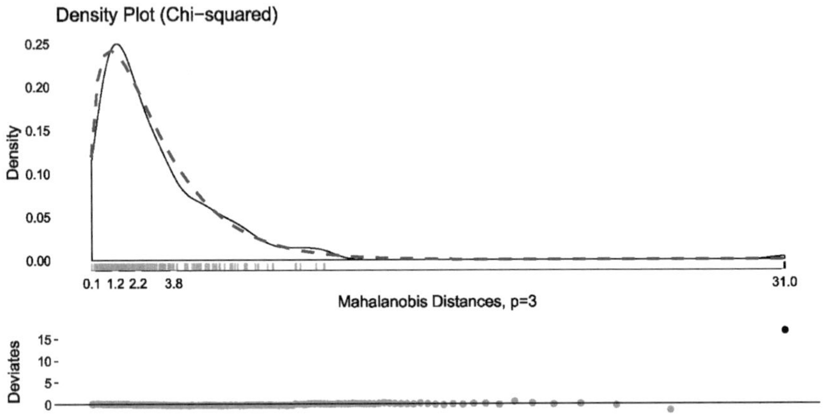

图 2-10*　删除一个奇异值后的多变量正态性与(多变量)奇异值

实际上，我们不是用迭代法——删除奇异值，而是直接用多变量正态分布参数的稳健估计器识别多个奇异值。这个估计器可以估算多变量正态分布的参数：均值和方差矩阵。这个估计器可通过 testdistr()函数进行调用。在调用这个函数时，将它的第二个参数设置为 mvnorm(表示多变量正态)，将 robust 参数设置为 TRUE。然后 testdistr()函数会自动调用 robustbase 包里的快速最小协方差决定因子估计器(MCD)。结果如图 2-11 所示，使用多变量正态分布和稳健估计器，只需要调用一次就可以识别所有单变量和多变量的奇异值。删除这些奇异值后，数据看起来接近多变量正态分布(见图 2-12)。

```
testdistr(d, "mvnorm", ncol = 2, robust = TRUE, extremevalues = 
"theoretical")
    testdistr(d[-c(1,200)], "mvnorm", ncol = 2, extremevalues = 
"theoretical")
```

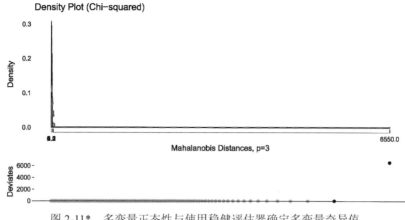

图 2-11*　多变量正态性与使用稳健评估器确定多变量奇异值

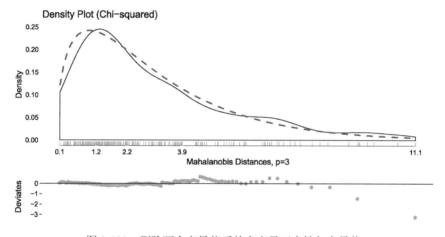

图 2-12*　删除两个奇异值后的多变量正态性与奇异值

2.3　变量之间的关系

对于连续变量,大多数模型都假设变量之间存在某种函数形式,通常是线性关系。有许多方法可以验证这种关系,但是存在一种快速方法——把预测量 x 分割成 k 个离散箱(discrete bin)。如果预测量本身存在有意义的中断点,则这些中断点可以当作分割点,但通常的做法是把五分位、四分位或三分位作为分割点,具体取决于数据量。对于大型数据集,可以使用比较细化的分割方法,如十分位分割。

把预测量分割成离散组后,可以用箱形图或均值分布图可视化数据变化的趋势。在下面的代码中,我们在预测量 x 和因变量 y 之间模拟二次方关系,并生成一组数据。利用%+%运算符,同一个图形对象可以重复使用,只需要把其中的数据替换为使用不同分割方法(四分位、五分位或十分位分割)生成的数据即可。结果如

图 2-13 所示。子图 A 对应三分位分割,趋势不是十分明显,子图 D 对应十分位分割。在这个小型数据集中,结果出现了较多噪声。

```r
set.seed(12345)
d2 <- data.table(x = rnorm(100))
d2[, y := rnorm(100, mean = 2 + x + 2 * x^2, sd = 3)]

p.cut3 <- ggplot(
  data = d2[, .(y,
    xcut = cut(x, quantile(x,
     probs = seq(0, 1, by = 1/3)), include.lowest = TRUE))],
  aes(xcut, y)) +
  geom_boxplot(width=.25) +
  theme(axis.text.x = element_text(
        angle = 45, hjust = 1, vjust = 1)) +
  xlab("")

p.cut4 <- p.cut3 %+% d2[, .(y,
  xcut = cut(x, quantile(x,
    probs = seq(0, 1, by = 1/4)), include.lowest = TRUE))]

p.cut5 <- p.cut3 %+% d2[, .(y,
  xcut = cut(x, quantile(x,
    probs = seq(0, 1, by = 1/5)), include.lowest = TRUE))]

p.cut10 <- p.cut3 %+% d2[, .(y,
  xcut = cut(x, quantile(x,
    probs = seq(0, 1, by= 1/10)), include.lowest = TRUE))]

plot_grid(
  p.cut3, p.cut4,
  p.cut5, p.cut10,
  ncol = 2,
  labels = c("A", "B", "C", "D"),
  align = "hv")
```

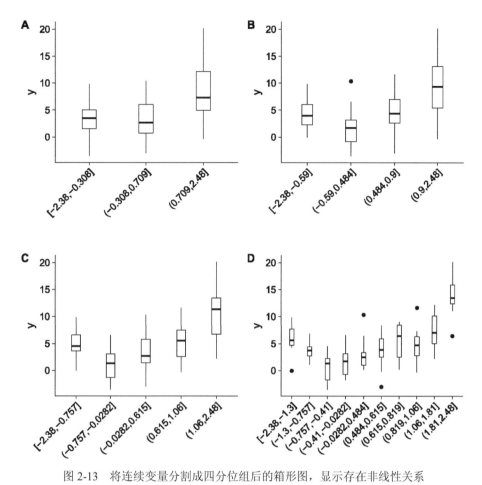

图 2-13　将连续变量分割成四分位组后的箱形图，显示存在非线性关系

确定两个变量之间函数形式的另一种方法是使用局部带权回归(locally weighted regression，loess)线。局部带权回归线的思想类似于最佳拟合直线，但是能给比较近邻的数据点赋予较大权值。下面的代码会生成一幅图形，它把一张散点图、一条局部带权回归线和一条线性回归线叠加在了一起，如图 2-14 所示。局部带权回归线清楚地表明它是一条二次曲线，而线性回归直线无法提供此信息。

```
ggplot(d2, aes(x, y)) +
  geom_point(colour="grey50") +
  stat_smooth(method = "loess", colour = "black") +
  stat_smooth(method = "lm", colour = "blue", linetype = 2)
```

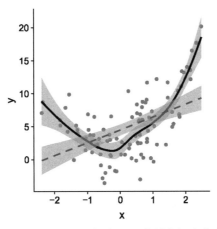

图 2-14*　最佳拟合(即 loess 拟合)显示变量之间存在非线性关系

当大致确定了变量之间的函数关系后,就可以用参数函数来近似表示。在下面的代码中,我们改变线性模型的光滑度,增加一个自定义函数,它表示 y 回归于 x 和 x^2,结果得到极大改善,这说明局部带权回线与二次曲线之间相当一致(见图 2-15)。

```
ggplot(d2, aes(x, y)) +
  geom_point(colour="grey50") +
  stat_smooth(method = "loess", colour = "black") +
  stat_smooth(method = "lm",
              formula = y ~ x + I(x^2),
              colour = "blue", linetype = 2)
```

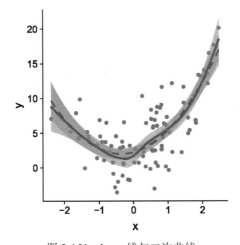

图 2-15*　loess 线与二次曲线

尽管局部带权回归线有很多优点，但它并不是没有缺点。它需要设置光滑度，这个光滑度可以由 span(表示间距)参数控制。这个参数最后需要传递给 loess()函数，后者才是回归曲线的真正执行者。在下例中，我们绘制了两条 loess 线，一条是低间距曲线，另一条是高间距曲线，高间距曲线比较光滑。图 2-16 显示了这两条 loess 线，它们分别对应于 0.2 和 2.0 间距。

```
ggplot(d2, aes(x, y)) +
  geom_point(colour="grey50") +
  stat_smooth(method = "loess", span = .2,
              colour = "black") +
  stat_smooth(method = "loess", span = 2,
              colour = "black", linetype = 2)
```

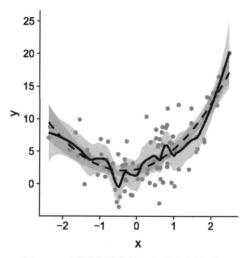

图 2-16　不同光滑度的局部带权回归线

下面我们从二变量推广到多变量，研究多变量的可视化方法。下面这段代码模拟了一个因变量，它是三个预测变量的函数，其中两个是连续变量，第三个是分类预测量。最初的二变量图形只显示 x 与 y 的关系，它说明两者之间存在弱关系，而且可能存在几个奇异点(见图 2-17)。

```
set.seed(1234)
d3 <- data.table(
  x = rnorm(500),
  w = rnorm(500),
  z = rbinom(500, 1, .4))
d3[, y := rnorm(500, mean = 3 +
    ifelse(x < 0 & w < 0, -2, 0) * x +
```

```
    ifelse(x < 0, 0, 2) * w * x^2 + 4 * z * w,
  sd = 1)]
d3[, z := factor(z)]

ggplot(d3, aes(x, y)) +
  geom_point(colour="grey50") +
  stat_smooth(method = "loess", colour = "black")
```

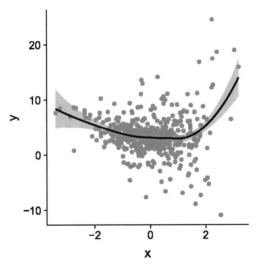

图 2-17　由多变量数据得到二变量关系的 Loess 线

虽然数据可视化通常只限于完全连续变量的二维空间，但是我们可以使用不同的形状、颜色和子图增加维数。在下面的代码中，再次分析因变量 y 的预测量。现在要包括所有变量。二值变量 z 用来表示点和线。我们利用前面的技术把连续值 w 分割为四组数据。虽然分割 w 不能完全表示存在的连续关系，但也足以告诉我们正在执行的操作，以及控制 w 的值是否有必要。对于图 2-17 显示出来的几个极端值，可以用缩尾技术来处理。最终结果如图 2-18 所示。

```
ggplot(d3, aes(x, winsorizor(y, .01), colour = z)) +
  geom_point() +
  stat_smooth(method = "loess") +
  scale_colour_manual(values = c("1" = "black", "0" = "grey40")) +
  facet_wrap(~ cut(w, quantile(w), include.lowest = TRUE))
```

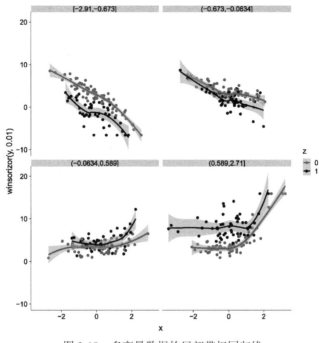

图 2-18　多变量数据的局部带权回归线

从图 2-18 可以大致看出，当 w 比较小且 x 小于 0 时，y 与 x 之间存在负的线性关系。当 w 比较大时，就没有这种关系。z 值(0 或 1)会引起回归曲线上下相对移动，这具体取决于 w 的值。

除了 loess 方法外，广义可加模型(Generalized Additive Model，GAM)是另一种灵活的拟合方法。下面讨论 GAM 模型的统计特性，后面将要用到这个模型。它的优点在于能够使用灵活的、非线性的光滑项进行拟合，并且可以拟合连续变量与分类变量之间的关系。具体来说，我们需要使用 mgcv 包的 gam()函数。

使用 loess 方法时，可通过 span 参数设置光滑度；对于 GAM 模型，可通过参数 k(相当于自由度)控制拟合曲线的灵活程度。现在暂且不讨论 GAM 模型的统计性质，而是把它当作拟合工具，用它拟合数据，生成预测值，并用图表表示预测值，然后从图形中发现数据中存在的模式。te()函数能够控制 x 与 w 变量之间的非线性交互作用，此外还可根据 z 的分类值分离出 x 和 w 之间的交互作用。生成的拟合对象保存在变量 m 中，然后生成一张用于预测的网格图。与密度图一样，对于 z 的全部分类值，我们等间隔地读取 x 和 w 的数据点。生成预测量后，将结果绘制在图 2-19 中。注意，图 2-19 在彩色印刷方式下效果最佳。

在图 2-19 中，在同一等高线上，所有预测量都相等。因此，通过跟踪同一高等线，我们可以分析预测量如何关联到因变量。例如，当 z=0 时(图 2-19 中的左图)，并且当 x 值小于 0 时，w 在-3 与 0 之间变化，预测的 y 值之间没有多大差别。

一般来说，任何与某个轴平行的等高线都表示预测值沿着此轴几乎没有变化。

图 2-19 中的光栅背景可更好地显示预测的 y 值。

```r
m <- gam(winsorizor(y, .01) ~ z + te(x, w, k = 7, by = z), data = d3)

newdat <- expand.grid(
  x = seq(min(d3$x), max(d3$x), length.out = 100),
  w = seq(min(d3$w), max(d3$w), length.out = 100),
  z = factor(0:1, levels = levels(d3$z)))

newdat$yhat <- predict(m, newdata = newdat)

ggplot(newdat, aes(x = x, y = w, z = yhat)) +
  geom_raster(aes(fill = yhat)) +
  geom_contour(colour = "white", binwidth = 1, alpha = .5) +
  facet_wrap(~ z)
```

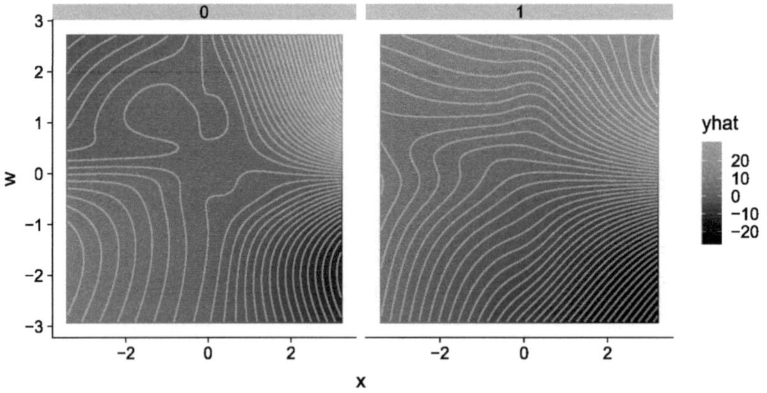

图 2-19*　由 x 和 w 的不同组合组成的等高线(左图和右图分别对应 $z=0$ 和 $z=1$),还可以预测 y 值

评价方差齐性

同方差性或方差齐性是指这样的概念:两组数据有相同的有限方差;或者对于连续预测量而言,预测结果在各级预测量上都具有相同的残余方差。例如,在单因素分析方差中,因变量的方差对于解释变量(常称为自变量)的各个级别都应该近似相等。

为了评价方差齐性,我们根据 iris 数据集生成一个数据表,进行第一次检验,按花卉的种类计算方差。

```r
diris <- as.data.table(iris)
diris[, .(V = var(Sepal.Length)), by = Species]
```

```
## Species V
## 1:    setosa 0.12
## 2: versicolor 0.27
## 3:  virginica 0.40
```

如果能够可视化地表示这些数据和它们的分布,将对我们大有帮助。箱形图或盒须图是很有用的可视化工具,具体方法是以"箱形"覆盖四分位距——第一个四分位数(25%)和第三个四分位数(75%)之间的范围。这是计算分布宽度(spread)的一种稳健方法。通过分析箱的宽度,我们可以了解易变性在各花卉种类间是否相等。比起按分组计算方差,箱形图能提供更多信息,可以显示数据集中是否存在奇异值。

箱形的宽度在不同种类花卉间是可以比较的,但由于中位数或中心位置可能不同,因而使得宽度的比较相对困难。如果我们不想考虑位置,只考虑宽度,那么可以在绘制图形之前,先对数据以中位数为中心做平移变换。图 1-20 显示了两类箱形图。子图 A 不以中位数为中心,子图 B 做过中位数平移。

```
plot_grid(
  ggplot(diris, aes(Species, Sepal.Length)) +
          geom_boxplot() +
          xlab(""),
  ggplot(diris[, .(Sepal.Length = Sepal.Length -
          median(Sepal.Length)), by = Species],
          aes(Species, Sepal.Length)) +
          geom_boxplot() +
          xlab(""),
ncol = 2, labels = c("A", "B"), align = "hv")
```

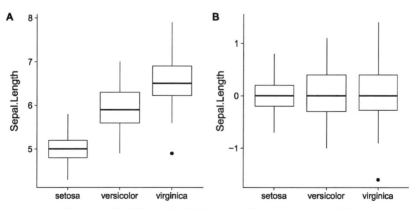

图 2-20　按种类显示的花萼长度盒须图,黑点表示奇异值

我们已经看到密度图并且用它来评估变量的分布。如果对密度图进行镜像反

射，就会得到小提琴图(violin plot)。使用 geom_violin()函数可生成小提琴图。同箱形图一样，小提琴图可以提供类似的信息。但是，小提琴图还可以提供更多有关分布的信息，因为箱形图只显示中位数、四分之一中位数和四分之三中位数及数据的范围(或者当存在奇异值时，提供不完整的数据范围)。然而，由于可以显示中位数和四分位距，因此把箱形图以较小的宽度重叠到小提琴图中是很有用的。从图 2-21 可看出，对于不同种类的花卉，花萼长度的箱形宽度随着分布的均值(位置)呈稳定增长态势。

```
ggplot(diris, aes(Species, Sepal.Length)) +
  geom_violin() +
  geom_boxplot(width = .1) +
  xlab("")
```

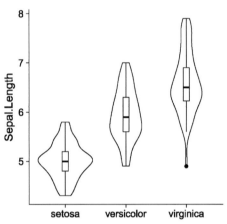

图 2-21　将箱形图置于中心的小提琴图

就像我们在分析变量关系时那样，小提琴图和箱形图也可以推广到多变量问题：用颜色和子图处理多变量问题。下面这段代码用于分析变量之间的关系，为了便于分析因变量的分布和因变量随预测量的分类值的分布，我们对所有连续预测量进行分割，结果如图 2-22 所示。注意，我们有意地限制 y 轴的范围，目的是想更容易地看到图形，不让奇异值分散我们的注意力。

```
## create cuts
d3[, xquartile := cut(x, quantile(x), include.lowest = TRUE)]
d3[, wquartile := cut(w, quantile(w), include.lowest = TRUE)]
d3[, yclean := winsorizor(y, .01)]

## median center y by group to facilitate comparison
d3[, yclean := yclean - median(yclean),
  by = .(xquartile, wquartile, z)]
```

```
p <- position_dodge(.5)

ggplot(d3, aes(xquartile, yclean, colour = z)) +
  geom_violin(position = p) +
  geom_boxplot(position = p, width = .1) +
  scale_colour_manual(values = c("1" = "black", "0" = "grey40")) +
  facet_wrap(~ wquartile) +
  theme(axis.text.x = element_text(angle = 45, hjust=1, vjust=1)) +
  coord_cartesian(ylim = c(-5, 5), expand = FALSE)
```

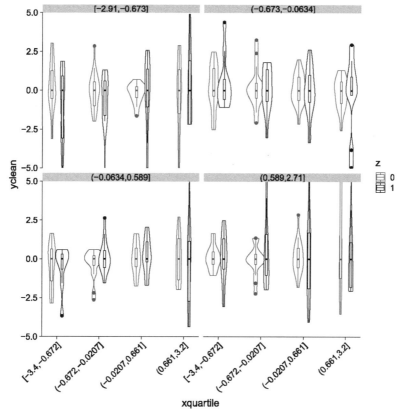

图 2-22　带有盒须图的小提琴图，中心位置由 x 的分位数决定，颜色由 z 值决定

至此，我们已经讨论了如何评估连续值因变量和离散解释变量的方差齐性，还解释了如何把连续值解释变量分割成离散类型。现在我们要转到另一个话题：如何用可视化工具实现连续值变量的转换。首先创建一张散点图，但为了看到"扩散"效果，需要方差的一些连续估计值或四分位距等数据。这可以用分位数回归来完成。

这里我们不详细介绍这个过程，但需要知道：分位数回归可以估计分布的分位数，作为一个或多个解释变量的函数。接下来我们使用模拟方法生成一些同质数据和异质数据。

```r
set.seed(1234)
d4 <- data.table(x = runif(500, 0, 5))
d4[, y1 := rnorm(500, mean = 2 + x, sd = 1)]
d4[, y2 := rnorm(500, mean = 2 + x, sd = .25 + x)]
```

在图 2-23 中，子图 A 是同质可变性的例子，子图 B 是异质可变性的例子，这实现了两个数据集的可视化对比。

```r
plot_grid(
  ggplot(d4, aes(x, y1)) +
    geom_point(colour = "grey70") +
    geom_quantile(quantiles = .5, colour = 'black') +
    geom_quantile(quantiles = c(.25, .75),
                  colour = 'blue', linetype = 2) +
    geom_quantile(quantiles = c(.05, .95),
                  colour = 'black', linetype = 3),

  ggplot(d4, aes(x, y2)) +
    geom_point(colour = "grey70") +
    geom_quantile(quantiles = .5, colour = 'black') +
    geom_quantile(quantiles = c(.25, .75),
                  colour = 'blue', linetype = 2) +
    geom_quantile(quantiles = c(.05, .95),
                  colour = 'black', linetype = 3),
  ncol = 2, labels = c("A", "B"))

## Smoothing formula not specified. Using: y ~ x
## Smoothing formula not specified. Using: y ~ x
## Smoothing formula not specified. Using: y ~ x
## Smoothing formula not specified. Using: y ~ x
## Smoothing formula not specified. Using: y ~ x
## Smoothing formula not specified. Using: y ~ x
```

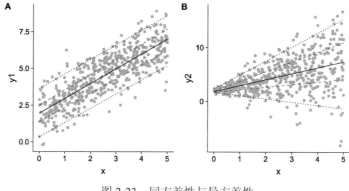

图 2-23　同方差性与异方差性

2.4　小结

本章介绍了多变量数据的可视化方法，进而帮助你更好地理解它与多变量正态分布的关系(见表 2-1)。

表 2-1　本章用到的重要函数及其功能

函数	功能
geom_quantile()	在分位点拟合分布线(默认是四分位数)
geom_density2d()	由多变量正态数据点创建二维等高密度图
geom_contour()	创建二维等高图
geom_violin()	生成镜像密度图
stat_smooth()	生成数据点的拟合曲线

第 3 章

GLM I

广义线性模型(Generalized Linear Model,GLM)是一类范围很广的模型,既包括回归分析和方差分析(Analysis of Variance,ANOVA),也包括常被当作 GLM 的其他术语或分析方法。本章将会用到许多包,执行下面的安装程序,把这些包加载到内存中,这样数据表就可以按优雅格式输出了。

```
library(checkpoint)
checkpoint("2018-09-28", R.version = "3.5.1",
  project = book_directory,
  checkpointLocation = checkpoint_directory,
  scanForPackages = FALSE,
  scan.rnw.with.knitr = TRUE, use.knitr = TRUE)

library(knitr)
library(data.table)
library(ggplot2)
library(visreg)
library(ez)
library(emmeans)
library(rms)
library(ipw)
library(JWileymisc)
library(RcppEigen)
library(texreg)

options(
  width = 70,
  stringsAsFactors = FALSE,
  datatable.print.nrows = 20,
```

```
datatable.print.topn = 3,
digits = 2)
```

3.1 概念背景

广义线性模型提供了一个通用的架构和一套符号,包括了许多特定类型的模型和分析。本章将讨论几类特定的 GLM。如果读者还不熟悉 GLM 中比较简单的类型,如方差分析和线性回归等,但想更好地理解 GLM 的背景和理论架构,则很有必要先阅读 ANOVA 和线性回归等内容。

本章将首先介绍统计学和 GLM 中几个经常使用的函数,它们是:
- $E(x)$表示变量 x 的期望值或均值(可能是有条件的)。
- $Var(x)$表示变量 x 的方差或离差。
- $g(x)$表示连接函数,用于把原始的因变量变换为线性尺度值,后者可由 GLM 模型预测得到。
- $g^{-1}(x)$表示逆连接函数,用于把由 GLM 预测得到的线性尺度值变回到原始尺度值。
- $\exp(x)$表示指数函数。
- $\ln(x)$表示自然对数函数。

GLM 模型的符号约定如下:结果变量或因变量通常用 y 表示;一个或多个预测变量或解释变量可表示成 n 行(数据点个数)k 列(预测变量或解释变量的个数)的矩阵,用 X 表示;回归系数,也就是需要估计的参数,构成了长度为 k(预测变量个数)的向量,用 β 表示;因变量的期望值表示为 $E(y) = \mu$;μ 是因变量的期望值的简单表示方式。这些量总是基于原始数据的尺度。基于线性尺度的期望值用另一个矢量 η 表示。

约定了这些符号之后,我们就可以像 Nelder 和 Wedderburn 在他们的开创性文章中那样定义广义线性模型的基本模块。只是我们使用的符号与他们稍微有点不同,这是为了更好反映当前应用统计学领域的最新通用做法。每个 GLM 模型都有一个结果变量或应变量 y。受线性预测器的影响,我们可以认为模型的因变量遵循指数分布簇中的某个概率分布,而且每个 GLM 模型都有预测变量矩阵 X(表示一组 k 个预测变量 $x_1, \cdots, x_k$)和期望的线性因变量 η:

$$\eta = X\beta \tag{3.1}$$

最后,每个 GLM 模型都有一个连接函数,使得

$$\eta = g(\mu) = g(E(y)) \tag{3.2}$$

还有一个逆连接函数,使得

$$E(y) = \mu = g^{-1}(\eta) \tag{3.3}$$

由于参数 β 的估计值总是从线性预测量 η 得到的,因此无论因变量的分布如何,GLM 的估算都是相似的。有变化的只是因变量的假定分布、连接函数和逆连接函数。这里只讨论三类常见的因变量分布和连接函数:连续值因变量、二元因变量和计数因变量。表 3-1 列出了本章要介绍的几个最常用的连接函数。注意,这里列出的分布并不是某个因变量类型的全部分布。例如,根据形状和区间的不同,连续值因变量还有很多其他类型的分布(连续但区间为 0..1 的数据对应 beta 分布)。

表 3-1 因变量类型、分布及相应的连接函数和逆连接函数

因变量类型	分布	连接函数	逆连接函数
连续值(实数)	正态(高斯)分布	$\eta = g(\mu) = \mu$	$\mu = g^{-1}(\eta) = \eta$
二值(0/1)	多项伯努利分布	$\eta = g(\mu) = \ln\left(\dfrac{\mu}{1-\mu}\right)$	$\mu = g^{-1}(\eta = \dfrac{1}{1+\exp(-\eta)}$
计数(正整数)	负二项泊松分布	$\eta = g(\mu) = \ln(\mu)$	$\mu = g^{-1}(\eta) = \exp(\eta)$

根据因变量分布,我们可以推论导出似然函数。本书不打算详细讨论似然函数,因为对于应用数据分析而言,这是没有必要的。但基本思想是,给定一组参数,似然函数(取决于选择的分布)用量化方法表示数据遵从某个分布的可能性。似然函数可以泛型化地表示为 $L(y, \theta)$。注意这里把参数表示为 θ,因为对于许多分布(并非全部),除了回归系数外,还需要估计其他额外参数。具体来说,经常需要估计离散参数。例如,正态分布的参数包括均值和方差(或标准差)。另一个需要注意的地方是,出于实用的原因,似然函数经常表示为对数形式。

似然函数有以下作用。首先,它们是最大似然估计的基础,具体是指,GLM 参数(也许还包括其他模型)的估计要使得数据的似然函数值最大化。其次,某个给定模型的总体似然值可以与另一个模型的似然值做比较,因为通过比较,可以确定哪个模型能为数据提供更好的拟合。下面我们讨论如何将这个通用模型应用于具体实例。

3.2 分类预测器和虚拟编码

3.2.1 二级分类预测器

我们经常需要分析 GLM 模型中的分类预测器。例如,我们可能想检验结果中是否存在性别差异。然而在进行检验之前,需要把 Woman 和 Man 转换为数值。最常见的把离散分类值转换成数值的编码方法是虚拟编码(Dummy Coding)。虚拟编码能构造一个 0/1 二元变量系列,代表某个特定分类变量。例如对于性别,定义两个虚拟变量,一个代表 Woman,另一个代表 Man,如表 3-2 所示。

表 3-2 性别虚拟编码

性别	D1	D2
Woman	1	0
Man	0	1
Man	0	1
Woman	1	0
Woman	1	0
Man	0	1

在这个示例中，D1 和 D2 的虚拟编码是完全负相关的，这是因为它们表示相同的信息，但是作用正好相反。因此，在实际的 GLM 模型中，只需要输入两个虚拟编码中的一个就够了。推广到一般情形，对于 k 级分类变量，可以生成 k 个虚拟编码变量，但只需要 $k-1$ 虚拟编码变量，被忽略的那个虚拟编码可作为参考组。为了更好地理解这样做的理由，我们分析一个简单的设计矩阵(见表 3-3)，它被用于检验性别差异。在表 3-3 中，有一个常量列，我们称之为截距，它代表当其他所有预测量都等于 0 时因变量的期望值，这是 GLM 的标准做法。这里还选择了两个虚拟编码变量中的 D2。在这个示例中，当参与者为男性时，D2 的值为 1；当参与者为女性时，D2 的值为 0。相应的系数向量也有两个元素：一个代表截距，另一个代表虚拟编码 D2。

表 3-3 表示性别差异的设计矩阵包含了截距和虚拟编码变量 D2

截距	D2
1	0
1	1
1	1
1	0
1	0
1	1

截距系数表示女性的预期值。因为只有当参与者都为女性时，其他所有变量(在本例中，只有 D2)的值才为 0。对于 D2 中的一个单位变化，D2 系数代表因变量的期望值。由于我们用 0/1 编码 D2，D2 系数发生一个单位变化，正好表示从女性(0)变为男性(1)。因此，D2 系数可以更加简单地认为是女性期望与男性期望的差值。

3.2.2 三级或三级以上的分类预测值

对于三级或三级以上分类变量的虚拟编码，方法与基本的二级分类变量相似。

我们同样需要创建一组 0/1 值，用以表示这个变量的每种类型。表 3-4 显示了三类运动的虚拟编码变量。

表 3-4 性别虚拟编码的实例

运动类型	D1	D2	D3
run	1	0	0
swim	0	1	0
bike	0	0	1
run	1	0	0
bike	0	0	1
bike	0	0	1
run	1	0	0
swim	0	1	0
swim	0	1	0

在进行数据分析时，我们需要从 $k(k=3)$ 个虚拟编码变量中选择任意 $k-1$ ($k-1$ = 3 – 1=2)个变量。同样，被排除的那个变量可作为参考组，但这会使小组比较(group comparison)变得稍微复杂。假设被排除的组为 D1，它是跑步运动(run)的虚拟编码。游泳和骑自行车虚拟编码的系数值分别表示跑步与游泳和跑步与骑自行车的期望差值。但是没有系数直接表示游泳与骑自行车的期望差值。一般来说，对于 k 级分类变量，总共有 $\binom{k}{2}$ 个组对(pairwise)比较。例如，3 级分类变量有 3 个组对比较，4 级分类变量有 6 个组对比较。要检验全部分组组合，有几种不同的方法。一种方法(尽管效率不高)是运行 GLM 模型，运行的次数等于虚拟编码变量的个数，每次忽略一个虚拟编码。另一种方法是利用系数矩阵和参数协方差矩阵(由模型估算得到)检验某个组对比较。在运动这个例子中，检查游泳与跑步的系数是否不同于骑自行车与跑步的系数，这也相当于检验游泳的系数是否不同于骑自行车的系数。

此外，还必须考虑如何检验变量的总体效应。对于单个连续变量或二级分类变量，单个系数就可以表示变量的总体效应。但是，对于三级或三级以上的分类变量，需要输入多个虚拟编码，检验某个特定虚拟编码变量的系数无法对变量的显著性进行全面检验，因此需要使用综合检验法(omnibus test)。对于结果为正态分布的 GLM，可以结合 F 检验。对于自由度无法确定的 GLM 模型，标准的检验方法是 Wald 检验，检验是否所有的虚拟变量系数共同为零。或者使用似然比检验，但要求重新拟合 GLM 模型，检验最终对数似然值的变化量，这个变化量应该遵从自由度等于被排除虚拟变量个数的卡方分布。

3.3 交互作用和调节效应

当两个或两个以上的解释变量和因变量的关系依赖于变量间的彼此关系时，交互作用就发生了。例如，Wiley 和他的同事发现了在应激源的可控性与拥有积极心态的人们的应激反应类型之间存在交互作用。如果一个人对应激源无法控制，那么不管他是否试图积极地解决问题，或者试图逃避问题，都将对他的积极情绪级别没有任何影响。然而，如果应激源可控，那么对于那些不想解决问题的人，积极情绪级别较低；而对于那些积极想办法解决问题的人，积极情绪级别较高。

两个变量之间的交互作用称为双向交互作用，三个变量之间的交互作用称为三方交互作用，其他情况依此类推。在 GLM 模型中，可以检验变量之间的交互作用。方法是在模型中添加独立的变量项，并且为存在交互作用的变量添加它们的乘积项。为此，需要在原有数据集中创建额外的变量。例如，对于 x_1 和 x_2，如果它们之间存在交互作用，就为它们创建新的交互变量 int=x_1*x_2。R 语言和其他统计包都提供了一个功能，允许在模型中定义两个(或多个)变量的交互作用，而且可以自动创建它们的乘积项，不需要在数据集中创建额外的变量。不管哪种情况，对于表 3-5 所示的设计矩阵，最终的结果都是一样的。

对于两个以上变量之间的交互作用，需要定义几个额外项。假如有三个解释变量，除了三个独立变量(x_1, x_2, x_3)外，还需要考虑三个双向交互作用($x_1 \cdot x_2, x_1 \cdot x_3, x_2 \cdot x_3$)和一个三方交互作用($x_1 \cdot x_2 \cdot x_3$)。即使我们主要考虑的是三方交互作用，标准做法也要考虑所有低阶的交互作用。因此，对于三方交互作用，在进行数据分析时，需要添加所有的双向交互作用项和单独变量项。

由于交互作用总是涉及多个变量，因此我们总是可以按多种不同方式解释它们。例如，假设在两个变量 a 与 b 之间存在交互作用，则每个变量与因变量 y 的关系取决于另一个变量的级别。因此，a 与 y 的关系依赖于 b 的级别；同样，b 与 y 的关系依赖于 a 的级别。这个事实将会影响对每个独立变量的回归系数的解释。分析表 3-5，x_1 列的系数可以解释为，当 x_2=0 时 x_1 的一个单位变化引起 y 的期望变化；同样，x_2 列的系数可以解释为，当 x_1=0 时 x_2 的一个单位变化引起 y 的期望变化。最后，$x_1 x_2$ 列的系数可以解释为 x_2 的一个单位变化引起 x_1 系数的期望变化，也可解释为 x_1 的一个单位变引起 x_2 系数的期望变化。

表 3-5　包含双向交互作用的设计矩阵

截距	x_1	x_2	$x_1 x_2$
1	1	2	2
1	2	2	4
1	3	1	3
1	3	3	9
1	1	1	1
1	2	0	0

如果把双向交互作用写成标准的代数形式而非矩阵形式,解释会更有意义:

$$y_i = b_0 + b_1 \cdot x_{1i} + b_2 \cdot x_{2i} + b_3 \cdot (x_{1i} \cdot x_{2i}) \tag{3.4}$$

把上述式子变换成下面的形式,就很容易理解以下事实:x_1 和 x_2 存在交互作用,这使得 x_1 和 x_2 与 y 的关系取决于交互作用的另一个变量(x_2 或 x_1)。

$$\begin{aligned} y_i = & b_0 + \\ & (b_1 + b_3 \cdot x_{2i}) \cdot x_{1i} + \\ & (b_2 + b_3 \cdot x_{1i}) \cdot x_{2i} \end{aligned} \tag{3.5}$$

类似的关系也可应用于三方交互作用,只是现在要与另外两个变量有关。由于需要包含所有低级的双向交互作用,因此模型的复杂度(即参数个数)大大增加:

$$\begin{aligned} y_i = & b_0 \\ & + b_1 \cdot x_{1i} + b_2 \cdot x_{2i} + b_3 \cdot x_{3i} \\ & + b_4 \cdot (x_{1i} \cdot x_{2i}) \\ & + b_5 \cdot (x_{1i} \cdot x_{3i}) \\ & + b_6 \cdot (x_{2i} \cdot x_{3i}) \\ & + b_7 \cdot (x_{1i} \cdot x_{2i} \cdot x_{3i}) \end{aligned} \tag{3.6}$$

上述式子也可以变换成如下形式,从而突出其中一个变量对另外两个变量的依赖关系。

$$\begin{aligned} y_i = & b_0 \\ & + (b_1 + b_4 \cdot x_{2i} + b_5 \cdot x_{3i} + b_7 \cdot (x_{2i} \cdot x_{3i})) \cdot x_{1i} \\ & + (b_2 + b_4 \cdot x_{1i} + b_6 \cdot x_{3i} + b_7 \cdot (x_{1i} \cdot x_{3i})) \cdot x_{2i} \\ & + (b_3 + b_5 \cdot x_{1i} + b_6 \cdot x_{2i} + b_7 \cdot (x_{1i} \cdot x_{2i})) \cdot x_{3i} \end{aligned} \tag{3.7}$$

3.4 公式接口

在 R 语言中,许多模型和几乎所有的 GLM 模型都可以通过公式接口来定义。公式是用简单方法定义复杂模型的一种灵活方式。公式由两部分组成,中间用波浪字符(~)分隔。~字符把公式分为两部分:左侧(Left Hand Side,LHS)和右侧(Right Hand Side,RHS)。基本格式如下:

```
outcome ~predictor1 + predictor2
```

可以使用+运算符给模型添加变量。R 语言的公式接口是定义模型的一种灵活方法。主要运算符如下:+表示添加项,- 表示删除项,:表示两个变量的相乘项,*表示两个变量项以及它们的乘积项。现有的公式可以使用 update()函数来修改。

除了分析单个数据变量的效应外，GLM 也经常包含两个(或两个以上)变量的积。这种运算如此普遍，以至于公式接口专门用一个特殊符号(:)表示乘积项。例如，$y \sim x_1 + x_2 + x_1:x_2$ 包含了变量 x_1、x_2 以及它们的交互作用(乘积项)作为 y 的预测变量。这种表示方法的一个优点是：既可以正确处理连续变量，也可以处理分类变量。如果 x_1 和 x_2 是连续量，则 $x_1:x_2$ 代表普通代数的乘积。如果其中一个或两个用虚拟编码表示，则它们的乘积项可以正确地扩展为虚拟编码。

当为 GLM 模型增加交互作用项时，主效应项和每个变量的单独效应项也会自动添加到模型中。由于单个效应几乎总是跟交互作用效应一起插入，因此 * 运算符表示两个变量的交互作用和它们的单独效应，因此公式 $y \sim x_1 * x_2$ 可以扩展为 $y \sim x_1 + x_2 + x_1:x_2$。可以使用多个运算符把多个变量链接起来，因此公式 $y \sim x_1 * x_2 * x_3$ 可以扩展为 $y \sim x_1 + x_2 + x_3 + x_1:x_2 + x_1:x_3 + x_2:x_3 + x_1:x_2:x_3$。有时，一个变量可以同时与三个或三个以上的其他变量发生交互作用，但是三方或四方交互作用并不是我们所希望的。使用括号可以把几个变量组成一组，使得运算符可以传递到组中的每一项。因此，公式 $y \sim x_1 * (x_2 + x_3)$ 可以展开为 $y \sim x_1 + x_2 + x_3 + x_1:x_2 + x_1:x_3$。

上面介绍的符号已经包括了公式接口中的绝大多数常用运算符，另外两个运算符有时也很有用，特别是当我们需要修改现有公式时。其中一个是 .，用于表示任何项；另一个是 -，用于删除公式中的现有项。这两个运算符的操作要用 update() 函数来实现，update() 可以修改或更新现有的使用普通方式保存的公式。update() 函数的第一个参数代表现有的公式对象，第二个参数代表需要执行的修改操作。下面的程序展示了一些将 update() 函数应用于各种不同类型公式的例子。注意，其他运算符以及 * 和 : 可以与 . 一起使用。如果完全忽略 .，则原有公式的那部分完全不可重用。在 R 语言中，大多数模型创建任务都是由公式接口完成的，因此花点时间系统地学习公式接口是很有用的。

```
f1 <- y ~ x1 + x2 + x1:x2

update(f1, . ~ .)

## y ~ x1 + x2 + x1:x2

update(f1, w ~ .)

## w ~ x1 + x2 + x1:x2

update(f1, . ~ . + x3)

## y ~ x1 + x2 + x3 + x1:x2

update(f1, . ~ . - x1:x2)

## y ~ x1 + x2
```

3.5 方差分析

3.5.1 概念背景

方差分析(Analysis of Variance，ANOVA)是一种统计技术，用于分析因变量的可变性，这种可变性可能是由各种不同因素引起的。方差分析是 GLM 模型的具体应用，适用于正态连续分布因变量和离散型或分类型解释变量，如性别(男、女)以及随机性实验研究中的控制条件(如治疗方案 A、治疗方案 B 和控制组)。由于受到这些限制，ANOVA 可以概括为检验每组的因变量均值是否相等。

$$\mu_{TreatmentA} = \mu_{TreatmentB} = \mu_{Control} \tag{3.8}$$

传统上，ANOVA 是无效假设统计检验(Null Hypothesis Statistical Testing，NHST)方法的一部分。实质上，NHST 会设置无效假设并提出这样的问题："如果无效假设在总体样本中成立，则从样本数据中获取观测结果的概率是多少？"与无效假设相对应的是备择假设。在 ANOVA 情况下，备择假设是指至少有一组的均值与其他组不相等。例如，治疗方案 A 的均值小于或大于治疗方案 B 或控制组的均值。

为了把 ANOVA 表示为参数化 GLM 模型，我们把前面的等式写成两个差值公式，例如：

$$\mu_{Control} - \mu_{TreatmentA}$$
$$\mu_{Control} - \mu_{TreatmentB} \tag{3.9}$$

这些差值在经过编码后，被插入包含预测变量的设计矩阵 X 中。可以用前面介绍的虚拟编码把分组转换为预测变量。

默认时，R 语言自动创建虚拟编码并把第一级因子当作参考组。参考组可以忽略，但是设计矩阵增加了一列截距——全为 1 的常数列。然后，GLM 模型将估计每列的参数 β。由于模型已包含截距，因此治疗方案 A 的系数(R 语言程序用 ConditionA 来表示)代表治疗方案 A 和控制组(参考级)的均值之差。同样，治疗方案 B 的系数((R 语言程序用 ConditionB 来表示)表示治疗方案 B 与控制组的均值差。截距表示控制组的均值。

为了验证结果，我们使用 R 语言的 lm()函数估计回归参数，使用 coef()函数显示系数值，使用 R 语言的公式接口表示要拟合的模型：outcome ~ predictor。

```
set.seed(1234)
example <- data.table(
  y = rnorm(9),
  Condition = factor(rep(c("A", "B", "Control"), each = 3),
                     levels = c("Control", "A", "B")))
```

```
coef(lm(y ~ Condition, data = example))
## (Intercept) ConditionA ConditionB
## -0.562 0.614 0.092
```

我们很容易检验上述结果是否就是各分组均值之差，只需要计算每个分组的均值就可以了。

```
example[, .(M = mean(y)), by = Condition]
##    Condition      M
## 1:         A  0.052
## 2:         B -0.470
## 3:   Control -0.562
```

我们立刻可以看出，截距与 Control 组的均值相等。治疗方案 A 的系数等于治疗方案 A 的均值与 Control 组的均值之差：0.614=0.052－(－0.562)。

假如我们不希望模型中出现截距，那么设计矩阵需要包含每个治疗方案(Condition列)的虚拟编码。这样的话，回归系数正好是每个分组的均值，这从下面的代码可以看出。只需要给公式增加 0，截距就不会出现在模型中。然而需要注意的是，只有当把虚拟编码添加到模型中时这样做才有意义。对于连续型解释变量的 GLM 模型，去掉截距相当于强制使截距为零，这很少合乎情理。

```
model.matrix(~ 0 + Condition, data = example)
##   ConditionControl ConditionA ConditionB
## 1                0          1          0
## 2                0          1          0
## 3                0          1          0
## 4                0          0          1
## 5                0          0          1
## 6                0          0          1
## 7                1          0          0
## 8                1          0          0
## 9                1          0          0
## attr(,"assign")
## [1] 1 1 1
## attr(,"contrasts")
## attr(,"contrasts")$Condition
## [1] "contr.treatment"

coef(lm(y ~ 0 + Condition, data = example))
```

```
## ConditionControl     ConditionA        ConditionB
##         -0.562          0.052           -0.470
```

标准的 ANOVA 方法可用来分析因变量的总体可变性，分析其中有多少属于组间均值的可变性，以及减去组间均值的可变性后还剩下多少。为了检验总体可变性与组间可变性是否存在差别，我们定义一个比例值，它等于组间均值可变性除以组内均值可变性(残余方差)。这个比例值又称为 F 比值，由它可以推导出 p 值(表示假定值)，因为 F 分布的比例值可能比观测到的 F 比值更加极端。

F 比值基于均方值之比。均方等于平方和(Sum of Square，SS)除以自由度(DF)。求 F 比值需要计算两个均方值，具体来说，一个均方值作为分子，另一个均方值作为分母(误差或残差)，公式如下：

$$F = \frac{MS_{model}}{MS_{residual}} = \frac{SS_{model}/DF_{model}}{SS_{residual}/DF_{residual}} \tag{3.10}$$

利用 pf()函数和自由度可以查询到 F 分布的某个值，如下所示：

```
pf(.72, df1 = 1, df2 = 6, lower.tail = FALSE)
## [1] 0.43
```

为了使 ANOVA 中的统计检验有效，必须满足几个假设。第一，观测值必须是独立的。此假设在下面这种情况下不成立：测量数据重复来自某几个参与者，使得观测数据聚集于某几个人(或某几个学校，或其他聚类单位)。第二，受解释变量的影响，因变量必须是连续的正态分布(常态性)。第三，全部解释变量的每一分类组内的方差相等(方差齐性)。之所以必须有最后这个假设，是因为使用同一个残余方差估计全部小组的不确定性。

在前面的例子中，模型只用了一个分组因子。多个因变量或分组变量可以同时进行检验。如果模型中包含多个解释变量，则可以检验它们的交互作用效应，也就是检验一个变量的效应是否依赖于另一个变量的级别。在某种程度上，这是相对于单个解释变量的巨大进步，因为当变量的个数翻一番时，需要增加额外的交互作用项(调节项)。然而，从 GLM 的角度看，这只是一个很小的变化，设计矩阵只需要增加几列，其中一些是虚拟编码的积，而不是单个变量的虚拟编码。这些都只是表面上的差别。下面的程序先修改我们前面已经用过的 mtcars 数据集，把其中一些变量转换为因子类型，并为两个变量的主效应和它们的交互作用生成设计矩阵(如果两个变量都是连续量，则交互作用项就是它们的乘积；如果是离散量，则是虚拟编码的乘积)。只有当其他两个虚拟编码都为 1 时，它们的交互作用(代码中用 vs1:am1 表示)才为 1，这表示当 vs=1 且 am=1 时均值与平均效应的期望值的差异。

```
mtcars <- as.data.table(mtcars)
mtcars[, ID := factor(1:.N)]
mtcars[, vs := factor(vs)]
```

```
mtcars[, am := factor(am)]

head(model.matrix(~ vs * am, data = mtcars))
##   (Intercept)   vs1   am1   vs1:am1
## 1           1     0     1         0
## 2           1     0     1         0
## 3           1     1     1         1
## 4           1     1     0         0
## 5           1     0     0         0
## 6           1     1     0         0
```

3.5.2 R 语言的 ANOVA 函数

> 说明：方差分析用于检验正态分布因变量的组均值是否相等或否存在差异。ez 包提供的 ezANOVA() 函数可以实现独立测量、重复测量、混合模型方差分析，并且提供假设检验。

为了在 R 语言中执行 ANOVA 分析，需要调用 ez 包的 ezANOVA()函数，从而拟合各种类型的 ANOVA 模型，并且提供 ANOVA 模型所需要的额外信息。为了调用这个函数，需要添加一个 ID 变量。ezANOVA()函数需要设置以下参数：数据集、结果变量(dv)、个体 ID 变量(wid)和个体间变量(between)。其余参数是可选的，它们用来控制分组不平衡时方差的计算方式和输出内容。在下面的代码中，我们用一个很小的样本数据集测试治疗方案(治疗方案 A、治疗方案 B 和控制组)的总体效果，并且输出统计检验(Levene 检验)，用以说明方差齐性假设是否得到满足。F 比值较小(p 值较大)，这说明没有证据支持不同治疗方案存在显著差异。

```
example[, ID := factor(1:.N)]

print(ezANOVA(
  data = example,
  dv = y,
  wid = ID,
  between = Condition,
  type = 3,
  detailed = TRUE))
## Coefficient covariances computed by hccm()

## $ANOVA
```

```
##      Effect        DFn   DFd   SSn   SSd    F      p  p<.05   ges
## 1 (Intercept)        1     6  0.96     8 0.72 0.43          0.108
## 2   Condition        2     6  0.66     8 0.25 0.79          0.076
## 
## $'Levene's Test for Homogeneity of Variance'
##   DFn   DFd   SSn   SSd    F       p p<.05
## 1   2     6   1.5   6.1 0.73   0.52
```

下面我们使用 mtcars 数据集及其交互作用来说明 ANOVA 模型。我们只需要增加个体间交互作用项，其余不变。我们最先看到一条警告信息，警告每个组的样本个数不等。当组与组之间的样本数不平衡时，平方和的计算方法不同，因而得到不同的结果。这是一个容易引起争论的问题。运行结果表明，交互作用项没有达到显著水平。vs 与 am 的两个主效应(各自)都是统计显著的，并且有很大的效应量。这说明它们与 mpg 有关。同样没有证据显示它们违反方差齐性假设。与 GLM 架构相比，对回归系数进行 F 比值检验也会得到类似的效果，但是使用的方法稍微不同。当一个因子的级别高于二级时，计算 F 比值的公式的分子有多个自由度，等效于检验多元线性回归系数是否都为零，而不是一次只检验一个系数。输出结果的最后一列(ges)表示效应量，它们是广义埃塔平方(η^2)的测量值。虽然如此，除了如何构建检验外，ANOVA 使用的基本线性模型只是 GLM 模型的一个子集。

```
print(ezANOVA(
  data = mtcars,
  dv = mpg,
  wid = ID,
  between = vs * am,
  type = 3,
  detailed = TRUE))
## Warning: Data is unbalanced (unequal N per group). Make sure you
specified a well-considered value for the type argument to ezANOVA().

## Coefficient covariances computed by hccm()

## $ANOVA
##          Effect  DFn  DFd    SSn   SSd       F        p p<.05    ges
## 1   (Intercept)    1   28  13144   337  1090.6  5.7e-24     *  0.975
## 2            vs    1   28    382   337    31.7  4.9e-06     *  0.531
## 3            am    1   28    284   337    23.5  4.2e-05     *  0.457
## 4         vs:am    1   28     16   337     1.3  2.6e-01        0.045
##
```

```
## $'Levene's Test for Homogeneity of Variance'
##   DFn DFd SSn  SSd    F    p  p<.05
## 1  3   28  15   156  0.88  0.46
```

我们可以使用 Tukey 提出的真实显著性差异(Honestly Significant Difference，HSD)检验 Cells(表示汽车动力组合)组间差异。下面的程序将首先创建一个新变量(Cells)，它是 vs 与 vm 的组合；然后显示均值和 95%置信区间(可以解释为：采用同样的方式，有 95%的置信区间将包括真实的总体参数)。对于任何两个共享同一个字母(0 或 1 中有一个相同)的 Cells 组，它们不存在统计显著性差异。如果它们没有共享同一个字母，则它们存在统计显著性差异。我们用 JWileymisc 包的 TukeyHSDgg()函数绘制图形，调整轴标签的角度，删除 x 轴的标题，得到如图 3-1 所示的结果。

```
mtcars[, Cells := factor(sprintf("vs=%s, am=%s", vs, am))]
TukeyHSDgg("Cells", "hp", mtcars) +
  theme(axis.text.x = element_text(angle=45, hjust=1, vjust=1)) +
  xlab("")
```

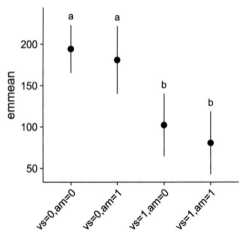

图 3-1　汽车动力组合(Cells)的均值和置信区间，根据 Tukey 的真实显著性差异，如果它们共享同一个字母，则它们不存在统计显著性差异

这一小节虽然简短，但是笔者希望对 ANOVA 模型的介绍能够帮助读者理解如何在 R 语言中使用 ANOVA 检验组均值的差异，本小节也说明了为什么 ANOVA 只是 GLM 的一个受约束的特例。下面将讨论线性回归，它是 GLM 的一个比较灵活的特例，用于连续类型的正态分布因变量，并支持离散类型和连续解释变量。

3.6 线性回归

说明:线性回归是 GLM 模型的一个特例,专用于连续型正态分布的因变量。不同于方差分析,线性回归适用于离散型和连续型解释变量/预测变量。rms 包中的 ols()函数可以实现线性回归并且输出详尽的摘要信息。

3.6.1 概念背景

线性回归是 GLM 的一个特例,它的连接函数和逆连接函数都是简单的恒等函数——$\eta = g(\mu) = \mu$ 和 $\mu = g^{-1}(\eta) = \eta$,并且假设因变量属于正态分布。具体来说,分布假设可以表示为 $y \sim N(\mu, \sigma)$。这里的关键信息是,y 与 μ 一样,都是向量,而 σ 是常量。通常,分布的均值代表分布的位置,离散参数或标准偏差表示尺度或范围(scale)。另一类模型——位置尺度模型允许位置和尺度参数是数据的函数,会随数据而变化。对于 GLM,目前我们暂且假设尺度是常量。另外,这个分布经常表示成残差的分布函数:$\epsilon \sim N(0, \sigma)$,其中 $\epsilon = y - \mu$。表示成这种形式强调了以下事实:原始数据不需要遵循正态分布,只需要在期望值附近正态分布。此外,这也说明了离散参数 σ 表示残差的离散度,也就是相对于期望值的离散性。对于最简单的 GLM,只有一个预测量(即截距)。σ 与 y 的标准差相等,但是,如果回归能够解释 y 的一些偏差或全部偏差,那么 σ 将会趋向于零。

根据中心极限定理,当样本量收敛于无穷大时,回归系数与它们的标准误差之比的分布将收敛于正态分布。在使用线性回归模型时,我们不需要检验参数与正态分布的关系,但是要考虑到以下事实:我们通常面对的是有限采样,需要检验的是参数与 t 分布的关系(对于单个回归系数)。当有无限个自由度时,t 分布收敛为正态分布,而且当自由度的个数有限时,会有一条比较长的尾巴。在线性回归中,自由度可以根据样本大小和参数个数计算出来($df = N - k_{parameters}$)。在后面几章中,当我们讨论其他类型的 GLM 时,自由度不是很容易计算得到,因此我们需要检验单个回归系数与标准正态分布而不是 t 分布的关系。

除了要对单个回归系数进行检验外,还要用似然比检验整个模型。似然比检验方法要对我们想要拟合的模型的似然比与零模型的似然比进行比较,零模型是指只将截距作为预测变量的模型。似然值之所以非常有用的理由之一,在于容易比较,容易检验,而且可以提供多变量的准确检验。

在线性回归中,一个常用的效应量是因变量的方差中由模型引起(或由单个预测量引起)的百分比。这个百分比用 R^2 表示。为了计算 R^2,我们需要先定义几个量。总平方和是每个因变量值与总体期望值或均值之差(SS_{Total})的平方和;回归平方和($SS_{Regression}$)是每个因变量的预测值与因变量总体期望值之差的平方和;残差平方和($SS_{Residual}$)是每个因变量的实际观测值与模型预测值的差的平方和。它们的正式计算公式如下：

$$SS_{Total} = \sum_{i=1}^{N} (y_i - E(y))^2 \tag{3.11}$$

$$SS_{Regression} = \sum_{i=1}^{N} (\mu_i - E(y))^2 \tag{3.12}$$

$$SS_{Residual} = \sum_{i=1}^{N} (y_i - \mu_i)^2 \tag{3.13}$$

有了上述定义后，对于正态分布的线性模型，R^2 可以按下面的公式计算：

$$R^2 = \frac{SS_{Regression}}{SS_{Total}} = 1 - \frac{SS_{Residual}}{SS_{Total}} = cor(y,\mu)^2 \tag{3.14}$$

除非样本数据集无穷大，否则由上述 R^2 计算公式得到的结果是总体 R^2 的有偏估计。正因为如此，我们经常需要输出调整后的 R^2，也就是考虑了模型自由度之后的 R^2，从而提供总体 R^2 的无偏估计。当我们用同一组数据训练和测试模型时，通过自由度可以调整总体样本方差大于乐观值。在本书后面，当讨论如何用 R 语言实现机器学习时，我们还要讨论过拟合这个问题，并且用不同的数据集估计和测试模型。在线性回归中，这个偏差值总是很小，因为与样本量相比，参数个数总是很少。随着预测变量中参数个数的增大，这个问题和过拟合引起的偏差就不得不考虑了。R^2 用来估计整体模型的预测精度，但是也可以用来量化额外增加预测变量后对结果的影响，方法是进行比较：每次添加或删除预测变量时，比较模型的 R^2 变化。

尽管到目前为止，R^2 是评估线性回归拟合程度的最常用指数或区分度，但是还有其他指数。其中一个是 g-指数，它基于基尼指数(Gini Index)。g-指数与 R^2 最大的不同在于 g-指数没标准化，因此它的值取决于因变量和预测变量的尺度。但是与 R^2 一样，值越大，区分效果越好。

3.6.2　R 语言中的线性回归

现在开始介绍数据分析的实际应用，所以需要使用真实数据。我们这里使用美国生活变迁研究数据(参见本书前言中的"数据设置"部分)。从技术上讲，数据有采样权重，但是为了简单起见，我们忽略了这些权重。即使没有考虑到权重，分析结果也仍然正确，只是它们不能反映总体样本。

虽然无法直接检验回归假设，但还是有必要知道因变量值(生活满意度)的近似分布。图 3-2 中的密度图叠加了正态分布曲线。我们把 testdistr()函数的 adjust 参数设置为 2，原始密度图就会变得光滑。从图 3-2 可以看出，生活满意度基本上是正态分布，而且没有出现很大的奇异值。

```
acl <- readRDS("advancedr_acl_data.RDS")

testdistr(acl$SWL_W1, "normal",
          varlab = "Satisfaction with Life", plot = FALSE,
          extremevalues = "theoretical",
          adjust = 2)$DensityPlot
```

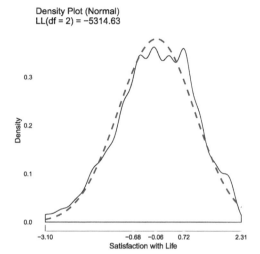

图 3-2*　生活满意度的密度图(黑色线)和正态密度图(蓝色线)

R 语言内置了线性回归拟合函数,但是这里我们使用 rms 包提供的 ols()函数,因为它比较容易使用,而且默认能提供更详尽的摘要输出。ols 这个名字来自于线性回归的另一个名字:普通最小二乘法(ordinary least squares),它是用最小偏差平方作为回归系数的判断准则。

模型的摘要输出首先说明了用什么公式拟合这个模型,然后输出观测量的个数、残余标准差的估计 σ 以及模型的总体自由度。似然比检验同时提供了对全部预测变量执行的统计显著性检验,此外还对以下假设进行检验:至少有一个系数显著性不同于零。区分度指数包括了 R^2、调整后的 R^2 和 g-指数。结构性引起的残差,均值应该为零,但由于曲线倾斜或奇异值的原因,中位数可能会是另一个完全不同的值。分析最小和最大残差有助于辨认残差奇异值。最后以表格形式输出回归系数和相应的标准误差、t 值和 p 值。

```
m.ols <- ols(SWL_W1 ~ Sex + AGE_W1 + SESCategory, data = acl, x = TRUE)
m.ols

## Linear Regression Model
## 
## ols(formula = SWL_W1 ~ Sex + AGE_W1 + SESCategory, data = acl,
```

```
##         x = TRUE)
##
##                    Model Likelihood      Discrimination
##                      Ratio Test             ndexes
##  Obs     3617    LR chi2      118.62     R2       0.032
## sigma1.0355     d.f.               5     R2 adj   0.031
## d.f.    3611    Pr(> chi2) 0.0000         g       0.213
##
## Residuals
##
##       Min         1Q      Median        3Q        Max
##   -3.44270   -0.67206     0.01543    0.75504    2.36635
##
##
##                     Coef       S.E.        t       Pr(>|t|)
## Intercept         -0.7057    0.0755     -9.35      <0.0001
## Sex=(2) FEMALE     0.0308    0.0360      0.86       0.3921
## AGE_W1             0.0103    0.0011      9.75      <0.0001
## SESCategory=2     -0.0133    0.0447     -0.30       0.7654
## SESCategory=3      0.2558    0.0482      5.31      <0.0001
## SESCategory=4      0.2654    0.0635      4.18      <0.0001
##
```

利用 texreg 包，可以自动生成格式优雅的表格。screenreg()函数可以生成用于屏幕输出的表格，htmlreg()函数可以生成 HTML 格式的表格，texreg()函数可以生成 LATEX 格式的表格。

下面这个例子说明了如何生成表 3-6 所示的 LATEX 表格：

```
texreg(m.ols, single.row = TRUE, label = "tglm1-olstex")
```

表 3-6 统计模型(一)

	模型 1
Intercept	−0.71(0.08)***
Sex=(2) FEMALE	0.03(0.04)
AGE_W1	0.01(0.00)***
SESCategory=2	−0.01(0.04)
SESCategory=3	0.26(0.05)***
SESCategory=4	0.27(0.06)***
Num. obs.	3617

(续表)

	模型 1
R^2	0.03
Adj. R^2	0.03
L.R.	118.62

***$p < 0.001$，**$p < 0.01$，*$p < 0.05$

此外，还可以分析模型的诊断结果。首先利用 vif()函数分析共线性(共线性是指解释变量之间高度相关)的影响。VIF(Variance Inflation Factor，方差膨胀因子)接近 1 表示共线性的影响很小。VIF 非常大表示加入高度相关的解释变量会膨胀参数协方差矩阵的方差，因而会带来非常大的标准误差和置信区间。当模型中包含两个非常相似的解释变量时，这种情况会经常发生。

```
vif(m.ols)

## Sex=(2) FEMALE       AGE_W1       SESCategory=2       SESCategory=3
##              1.0          1.2                 1.4                 1.5
## SESCategory=4
##              1.3
```

下面使用拟合值和残差创建一个数据表，并在图 3-3 中用残差曲线验证正态性。利用第 2 章"多变量数据可视化"中介绍的方法，我们在图 3-4 中用分位数回归方法评估异方差性，图 3-4 中的分位数曲线分别对应于 0.05、0.25、0.50、0.75 和 0.95 分位数。比较平坦的直线说明异方差性不显著。

```
diagnostic.data <- data.table(
  fitted = fitted(m.ols),
  resid = residuals(m.ols))

testdistr(diagnostic.data$resid,
          "normal",
          varlab = "Satisfaction with Life Residuals", plot = FALSE,
          extremevalues = "theoretical",
          adjust = 2)$DensityPlot

ggplot(diagnostic.data, aes(fitted, resid)) +
  geom_point(alpha = .2, colour = "grey50") +
  geom_quantile(quantiles = .5, colour = 'black', size = 1) +
  geom_quantile(quantiles = c(.25, .75),
                colour = 'blue', linetype = 2, size = 1) +
```

```
              geom_quantile(quantiles = c(.05, .95),
                            colour = 'black', linetype = 3, size = 1)
## Smoothing formula not specified. Using: y ~ x
## Smoothing formula not specified. Using: y ~ x
## Smoothing formula not specified. Using: y ~ x
```

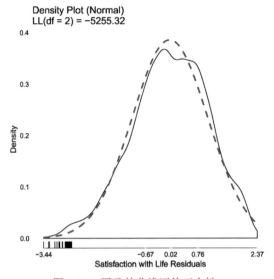

图 3-3*　用残差曲线评估正态性

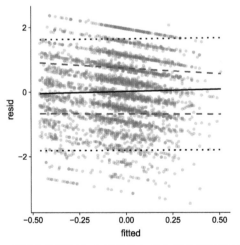

图 3-4*　利用分位数回归分析残差与拟合值的关系和异方差性

现在我们用矩阵符号表示 GLM 模型：

$$\mu = g^{-1}(\eta) = g^{-1}(X\beta) \tag{3.15}$$

为了更好地理解如何解释这些系数，有必要把上式表示成普通代数形式。在线性回归情况下，删除逆连接函数可以进一步简化公式，因为连接函数和逆连接函数是恒等函数。通常可简化成如下形式，其中变量的下标 i 表示作用于变量的第 i 个分类值。

$$\mu = \beta_0 + \beta_1 \text{Sex} + \beta_2 \text{Age} + \beta_3 \text{SES}_2 + \beta_4 \text{SES}_3 + \beta_5 \text{SES}_4 \tag{3.16}$$

每个系数表示预测变量的一个单位变化引起的因变量的预期变化。这里的一个单位由每个预测变量的尺度来决定。例如，年龄(Age)用年表示，因此一个单位表示一年。性别用虚拟编码表示，因此一个单位表示男性与女性之间的一次变化。社会经济地位(SES)用四分位数表示，最小的四分位数可作为参考组(忽略)。因此，年龄增大一岁，相应的生活满意度增加 0.01。

前面提到过，线性回归是 GLM 的一个特例。R 语言内置了 glm()函数，用来拟合 GLM 模型。glm()函数的优点在于同一个函数可以拟合许多不同类型的 GLM 模型。与 ols()函数一样，glm()函数也使用公式接口。但是，glm()允许我们定义不同类型的分布和连接函数。如果我们只是想输出已保存的 GLM 对象，则只能得到最少的输出内容。为了得到内容丰富的摘要输出，需要使用 summary()函数。虽然这个函数在计算效率上只是稍微好一点，但是根据我们的经验，大多数用户总是用它输出结果。因此，如果把 ols()的优雅摘要输出作为默认输出，则会给我们带来很大的便利。glm()函数的一个缺点在于不会输出 R^2 值，这是因为可以解释的方差并不是对所有 GLM 都有意义；另一个缺点是，在默认情况下，没有对总体模型与单个独立模型进行检验，无法提供每个变量的数据个数缺失信息。

```
m.glm <- glm(SWL_W1 ~ Sex + AGE_W1 + SESCategory,
             data=acl, family = gaussian(link="identity"))
m.glm

##
## Call: glm(formula = SWL_W1 ~ Sex + AGE_W1 + SESCategory, family = gaussian(link = "identity"),
##     data = acl)
##
## Coefficients:
##       (Intercept)        Sex(2) FEMALE          AGE_W1       SESCategory2
##           -0.7057              0.0308          0.0103            -0.0133
##      SESCategory3        SESCategory4
##            0.2558              0.2654
##
## Degrees of Freedom: 3616 Total (i.e. Null);  3611 Residual
## Null Deviance:      4000
```

```
## Residual Deviance:    3870     AIC: 10500
summary(m.glm)
##
## Call:
## glm(formula = SWL_W1 ~ Sex + AGE_W1 + SESCategory, family = gaussian(link = "identity"),
##     data = acl)
##
## Deviance Residuals:
##     Min      1Q   Median      3Q     Max
## -3.443  -0.672    0.015   0.755   2.366
##
## Coefficients:
##                 Estimate Std. Error t  value  Pr(>|t|)
## (Intercept)     -0.70565    0.07549    -9.35  < 2e-16 ***
## Sex(2) FEMALE    0.03083    0.03602     0.86    0.39
## AGE_W1           0.01030    0.00106     9.75  < 2e-16 ***
## SESCategory2    -0.01333    0.04467    -0.30    0.77
## SESCategory3     0.25579    0.04819     5.31  1.2e-07 ***
## SESCategory4     0.26544    0.06353     4.18  3.0e-05 ***
## ---
## Signif. codes: 0 '***' 0.001 '**' 0.01 '*' 0.05 '.' 0.1 '.' 1
##
## (Dispersion parameter for gaussian family taken to be 1.1)
##
##     Null deviance: 4000.7 on 3616 degrees of freedom
## Residual deviance: 3871.6 on 3611 degrees of freedom
## AIC: 10525
##
## Number of Fisher Scoring iterations: 2
```

这个程序的输出结果与 R 语言的内置函数 lm() 的结果非常相似,后者专门用于线性回归模型,并且确实增加了 R^2 的估计值。同样,我们需要使用 summary() 函数输出结果,但是并没有输出每个变量的缺失值信息。

很多时候,需要估计多个相关模型。例如,可能存在几个关键预测变量,我们的目标是分析当为模型增加或删除几个额外变量(协变量)时,这些预测变量的效应如何受影响。另一些时候,确实需要添加一些预测变量,但是,只有当它们是统计显著的或者能改善模型的性能时,我们才添加或删除这些预测变量。有必要试试其他函数形式。例如，某个变量作为线性效应被添加到模型中，那么相应的线性项和平方项(二次)也将同时添加到模型中。在本章的前几节中，我们介绍了如何在 R 语言中修改公式。update()函数也为模型准备了许多修改方法。update()作用于模型时与作用于公式时相似，只是当作用于模型时，除了修改公式外，还可以重新生成拟合模型。为了更新和查看结果，除了把它们保存到一个对象外，还可以把整个函数调用放在一对括号中，表示强制输出执行结果。在下面的代码中，我们更新基本模型，然后把雇员身份添加到这个模型中。

```
(m.ols2 <- update(m.ols, . ~ . + Employment_W1))
## Linear Regression Model
##
## ols(formula = SWL_W1 ~ Sex + AGE_W1 + SESCategory + Employment_W1,
##     data = acl, x = TRUE)
##
##           Model Likelihood      Discrimination
##                Ratio Test            Indexes
## Obs      3617    LR chi2     173.43    R2       0.047
## sigma 1.0286    d.f.             12    R2 adj   0.044
## d.f.     3604    Pr(> chi2)  0.0000    g        0.252
##
## Residuals
##
##       Min       1Q     Median       3Q       Max
##  -3.50191  -0.66381    0.03265  0.74125   2.55188
##
##
##                                 Coef     S.E.      t     Pr(>|t|)
## Intercept                     -1.1197   0.1244   -9.00   <0.0001
## Sex=(2) FEMALE                 0.0109   0.0387    0.28    0.7776
## AGE_W1                         0.0092   0.0013    6.83   <0.0001
## SESCategory=2                 -0.0253   0.0451   -0.56    0.5746
## SESCategory=3                  0.2179   0.0498    4.37   <0.0001
## SESCategory=4                  0.2174   0.0655    3.32    0.0009
## Employment_W1=(2) 2500+HRS     0.5832   0.1098    5.31   <0.0001
## Employment_W1=(3) 15002499     0.4675   0.0985    4.75   <0.0001
## Employment_W1=(4) 500-1499     0.5497   0.1085    5.07   <0.0001
## Employment_W1=(5) 1-499HRS     0.6135   0.1250    4.91   <0.0001
## Employment_W1=(6) RETIRED      0.5345   0.0962    5.55   <0.0001
## Employment_W1=(7) UNEMPLOY     0.2498   0.1233    2.03    0.0428
```

```
## Employment_W1=(8) KEEP HS   0.6218   0.0991    6.28 <0.0001
##
```

为了检验 SES(社会经济地位)或 Employment(就业)是否总体显著，我们需要同时检验全部虚拟编码。这可通过对两个模型进行比较来实现，或者对拟合模型应用 anova()函数。最终得到的 ANOVA 输出表格说明，通过对 SES 执行 3 个自由度检验和对 Employment 执行 7 个自由度检验，它们是总体显著的。

```
anova(m.ols2)
##                Analysis of Variance          Response: SWL_W1
##
## Factor           d.f. Partial SS  MS        F      P
## Sex               1   8.4e-02    0.084    0.08   0.78
## AGE_W1            1   4.9e+01   49.364   46.65  <.0001
## SESCategory       3   3.8e+01   12.631   11.94  <.0001
## Employment_W1     7   5.8e+01    8.318    7.86  <.0001
## REGRESSION       12   1.9e+02   15.608   14.75  <.0001
## ERROR          3604   3.8e+03    1.058
```

由于存在性别上的差异，因此可以考虑去掉性别。还可以分析可能存在的其他交互作用，如 Age 与 SES 之间的交互作用。这两个任务都可以用 update()函数一步完成。这里我们再一次用括号强制生成输出结果。

```
(m.ols3 <- update(m.ols2, . ~ . + AGE_W1 * SESCategory - Sex))
## Linear Regression Model
##
## ols(formula = SWL_W1 ~ AGE_W1 + SESCategory + Employment_W1 +
##     AGE_W1:SESCategory, data = acl, x = TRUE)
##
##                Model Likelihood      Discrimination
##                   Ratio Test             Indexes
## Obs     3617   LR chi2    189.72    R2        0.051
## sigma 1.0266   d.f.           14    R2 adj    0.047
## d.f.    3602   Pr(> chi2) 0.0000    g         0.256
##
## Residuals
##
##        Min        1Q      Median       3Q        Max
##    -3.37389  -0.65254    0.04075    0.72383    2.60671
```

```
## 
## 
##                                 Coef   S.E.    t     Pr(>|t|)
## Intercept                     -1.2652 0.1568 -8.07 <0.0001
## AGE_W1                         0.0116 0.0021  5.56 <0.0001
## SESCategory=2                 -0.0495 0.1566 -0.32  0.7518
## SESCategory=3                  0.6213 0.1678  3.70  0.0002
## SESCategory=4                  0.7440 0.2128  3.50  0.0005
## Employment_W1=(2) 2500+HRS     0.5628 0.1092  5.15 <0.0001
## Employment_W1=(3) 15002499     0.4643 0.0984  4.72 <0.0001
## Employment_W1=(4) 500-1499     0.5592 0.1083  5.16 <0.0001
## Employment_W1=(5) 1-499HRS     0.6284 0.1247  5.04 <0.0001
## Employment_W1=(6) RETIRED      0.5280 0.0961  5.50 <0.0001
## Employment_W1=(7) UNEMPLOY     0.2812 0.1232  2.28  0.0225
## Employment_W1=(8) KEEP HS      0.6293 0.0978  6.43 <0.0001
## AGE_W1 * SESCategory=2         0.0009 0.0026  0.35  0.7248
## AGE_W1 * SESCategory=3        -0.0077 0.0029 -2.62  0.0088
## AGE_W1 * SESCategory=4        -0.0107 0.0041 -2.61  0.0090
## 
```

从上述结果可以看出，年龄与社会经济地位之间确实存在交互作用。在模型中添加了交互作用项后，年龄变量的系数是在 SES 分位数值为最小值时年龄变量与生活满意度变量之间直线关系的斜率(SES 分位数值为最小值时代表 SES 虚拟编码的参考组，因此也是 SES 与年龄交互项的参考组。这个交互系数表示年龄与生活满意度之间的关系在 SES 类别较高时较低)。

为更好地理解交互作用，我们用图形显示在 SES(社会经济地位)为不同级别时，生活满意度的期望值如何随年龄变化。

使用 R 语言同时绘制多个回归模型的结果的一种快速方法是使用 visreg 包提供的 visreg() 函数。这个函数可以实现快速预测，并且可以生成和绘制置信区间。它使用了一些合理的默认值，例如把不需要绘制的变量置为中位值，给连续或分类变量设置众数。visreg() 函数的最简单形式只需要两个参数：第一个参数说明模型类型，第二个参数表示希望将哪个变量绘制在 x 轴上(xvar 参数)。我们把年龄设置为 x 轴，然后通过 by 参数传递社会经济地位，不同曲线表示不同社会经济地位下生活满意度与年龄的关系，表示它们之间存在交互作用。

默认时，visreg() 函数会生成偏残差图和 rug 图，并把交互作用分解成单独的子图。可以通过设置 overlay=TRUE 把全部子图并合成一幅图形，通过设置 partial = FALSE 取消偏残差图，因此只有预测曲线；通过设置 rug = FALSE 取消 rug 图，rug 图显示了数据点落在 x 轴的哪个位置。此外，通过 xlab 和 ylab 参数可以设置 x 轴和

y 轴标签。最后，通过设置 line = list(lty = 1:4)修改线型，使得不用彩色打印，也仍然可以看到图形。这些个性化设计生成的结果如图 3-5 所示。

```
plot(visreg(m.ols3, xvar = "AGE_W1", by = "SESCategory",
        plot = FALSE),
    overlay = TRUE, partial = FALSE, rug = FALSE,
    xlab = "Age (years)", ylab = "Predicted Life Satisfaction",
    line = list(lty = 1:4))
```

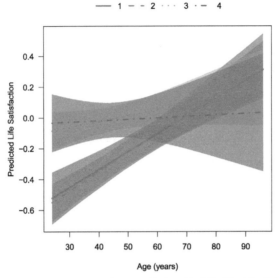

图 3-5*　生活满意度与年龄的关系，SES(社会经济地位)类别值对应每条直线，
阴影区域表示回归估计的 95%置信区间

图 3-5 看起来还是有点乱，因为各个置信区间相互重叠。但如果用于个人理解，这些图还是很有用的。如果用于展示，我们将很难在图中看清其中的直线。通过设置 band=FALSE，可以取消置信区间。为了使图形更加适合于展示，可进一步把图形修改为灰度图。为此，需要给这个函数传递四种颜色，每条直线对应一种颜色。经过这样的个性化设置后，结果如图 3-6 所示。

```
plot(visreg(m.ols3, xvar = "AGE_W1", by = "SESCategory",
        plot = FALSE),
    overlay = TRUE, partial = FALSE, rug = FALSE,
    xlab = "Age (years)", ylab = "Predicted Life Satisfaction",
    line = list(
        lty = 1:4,
        col = c("black", "grey75", "grey50", "grey25")),
    band = FALSE)
```

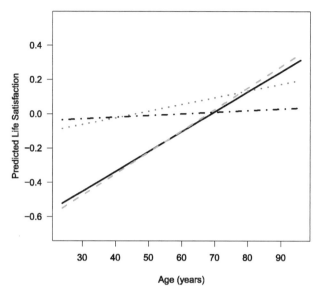

图 3-6 生活满意度与年龄的关系，SES(社会经济地位)分类值对应每条直线，但取消了置信区间

使用 visreg()函数是一种快速且容易的方法，因此在很多情况下，这是一种很好的选择。要想进一步控制的话，我们可以手动绘制同样的图形。为此，我们需要获得不同年龄和不同 SES 分类值的预测值，此外还需要在模型中保存其他变量的某些值，如就业变量。在 R 语言中，获得模型的预测值是一件很容易的事，但必须先创建一个小的数据集，其中包含模型预测所需要的全部输入值。这个任务用 expand.grid()很容易完成。重要的是，数据集中的因子值必须与模型中的相同，这不难实现，用 levels()可以读取真实数据中的因子值。

```
newdata <- as.data.table(expand.grid(
  AGE_W1=quantile(acl$AGE_W1, .1):quantile(acl$AGE_W1, .9),
  SESCategory = factor(1:4, levels = levels(acl$SESCategory)),
  Employment_W1 = factor("(3) 15002499",
    levels = levels(acl$Employment_W1))))
newdata
##      AGE_W1 SESCategory Employment_W1
## 1:       30           1 (3) 15002499
## 2:       31           1 (3) 15002499
## 3:       32           1 (3) 15002499
## ---
## 186:     74           4 (3) 15002499
```

```
## 187:        75             4 (3) 15002499
## 188:        76             4 (3) 15002499
```

现在可以用 predict() 函数生成预测值。我们只可以读取预测值以及预测值的标准误差。标准误差很有用,可以用来计算每个预测量的置信区间,并显示估计的不确定性。为了获得标准误差,需要设置参数 se.fit=TRUE。最后得到的结果是一个列表,这个列表的第一个元素是预测值向量,第二个元素是标准误差向量,我们把结果保存在数据表中。

```
newdata[, c("SWL_W1", "SE") :=
        predict(m.ols3, newdata = newdata, se.fit = TRUE)]
newdata

##     AGE_W1 SESCategory Employment_W1 SWL_W1    SE
## 1:      30           1 (3) 15002499 -0.453 0.076
## 2:      31           1 (3) 15002499 -0.441 0.075
## 3:      32           1 (3) 15002499 -0.430 0.073
## ---
## 186:     74           4 (3) 15002499  0.014 0.121
## 187:     75           4 (3) 15002499  0.015 0.124
## 188:     76           4 (3) 15002499  0.016 0.128
```

置信区间的计算公式如下:

$$Estimate \pm Sex \times z_{\alpha/2} \tag{3.17}$$

这里的 z 表示单位正态分布的分位数(经常称为 z 分数)。$z_{\alpha/2}$ 是由 α 值决定的分位数(例如,$\alpha=0.05$ 表示 95%置信区间)。更精确地说,可以使用 t 分布的分位数和合适的自由度,但是对于如此大的样本数据,t 分布将是有效的正态分布。使用 R 语言中的 qnorm() 函数可以获得 $z_{\alpha/2}$ 值。

```
print(qnorm(.05/2), digits = 7)

## [1] -1.959964

print(qnorm(1 - (.05/2)), digits = 7)

## [1] 1.959964
```

下面使用 ggplot2 包和 cowplot 包的 theme() 函数生成预测值图。程序稍微有点复杂,但是可以生成出版质量的图形,如图 3-7 所示。虽然相比使用 visreg() 要麻烦一些,但却允许用户对预测值拥有全部控制权,并且允许用户在生成或展示图形之前,对图形进一步分析,或者对预测量做进一步分析。

```
ggplot(newdata, aes(AGE_W1, SWL_W1, linetype=SESCategory)) +
  geom_ribbon(aes(ymin = SWL_W1 + SE * qnorm(.025),
                  ymax = SWL_W1 + SE * qnorm(.975)),
alpha = .2) +
geom_line(size = 1) +
scale_x_continuous("Age (years)") +
ylab("Satisfaction with Life") +
theme_cowplot() +
theme(
  legend.position = c(.8, .16),
  legend.key.width = unit(2, "cm"))
```

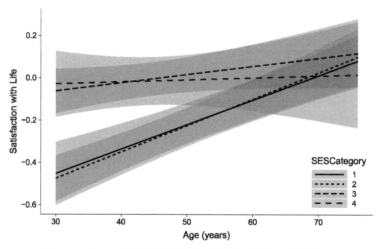

图 3-7　按 SES 类型绘制生活满意度随年龄的变化曲线，
阴影区域表示回归估计的 95% 置信区间

由于置信区间与回归系数和标准误差有关，因此置信区间也与 p 值紧密相关。但是，置信区间可以用来说明真实样本回归系数的估计不确定性。在 R 语言中，可以使用 confint() 函数计算每个回归系数的 95% 置信区间。

```
confint(m.ols3)

##                              2.5 %    97.5 %
## Intercept                  -1.5726   -0.9579
## AGE_W1                      0.0075    0.0157
## SESCategory=2              -0.3566    0.2575
## SESCategory=3               0.2922    0.9504
## SESCategory=4               0.3267    1.1612
## Employment_W1=(2) 2500+HRS  0.3487    0.7768
```

```
## Employment_W1=(3) 15002499        0.2714    0.6572
## Employment_W1=(4) 500-1499        0.3468    0.7715
## Employment_W1=(5) 1-499HRS        0.3839    0.8729
## Employment_W1=(6) RETIRED         0.3396    0.7163
## Employment_W1=(7) UNEMPLOY        0.0396    0.5227
## Employment_W1=(8) KEEP HS         0.4376    0.8211
## AGE_W1 * SESCategory=2           -0.0041    0.0059
## AGE_W1 * SESCategory=3           -0.0134   -0.0019
## AGE_W1 * SESCategory=4           -0.0186   -0.0027
```

3.6.3 高性能线性回归

至此，我们只关注那些容易使用且能生成综合输出的函数，这可能是大多数用户在大多数时候的需求。回归模型在当前计算机上的计算速度非常快，因此在大多数时候，计算时间不再成为问题。但是在某些情况下，计算速度可能仍然是我们关心的一个问题。关于自采样算法(Bootstrapping，是指对有限的样本资料进行多次重复抽样的一种算法)，后面几章在介绍机器学习时会进行深入讨论。简而言之，就是反复从一个数据集中采样数据，根据采样的数据估计某些参数，生成经验参数分布。对于自采样算法，我们只想从中得到回归系数，这个任务可由 coef()函数实现。

人们经常需要处理数百个甚至数千个自采样样本。考虑到时间因素，而且这里只是作为演示，我们只用了 500 个自采样样本，并且使用了 Intel 公司开发的 MKL 线性代数库。另外，为了实现准确的计时估计，只使用了单核处理器。如果在单核 CPU 上运行，或者不使用 MKL，就不需要考虑这个问题。

```
tmpdat <- na.omit(acl[, .(SWL_W1, AGE_W1, SESCategory, Employment_W1)])
## use if using Microsoft R Open with Intel's MKL linear algebra library
setMKLthreads(1)
```

其实代码相当简单。用 system.time()函数记录运行时间，接着用 sapply()函数从 1 循环到 500，为所有行生成索引，然后拟合模拟，并从模型读取系数。

```
set.seed(12345)
t1 <- system.time(ols.boot <- sapply(1:500, function(i) {
  index <- sample(nrow(tmpdat),
                  size = nrow(tmpdat), replace = TRUE)
  coef(ols(SWL_W1 ~ AGE_W1 * SESCategory + Employment_W1,
        data = tmpdat[index]))
}))
t1
```

```
##  user  system  elapsed
##  4.27    0.06     4.33
```

使用 ols() 函数时,需要 4.33 秒时间才能完成——虽然时间不是长得令人无法忍受,但是也慢到足以观察到数据交互分析的延迟现象。在实际应用中,可能至少需要几千个自采样样本。因此,10 000 个自采样本可能需要 86.6 秒。下面我们使用 RcppEigen 包提供的 fastLm() 函数,由于使用 C++拟合线性模型,因此速度要快许多,效率也高许多。

```
set.seed(12345)
t2 <- system.time(rcpp.boot1 <- sapply(1:500, function(i) {
  index <- sample(nrow(tmpdat), size = nrow(tmpdat), replace = TRUE)
  coef(fastLm(SWL_W1 ~ AGE_W1 * SESCategory + Employment_W1, data =
  tmpdat[index]))
}))

t2

## user system elapsed
##  2.5    0.0     2.5
```

现在,总的运行时间减少到 2.52 秒,因此 10 000 个自采样样本可能需要 50.4 秒。接下来,我们使用 fastLmPure() 函数,它也来自于 RcppEigen 包。fastLmPure() 函数不是十分"智能",需要用户传入因变量向量和模型矩阵,并且不能使用公式接口。我们把因变量向量和模型矩阵的计算时间也包含在系统计时器记录的时间中。然后把自采样样本的索引应用于这些预先计算好的矩阵。

```
set.seed(12345)
t3 <- system.time({
  y <- tmpdat[, SWL_W1]
  X <- model.matrix(~ AGE_W1 * SESCategory + Employment_W1, data = tmpdat)
  N <- nrow(tmpdat)
  rcpp.boot2 <- sapply(1:500, function(i) {
    index <- sample.int(N, size = N, replace = TRUE)
    fastLmPure(X = X[index, ], y = y[index])$coefficients
  })
})

t3

## user system elapsed
## 0.48   0.02    0.50
```

使用这种方法，整个分析过程只需要 0.5 秒。由于运算速度非常快，因此我们很容易把它应用于 10 000 个样本并重新运行。

```
set.seed(12345)
t4 <- system.time({
  y <- tmpdat[, SWL_W1]
  X <- model.matrix(~ AGE_W1 * SESCategory + Employment_W1, data = tmpdat)
  N <- nrow(tmpdat)
  rcpp.boot3 <- sapply(1:10000, function(i) {
    index <- sample.int(N, size = N, replace = TRUE)
    fastLmPure(X = X[index, ], y = y[index])$coefficients
  })
})
t4

##    user  system elapsed
##    9.95    0.21   10.15
```

10 000 个样本只需要 10.15 秒。如果使用并行处理，时间还可能进一步缩短。通常，fastLmPure()不用于交互数据分析，而是只用于自采样等计算量很大的任务。当需要计算几百个不同模型时，这种速度优势就很有意义。最后，用 all.equal()函数检查是否所有模型都能得到相同的结果。通过设置 check.attributes = FALSE，可以忽略特征量的名称，这是因为 ols()函数命名虚拟系数的方法稍有不同。

```
all.equal(ols.boot, rcpp.boot1, check.attributes = FALSE)

## [1] TRUE

all.equal(ols.boot, rcpp.boot2, check.attributes = FALSE)

## [1] TRUE
```

3.7 控制混合影响

在科学研究领域，GLM 常用于研究一个变量对另一个变量可能存在的效应。例如，自我效能感(self-efficacy)是个人对改变生活或控制生活能力的评价。研究表明，自我效能感高的人容易改变自己的行为(如开始健身运动、开始戒烟、报名并完成大学学业)。读者只需要想想某些自我效能感比较低的一些人的表现就能明白这个道理：他们总是认为自己不能改变自己的生活，总是认为自己的行为和环境无法控制(他们认为自己被环境控制，或被其他能为强大的人控制)。暂且不管其他人控制他们的生活是否是事实，但是如果他们认为自己无法控制自己，他们就很容易放弃努力或不愿意尝试新的东西，也不可能坚持某个行为，更不可能去追求自己的目标。现在再想象那些自我效能感高的人，他们不大可能经历抑郁症。回忆之前提到的 ACL 数据集，两个数据集中都包含两个变量，一个表示自我效能感，另一个表示抑郁症。我们很自然地想从这两个数据集开始，测试能否从第一波的自我效能感预测到第二波的抑郁症。下面这段代码就用来验证这个假设。从结果可以看出，它们之间确实存在统计显著性负关联。第一波中自我效能感高的人，在第二波中患抑郁症的较少。结果如表 3-7 所示。

```
m0 <- ols(CESD11_W2 ~ SelfEfficacy_W1, data = acl)
texreg(m0, label = "tglm1-olsunadj")
```

表 3-7 统计模型(二)

	模型 1
Intercept	0.02
	(0.02)
SelfEfficacy_W1	−0.36***
	(0.02)
Num.obs.	2867
R^2	0.13
Adj. R^2	0.13
L.R.	399.71

***$p < 0.001$，**$p < 0.01$，*$p < 0.05$

如果只是一个单纯的预测模型，我们可能会对结果感到满意。但是从科学角度看，只证明两个变量之间存在相关性是不够的。相关并不意味着一个变量会引起另一个变量的变化。这是很重要的区别。假设自我效能感引起低抑郁症，则我们相信如果加入干预，增加某人的自我效能感，那么可以预料发生抑郁症的可能性会减小。但是，如果自我效能感不是产生抑郁症的原因，只是一个与抑郁症有关联的量，那么改变自我效能感可能对抑郁症没有影响。

这就引入了混合概念。引起两个变量相互关联的原因有许多。其中一个原因是两个变量存在因果关系，一个是因，另一个是果。但是，面对真实世界中的不准确模型，两个变量的关联也可能存在第三个变量，第三个变量同时是这两个变量的因。例如，假设慢性健康问题可能会引起低自我效能感和高抑郁症。如果慢性健康问题无法解释，则自我效能感与抑郁症可能存在关联。但是，在考虑了慢性健康问题因素后，就会发现自我效能感与抑郁症之间可能不存在关联。

表示因果关系的常用工具是因果图。在因果图中，用圆圈表示变量，用带箭头的直线表示某个变量决定另一个变量。要想对因果图有一个初步的了解，或者想深入了解因果推理，可阅读参考文献。图 3-8 是一张因果图。在这张因果图中，Z 是 X

和 Y 的共同因变量。根据前面的概念实例，Z 是慢性症，X 是自我效能感，Y 是第二波的抑郁症。如果不考虑 Z 的原因，那么 X 与 Y 之间的关联是不准确的有偏估计。

图3-8　因果图实例，Z 是 X 和 Y 的共同因变量，如果不考虑 Z，那么 X 和 Y 之间好像存在关联

还有其他方法可以从不准确模型得到有偏估计。图3-9是另一张因果图。Z 是 X 和 Y 的共同因变量，这里 Z 被称为碰撞变量，因为来自 X 和 Y 的路径在这里碰撞。如果图3-9所示的关系存在，则直接检验 X 和 Y 之间的关联是合理的。但是，如果我们把 Z 作为混合变量添加到模型中，而不是删除 Z 的混合效应，则会产生 X 与 Y 之间的假关联。

从这两个例子我们得到以下经验：如果 Z 是共同的因变量(见图3-8)，则不适当地排除路径会诱导偏差；相反，如果 Z 是碰撞变量(见图3-9)，则不适当地包含路径也会诱导偏差。

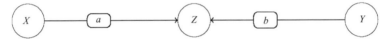

图3-9　因果图实例，Z 是 X 和 Y 的碰撞变量(共同的因变量)，在分析 X 和 Y 的关联性时，如果忽略了 Z，则 X 与 Y 的关联性可以准确估计。但是，如果考虑到碰撞变量(Z)，则会在 X 和 Y 之间建立关联

图3-10是因果图的最后一个实例。其中，Z 相当于中介，X 通过它影响 Y。换个说法，Z 把 X 的效应传递给 Y。这种情况下，我们可检验 X 对 Y(通过 Z)的间接效应。如果模型中没有 Z，那么 X 与 Y 存在关联，但是一旦把 Z 添加到模型中，X 就不能直接关联到 Y，因为 X 与 Y 之间的所有关联都要通过 Z 传递。

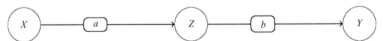

图3-10　Z 是 X 和 Y 的中介，因为 Z 把 X 的效应传递给 Y。考虑到 Z 会消除 X 与 Y 之间的关联，在分析 X 与 Y 之间的关联时，如果忽略 Z，就可以准确估计关联

这些想法既可以用于横向数据，也可用于纵向研究。它们在边际结构模型(Marginal Structural Model，MSM)理论中得到深入阐述。MSM 通常用逆概率加权估计器进行估计。当预测量 X 是离散类型时，计算第 i 个人的逆概率权重(Inverse Probability Weight，IPW)的基本公式是：

$$w_i = \frac{1}{P(X=x_i|Z=z_i)} \tag{3.18}$$

通过推广这些基本权重计算公式，可以得到所谓的稳定权重计算公式。实际上

只是调整计算公式中的边际概率,使得 X 可以取任意某个值。公式如下:

$$sw_i = \frac{P(X = x_i)}{P(X = x_i | Z = z_i)} \tag{3.19}$$

尽管使用逆概率权重估计器的想法来自二元焦点预测器(focal predictor)模型,但是 IPW 思想很容易推广到连续预测器。主要思想可简单地归纳为:假设我们正在研究焦点预测器 X 及其与某个因变量 Y 的关联性,但是已知存在混合变量 Z。调整 Z 效应的一种方法是计算给定 Z 值时的 X 概率。对于连续变量,使用同样的思想,只是对于某些假设分布,我们不能依靠概率质量函数,必须使用概率密度函数,而且标准做法是使用稳定概率。假设 X 遵循正态分布 $X \sim N(\mu, \sigma)$,连续预测变量的稳定权重可以由以下公式估计:

$$sw_i = \frac{f_X(X; \mu_1, \sigma_1)}{f_{X|Z}(X | Z = z_i; \mu_2, \sigma_2)} \tag{3.20}$$

上式中,$f_X(.)$ 是正态分布的概率密度函数。根据无条件模型估计 X 的概率密度函数,实质上就是控制 X 的不同方差值。

利用 IPW,我们可选择自己感兴趣的模型,并用 IPW 进行估计。现已证明,假设用于生成权重的模型与表示 X 和 Y 间关联性的模型都正确,那么使用这种方法可以渐进得到预测量 X 和因变量 Y 间关联的无偏估计。只要有一个模型假设错误,换言之,如果权重模型假设错误(没有包含必需的混合变量,或没有正确说明的函数形式,如实际是二次函数,而假设为线性关联),就会产生有偏估计。对于连续暴露变量,值得推荐的方法是缩尾处理或对顶端和底端分位数的权值进行调整,这样可以减少因极端权值引起的噪声。

为了用 R 语言构造 IPW,可以使用非常不错的 ipw 包。首先,需要确定 IPW 模型中的哪些变量需要调整。这通常需要执行几个步骤。第一步是,添加自我效能感和抑郁症的共同原因(根据理论,对于前面的数据集,只是比随机的、凭直觉生成的数据强些)。性别、种族和年龄也许是比较好的选项,因为这几项不可能由自我效能感或抑郁症引起。也许我们还要添加慢性病的发作次数。

为了计算某个时间点的 IPW,可以使用 ipw 包的 ipwpoint()函数。这个函数需要定义暴露变量名和期望的分布,在本例中是正态分布。然后为 numerator(分子)和 denominator(分母)概率密度函数定义模型。最后,需要告诉 ipwpoint()函数使用哪个数据集。把结果保存到变量 w 中,使用 ipw.weights 可以访问 w 中的 IPW 权值。快速绘制一幅图形,显示原始的权值分布以及分位数的 1%顶部和底部经缩尾处理后的权值分布,如图 3-11 所示。

```
## weights
w <- ipwpoint(
  exposure = SelfEfficacy_W1,
  family = "gaussian",
```

```
  numerator = ~ 1,
  denominator = ~ 1 + Sex + RaceEthnicity + AGE_W1 + NChronic12_W1,
  data = acl)

plot_grid(
  testdistr(w$ipw.weights, plot = FALSE)$DensityPlot,
  testdistr(winsorizor(w$ipw.weights, .01),
        plot = FALSE)$DensityPlot,
  ncol = 1)
```

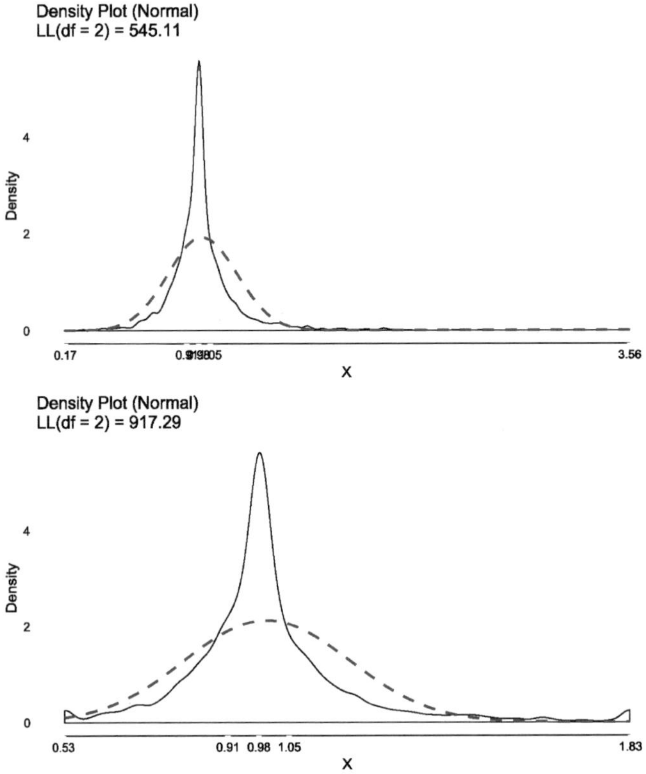

图 3-11*　原始权重和整修后的自我效能感的逆概率权重

得到权重后，就可以估计带权模型。方法是通过 weights 参数把权重传递给 ols() 函数。可以利用 IPW 调节性别、种族和慢性病的混合效应。为了便于比较，表 3-8 列出了调整前后的模型。

```
## unweighted, unadjusted
m0 <- ols(CESD11_W2 ~ SelfEfficacy_W1, data = acl)
## weighted, adjusted
```

```
m1 <- ols(CESD11_W2 ~ SelfEfficacy_W1, data = acl,
    weights = winsorizor(w$ipw.weights, .01))

texreg(list(m0, m1),
    label = "tglm1-weight1")
```

表 3-8　统计模型(三)

	模型 1	模型 2
Intercept	0.02	0.02
	(0.02)	(0.02)
SelfEfficacy_W1	−0.36***	−0.32***
	(0.02)	(0.02)
Num. obs.	2867	2867
R^2	0.13	0.11
Adj. R^2	0.13	0.11
L.R.	399.71	325.23

***$p < 0.001$，**$p < 0.01$，*$p < 0.05$

作为敏感性分析的一部分，我们可能还需要对其他额外因素做进一步调整。我们认为，这些因素可能是混合变量或中介变量，或是其他对自我效能感在抑郁症上的效应起变换作用的机制。在本例中，我们添加了社会经济地位、就业状态、BMI指数、吸烟情况和体育运动类别。用这些新的权值，我们先估计权重，然后重新估计模型。表 3-9 给出了未经调整的模型、部分调整的模型和完全调整的模型。

```
# weighted, fully adjusted
w2 <- ipwpoint(
    exposure = SelfEfficacy_W1,
    family = "gaussian",
    numerator = ~ 1,
    denominator = ~ 1 + Sex + RaceEthnicity + AGE_W1 + NChronic12_W1 +
      SESCategory + Employment_W1 + BMI_W1 + Smoke_W1 + PhysActCat_W1,
    data = acl)

m2 <- ols(CESD11_W2 ~ SelfEfficacy_W1, data = acl,
    weights = winsorizor(w2$ipw.weights, .01))

texreg(list(m0, m1, m2),
    label = "tglm1-weight2")
```

表 3-9 统计模型(四)

	模型 1	模型 2	模型 3
Intercept	0.02	0.02	0.02
	(0.02)	(0.02)	(0.02)
SelfEfficacy_W1	-0.36^{***}	-0.32^{***}	-0.29^{***}
	(0.02)	(0.02)	(0.02)
Num. obs.	2867	2867	2867
R^2	0.13	0.11	0.09
Adj. R^2	0.13	0.11	0.09
L.R.	399.71	325.23	261.52

***$p < 0.001$,**$p < 0.01$,*$p < 0.05$

调整潜在混合因子的一种方法是简单地把潜在的混合变量添加到模型中。在下面的程序中，用 m1b 和 m2b 表示模型，其中 b 表示是 IPW "模型 1" 和 "模型 2" 的替代。

```
m1b <- ols(CESD11_W2 ~ Sex + RaceEthnicity + AGE_W1 +
   NChronic12_W1 + SelfEfficacy_W1,
   data = acl)

m2b <- ols(CESD11_W2 ~ Sex + RaceEthnicity + AGE_W1 +
   NChronic12_W1 + SESCategory +
   Employment_W1 + BMI_W1 + Smoke_W1 + PhysActCat_W1 +
   SelfEfficacy_W1, data = acl)
```

最后，有些研究人员建议使用所谓的双稳健估计器(doubly robust estimator)。双稳健估计器把 IPW 权值和用来构建模型的同一组混合因子添加到模型中。在下面的程序中，m1c 和 m2c 是这两个调整模型的另一版本。

```
m1c <- ols(CESD11_W2 ~ Sex + RaceEthnicity + AGE_W1 +
   NChronic12_W1 + SelfEfficacy_W1,
   data = acl,
   weights = winsorizor(w$ipw.weights, .01))

m2c <- ols(CESD11_W2 ~ Sex + RaceEthnicity + AGE_W1 +
   NChronic12_W1 + SESCategory +
   Employment_W1 + BMI_W1 + Smoke_W1 + PhysActCat_W1 +
   SelfEfficacy_W1, data = acl,
   weights = winsorizor(w2$ipw.weights, .01))
```

为了对这些不同方法进行比较，我们从每个模型读取估计值和置信区间，然后绘制图形，这样就很容易可视化地分析它们的差别。例如下面的程序，结果如图 3-12 所示。在本例中，所有结果都非常相似。出现这种情况的原因在于变量只出现在一个时间点。然而，在边际结构模型中，这些方法可能产生较大的差异，这正是 IPW 方法在边际结构模型中得到强烈推荐的原因。

```r
## write an extract function
extractor <- function(obj, label) {
  b <- coef(obj)
  ci <- confint(obj)
  data.table(
    Type = label,
    B = b[["SelfEfficacy_W1"]],
    LL = ci["SelfEfficacy_W1", "2.5 %"],
    UL = ci["SelfEfficacy_W1", "97.5 %"])
}

allresults <- rbind(
  extractor(m0, "M0: Unadjusted"),
  extractor(m1, "M1: Partial IPW"),
  extractor(m1b, "M1: Partial Covs"),
  extractor(m1c, "M1: Partial Covs + IPW"),
  extractor(m2, "M2: Full IPW"),
  extractor(m2b, "M2: Full Covs"),
  extractor(m2c, "M2: Full Covs + IPW"))
allresults[, Type := factor(Type, levels = Type)]

ggplot(allresults, aes(Type, y = B, ymin = LL, ymax = UL)) +
  geom_pointrange() +
  coord_flip() +
  xlab("") + ylab("Estimate + 95% CI")
```

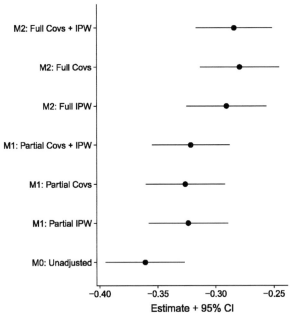

图 3-12　比较自我效能感与抑郁症在各种关联模型中的估计值和置信区间：Covs 表示协方差调整模型，IPW 表示逆概率权重调整模型，Covs + IPW 是逆概率权重和协方差的混合模型

3.8　案例研究：多线性回归与交互作用

这个案例模仿了杂志上的一篇文章。在这篇文章中，研究人员对测试青少年睡眠和负面情绪之间关联性的认知易感性模型感兴趣。在这项研究中，有150名青少年完成了负面情绪(MOOD，表示抑郁症到焦虑症的综合指数)、睡眠错误观念(DBAS)、功能失调态度(DAS)、学业压力(Stress)和主观睡眠品质(SSQ)等数据的测量，还通过可穿戴传感器客观地评估了睡眠质量，具体来说就是需要多少分钟才能入睡(SOLacti，后面简称入睡时间)。这些测量数据是在学校和假期获得的。需要说明的是，这些主观睡眠质量的数值越大，睡眠质量越差。

利用书末参考文献[5]中的标准化回归系数、均值和标准差，我们可以模拟生成一个数据集，从而近似表示文章使用的数据集。

```
set.seed(12345)
adosleep <- data.table(
  SOLacti = rnorm(150, 4.4, 1.3)^2,
  DBAS = rnorm(150, 72, 26),
  DAS = rnorm(150, 125, 32),
  Female = rbinom(150, 1, .53),
  Stress = rnorm(150, 32, 11))
```

```
adosleep[, SSQ := rnorm(150,
            (.36 * 3 / 12.5) * SOLacti +
            (.16 * 3 / 26) * DBAS +
            (.18 * 3 / .5) * Female +
            (.20 * 3 / 11) * Stress, 2.6)]
adosleep[, MOOD := rnorm(150,
            (-.07 / 12.5) * SOLacti +
            (.29 / 3) * SSQ +
            (.14 / 26) * DBAS +
            (.21 / 32) * DAS +
            (.12 / 32) * SSQ * (DAS-50) +
            (.44 / .5) * Female +
            (.28 / 11) * Stress, 2)]
adosleep[, Female := factor(Female, levels = 0:1,
                            labels = c("Males", "Females"))]
```

作为更大模型的一部分，研究者们假设主观睡眠质量与负面情绪有关，但是这种关系受功能失调态度调节。具体来说，功能失调态度被认为是青少年的脆弱性，青少年在这一项上得分较高，且睡眠质量较差者，越容易受负面情绪影响。相反，对于那些在功能失调态度上得分较低者，即使睡眠质量较差，他们也不容易受负面情绪影响(负面情绪和主观睡眠质量存在弱相关)。睡眠潜时(sleep onset latency，也就是入睡时间)由睡眠活动记录仪测得(客观测量)，压力、性别和睡眠功能失调态度等数据都包含在分析中。

首先检查核心变量，分析分布是否存在奇异点(见图3-13)。

```
plot_grid(
  testdistr(adosleep$MOOD, extremevalues = "theoretical",
            plot=FALSE, varlab = "MOOD")$Density,
  testdistr(adosleep$SSQ, extremevalues = "theoretical",
            plot=FALSE, varlab = "SSQ")$Density,
  testdistr(adosleep$SOLacti, extremevalues = "theoretical",
            plot=FALSE, varlab = "SOLacti")$Density,
  testdistr(adosleep$DAS, extremevalues = "theoretical",
            plot=FALSE, varlab = "DAS")$Density,
  ncol = 2)
```

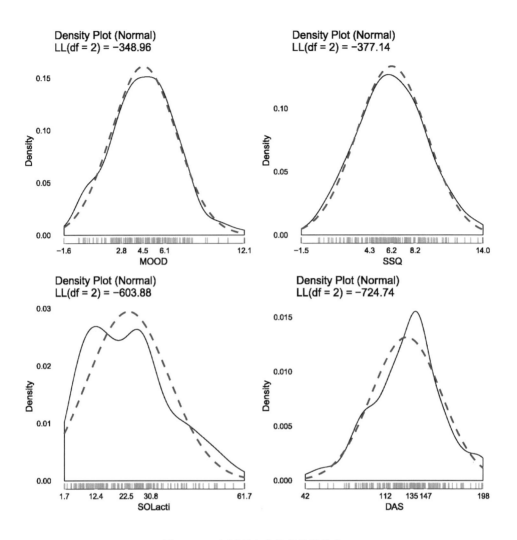

图 3-13* 案例研究中各变量的分布

接着分析该案例中存在的双变量(连续)相关性(见图 3-14)。

```
plot(SEMSummary(
  ~ MOOD + SOLacti + DBAS + DAS + Stress + SSQ,
  data = adosleep), plot = "cor") +
  theme(axis.text.x = element_text(
    angle = 45, hjust = 1, vjust = 1))
```

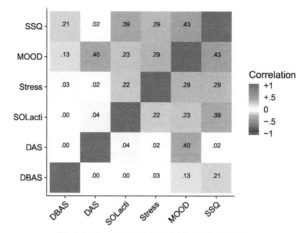

图 3-14*　用热图表示量之间的相关性

接下来为这项研究创建描述性统计表。这虽然相当简单，但是创建描述性统计表或者用图形说明变量之间的关系是一种标准做法，从而以更好的方式把研究结果展示给用户，帮助他们更好地理解每个变量的分布和宽度。这里用 JWileymisc 包中的 egltable()函数计算和显示连续变量的均值、标准差以及离散变量的 N 值、百分位值(这里只显示女性的结果)。

```
egltable(c("SOLacti", "SSQ", "MOOD", "Stress",
           "DBAS", "DAS", "Female"),
         data = as.data.frame(adosleep))
```

```
##                  M (SD)/N (%)
## 1:    SOLacti    23.33 (13.60)
## 2:        SSQ     6.18 (3.00)
## 3:       MOOD     4.53 (2.49)
## 4:     Stress    32.84 (10.92)
## 5:       DBAS    72.10 (23.88)
## 6:        DAS   130.57 (30.45)
## 7:     Female
## 8:      Males       67 (44.7)
## 9:    Females       83 (55.3)
```

为了得到书末参考文献[5]中那样的标准估计值，我们对这些预测量进行定标化处理：

```
adosleep[, zMOOD := as.vector(scale(MOOD))]
adosleep[, zDBAS := as.vector(scale(DBAS))]
adosleep[, zDAS := as.vector(scale(DAS))]
```

```
adosleep[, zSSQ := as.vector(scale(SSQ))]
adosleep[, zSOLacti := as.vector(scale(SOLacti))]
adosleep[, zStress := as.vector(scale(Stress))]
```

接着,我们创建三个不同类型的拟合模型。第一个模型使用全部协变量,第二个模型添加了不带交互作用的主结构,第三个模型添加了假设存在的交互作用——主观睡眠质量与全球性的功能失调态度之间的交互作用。

最后,使用 screenreg()函数将全部结果组成一张表。在本例中,screenreg()用括号输出拟合系数和标准误差,用星号表示 p 值。有了这样的表,就很容易比较系数变化与模型中的哪些因素有关。

```
m.adosleep1 <- ols(zMOOD ~ zSOLacti + zDBAS + Female + zStress,
                   data = adosleep)
m.adosleep2 <- update(m.adosleep1, . ~ . + zSSQ + zDAS)
m.adosleep3 <- update(m.adosleep2, . ~ . + zSSQ:zDAS)
screenreg(list(m.adosleep1, m.adosleep2, m.adosleep3))
##
## ==================================================
##                     模型 1         模型 2          模型 3
## --------------------------------------------------
## Intercept          -0.24 *       -0.28 **        -0.28 **
##                    (0.11)        (0.09)          (0.09)
## zSOLacti            0.17 *        0.04            0.03
##                    (0.08)        (0.07)          (0.07)
## zDBAS               0.14          0.07            0.08
##                    (0.08)        (0.06)          (0.06)
## Female=Females      0.44 **       0.50 ***        0.50 ***
##                    (0.15)        (0.13)          (0.13)
## zStress             0.26 ***      0.19 **         0.20 **
##                    (0.08)        (0.07)          (0.07)
## zSSQ                              0.34 ***        0.34 ***
##                                  (0.07)          (0.07)
## zDAS                              0.41 ***        0.44 ***
##                                  (0.06)          (0.06)
## zSSQ * zDAS                                       0.14 *
##                                                  (0.07)
## --------------------------------------------------
## Num. obs.         150           150             150
## R^2                 0.18          0.43            0.45
```

```
## Adj. R^2           0.16      0.41      0.42
## L.R.              29.54     85.59     89.91
## ====================================================
## *** p < 0.001, ** p < 0.01, * p < 0.05
```

回顾一下，前面曾说过，主观睡眠质量较高，睡眠质量就较差。模型 2 显示，较差的睡眠质量和功能失调态度与较高的负面情绪存在显著相关性(两者的 $p<0.001$)。现在分析模型 3，睡眠质量与功能失调态度之间的交互作用属于正相关且十分显著，这表示青少年在功能失调态度上得分高，进而表示睡眠质量差与负面情绪的相关性更强。

为保证这些模型看起来合理，我们检查方差膨胀因子和残差分布。合理的出发点是选择最复杂的模型，因为其中的变量可能最多，最可能存在共线的数据点。

```
vif(m.adosleep3)
##       zSOLacti        zDBAS  Female=Females       zStress
##            1.2          1.1             1.0           1.1
##           zSSQ         zDAS      zSSQ * zDAS
##            1.3          1.1             1.1
testdistr(resid(m.adosleep3), plot=FALSE, varlab = "Residuals")$QQPlot
```

方差膨胀因子不是特别高，残差看起来属于正态分布(见图 3-15)。因此，我们继续讨论。

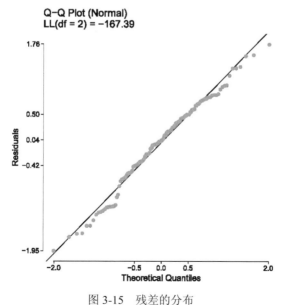

图 3-15　残差的分布

为了分解交互作用，最好创建图形。为绘制图形，如果测量的尺度是合理的(如年龄用年表示),或者测量方法是人们经常使用的,那就使用变量的原始尺度。我们同样需要创建一个新的数据集并且预测数据,进而用于图形的绘制。所有协变量都采用它们的均值或众数。作为示例,功能失调态度的"low"和"high"值可用均值－标准差和均值+标准差表示。

```
## refit model on raw data
m.adosleep.raw <- ols(MOOD ~ SOLacti + DBAS + Female +
                        Stress + SSQ * DAS,
                      data = adosleep)

## create a dataset
adosleep.newdat <- as.data.table(with(adosleep, expand.grid(
  SOLacti = mean(SOLacti),
  DBAS = mean(DBAS),
  Female = factor("Females", levels(Female)),
  Stress = mean(Stress),
  SSQ = seq(from = min(SSQ), to = max(SSQ), length.out = 100),
  DAS = mean(DAS) + c(1, -1) * sd(DAS))))

adosleep.newdat$MOOD <- predict(m.adosleep.raw,
                                newdata = adosleep.newdat,
                                se.fit = FALSE)

adosleep.newdat[, DAS := factor(round(DAS),
  levels = c(100, 161),
  labels = c("M - 1 SD", "M + 1 SD"))]
```

图 3-16 说明主观睡眠质量与负面情绪的关系因功能失调态度的低水平和高水平而异。当功能失调态度处于高水平时,睡眠质量与负面情绪(容易给青少年带来伤害)之间的关系在睡眠质量较差时尤为明显。

```
ggplot(adosleep.newdat, aes(SSQ, MOOD, linetype=DAS)) +
  geom_line(size = 2) +
  scale_x_continuous("Subjective sleep quality\n(higher is worse)") +
  ylab("Negative Mood") +
  theme_cowplot() +
  theme(
    legend.position = c(.85, .15),
    legend.key.width = unit(2, "cm"))
```

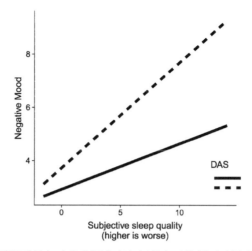

图 3-16 主观睡眠质量与功能失调态度之间的交互作用可以用来预测负面情绪

总之,这个示例给我们提供了一次难得的机会,可以深入分析本章开头提出的问题。

3.9 小结

本章介绍了广义线性模型(GLM)的概念背景以及几个常见的统计模型,它们是 GLM 的几个特例。本章重点介绍了 GLM 的两个特例:ANOVA 和线性回归,它们适用于连续和正态分布的焦点结果或因变量。表 3-10 归纳了本章用到的一些主要函数。下一章将继续介绍 GLM 主题,但是主要针对非正态分布的因变量,如二元数据或计数数据。

表 3-10 本章用到的重要函数及其功能

函数	功能
model.matrix()	接收一个描述解释预测变量的公式并生成一个设计矩阵,后者可用来拟合 GLM 模型
update()	通过添加或删除变量,更新现有的公式或模型对象
ezANOVA()	来自 ez 包的函数,提供了一种架构,可以拟合多种类型的 ANOVA 模型,还可以拟合指数并且生成诊断输出
anova()	R 语言内置函数,用来拟合 ANOVA 模型,也可用来从 GLM 模型获取 ANOVA 摘要表格
ols()	来自 rms 包的函数,可以拟合线性回归模型,并可生成综合输出信息和诊断信息
glm()	R 语言内置函数,可拟合广义线性模型,包括线性回归和其他模型
summary()	这个函数经常用来从 GLM 模型的拟合结果获取额外的摘要信息

(续表)

函数	功能
coef()	这个函数可以从线性回归或其他拟合的 GLM 模型读取回归系数
vif()	用来计算线性回归模型中每个预测量的方差膨胀因子,因而可以确定由于模型中存在线性可解释变量而引起的参数协方差矩阵的膨胀度
predict()	这个函数可以根据现有的拟合模型产生关于新数据的预测值,也可以生成交互作用图形和预测图形
ipwpoint()	可以计算每个时间点的逆概率权重,适用于离散或连续的预测量/暴露变量。也可以计算边际结构模型,解释潜在的混合因子
texreg()	根据各种模型生成结果表格。为了便于比较,也可以把多个模型的结果组合在一起

第 4 章

GLM II

广义线性模型(GLM)也可以处理非连续正态分布因变量。诚然，GLM 最重要的优点在于提供了一个统一的框架，可以帮助我们更好地理解应用于各种不同类型分布的回归模型。本章将使用一个非常强大的 R 包——VGAM 包，其中提供了向量广义线性模型(Vector Generalized Linear Model，VGLM)和向量广义可加模型(Vector Generalized Additive Model，VGAM)等计算工具。VGLM 和 VGAM 是两个比 GLM 更灵活的模型工具，这些模型可产生多个响应。然而，VGAM 包除了在多参数方面表现出灵活性外，还实现了 20 多个连接函数、50 多个不同类型的模型或假设分布。本章只涉及 VGAM 包的一小部分功能，VGAM 包的强大功能和灵活性意味着我们不需要介绍其他包，也不需要介绍其他函数。如果读者想深入学习 VGLM 和 VGAM，我们推荐阅读由 VGAM 包的作者编写的非常精彩的参考书。

```
library(checkpoint)
checkpoint("2018-09-28", R.version = "3.5.1",
  project = book_directory,
  checkpointLocation = checkpoint_directory,
  scanForPackages = FALSE,
  scan.rnw.with.knitr = TRUE, use.knitr = TRUE)

library(knitr)
library(data.table)
library(ggplot2)
library(ggthemes)
library(scales)
library(viridis)
library(VGAM)
library(ipw)
library(JWileymisc)
library(xtable)
```

```
library(texreg)
options(
  width = 70,
  stringsAsFactors = FALSE,
  datatable.print.nrows = 20,
  datatable.print.topn = 3,
  digits = 2)
```

4.1 概念背景

本章将介绍几类专用的 GLM 模型，它们构成了除最常见的线性模型外的其他绝大部分 GLM 模型。

4.1.1 Logistic 回归

有三类 GLM 模型可用于离散数据：二项变量、有序变量和多项 Logistic 回归。它们使用相同的标准连接函数——对数变换函数(后面简称为 logit 函数)，通常可以表示为如下形式：

$$\log_e\left(\frac{p}{1-p}\right) \tag{4.1}$$

其中 p 代表概率。对于二项和多项 Logistic 回归，我们可以将上式表示为如下形式：

$$\log_e\left(\frac{P(Y=j|X)}{P(Y=M+1|X)}\right) \tag{4.2}$$

其中，有 $M+1$ 个离散结果，j 是 $1,\cdots,M$ 中的某个值。在二项情形下，只有两个分类值，对应于 $M=1$ 和 $M+1=2$。处在任何一组(任意分类值)的概率之和必须等于 1：

$$\sum_{j=1}^{M+1} P(Y=j|X) = 1 \tag{4.3}$$

因此，用于二项结果量的 logit 函数可以简化为：

$$\log_e\left(\frac{P(Y=1|X)}{1-P(Y=1|X)}\right) \tag{4.4}$$

对于有序的 Logistic 回归，标准的做法是使用累加的 logit 函数：

$$\log_e\left(\frac{P(Y \leq j|X)}{1-P(Y \leq j|X)}\right) \tag{4.5}$$

概率之比也称为概率比(又称优势、发生比或可能性):

$$概率比 = \frac{P(Y=1|X)}{1-P(Y=1|X)} \tag{4.6}$$

例如，假设给定某个预测量的值和模型，$P(Y=1|X) = 0.75$，那么

$$概率比 = \frac{0.75}{1-0.75} = \frac{0.75}{0.25} = 3 \tag{4.7}$$

对于上述概率比，我们可以这样来解释含义：给定一组预测值，某一事件发生($Y=1$)的概率是这件事件不发生($Y=0$)的概率的 3 倍。把 logit 函数作用于概率比的对数，这样就在理论上确保了取值范围为$-\infty \sim +\infty$。

回归系数也与概率比有关。举个最简单的例子，假设模型只有一个预测量 x_1，则模型可以表示为

$$\log_e\left(\frac{P(Y_i=1|X=x_{1i})}{1-P(Y_i=1|X=x_{1i})}\right) = \beta_0 + \beta_1 * x_{1i} \tag{4.8}$$

公式中的系数 β_1 可以定义为

$$\beta_1 = \log_e\left(\frac{P(Y_i=1|X=x_{1i}+1)}{P(Y_i=1|X=x_{1i})}\right) \tag{4.9}$$

这表示当给定 x_{1i} 和 $x_{1i}+1$ 时相应概率比的自然对数。通常的做法是输出概率比而不是概率比的对数，为此可表示成指数形式：

$$概率比 = e^{\beta_1} \tag{4.10}$$

假设 $\beta_1 = 0.5$，于是 $e^{0.5} = 1.65$，可以这样理解这个值：预测变量 x_1 中的一个单位变化，会引起事件出现概率的 1.65 倍变化。

4.1.2 计数回归

本章还将介绍其他几种类型的 GLM 模型，它们是专为计数类型数据设计的。计数数据是离散型数据，与 Logistic 回归使用的结果量相似。但是不同于 Logistic 回归，计数结果量可以取很多值且有序。根据正式定义，计数结果量可以是 0 和∞之间的任意正整数。计数因变量出现在很多情形中，例如在医疗背景下，个体的年龄、出现共病案例(comorbid condition)的次数，等等。在保险行业，我们希望建立模型来表示一个人会发生多少起事故。很多人的事故次数为零，但是有些人会有一

两起事故，极个别人可能有三起或四起事故。在生产环境中，我们关心次品率或故障率，如果一条生产线或一家工厂次品出现的次数很多，这将是减少次品、成本和提高质量控制的宝贵信息。

与计数数据有关的两类最常见 GLM 模型是泊松回归和负二项回归。泊松分布只有一个参数，通常用 λ 来表示变化率或均值。已知参数 λ，泊松分布的概率密度函数可表示为

$$P(Y = y;\lambda) = \frac{e^{-\lambda}\lambda^{y}}{y!} \tag{4.11}$$

这里的 λ 既是泊松分布的均值，也是方差。为了便于比较，图 4-1 显示了两个不同 λ 值的泊松分布。注意，如果我们已事先计算好分布值且想要绘制为条形图，则最好使用 geom_col()函数而非 geom_bar()函数。

```
dpoisson <- data.table(X = 0:20)
dpoisson[, Lambda2 := dpois(X, lambda = 2)]
dpoisson[, Lambda6 := dpois(X, lambda = 6)]

ggplot(melt(dpoisson, id.vars = "X"),
       aes(X, value, fill = variable)) +
  geom_col(position = "dodge") +
  scale_fill_viridis(discrete = TRUE) +
  theme(legend.position = c(.7, .8)) +
  xlab("Y Score") + ylab("Poisson Density")
```

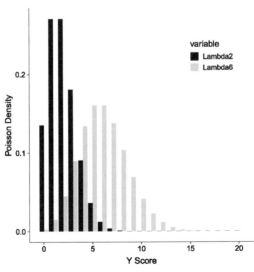

图 4-1　λ=2 和 λ=6 时的泊松密度分布

泊松回归和负二项回归的标准连接函数都是自然对数函数。因此，这两类回归的标准模型是：

$$\log_e(Y_i) = \beta_0 + \beta_1 * x_1 + \cdots + \beta_k * x_k \tag{4.12}$$

根据以上公式，就很容易解释这些系数的意义。例如，β_1 表示 x_1 中的一个单位变化会引起事件的发生概率变成原来的 β_1 倍。

负二项回归与泊松回归相似。唯一不同是为负二项分布增加了一个参数，它表示方差可以不同于均值。负二项分布的概率密度函数比起泊松分布更加复杂：

$$P(Y=y;\lambda,\upsilon) = \binom{y+\upsilon-1}{y}\left(\frac{\lambda}{\lambda+\upsilon}\right)^y\left(\frac{\upsilon}{\upsilon+\lambda}\right)^\upsilon \tag{4.13}$$

负二项分布的均值仍然是 λ，但是方差计算公式为 $\lambda + \frac{\lambda^2}{\upsilon}.\upsilon^{-1}$，又称为尺度参数或离散参数，有时也称为辅助参数。随着 υ 值的增加，负二项分布越来越接近泊松分布，当 $\lim_\upsilon \to \infty$ 时，负二项分布就变为泊松分布。

在很多实际应用中，负二项分布相比泊松分布可能会是更好的选择。计算公式只是比泊松分布稍微复杂些，负二项分布与实际数据更加相符，因为它不像泊松分布，后者要求均值和方差相等。

负二项回归的解释基本上与泊松回归相同，这里不再赘述。

4.2 R 程序示例

作为本章的例子，我们再次回到美国生活变迁研究数据集。这个数据集的读取和准备已在本书"前言"的"数据设置"部分介绍过。从技术上讲，这个数据集有采样权重，但是为了简单起见，我们不考虑这些权重。即使没有考虑这些权重，分析也仍然正确。只是它们不能反映总体样本。

```
acl <- readRDS("advancedr_acl_data.RDS")
```

4.2.1 二项 Logistic 回归

为了使用二项 Logistic 回归模型，需要定义一个二元因变量。为此，将数据集中的吸烟状态转换为二元变量，用以表示个体是否是当前吸烟者(相对于过去吸烟者和从来不吸烟者)。然后使用 vglm() 函数，并使参数 family = binomialff()，进而设置对数连接函数，让 vglm() 函数生成 Logistic 回归模型。与其他模型一样，用 summary() 函数输出模型摘要和系数：

```
acl$CurSmoke <- as.integer(acl$Smoke_W1 == "(1) Cur Smok")
```

```
m.lr <- vglm(CurSmoke ~ Sex,
             family = binomialff(link = "logit"),
             data = acl, model = TRUE)
summary(m.lr)

## 
## Call:
## vglm(formula = CurSmoke ~ Sex, family = binomialff(link = "logit"),
##     data = acl, model = TRUE)
## 
## 
## Pearson residuals:
##                Min     1Q Median 3Q Max
## logit(prob) -0.712 -0.603 -0.603 1.4 1.66
## 
## Coefficients:
##                 Estimate  Std. Error  z value  Pr(>|z|)
## (Intercept)     -0.6788      0.0574    -11.82  < 2e-16 ***
## Sex(2) FEMALE   -0.3314      0.0746     -4.44  8.8e-06 ***
## ---
## Signif. codes: 0 '***' 0.001 '**' 0.01 '*' 0.05 '.' 0.1 '.' 1
## 
## Number of linear predictors: 1
## 
## Name of linear predictor: logit(prob)
## 
## Residual deviance: 4356 on 3615 degrees of freedom
## 
## Log-likelihood: -2178 on 3615 degrees of freedom
## 
## Number of iterations: 4
## 
## No Hauck-Donner effect found in any of the estimates
```

在这个简单的例子中，只有一个二元因变量和一个二元预测变量，因此可以很容易用频数直接计算概率比。在一个 2×2 的频数表中，概率比就是相应概率的相除结果。Logistic 回归的输出系数是概率比的自然对数值。对于表 4-1，概率比的计算公式如下。

$$\frac{\dfrac{a}{c}}{\dfrac{b}{d}}$$

表 4-1　假设的频数表

预测变量	非吸烟者	吸烟者
男性	a	b
女性	c	d

对于 ACL 这个数据集，实际的频数表如表 4-2 所示。

```
or.tab <- xtabs(~ Sex + CurSmoke, data = acl)
or.tab.res <- (or.tab[1,1]/or.tab[2,1])/(or.tab[1,2]/or.tab[2,2])
xtable(or.tab, caption = "Observed frequency table",
    label = "tglm2-obsfreq")
```

表 4-2　观测得到的频数表

预测变量	0	1
男性	901	457
女性	1656	603

最后得到的概率比计算公式是

$$\frac{\dfrac{901}{1656}}{\dfrac{457}{603}}=0.72$$

0.72 的自然对数是-0.33，这与使用 Logistic 回归模型得到的系数相等。

知道概率比的计算公式可以帮助我们解释结果。回顾一下，对于 2×2 的频数表，概率比计算公式可以简单表示为

$$\frac{\dfrac{a}{c}}{\dfrac{b}{d}}$$

上述公式也说明了 Logistic 回归的要求：表中不可以有零值单元。如果有零值单元，比如 c、b 或 d 为零，结果将无法确定(不能除以零)。如果 a 为零，则结果正好为零，零的对数是负无穷大，这也意味着 Logistic 回归的系数为负无穷大，负无穷大会带来十分麻烦的计算问题。

虽然对于大多数人而言，理解概率比和对数概率的计算公式不是很困难，但是

直观地解释意义并不是一件容易的事。许多人发现概率尺度更容易解释，例如男性和女性吸烟的概率(比例或百分比)。回到表 4-1，男性吸烟概率的计算公式为

$$\frac{b}{a+b}$$

女性吸烟概率的计算公式为

$$\frac{d}{c+d}$$

我们也可以输出这两个概率之差，用来说明男性吸烟概率与女性吸烟概率的差值。获取概率最简单也是最常用的方法是根据数据和模型进行预测。为此，可以使用 predict()函数。为了得到概率尺度而不是对数概率尺度上的预测值，可以使用可选参数 type = "response"。这样又把结果变回原来的尺度，如图 4-2 所示。

```
preddat <- data.table(Sex = levels(acl$Sex))
preddat$yhat <- predict(m.lr, newdata = preddat,
        type = "response")

ggplot(preddat, aes(Sex, yhat)) +
  geom_bar(stat = "identity") +
  scale_y_continuous("Smoking Probability", labels = percent) +
  theme_tufte()
```

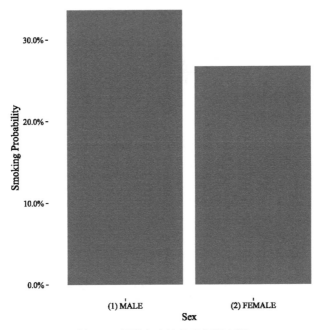

图 4-2　男性和女性的吸烟概率图

使用 xtable()函数可以得到一张格式良好的结果表，表 4-3 就是本例的结果。

```
xtable(coef(summary(m.lr)), digits = 2,
       caption = paste(
  "Summary of logistic regression model",
  "including coefficients, standard errors",
  "and p-values."), label = "tglm2-orsimple")
```

表 4-3　Logistic 回归模型的摘要，包括回归系数、标准误差和 p 值

	估计值	标准误差	z 值	Pr(>|z|)
(Intercept)	−0.68	0.06	−11.82	0.00
Sex(2) Female	−0.33	0.07	−4.44	0.00

上述结果可以解释为：按对数概率，女性吸烟的概率比男性少 0.33。我们也可以按概率比来解释上面的结果：女性吸烟的概率是男性的 0.72 倍。

现在介绍另一个例子。再次分析第 3 章提到的自我效能感这个问题。我们考虑几个混合因素，它们分别是性别、种族(或少数民族)以及年龄。我们可以求得逆概率权重，并用它们调整自我效能感模型和吸烟模型。

```
## unadjusted model
m0.lr <- vglm(CurSmoke ~ SelfEfficacy_W1,
              family = binomialff(link = "logit"),
              data = acl, model = TRUE)

## estimate IPWs
w <- ipwpoint(
  exposure = SelfEfficacy_W1,
  family = "gaussian",
  numerator = ~ 1,
  denominator = ~ 1 + Sex + RaceEthnicity + AGE_W1,
  data = acl)

## adjusted logistic regression model
m1.lr <- vglm(CurSmoke ~ SelfEfficacy_W1,
              family = binomialff(link = "logit"),
              data = acl, model = TRUE,
              weights = winsorizor(w$ipw.weights, .01))
```

我们再次使用 xtable()函数制作一张表，比较原始数据的估计与调整模型的预测值，结果如表 4-4 所示。在这个示例中，对性别、种族和年龄应用负概率权重后，结果与调整前稍有差别。

```
xtable(rbind(
  data.table(Type = "Raw", coef(summary(m0.lr))),
  data.table(Type = "Adj", coef(summary(m1.lr)))),
  digits = 2,
  caption = paste("Comparison of unadjusted (raw)",
    "and adjusted regression models"),
  label = "tglm2-lrcompare")
```

表 4-4 未调整的回归模型与调整后的回归模型的比较

	类型	估计值	标准误差	z 值	Pr(>|z|)
1	Raw	−0.88	0.04	−24.13	0.00
2	Raw	−0.06	0.03	−1.71	0.09
3	Adj	−0.88	0.04	−24.12	0.00
4	Adj	−0.08	0.03	−2.36	0.02

结果可以解释如下：在自我效能感中增加一个单位，会引起吸烟的概率对数值下降 0.08。也可以从概率比尺度来解释上述结果：在自我效能感中增加一个单位会让吸烟概率增加 0.92 倍。

由于概率比没有绝对意义，因此有必要把结果表示成绝对概率。现在我们又用到 predict() 函数，用它预测概率值并生成图形。为此，生成自我效能感在某个范围内的预测值，结果如图 4-3 所示。它说明当自我效能感增加时，当前吸烟者的概率随之下降。在这个示例中，即使按概率比，也是线性下降的，因为没有接近于 0 或 1 的概率。

```
preddat2 <- data.table(SelfEfficacy_W1 =
  seq(from = min(acl$SelfEfficacy_W1, na.rm = TRUE),
    to = max(acl$SelfEfficacy_W1, na.rm = TRUE),
    length.out = 1000))
preddat2$yhat <- predict(m1.lr, newdata = preddat2,
                        type = "response")
ggplot(preddat2, aes(SelfEfficacy_W1, yhat)) +
  geom_line() +
  scale_x_continuous("Self-Efficacy") +
  scale_y_continuous("Smoking Probability", label = percent) +
  theme_tufte() + coord_cartesian(ylim = c(.25, .40))
```

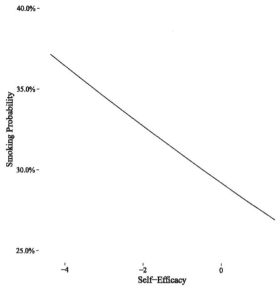

图 4-3 吸烟概率与自我效能感的关系

最后，有时人们也根据数据集计算概率的平均变化，由于在概率比尺度上，结果是非线性关系(尽管在图 4-3 中，它们看起来是近似线性的)，因此由自我效能感变化引起的概率变化取决于自我效能感的初始级别。而且，如果模型中还有其他变量，那么变化值还与其他变量有关。解决这个问题的一种办法是先用实际数据集生成预测概率，再稍微增大每个人的自我效能感。在这种情况下，对人们的自我效能感或其他预测值的分数不能有任何不切实际的假设，我们使用它们的实际分数。然后，找到每个吸烟概率的预测变化值，最后对它们求平均值，得到概率的平均边际效应。

```
## delta value for change in self efficacy
delta <- .01

## create a copy of the dataset
## where we increase everyone's self-efficacy by delta
aclalt <- copy(acl)
aclalt$SelfEfficacy_W1 <- aclalt$SelfEfficacy_W1 + delta

## calculate predicted probabilities
p1 <- predict(m1.lr, newdata = acl, type = "response")
p2 <- predict(m1.lr, newdata = aclalt, type = "response")

## calculate the average, marginal change in probabilities
## per unit change in self efficacy
```

```
## in percents and rounded
round(mean((p2 - p1) / delta) * 100, 1)

## [1] -1.7
```

这个示例中，我们发现平均边际效应的意义是：当自我效能感每增加一个单位时，根据预测，会引起当前吸烟概率下降1.7%。

4.2.2 有序 Logistic 回归

有序 Logistic 回归可用于离散分类型因变量，也可用于自然有序分类型值。在 ACL 数据集中，体育运动分为五级，从最不愿意运动到最积极参与运动。

```
acl$PhysActCat_W2 <- factor(acl$PhysActCat_W2, ordered = TRUE)

## adjusted ordered logistic regression model
m0.or <- vglm(PhysActCat_W2 ~ SelfEfficacy_W1,
              family = propodds(),
              data = acl)
## estimate IPWs
w <- ipwpoint(
  exposure = SelfEfficacy_W1,
  family = "gaussian",
  numerator = ~ 1,
  denominator = ~ 1 + Sex + RaceEthnicity + AGE_W1,
  data = acl)

## adjusted ordered logistic regression model
m1.or <- vglm(PhysActCat_W2 ~ SelfEfficacy_W1,
              family = propodds(),
              data = acl, model = TRUE,
              weights = winsorizor(w$ipw.weights, .01))
```

在有序 Logistic 回归模型中，存在多个截距，截距的个数比因变量的分类级别数小一。由于我们使用比例概率模型(proportional odds model)，假设自我效能感与因变量的比例关系适用于全部分类值，因此只需要估计自我效能感的一个系数，表 4-5 对比了原始的未调整模型与调整后的模型。

```
xtable(rbind(
  data.table(Type = "Raw",
             Labels = rownames(coef(summary(m0.or))),
             coef(summary(m0.or))),
```

```
        data.table(Type = "Adj",
                   Labels = rownames(coef(summary(m1.or))),
                   coef(summary(m1.or)))),
        digits = 2,
        caption = paste("Comparison of unadjusted (raw) and",
         "adjusted ordered logistic regression models"),
        label = "tglm2-orcompare")
```

表 4-5 未调整(原始)的与调整后的有序 Logistic 回归模型的比较

	类型	标签	估计	标准误差	z 值	Pr(>|z|)
1	Raw	(Intercept):1	0.80	0.04	19.70	0.00
2	Raw	(Intercept):2	0.08	0.04	2.03	0.04
3	Raw	(Intercept):3	−1.14	0.04	−26.11	0.00
4	Raw	(Intercept):4	−1.88	0.06	−34.20	0.00
5	Raw	SelfEfficacy_W1	0.22	0.03	6.60	0.00
6	Adj	(Intercept):1	0.79	0.04	19.56	0.00
7	Adj	(Intercept):2	0.07	0.04	1.93	0.05
8	Adj	(Intercept):3	−1.14	0.04	−26.15	0.00
9	Adj	(Intercept):4	−1.89	0.06	−34.22	0.00
10	Adj	SelfEfficacy_W1	0.19	0.03	5.87	0.00

与二项 Logistic 回归一样，通过绘制概率预测值图，可以为我们提供一个更容易解释数据的视图。由于体育运动这个变量存在多个分类值，因此最终得到多个概率结果，然后用 melt()函数把它们组合成一个较大的数据集。最后的结果如图 4-4 所示。从中可以看出，随着自我效能感的增加，参与体育运动的概率，除了最小分类值外，其他四个分类值对应的概率都有微小的增长。但是在最低值类别中，概率出现急剧下降。

```
preddat3 <- data.table(SelfEfficacy_W1 =
 seq(from = min(acl$SelfEfficacy_W1, na.rm = TRUE),
     to = max(acl$SelfEfficacy_W1, na.rm = TRUE),
     length.out = 1000))
preddat3 <- cbind(preddat3,
 predict(m1.or, newdata = preddat3,
         type = "response"))
preddat3 <- melt(preddat3, id.vars = "SelfEfficacy_W1")

ggplot(preddat3, aes(SelfEfficacy_W1, value,
                     colour = variable, linetype = variable)) +
```

```
geom_line(size = 2) +
scale_color_viridis(discrete = TRUE) +
scale_x_continuous("Self-Efficacy") +
scale_y_continuous("Activity Probability", label = percent) +
coord_cartesian(ylim = c(0, .6), expand = FALSE) +
theme_tufte() +
theme(legend.position = c(.7, .8),
      legend.key.width = unit(2, "cm"))
```

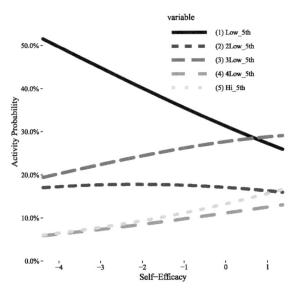

图 4-4*　体育运动类别对自我效能感的影响

与二项 Logistic 回归一样，我们可以计算因自我效能感中的一个单位变化而引起的预测概率的平均边际变化。对于多分类变量，需要计算每个类别值的平均边际效应。

```
## delta value for change in self efficacy
delta <- .01

## create a copy of the dataset
## where we increase everyone's self-efficacy by delta
aclalt <- copy(acl)
aclalt$SelfEfficacy_W1 <- aclalt$SelfEfficacy_W1 + delta

## calculate predicted probabilities
p1 <- predict(m1.or, newdata = acl, type = "response")
p2 <- predict(m1.or, newdata = aclalt, type = "response")
```

```
## average marginal change in probability of
## membership in each category
round(colMeans((p2 - p1) / delta) * 100, 1)
##  (1) Low_5th  (2) 2Low_5th  (3) 3Low_5th  (4) 4Low_5th  (5) Hi_5th
##       -4.2          -0.6          1.3           1.3          2.2
```

4.2.3 多分类 Logistic 回归

多分类 Logistic 回归与有序 Logistic 回归相似。当因变量的分类值多于两个时，要用多分类 Logistic 回归。但是不同于有序 Logistic 回归假设比例概率，多分类 Logistic 模型并没有假设存在比例概率效应或分类值有序。为了获得灵活性，需要在其他方面做出牺牲：增加参数的个数以及结果解释的复杂度。

为了应用多分类 Logistic 回归，需要分析 ACL 数据集中的就业信息。ACL 根据工作时长对人们的就业状态进行分类。为简单起见，可合并为单个就业类别：

```
acl[, EmployG_W2 := as.character(Employment_W2)]
acl[EmployG_W2 %in% c(
  "(2) 2500+HRS", "(3) 15002499",
  "(4) 500-1499", "(5) 1-499HRS"),
  EmployG_W2 := "(2) EMPLOYED"]
acl[, EmployG_W2 := factor(EmployG_W2)]
```

对就业信息重新生成编码后，我们得到如表 4-6 所示的频数表。

```
xtable(as.data.frame(table(acl$EmployG_W2)),
       caption = "Frequency table of employment",
       label = "tglm2-freqtab")
```

表 4-6 就业频数表

	就业变量值	频数
1	(1) DISABLED	122
2	(2) EMPLOYED	1476
3	(6) RETIRED	724
4	(7) UNEMPLOY	86
5	(8) KEEP HS	459

接着像前面一样，用 vglm() 函数估计多分类 Logistic 回归模型。唯一的区别在于设置参数 family = multinomial()。与前面的例子一样，我们分别估计未调整模型和调整后的模型。调整后的模型用 IPW 解释性别、种族和年龄的混合效应。

```
## unadjusted multinomial logistic regression model
m0.mr <- vglm(EmployG_W2 ~ SelfEfficacy_W1,
              family = multinomial(),
              data = acl, model = TRUE)

## estimate IPWs
w <- ipwpoint(
  exposure = SelfEfficacy_W1,
  family = "gaussian",
  numerator = ~ 1,
  denominator = ~ 1 + Sex + RaceEthnicity + AGE_W1,
  data = acl)

## adjusted multinomial logistic regression model
m1.mr <- vglm(EmployG_W2 ~ SelfEfficacy_W1,
              family = multinomial(),
              data = acl, model = TRUE,
              weights = winsorizor(w$ipw.weights, .01))
```

接着，使用表格比较未调整模型(原始模型)和调整后模型的估计值和系数。在多分类 Logistic 回归模型中，不能假设预测量在各个分类值上的效应都相同。而实际上，对于每个预测量都需要估计 $k-1$ 个不同参数，这里的 k 是因变量分类值的个数。我们可以换个角度理解多分类 Logistic 回归。如果选取结果的某个分类值作为参考组，则实际上需要运行 $k-1$ 次二元回归。实际上唯一的变化是，现在存在这样一个约束：所有分组的概率之和必须等于 1。它表达的真实含义是，每个个体只属于某个分组而且必须属于这个分组。由 vglm() 生成的系数采用数字表示，并按因子级别的顺序排列。最后的结果如表 4-7 所示。

```
xtable(rbind(
  data.table(Type = "Raw",
             Labels = rownames(coef(summary(m0.mr))),
             coef(summary(m0.mr))),
  data.table(Type = "Adj",
             Labels = rownames(coef(summary(m1.mr))),
             coef(summary(m1.mr)))),
  digits = 2,
  caption = paste("Comparison of unadjusted (raw) and",
  "adjusted multinomial logistic regression models"),
  label = "tglm2-mrcompare")
```

表 4-7　未调整(原始)和调整后的多项 Logistic 回归模型的比较

	类	标签	估计值	标准误差	z 值	Pr(> z)
1	Raw	(Intercept):1	−1.44	0.11	−12.98	0.00
2	Raw	(Intercept):2	1.18	0.05	21.83	0.00
3	Raw	(Intercept):3	0.46	0.06	7.73	0.00
4	Raw	(Intercept):4	−1.72	0.12	−14.00	0.00
5	Raw	SelfEfficacy_W1:1	−0.33	0.09	−3.70	0.00
6	Raw	SelfEfficacy_W1:2	0.22	0.05	4.28	0.00
7	Raw	SelfEfficacy_W1:3	0.23	0.06	3.91	0.00
8	Raw	SelfEfficacy_W1:4	−0.17	0.11	−1.66	0.10
9	Adj	(Intercept):1	−1.44	0.11	−13.01	0.00
10	Adj	(Intercept):2	1.17	0.05	21.80	0.00
11	Adj	(Intercept):3	0.46	0.06	7.65	0.00
12	Adj	(Intercept):4	−1.73	0.12	−14.07	0.00
13	Adj	SelfEfficacy_W1:1	−0.40	0.09	−4.50	0.00
14	Adj	SelfEfficacy_W1:2	0.15	0.05	2.96	0.00
15	Adj	SelfEfficacy_W1:3	0.17	0.06	2.82	0.00
16	Adj	SelfEfficacy_W1:4	−0.23	0.10	−2.21	0.03

我们把结果绘制成图形，用来说明某种就业类型的预测概率如何随自我效能感发生变化，结果如图 4-5 所示。这说明当自我效能感增加时，成为伤残者的可能性随之减少，找到工作和退休的可能性随之增加。这也强调了以下事实：在这些模型中并不是总存在随时间发生的线性变化。当自我效能感从 −4 变成 −2 时，成为伤残者的概率急剧下降，然后当自我效能感的级别较高时，下降速度减慢。

```
preddat4 <- data.table(SelfEfficacy_W1 =
  seq(from = min(acl$SelfEfficacy_W1, na.rm = TRUE),
    to = max(acl$SelfEfficacy_W1, na.rm = TRUE),
    length.out = 1000))
preddat4 <- cbind(preddat4,
  predict(m1.mr, newdata = preddat4,
        type = "response"))
preddat4 <- melt(preddat4, id.vars = "SelfEfficacy_W1")

ggplot(preddat4, aes(
  SelfEfficacy_W1, value,
  colour = variable, linetype = variable)) +
  geom_line(size = 2) +
```

```
scale_color_viridis(discrete = TRUE) +
scale_x_continuous("Self-Efficacy") +
scale_y_continuous("Probability", label = percent) +
coord_cartesian(ylim = c(0, .65), expand = FALSE) +
theme_tufte() +
theme(legend.position = c(.18, .82),
      legend.key.width = unit(2, "cm"))
```

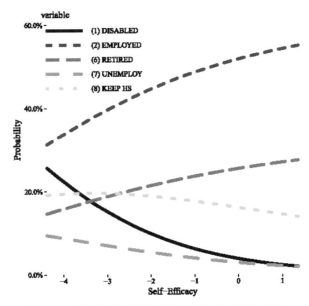

图 4-5*　不同就业类型的概率与自我效能感的关系

最后，还要计算自我效能感中的一个单位变化引起的预测概率的平均边际变化。对于多分类变量，需要计算每个类别的平均边际变化，这些结果告诉我们，平均来说，自我效能感每增加一个单位，受雇用(employed)的变化最大(平均增加 2.9%)，其次是伤残者(平均增加 2.1%)，对于其他类型，引起的变化比较小。

```
## delta value for change in self efficacy
delta <- .01

## create a copy of the dataset
## where we increase everyone's self-efficacy by delta
aclalt <- copy(acl)

aclalt$SelfEfficacy_W1 <- aclalt$SelfEfficacy_W1 + delta

## calculate predicted probabilities
p1 <- predict(m1.mr, newdata = acl, type = "response")
```

```
p2 <- predict(m1.mr, newdata = aclalt, type = "response")

## average marginal change in probability of
## membership in each category
round(colMeans((p2 - p1) / delta) * 100, 1)

## (1) DISABLED (2) EMPLOYED (6) RETIRED (7) UNEMPLOY (8) KEEP HS
##        -2.1          2.9          1.7         -1.0          -1.5
```

4.2.4 泊松回归和负二项回归

对于计数因变量,我们可以使用泊松回归。在 ACL 数据集中,有一个变量用于表示在过去十二个月中经历过的慢性病次数。这类变量正适合于泊松分布。

首先我们要分析泊松分布,获得一些基本的描述性统计量。对于计数因变量,均值和标准差可能没有意义,而中位数和四分位数通常是比较合适的输出信息。

使用 egltable()函数,可以很快得到一份包含中位数和四分位距的输出摘要信息,如下所示:

```
egltable(c("NChronic12_W1", "NChronic12_W2"),
        data = acl, parametric = FALSE)

##                    Mdn  (IQR)
## 1: NChronic12_W1  1.00 (2.00)
## 2: NChronic12_W2  1.00 (2.00)
```

使用 ggplot()函数绘制一幅条形图,用于显示每种慢性病出现的频数。为了对这个数据集的分布能有更全面的理解,我们为每一波数据绘制一幅图形,结果如图 4-6 所示。

```
plot_grid(
  ggplot(acl, aes(NChronic12_W1)) +
  geom_bar() + theme_tufte(),
  ggplot(acl, aes(NChronic12_W2)) +
  geom_bar() + theme_tufte(),
  ncol = 1,
  labels = c("Wave 1", "Wave 2"),
  label_x = .8)

## Warning:Removed 750 rows containing non-finite values(stat_count).
```

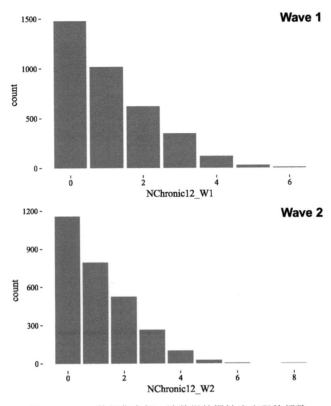

图 4-6　ACL 数据集中每一波数据的慢性病出现的频数

接着，使用 vglm()函数估计泊松回归模型。对于泊松回归，需要定义参数 family = poissonff()。然后调用 summary()函数，生成模型结果和估计值的输出摘要。

```
## unadjusted poisson regression model
m0.pr <- vglm(NChronic12_W2 ~ SelfEfficacy_W1,
              family = poissonff(),
              data = acl, model = TRUE)
summary(m0.pr)
##
## Call:
## vglm(formula = NChronic12_W2 ~ SelfEfficacy_W1, family = poissonff(),
##     data = acl, model = TRUE)
##
##
## Pearson residuals:
##                  Min     1Q  Median    3Q  Max
## loge(lambda)   -1.34  -1.01  -0.117 0.811 5.67
```

```
## 
## Coefficients:
##                   Estimate Std. Error z value Pr(>|z|)
## (Intercept)         0.0954     0.0179    5.33  9.8e-08 ***
## SelfEfficacy_W1    -0.1347     0.0165   -8.16  3.3e-16 ***
## ---
## Signif. codes:  0 '***' 0.001 '**' 0.01 '*' 0.05 '.' 0.1 '.' 1
## 
## Number of linear predictors: 1
## 
## Name of linear predictor: loge(lambda)
## 
## Residual deviance: 4075 on 2865 degrees of freedom
## 
## Log-likelihood: -4126 on 2865 degrees of freedom
## 
## Number of iterations: 5
## 
## No Hauck-Donner effect found in any of the estimates
```

然而，在继续讨论之前，最好先检查一下关于泊松回归模型的假设是否合理，也就是检验是否经常出现过离散现象(overdispersion)和违反方差与均值相等的假设。为了检查这些假设，最简单的办法是同时拟合负二项回归模型，然后比较这两个模型的相对拟合度，决定是否使用负二项回归模型改善拟合度。

为了比较泊松结果和负二项结果，首先要拟合负二项回归模型。为此，相对于前一个模型，唯一需要修改之处是将参数从 family = poissonff() 改为 family = negbinomial()。然后使用 AIC() 和 BIC() 函数分别返回赤池信息准则(Akaike Information Criterion，AIC)和贝叶斯信息准则(Bayesian Information Criterion，BIC)。这两个参数都建立在模型的似然值之上，并且都考虑了参数个数的影响。在考虑了模型的复杂性后，较小的 AIC 和 BIC 值表示较好的拟合。AIC 和 BIC 参数优于简单模型拟合度值，这是因为比较复杂的模型通常能提供较好的拟合。我们想知道拟合度的改善是否值得增加复杂度，因此需要考虑参数个数，AIC 和 BIC 这两个值都考虑了这个因素。

比较 AIC 和 BIC 这两个值，可以发现负二项回归模型的 AIC 和 BIC 值都比较小。这表示对于这些数据，负二项回归模型优于泊松模型。

```
## unadjusted negative binomial regression model
m0.nbr <- vglm(NChronic12_W2 ~ SelfEfficacy_W1,
               family = negbinomial(),
```

```
                       data = acl, model = TRUE)
AIC(m0.nbr) - AIC(m0.pr)

## [1] -97

BIC(m0.nbr) - BIC(m0.pr)

## [1] -91
```

另一个比较有用的合理性检查是分析从模型得到的模拟值是否与真实的观测数据一致。这个任务很容易用 VGAM 包内置的 simulate()函数来完成。使用这个函数时只需要定义一个模型，但是我们还定义了生成模拟的次数，这里只需要一次，并且设置了随机种子，这样结果将可重复。接着，创建一个数据集(名为 Score)，里面包含了真实结果、泊松模型的预测结果以及负二项模型的预测数据。最后把全部结果绘制成图 4-7。图 4-7 告诉我们，这两个模型都不能完全重现真实的分布。但可以看出，负二项模型的模拟结果比起泊松分布更接近真实值。像图 4-7 这样的图形非常有用，既可以用于比较模型，也可以用于评估模型与观测数据的近似是否合理。有时，"最好的" 模型仍然会是可怕的模型，我们需要预先知道这一点。

```
test.pr <- simulate(m0.pr, nsim = 1, seed = 1234)$sim_1
test.nbr <- simulate(m0.nbr, nsim = 1, seed = 1234)$sim_1
test.all <- data.table(
  Type = rep(c("Truth", "Poisson", "Negative\nBinomial"),
             times = c(
               nrow(model.frame(m0.pr)),
               length(test.pr),
               length(test.nbr))),
  Score = c(
    model.frame(m0.pr)$NChronic12_W2,
    test.pr,
    test.nbr))

ggplot(test.all, aes(Score, fill = Type)) +
  geom_bar(position = "dodge") +
  scale_fill_viridis(discrete = TRUE) +
  theme_tufte() +
  theme(legend.position = c(.8, .8))
```

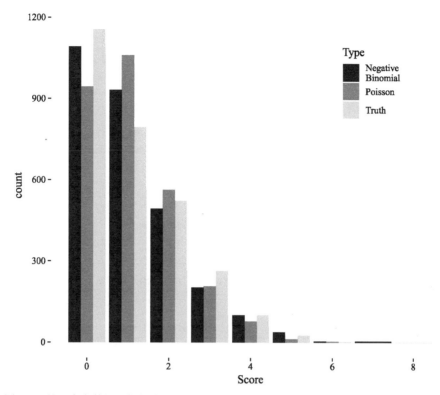

图 4-7 基于真实数据的慢性病次数的频数以及负二项模型和泊松回归模型的模拟结果

至此,不管是比较 AIC 和 BIC 分数值,还是比较泊松模型和负二项回归模型的模拟结果的可视化图形,很显然都可以得出如下结论:负二项回归模型比较好,因此下面应该继续讨论负二项回归模型。如果要比较调整前后的结果,可以计算 IPW,然后用它们估计调整后的模型,并解释性别、种族和年龄的效应。

```
## estimate IPWs
w <- ipwpoint(
  exposure = SelfEfficacy_W1,
  family = "gaussian",
  numerator = ~ 1,
  denominator = ~ 1 + Sex + RaceEthnicity + AGE_W1,
  data = acl)

## adjusted negative binomial regression model
m1.nbr <- vglm(NChronic12_W2 ~ SelfEfficacy_W1,
         family = negbinomial(),
         data = acl, model = TRUE,
```

```
                weights = winsorizor(w$ipw.weights, .01))
```

接着，生成表格，比较调整前后模型的估计值和系数。负二项回归模型需要增加两个截距：一个是 μ，表示位置参数；另一个是 size(大小)，表示过离散参数。对于慢性病发作次数的均值模型，只与第一个截距有关。结果如表 4-8 所示。

```
xtable(rbind(
  data.table(Type = "Raw",
             Labels = rownames(coef(summary(m0.nbr))),
             coef(summary(m0.nbr))),
  data.table(Type = "Adj",
             Labels = rownames(coef(summary(m1.nbr))),
             coef(summary(m1.nbr)))),
digits = 2,
caption = paste("Comparison of unadjusted (raw) and",
  "adjusted negative binomial regression models"),
label = "tglm2-nbrcompare")
```

表 4-8 调整前后负二项回归模型的比较

	类型	标志	估计值	标准误差	z 值	Pr(>|z|)
1	Raw	(Intercept):1	0.10	0.02	4.65	0.00
2	Raw	(Intercept):2	1.23	0.12	10.41	0.00
3	Raw	SelfEfficacy_W1	−0.13	0.02	−6.98	0.00
4	Adj	(Intercept):1	0.10	0.02	4.73	0.00
5	Adj	(Intercept):2	1.23	0.12	10.41	0.00
6	Adj	SelfEfficacy_W1	−0.13	0.02	−6.69	0.00

由于泊松模型和负二项回归模型都使用自然对数作为连接函数，因此它们的系数也是基于对数尺度的。如果分析表 4-8 中调整前模型的结果，自我效能感系数的意义是，自我效能感每增加一个单位，慢性病发作次数的对数值就下降 0.13。用指数形式表示系数的话，可以这样解理上述结果：自我效能感每增加一个单位，慢性病发作次数相应地变为原来的 0.87 倍。

如有需要，也可以用图形显示慢性病发作次数的预测平均值与自我效能感的函数关系。与 Logistic 回归一样，当生成预测量时，我们需要定义 type ="response"，进而表示我们希望得到基于原始尺度的预测值，而不是基于连接函数尺度(对数变换后的尺度)的预测值。结果如图 4-8 所示，平均来说，当人们的自我效能感增加时，他们的慢性病发作次数也会下降。

```
preddat5 <- data.table(SelfEfficacy_W1 =
  seq(from = min(acl$SelfEfficacy_W1, na.rm = TRUE),
```

```
            to = max(acl$SelfEfficacy_W1, na.rm = TRUE),
            length.out = 1000))
preddat5$yhat <- predict(m1.nbr, newdata = preddat5,
            type = "response")
ggplot(preddat5, aes(SelfEfficacy_W1, yhat)) +
    geom_line() +
    scale_x_continuous("Self-Efficacy") +
    scale_y_continuous("Expected Number Conditions") +
    theme_tufte()
```

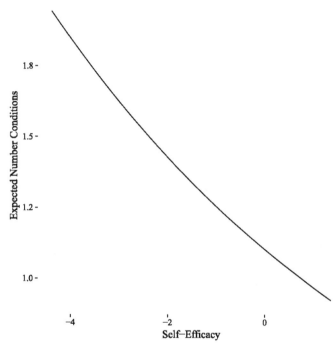

图 4-8 慢性病发作次数是自我效能感的函数

4.3 案例研究：多项 Logistic 回归

在多分类回归模型中，默认情况下，参数(概率比)是相对于参考组计算得到的。虽然这足以定义模型，但是实际上，在应用多项 Logistic 回归时总是需要考虑全部的组对比较。例如，只知道 B 组和 C 组的显著性不同于 A 组，并不能告诉我们 B 组和 C 组是否不同。

我们常常需要同时模拟几个预测量的效应。这需要使用稍微不同于单个预测量的处理方法。在本案例研究中，我们将建立一个完整的例子，从最初的问题定义到最终结果的展示和解释。

ACL 的第 1 波和第 2 波数据集中都是吸烟状态数据。我们不限于研究某一波数据集中的吸烟情况。一个有趣的问题是，经过一段时间后，哪些人会改变吸烟习惯(开始吸烟或停止吸烟)，用哪些因素可以预测变化。首先，为吸烟行为创建一个新的变量，表示吸烟状态随时间变化。下面是相应的代码，最后得到的频数表如表 4-9 所示。

```
acl[, Smoke_W2W1 := NA_character_]
acl[Smoke_W1 == "(3) Nevr Smo" &
    Smoke_W2 == "(3) W2 Never Smoker",
    Smoke_W2W1 := "Stable Never Smoker"]
acl[Smoke_W1 == "(2) Past Smo" &
    Smoke_W2 == "(2) W2 Former Smoker",
    Smoke_W2W1 := "Stable Former Smoker"]
acl[Smoke_W1 == "(1) Cur Smok" &
    Smoke_W2 == "(1) W2 Current Smoker",
    Smoke_W2W1 := "Stable Current Smoker"]
acl[Smoke_W1 %in% c("(2) Past Smo", "(3) Nevr Smo") &
    Smoke_W2 == "(1) W2 Current Smoker",
    Smoke_W2W1 := "New Smoker"]
acl[Smoke_W1 == "(1) Cur Smok" &
    Smoke_W2 == "(2) W2 Former Smoker",
    Smoke_W2W1 := "Recently Quit Smoker"]
acl[, Smoke_W2W1 := factor(Smoke_W2W1,
 levels = c("Stable Never Smoker", "Stable Former Smoker",
            "Stable Current Smoker", "Recently Quit Smoker",
            "New Smoker"))]

xtable(as.data.frame(table(acl$Smoke_W2W1)),
    caption = "Frequency table of smoking over time",
    label = "tglm2-freqtab-smoke")
```

表 4-9 一段时间内的吸烟频数表

	分类值	频数
1	Stable Never Smoker(稳定的从不吸烟者)	1292
2	Stable Former Smoker(稳定的前吸烟者)	705
3	Stable Current Smoker(稳定的当前吸烟者)	641
4	Recently Quit Smoker(最近戒烟者)	167
5	New Smoker(新吸烟者)	62

在本章的前几节，我们只关心一个预测量；而在实际情况下，我们可能对多个预测量感兴趣。一个有意思的问题是，社会经济地位、社会心理状态或健康类型等变量是否能更好地预测吸烟状态随时间的变化。与前面一样，我们用 vglm()函数估计模型，并且设置参数 family = multinomial()以表示多项因变量。

```
acl[, SES := as.numeric(SESCategory)]

mr.ses <- vglm(Smoke_W2W1 ~ Sex + SES + AGE_W1,
  family = multinomial(),
  data = acl, model = TRUE)

mr.psych <- vglm(Smoke_W2W1 ~ SWL_W1 + InformalSI_W1 +
  FormalSI_W1 + SelfEfficacy_W1 + CESD11_W1,
  family = multinomial(),
  data = acl, model = TRUE)

mr.health <- vglm(Smoke_W2W1 ~ PhysActCat_W1 +
  BMI_W1 + NChronic12_W1,
  family = multinomial(),
  data = acl, model = TRUE)
```

我们可以比较每个模型的相对性能，并且使用考虑了模型复杂度后的 AIC 和 BIC 参数。结果如表 4-10 所示，从中可以看出，社会经济地位是吸烟状态随时间变化的最好预测量。

```
xtable(
  data.table(
  Model = c("Sociodemographics", "Psychosocial", "Health"),
  AIC = c(AIC(mr.ses), AIC(mr.psych), AIC(mr.health)),
  BIC = c(BIC(mr.ses), BIC(mr.psych), BIC(mr.health))),
  caption = "Model Comparisons",
  label = "tglm2-modelcomparisons")
```

表 4-10　模型比较

	模型	AIC 值	BIC 值
1	社会经济地位	7056.34	7151.72
2	社会心理状态	7203.73	7346.79
3	健康类型	7340.54	7507.45

现在我们用 summary()函数输出社会经济地位模型的系数。然而，默认情况下，它们只是相对于参考组的比较结果。根据 VGAM 包的默认规定，最后一个分类值

("新吸烟者")是参考组。

```
summary(mr.ses)

## 
## Call:
## vglm(formula = Smoke_W2W1 ~ Sex + SES + AGE_W1, family = multinomial(),
##     data = acl, model = TRUE)
## 
## 
## Pearson residuals:
##                      Min     1Q  Median     3Q  Max
## log(mu[,1]/mu[,5]) -7.39 -0.744 -0.412  0.811 1.97
## log(mu[,2]/mu[,5]) -6.95 -0.441 -0.306 -0.186 2.98
## log(mu[,3]/mu[,5]) -6.33 -0.420 -0.289 -0.184 3.58
## log(mu[,4]/mu[,5]) -5.88 -0.202 -0.155 -0.118 4.82
## 
## Coefficients:
##                  Estimate Std. Error z value Pr(>|z|)    
## (Intercept):1    -0.79722    0.61458   -1.30  0.19457    
## (Intercept):2    -1.16638    0.62965   -1.85  0.06397 .  
## (Intercept):3     1.41356    0.61771    2.29  0.02212 *  
## (Intercept):4    -1.18639    0.70648   -1.68  0.09309 .  
## Sex(2) FEMALE:1   0.76073    0.27200    2.80  0.00516 ** 
## Sex(2) FEMALE:2  -0.46076    0.27545   -1.67  0.09437 .  
## Sex(2) FEMALE:3  -0.04184    0.27459   -0.15  0.87888    
## Sex(2) FEMALE:4   0.02589    0.30782    0.08  0.93297    
## SES:1             0.51292    0.14821    3.46  0.00054 ***
## SES:2             0.50412    0.15079    3.34  0.00083 ***
## SES:3             0.20550    0.15032    1.37  0.17159    
## SES:4             0.39726    0.16691    2.38  0.01731 *  
## AGE_W1:1          0.04439    0.00858    5.18  2.3e-07 ***
## AGE_W1:2          0.05430    0.00877    6.19  5.9e-10 ***
## AGE_W1:3          0.01111    0.00871    1.28  0.20181    
## AGE_W1:4          0.02732    0.00971    2.82  0.00487 ** 
## ---
## Signif. codes:  0 '***' 0.001 '**' 0.01 '*' 0.05 '.' 0.1 '.' 1
## 
## Number of linear predictors: 4
```

```
## 
## Names of linear predictors:
## log(mu[,1]/mu[,5]), log(mu[,2]/mu[,5]), log(mu[,3]/mu[,5]),
log(mu[,4]/mu[,5])
## 
## Residual deviance: 7024 on 11452 degrees of freedom
## 
## Log-likelihood: -3512 on 11452 degrees of freedom
## 
## Number of iterations: 6
## 
## No Hauck-Donner effect found in any of the estimates
## 
## Reference group is level 5 of the response
```

在分析这些结果时，另一件事情引起了我们的注意。虽然年龄是统计显著的，但是系数却非常小，年龄的一年变化只是一个相对很小的变化值。我们不妨把年龄转换成十年一个单位，这样，一个单位引起的变化会比较大。

```
acl[, AGE_W1 := AGE_W1 / 10]
```

如果想显式地导出其他类型的比较结果，可以改变参考分类值。这项任务可以通过 multinomial() 函数的一个可选参数来实现。例如，设置 refLevel = 1 即可将第一个分类值设置为参考组，在本例中是"稳定的从不吸烟者"(Stable Never Smoker)。把 refLevel 设置为 2(稳定的前吸烟者)和 3(稳定的当前吸烟者)并重新运行模型。注意，从数学上讲，所有这些模型都是一样的，差别就在于结果中的默认比较。当重新运行模型时，不需要重新定义整个模型，用 update() 函数就可以更新现有模型。

```
mr.ses1 <- vglm(Smoke_W2W1 ~ Sex + SES + AGE_W1,
                family = multinomial(refLevel = 1),
                data = acl, model = TRUE)
mr.ses2 <- update(mr.ses1,
                family = multinomial(refLevel = 2))
mr.ses3 <- update(mr.ses1,
                family = multinomial(refLevel = 3))
```

接着，我们通常输出概率比而非对数概率值，后者是默认输出结果。此外，也常常需要输出置信区间，它可以用 confint() 函数计算得到。我们先求得模型的系数和置信区间，再对它们进行幂运算，得到概率比以及概率比的置信区间，并把结果以表格形式输出。

例如，如果分析参考组为"稳定的从不吸烟者"时 AGE_W1:1 的概率比，就可以发现，年龄每下降 10 岁，成为"稳定的前吸烟者"的概率是成为"稳定的从不吸烟者"的概率的 1.1 倍。

分析当参考组为"稳定的从不吸烟者"时 AGE_W1:2 的概率比，可以从结果中发现，年龄每增加 10 岁，成为"稳定的当前吸烟者"的概率是成为"稳定的从不吸烟者"的概率的 0.72 倍。

相反，分析当参考组为"稳定的当前吸烟者"时 AGE_W1:2 的概率比，可以从结果中发现，年龄每增加 10 岁，成为"稳定的前吸烟者"的概率是成为"稳定的当前吸烟者"的概率的 1.54 倍。

最后，分析当参考组为"稳定的当前吸烟者"时AGE_W1:3的概率比，可以从结果中发现，年龄每增加10岁，成为"最近戒烟者"的概率是成为"稳定的当前吸烟者"的概率的1.18倍。

```
data.table(
  Ref = "Stable Never Smoker",
  Term = names(coef(mr.ses1)),
  OR = exp(coef(mr.ses1)),
  exp(confint(mr.ses1)))
##                 Ref              Term        OR   2.5% 97.5%
##  1: Stable Never Smoker   (Intercept):1    0.69 0.42  1.15
##  2: Stable Never Smoker   (Intercept):2    9.12 5.55 14.98
##  3: Stable Never Smoker   (Intercept):3    0.68 0.30  1.54
##  4: Stable Never Smoker   (Intercept):4    2.22 0.67  7.40
##  5: Stable Never Smoker Sex(2) FEMALE:1    0.29 0.24  0.36
##  6: Stable Never Smoker Sex(2) FEMALE:2    0.45 0.36  0.55
##  7: Stable Never Smoker Sex(2) FEMALE:3    0.48 0.34  0.67
##  8: Stable Never Smoker Sex(2) FEMALE:4    0.47 0.27  0.80
##  9: Stable Never Smoker           SES:1    0.99 0.90  1.10
## 10: Stable Never Smoker           SES:2    0.74 0.66  0.82
## 11: Stable Never Smoker           SES:3    0.89 0.75  1.06
## 12: Stable Never Smoker           SES:4    0.60 0.45  0.80
## 13: Stable Never Smoker        AGE_W1:1    1.10 1.04  1.17
## 14: Stable Never Smoker        AGE_W1:2    0.72 0.67  0.76
## 15: Stable Never Smoker        AGE_W1:3    0.84 0.76  0.94
## 16: Stable Never Smoker        AGE_W1:4    0.64 0.54  0.76
data.table(
Ref = "Stable Current Smoker",
Term = names(coef(mr.ses3)),
OR = exp(coef(mr.ses3)),
```

```
exp(confint(mr.ses3)))
##                         Ref           Term    OR   2.5%  97.5%
## 1:  Stable Current Smoker   (Intercept):1  0.110  0.067   0.18
## 2:  Stable Current Smoker   (Intercept):2  0.076  0.043   0.13
## 3:  Stable Current Smoker   (Intercept):3  0.074  0.032   0.17
## 4:  Stable Current Smoker   (Intercept):4  0.243  0.072   0.82
## 5:  Stable Current Smoker Sex(2) FEMALE:1  2.231  1.811   2.75
## 6:  Stable Current Smoker Sex(2) FEMALE:2  0.658  0.525   0.82
## 7:  Stable Current Smoker Sex(2) FEMALE:3  1.070  0.752   1.52
## 8:  Stable Current Smoker Sex(2) FEMALE:4  1.043  0.609   1.79
## 9:  Stable Current Smoker          SES:1  1.360  1.221   1.51
## 10: Stable Current Smoker          SES:2  1.348  1.195   1.52
## 11: Stable Current Smoker          SES:3  1.211  1.006   1.46
## 12: Stable Current Smoker          SES:4  0.814  0.606   1.09
## 13: Stable Current Smoker        AGE_W1:1  1.395  1.309   1.49
## 14: Stable Current Smoker        AGE_W1:2  1.540  1.432   1.66
## 15: Stable Current Smoker        AGE_W1:3  1.176  1.054   1.31
## 16: Stable Current Smoker        AGE_W1:4  0.895  0.754   1.06
```

展示结果的另一种方式是计算预测概率。但是对于多预测量，这个问题有点复杂，因为保存其他预测量会影响结果。实际上，对于多预测量，计算平均边际概率可能是最好的选择，这会保存预测量和原始的预测值，然后每次改变一个预测量。

```
## delta value for change in age and SES
delta <- .01

## create a copy of the dataset
## where we increase everyone's age by delta
aclage <- copy(acl)
aclage[, AGE_W1 := AGE_W1 + delta]

## create a copy of the dataset
## where we increase everyone's SES by delta
aclses <- copy(acl)
aclses[, SES := SES + delta]

## create two copies of the data
## one where we set everyone to "female" and another to "male"
aclfemale <- copy(acl)
```

```
aclfemale[, Sex := factor("(2) FEMALE",
                          levels = levels(acl$Sex))]
aclmale <- copy(acl)
aclmale[, Sex := factor("(1) MALE",
                        levels = levels(acl$Sex))]
## calculate predicted probabilities
p.ref <- predict(mr.ses1, newdata = acl,
                 type = "response")
p.age <- predict(mr.ses1, newdata = aclage,
                 type = "response")
p.ses <- predict(mr.ses1, newdata = aclses,
                 type = "response")
p.female <- predict(mr.ses1, newdata = aclfemale,
                    type = "response")
p.male <- predict(mr.ses1, newdata = aclmale,
                  type = "response")
```

最后，可以计算全部预测概率的平均边际变化。为了方便浏览，可以使用一张表来表示它们，最终得到的结果如表 4-11 所示，其中展示了性别的稳健效应：女性更有可能成为"稳定的从不吸烟者"。我们也可以看出，年龄较大或社会经济地位较高者，成为"稳定的当前吸烟者"的概率会降低 5%：

```
xtable(
data.table(
  Level = colnames(p.ref),
  Age = colMeans((p.age - p.ref) / delta) * 100,
  SES = colMeans((p.ses - p.ref) / delta) * 100,
  Female = colMeans(p.female - p.male) * 100),
  digits = 2,
  caption = "Average marginal change in predicted probability",
  label = "tglm2-margprobs")
```

表 4-11 预测概率的平均边际效应

	分类值	年龄	社会经济地位	女性
1	Stable Never Smoker（稳定的从不吸烟者）	2.83	3.66	23.34
2	Stable Former Smoker（稳定的前吸烟者）	3.94	1.85	−16.96

(续表)

	分类值	年龄	社会经济地位	女性
3	Stable Current Smoker (稳定的当前吸烟者)	−5.46	−4.52	−5.06
4	Recently Quit Smoker (最近戒烟者)	−0.55	−0.12	−0.93
5	New Smoker (新吸烟者)	−0.76	−0.87	−0.39

虽然我们花了相当多的精力才创建了这样一个表,以展示关键预测量的预测概率的平均边际变化值,但是这个表确实很有用,能以相比概率比更直观的格式显示结果。这个表与概率比和置信区间一起向我们提供了预测的确定性估计,从而向我们提供了一种比较全面的展示结果的方式。

4.4 小结

本章介绍了如何使用广义线性模型(GLM)建立离散结果的回归模型。利用 GLM 可以为离散类型结果建立模型。这些离散类型结果包含二分因变量、有序分类结果和无序分类结果,以及表示事件计数或个数的因变量。尽管这些因变量经常出现在 GLM 模型中,但 GLM 不限于这些,GLM 还包含更多的其他类型的因变量和分布。VGAM 是一个非常好的包,它既支持常见的分布类型,也支持那些不怎么常用的分布类型。因此,如果读者遇到的数据集看起来不像正态分布,或者不像本章介绍的这些分布,那么还可以使用 vglm() 模拟其他类型的分布。

本章也介绍了其他一些工具和函数,它们可以生成预测,并且利用概率可以直接解释的度量值计算效应量,它们还可以帮助我们更好地解释 GLM 模型。虽然严格地讲,这些代码不是 GLM 的一部分,但是它们常常可以使结果更清晰,而且可以帮助分析师和读者欣赏模型的微妙之处。表 4-12 归纳了本章介绍的重要函数及其功能。

表 4-12 本章用到的重要函数及其功能

函数	功能
vglm()	一个非常灵活的函数,可以拟合许多不同类型的、专用的广义线性模型,使用不同的分布和连接函数可以得到几百种不同组合
binomialff()	VGAM 家族的函数,用 GLM 模型拟合二项离散或分类型因变量(吸烟或不吸烟)
propodds()	VGAM 家族的函数,用 GLM 模型拟合有序、离散或分类型因变量(如体育活动的级别)

(续表)

函数	功能
multinomial()	VGAM 家族的函数，用 GLM 模型拟合离散或分类型因变量，但没有对内存的顺序做任何假设(例如时间顺序,不同的预测值可能或多或少影响某个特定因变量)
poissonff()	VGAM 家族的函数，用 GLM 模型拟合泊松因变量(如慢性病)
negbinomial()	VGAM 家族的函数，用 GLM 模型拟合计数数据，数据的方差将超出均值(广义泊松)
summary()	通用函数，输出对象的摘要，包括 vglm 模型
coef()	通用函数，读取对象的系数，包括 vglm 模型
confint()	通用函数，计算模型的置信区间，包括 vglm 模型
update()	更新现有模型，不需要重写不变的部分(例如，改变吸烟分类的默认参考级别)
ipwpoint()	估计逆概率权重
xtable()	输出 LaTeX 或 HTML 格式的表格
winsorizor()	在某个分位数位置裁剪奇异值
predict()	接收新的数据预测量，把模型应用于数据以估计最大可能的响应结果。通过设置参数 type="response"，可以把结果变换回原始数据的尺度
simulate()	根据模型分布生成模拟数据，用于比较模型分布和原始数据分布，常用于 vglm 模型
AIC()	返回基于赤池信息准则的模型似然度(考虑了参数个数的惩罚因子)
BIC()	返回基于贝叶斯信息准则的模型似然度(考虑了参数个数的惩罚因子)

第 5 章

广义可加模型

广义可加模型(Generalized Additive Model,GAM)是第 4 章广义线性模型(GLM)的扩展。与 GLM 一样,GAM 也可以应用于连续结果和离散结果。然而 GAM 不同于 GLM,GLM 是完全参数模型,而 GAM 是半参数模型,GAM 允许结果与预测量之间存在参数和非参数的混合关联。本章主要依赖于精彩的 R 包 VGAM,它为我们提供了创建向量广义线性模型和向量广义可加模型的工具。VGAM 是一类相比 GAM 更加灵活的模型,因为它们可能有多个响应。然而,除了提供多参数的灵活性外,VGAM 包还实现了 20 个以上的连接函数以及 50 个以上的不同模型/假设分布。本章对 VGAM 包的功能介绍虽然浅尝辄止,但是 VGAM 包的灵活性意味我们无须介绍其他众多的包和函数。

```
library(checkpoint)
checkpoint("2018-09-28", R.version = "3.5.1",
  project = book_directory,
  checkpointLocation = checkpoint_directory,
  scanForPackages = FALSE,
  scan.rnw.with.knitr = TRUE, use.knitr = TRUE)

library(knitr)
library(data.table)
library(ggplot2)
library(ggthemes)
library(scales)
library(viridis)
library(car)
library(mgcv)
library(VGAM)
library(ipw)
```

```
library(JWileymisc)
library(xtable)

options(
  width = 70,
  stringsAsFactors = FALSE,
  datatable.print.nrows = 20,
  datatable.print.topn = 3,
  digits = 2)
```

5.1 概念背景

广义可加模型(Generalized Additive Model,GAM)属于半参数可加模型,它放松了广义线性模型的线性假设,而使用了非参数的光滑函数。这为 GAM 提供了更大的灵活性,因为可允许 GAM 即使在函数形式预先未知或事先还未定义正确的函数形式时,就能够模拟预测量与因变量之间的关联关系。因为这种灵活性,GAM 被广泛应用于很多学科,如医学和心理学。

光滑样条

GAM 的一个关键概念是光滑样条。光滑样条可以模拟未知形式的函数。光滑样条部分依赖于多项式。理论上可以证明,用高次多项式可以近似表示任何函数。然而,通常高度近似的模拟需要阶数非常高的多项式。尽管这在理论上是成立的,但是实际上,建立高阶多项式以近似表示观测数据常常是非常困难的。特别是在某个极端点,高阶多项式模拟可能得到非常差的近似结果。图 5-1 用单截距模型、线性模型以及二阶、三阶、四阶和十阶多项式来表示年龄与抑郁症的关系。从中可以看出,比起高阶多项式,低阶多项式在两个端点位置能得到比较合适的预测结果。即便使用二阶多项式,最年轻个体和最年长个体的预测结果也是相对比较极端的。

```
acl <- readRDS("advancedr_acl_data.RDS")

ggplot(acl, aes(AGE_W1, CESD11_W1)) +
 stat_smooth(method = "lm", formula = y ~ 1,
   colour = viridis(6)[1], linetype = 1, se = FALSE) +
 stat_smooth(method = "lm", formula = y ~ x,
   colour = viridis(6)[2], linetype = 4, se = FALSE) +
 stat_smooth(method = "lm", formula = y ~ poly(x, 2),
```

```
  colour = viridis(6)[3], linetype = 2, se = FALSE) +
stat_smooth(method = "lm", formula = y ~ poly(x, 3),
  colour = viridis(6)[4], linetype = 3, se = FALSE) +
stat_smooth(method = "lm", formula = y ~ poly(x, 4),
  colour = viridis(6)[5], linetype = 1, se = FALSE) +
stat_smooth(method = "lm", formula = y ~ poly(x, 10),
  colour = viridis(6)[6], linetype = 5, se = FALSE)
```

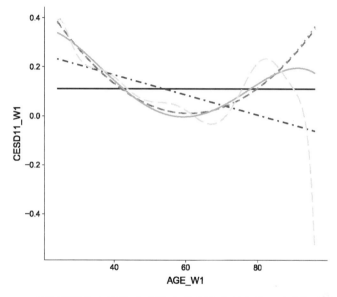

图 5-1*　单截距模型(水平线)和高阶多项式模型(阶数从一阶增加到十阶)

利用回归样条时需要面对以下两个问题：要求用高阶多项式拟合不同类型的函数形式，以及在分布曲线的低端和高端可能出现的预测值异常。样条函数最初并不用在统计中。样条最初表示用薄木板片在两个节点之间经过拼接并弯曲成光滑曲线。回归样条就利用了这种思想，因为实质上就是拼接模型，每一段曲线就是一个多项式模型，它们在每段曲线的端点相互拼接构成一条光滑曲线。最简单的样条模型是阶跃函数(step function)。为了创建阶跃函数，我们需要在边界点定义逻辑条件。在本例中，逻辑条件是 $x > 42$ 且 $x \leqslant 65$ 以及 $x > 65$ 且 $x \leqslant 96$。为了在 R 语言中表示这些逻辑条件，我们使用扩展的逻辑运算符%gle%，它的左侧是数值向量，右侧是另一个长度为 2 的向量。如果左侧的数值或向量大于右侧的最小值且小于或等于右侧的最大值，就返回 TRUE，否则返回 FALSE。下面这些简单的例子说明了这个扩展的逻辑运算符的用法。

```
## > and <
1:5 %gl% c(2, 4)

## [1] FALSE FALSE  TRUE FALSE FALSE
## > and <=
1:5 %gle% c(2, 4)

## [1] FALSE FALSE  TRUE  TRUE FALSE
## >= and <
1:5 %gel% c(2, 4)

## [1] FALSE  TRUE  TRUE FALSE FALSE
## >= and <=
1:5 %gele% c(2, 4)

## [1] FALSE  TRUE  TRUE  TRUE FALSE
```

随着多项式阶数的增大，在每个节点处，线性趋势和两次趋势会表现出来。图 5-2 展示了阶跃函数以及线性、二次和三次多项式在两个内部节点的曲线。

```
ggplot(acl, aes(AGE_W1, CESD11_W1)) +
 stat_smooth(method = "lm",
   formula = y ~ 1 +
     ifelse(x %gle% c(42, 65), 1, 0) +
     ifelse(x %gle% c(65, 96), 1, 0),
   colour = viridis(6)[1], linetype = 1, se = FALSE) +
 stat_smooth(method = "lm",
   formula = y ~ bs(x, df = 3, degree = 1L),
   colour = viridis(6)[2], linetype = 2, se = FALSE) +
 stat_smooth(method = "lm",
   formula = y ~ bs(x, df = 4, degree = 2L),
   colour = viridis(6)[3], linetype = 3, se = FALSE) +
 stat_smooth(method = "lm",
   formula = y ~ bs(x, df = 5, degree = 3L),
   colour = viridis(6)[4], linetype = 4, se = FALSE)
```

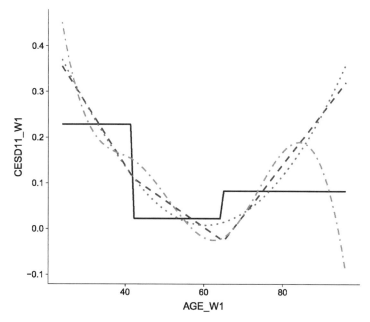

图 5-2*　使用图形显示阶跃函数样条、线性样条和二次样条，它们都有两个内部节点

B-样条(又称基样条)可以尽可能减少基函数在给定区间中的重叠。这个特性带来的好处是：计算比较稳定。而且正是这个特性，使得 B-样条成为一类十分受欢迎的样条。下面的程序直观地显示了样条的重叠性，还显示了 B-样条的基函数在固定节点处的形状。由于各个子图在各方面都相同(除了使用的数据集和标题不同外)，因此我们不是重复图形的绘制命令(这会使代码很长)，而是把结果保存到 R 的一个对象中，然后通过%+%运算符把原来的数据集替换为新的数据集，结果如图 5-3 所示。

```
knots <- c(33, 42, 57, 65, 72)
x <- seq(from = min(acl$AGE_W1),
         to = max(acl$AGE_W1), by = .01)

p1 <- ggplot(melt(bs(x, degree = 1,
        knots = knots, intercept = TRUE)),
        aes(Var1, value, colour = factor(Var2))) +
  geom_line() +
  scale_color_viridis("Basis", discrete = TRUE) +
  theme_tufte()
plot_grid(
  p1 +
    ggtitle("5 Knots, Degree = 1"),
```

```
    p1 %+% melt(bs(x, degree = 2,
        knots = knots, intercept = TRUE)) +
      ggtitle("5 Knots, Degree = 2"),
    p1 %+% melt(bs(x, degree = 3,
        knots = knots, intercept = TRUE)) +
      ggtitle("5 Knots, Degree = 3"),
    p1 %+% melt(bs(x, degree = 4,
        knots = knots, intercept = TRUE)) +
      ggtitle("5 Knots, Degree = 4"),
    ncol = 2)
```

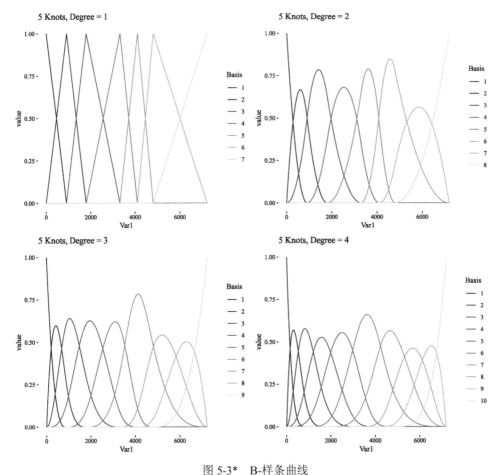

图 5-3*　B-样条曲线

光滑样条是样条的推广。光滑样条的基本思想不是直接定义节点和多项式阶数，因为这需要先验知识，而是通过自动学习确定光滑样条的合适阶数。

通过学习自动获得光滑样条合适阶数的过程可以归纳如下：初始时给定很多节点和高阶灵活度，然后根据某个准则用惩罚因子降低灵活度。生成光滑样条的一种常用方法是广义交叉验证(Generalized Cross Validation，GCV)准则；若尺度已知(实际情况并非如此)，也可使用无偏风险估计(UnBiased Risk Estimator，UBRE)。后者实际上是 AIC 的变体。最后一种可选方法是受约束最大似然法(REstricted Maximum Likelihood，REML)，它把决定光滑的成分看成随机效应，每个光滑都有"方差成分"。

对于光滑样条，最后需要说明的是，通常需要使用定量方法衡量样条的光滑度或灵活度。这样的度量值对问题描述非常有用，而且在 AIC 等值的计算过程中也起作用。一般的解决办法是使用"有效自由度"(Effective Degree of Freedom，EDF)。EDF 值为 1 或 2 可能对应于线性函数，这取决于 EDF 的计算过程是否包含截距(常量)项。有些 EDF 计算包含了截距，EDF=2 表示线性趋势。如果 EDF 计算没有包含截距，那么有时称之为有效非线性自由度(Effective Non-linear Degrees of Freedom，ENDF)。根据这个定义，ENDF=1 表示线性趋势。随着 EDF/ENDF 的增大，拟合的灵活度也随之增加。

受限于本章的目的，我们只需要对样条有一个大概的了解，只要能够理解广义可加模型就行了。GAM 是 GLM 的推广，因为 GAM 允许参数(假设每个预测量都对应一个线性关联)和非参数(用光滑样条表示另一个预测量)发生混合。GAM 是可加的，表示每一项都可以相加。GAM 的一般形式是

$$g(y) = \eta = b_0 + f_1(x_1) + f_2(x_2) + \cdots + f_k(x_k) \tag{5.1}$$

在这个参数化公式中，也有我们熟悉的截距。然而，对应每个预测量的回归系数，这里使用了函数。这些函数可能是事先已经定义好的，如 $f_1(x_1) = b_1 * x_1$，对于光滑样条函数，光滑样条的阶数是根据某个准则(如 GCV 或 UBRE)从数据中学习得到的。一般来说，要成为 GAM 模型，至少要有一个光滑项。与 GLM 一样，GAM 理论上可以包含很多光滑项和普通参数项。GAM 具有把光滑项和非光滑项整合起来的能力，这种能力使得 GAM 成为一类非常灵活且可以应用到很多场合的模型。例如，可能在某些情况下，光滑项非常重要，如儿童体重随年龄的增长图，这里的体重增长经常是非线性的，而且函数形式是未知的。然而，GAM 也可以应用到其他情况。但是，我们还要关心混淆问题，而且混淆因子的影响属于未知函数形式。在这种情况下，任何作为混淆变量的参数都是多余参数(nuisance parameter)，因为我们的目的是：只要它们能够表示未知函数的模型就足够了。实际上，我们对它们的函数形式没有任何兴趣。在这些情况下，"假设检验"可能只针对某个预先已确定参数形式的变量，这样可以避免发生过拟合的风险，但是用光滑项可以稳健地捕获混淆变量，因为它们对统计推断没有多大意义。

除了使用光滑样条外，GAM 实质上与其他 GLM 没有区别。因而，分布假设和可以使用的不同分布簇都具有可比性。诚然，自由度和标准误差的计算过程是不一样的，而且用 GAM 方法可能更接近真实值，因为本质上样条光滑度的确定是由数

据驱动的。5.2 节将介绍如何在 R 语言中实现 GAM，包括如何估计参数、如何绘制图形，以及如何展示或应用估计模型。

5.2 R 语言中的 GAM 模型

5.2.1 高斯因变量

1. 基本的 GAM

通过使用 vgam()函数，可以把 GAM 模型拟合到高斯因变量。vgam()函数的使用方法几乎与我们熟悉的 vglm()函数一样。主要的区别在于这里使用了光滑样条，并通过另一个函数 s()把光滑样条添加到模型中。s()函数的参数 df 用于控制某个变量的光滑样条的最大灵活度。下面的例子使用两个预测量拟合 GAM 模型：性别和年龄的光滑样条。summary()函数提供了摘要输出，输出了光滑项和 p 值，利用它们可检验这些参数是否显著不同于线性趋势。注意，虽然通过设置参数 family=uninormal()可以模拟正态分布的位置和尺度，但是默认时，所有的预测量都可以模拟分布的尺度。因此本例有两个截距：一个对应于位置，也就是对于 GLM 和 GAM 都常见的那个"普通"截距；另一个是分布的尺度，也就是基于方差的自然对数值。这样做的理由是，VGAM 包的设计目的就是允许同时预测分布的位置和尺度，但是"经典"的 GAM 只能预测分布的位置。

```
mgam <- vgam(CESD11_W1 ~ Sex + s(AGE_W1, df = 3), data = acl,
        family = uninormal(), model = TRUE)

summary(mgam)

##
## Call:
## vgam(formula=CESD11_W1~Sex+s(AGE_W1,df=3),family=uninormal(),
##     data = acl, model = TRUE)
##
##
## Number of linear predictors: 2
##
## Names of linear predictors: mean, loge(sd)
##
## Dispersion Parameter for uninormal family: 1
##
## Log-likelihood: -5290 on 7228 degrees of freedom
##
```

```
## Number of iterations: 4
## 
## DF for Terms and Approximate Chi-squares for Nonparametric Effects
## 
##                   Df Npar Df Npar Chisq P(Chi)
## (Intercept):1     1
## (Intercept):2     1
## Sex               1
## s(AGE_W1, df = 3) 1      2        20     0
```

使用 coef()函数可以查看 GAM 模型的系数。然而,光滑项的系数并不容易解释。但是参数项的系数(这个模型的性别),就像普通的 GLM 一样是可以解释的。例外的情形是,性别的效应控制了年龄的光滑样条的光滑度,而不是只控制年龄的线性趋势。

```
coef(mgam)
##     (Intercept):1     (Intercept):2      Sex(2) FEMALE
##            0.2158            0.0435             0.2393
## s(AGE_W1, df = 3)
##           -0.0047
```

使用 car 包中的 linearHypothesis()函数可以得到参数系数的假设检验。

```
## test parametric coefficient for sex
linearHypothesis(mgam, "Sex(2) FEMALE",
  coef. = coef(mgam), vcov = vcov(mgam))
## Linear hypothesis test
## 
## Hypothesis:
## Sex(2) FEMALE = 0
## 
## Model 1: restricted model
## Model 2: CESD11_W1 ~ Sex + s(AGE_W1, df = 3)
## 
## Note: Coefficient covariance matrix supplied.
## 
##   Res.Df Df Chisq Pr(>Chisq)
## 1   7229
## 2   7228  1  44.1   3.2e-11 ***
## ---
```

```
## Signif. codes: 0 '***' 0.001 '**' 0.01 '*' 0.05 '.' 0.1 '.' 1
```

使用 linearHypothesis()函数还可以检验参数系数更加复杂的线性假设。例如，我们可以检验截距和系数是否同时等于零。

```
## test parametric coefficient for
## intercept and sex simultaneously
linearHypothesis(mgam,
  c("(Intercept):1", "Sex(2) FEMALE"),
  coef. = coef(mgam), vcov = vcov(mgam))
## Linear hypothesis test
##
## Hypothesis:
## (Intercept):1 = 0
## Sex(2) FEMALE = 0
##
## Model 1: restricted model
## Model 2: CESD11_W1 ~ Sex + s(AGE_W1, df = 3)
##
## Note: Coefficient covariance matrix supplied.
##
## Res.Df Df Chisq Pr(>Chisq)
## 1 7230
## 2 7228 2 79.1 <2e-16 ***
## ---
## Signif. codes: 0 '***' 0.001 '**' 0.01 '*' 0.05 '.' 0.1 '.' 1
```

我们还可以利用±2 se(标准差)的95%置信区间可视化模拟的结果。由于自由度无法直接估计得到，因此只能根据中心极限定理求得，而且由于光滑样条，标准误差只可使用近似方法估计得到，因此可以看成近似的 95%置信区间。使用 plot()函数很容易绘制图形，该函数包含了 VGAM 对象的方法，结果如图 5-4 所示。图 5-4 展示了性别的参数效应和年龄的光滑项，默认时会自动添加轴须图，虽然对于性别没有多大作用，但却可以说明年龄数据的分散程度。图 5-4 中的颜色来自于 viridis() 调色板。

```
par(mfrow = c(1, 2))
plot(mgam, se = TRUE,
     lcol = viridis(4)[1], scol = viridis(4)[2])
```

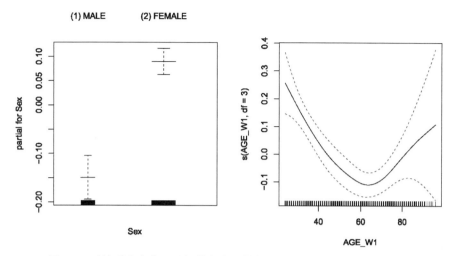

图 5-4　以性别为参数且以年龄为光滑样条的广义可加模型的绘制结果

如果对这里的 GAM 结果与使用我们熟悉的其他预测方法得到的结果进行比较，可能会对我们有帮助。为此，我们需要拟合两个普通的 GLM 模型。其中的第一个包含年龄的线性项；第二个包含年龄的二次项，并由 poly()函数生成了一个二阶多项式。

```
mlin <- vglm(CESD11_W1 ~ Sex + AGE_W1, data = acl,
        family = uninormal(), model = TRUE)
mquad <- vglm(CESD11_W1 ~ Sex + poly(AGE_W1, 2), data = acl,
        family = uninormal(), model = TRUE)
```

为了对这两个 GLM 模型的拟合曲线与 GAM 的结果进行比较，我们创建一幅包含两个子图的图形，如图 5-5 所示。深紫色的子图是 GAM 拟合结果，左图把线性拟合叠加在一起，右图是二次多项式拟合的叠加结果。从图形可以明显看出，线性拟合与 GAM 拟合差别较大。二次拟合相对比较接近 GAM 拟合，只是右端末尾例外。GAM 拟合在末尾开始变得平坦，而二次拟合在右尾继续快速增大。

```
par(mfrow = c(1, 2))
plot(mgam, se = TRUE, which.term = 2,
     lcol = viridis(4)[1], scol = viridis(4)[1])
plot(as(mlin, "vgam"), se = TRUE, which.term = 2,
     lcol = viridis(4)[2], scol = viridis(4)[2],
     overlay = TRUE, add = TRUE)
plot(mgam, se = TRUE, which.term = 2,
     lcol = viridis(4)[1], scol = viridis(4)[1])
plot(as(mquad, "vgam"), se = TRUE, which.term = 2,
```

```
            lcol = viridis(4)[3], scol = viridis(4)[3],
            overlay = TRUE, add = TRUE)
```

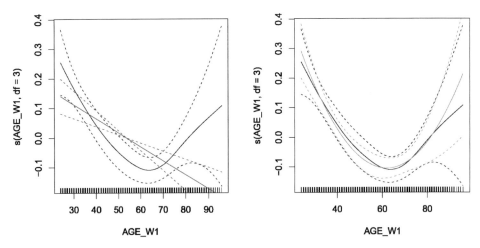

图 5-5* 使用广义可加模型由年龄预测抑郁症的分类值，左图是线性拟合，右图是二次拟合

有时 GAM 还可用来选择简单的趋势函数。例如，根据图形我们可能认为年龄的二阶多项式已经足够好，因此我们可以切换到多项式模型。然而，如果使用简单的多项式，将无法得到足够近似的结果，我们可能还想继续使用 GAM 作为我们最终的模型。在这些情况下，如果能从 GAM 得到一些推论，那么对问题的解决可能会有帮助。

我们先来分析另一个 GAM 例子。在这个示例中，我们根据性别、第一波抑郁症的光滑样条和第一波年龄的光滑样条预测第二波的抑郁症。在这个新的模型中，我们发现，summary()函数提示我们，年龄的非线性不是统计显著的。

```
mgam2 <- vgam(CESD11_W2 ~ Sex +
                s(CESD11_W1, df = 3) +
                s(AGE_W1, df = 3), data = acl,
        family = uninormal(), model = TRUE)

summary(mgam2)

##
## Call:
## vgam(formula = CESD11_W2 ~ Sex + s(CESD11_W1, df = 3) + s(AGE_W1,
##     df = 3), family = uninormal(), data = acl, model = TRUE)
##
##
## Number of linear predictors: 2
```

```
## 
## Names of linear predictors: mean, loge(sd)
## 
## Dispersion Parameter for uninormal family: 1
## 
## Log-likelihood: -3657 on 5725 degrees of freedom
## 
## Number of iterations: 5
## 
## DF for Terms and Approximate Chi-squares for Nonparametric Effects
## 
##                         Df Npar Df Npar Chisq P(Chi)
## (Intercept):1            1
## (Intercept):2            1
## Sex                      1
## s(CESD11_W1, df = 3)     1       2         31    0.0
## s(AGE_W1, df = 3)        1       2          4    0.1
```

如果某个光滑样条并不是显著性不同于线性项，那么我们不妨考虑，对这个项重新使用线性拟合，如下所示：

```
mgam3 <- vgam(CESD11_W2 ~ Sex +
                s(CESD11_W1, df = 3) +
                AGE_W1, data = acl,
        family = uninormal(), model = TRUE)

summary(mgam3)

## 
## Call:
## vgam(formula = CESD11_W2 ~ Sex + s(CESD11_W1, df = 3) + AGE_W1,
##     family = uninormal(), data = acl, model = TRUE)
## 
## 
## Number of linear predictors: 2
## 
## Names of linear predictors: mean, loge(sd)
## 
## Dispersion Parameter for uninormal family: 1
## 
```

```
## Log-likelihood: -3659 on 5727 degrees of freedom
## 
## Number of iterations: 5
## 
## DF for Terms and Approximate Chi-squares for Nonparametric Effects
## 
##                           Df Npar Df Npar Chisq P(Chi)
## (Intercept):1              1
## (Intercept):2              1
## Sex 1
## s(CESD11_W1, df = 3)       1        2        31  2e-07
## AGE_W1                     1
```

之前已经介绍了如何使用 linearHypothesis() 函数检验参数项的统计显著性，现在我们继续使用该函数检验年龄和性别的统计显著性。我们使用 names() 和 coef() 函数获得每个参数的名字，并把它们传递给 linearHypothesis() 函数进行检验。

```
names(coef(mgam3))

## [1] "(Intercept):1"    "(Intercept):2"
## [3] "Sex(2) FEMALE"    "s(CESD11_W1, df = 3)"
## [5] "AGE_W1"

linearHypothesis(mgam3,
  "Sex(2) FEMALE",
  coef. = coef(mgam3), vcov = vcov(mgam3))

## Linear hypothesis test
## 
## Hypothesis:
## Sex(2) FEMALE = 0
## 
## Model 1: restricted model
## Model 2: CESD11_W2 ~ Sex + s(CESD11_W1, df = 3) + AGE_W1
## 
## Note: Coefficient covariance matrix supplied.
## 
##   Res.Df Df Chisq Pr(>Chisq)
## 1   5728
## 2   5727  1  4.09     0.043 *
## ---
```

```
## Signif. codes:  0 '***' 0.001 '**' 0.01 '*' 0.05 '.' 0.1 '.' 1
linearHypothesis(mgam3,
  "AGE_W1",
  coef. = coef(mgam3), vcov = vcov(mgam3))
## Linear hypothesis test
##
## Hypothesis:
## AGE_W1 = 0
##
## Model 1: restricted model
## Model 2: CESD11_W2 ~ Sex + s(CESD11_W1, df = 3) + AGE_W1
##
## Note: Coefficient covariance matrix supplied.
##
##   es.Df Df Chisq Pr(>Chisq)
## 1 5728
## 2 5727  1  3.56    0.059 .
## ---
## Signif. codes:  0 '***' 0.001 '**' 0.01 '*' 0.05 '.' 0.1 '.' 1
```

最后,我们把这个模型的结果绘制成图 5-6。从中我们可以看出,对于第一波中低于 2 级的抑郁症,第一波较高抑郁症可以预测第二波较高抑郁症。然而,对于高于 2 级的抑郁症,它们之间的关联性并不显著,这可由预测量的偏平曲线看出。

```
par(mfrow = c(2, 2))
plot(mgam3, se = TRUE,
     lcol = viridis(4)[1],
     scol = viridis(4)[2])
```

与其他例子一样,我们可以使用 GAM 模型进行预测。由于不容易用文字描述光滑样条,因此如果我们对光滑样条的结果感兴趣,那么标准的做法是用图形表示 GAM。首先,我们新建一个用于预测的数据集。我们先为性别、抑郁症和年龄等因子变量生成它们的全部分类值。抑郁症序列是在最小值与最大值之间分隔成 1000 个点的均匀网格,年龄用 5 级序列表示。预测方法与通常的 R 语言一样,也是使用 predict()函数,这个函数也可用于 VGMA 包中的模型。

```
## generate new data for prediction
## use the whole range of sex and depression symptoms
## and a five number summary of age
## (min, 25th 50th 75th percentiles and max)
```

```
newdat <- as.data.table(expand.grid(
  Sex = levels(acl$Sex),
  CESD11_W1 = seq(
    from = min(acl$CESD11_W1, na.rm=TRUE),
    to = max(acl$CESD11_W1, na.rm=TRUE),
    length.out = 1000),
  AGE_W1 = fivenum(acl$AGE_W1)))

newdat$yhat <- predict(mgam3, newdata = newdat)
## Warning in `[<-.data.table`(x, j = name, value = value): 2 column matrix
RHS of := will be treated

## Warning in `[<-.data.table`(x, j = name, value = value): Supplied 20000
items to be assigned to 10000
```

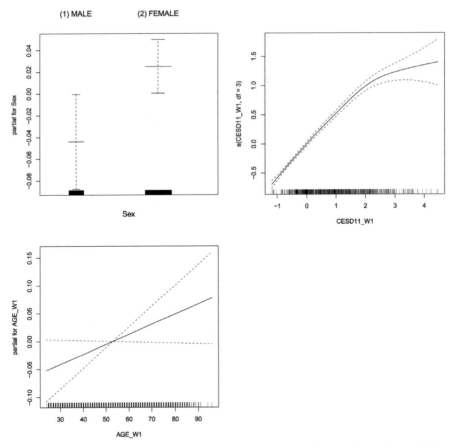

图 5-6 广义可加模型的结果，将性别和年龄作为参数项，将第一波抑郁症作为光滑样条

一旦生成了预测量数据集，我们就可以使用 ggplot()函数绘制最终的图形，结果如图 5-7 所示。图 5-7 传达了如下强烈信息：以前的抑郁症可以作为后来抑郁症的预测量。虽然在年龄和性别之间存在细微差别，但是这些差异可以通过比较得到弱化。

```
ggplot(newdat,
       aes(CESD11_W1, yhat,
           colour = factor(AGE_W1),
           linetype = factor(AGE_W1))) +
geom_line() +
scale_color_viridis("Age", discrete = TRUE) +
scale_linetype_discrete("Age") +
facet_wrap(~ Sex) +
theme(legend.position = c(.75, .2),
      legend.key.width = unit(1.5, "cm")) +
xlab("Depression Symptoms (Wave 1)") +
ylab("Depression Symptoms (Wave 2)")
```

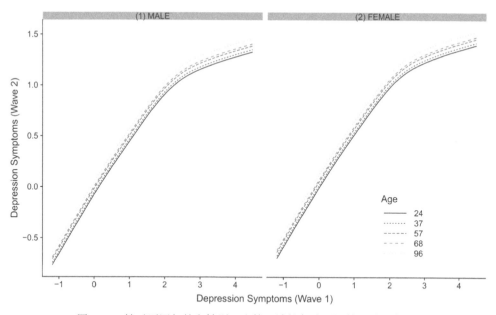

图 5-7*　针对不同年龄和性别，由第一波抑郁症预测第二波抑郁症

最后，VGAM 包虽然包含很多功能，而且是向量 GAM 模型的唯一选项，但是对于单结果的 GAM 模型，正如我们这里展示的那样，GAM 的某些功能还没有实现。mgcv 包提供了一些非常有用的额外功能，这个包是由 GAM 理论和实践的先驱者 Simon Wood 设计的。这里我们简单介绍 mgcv 包的用法，读者若想深入了解，

可以阅读 Simon Wood 编写的图书。

在使用 mgcv 包之前，我们必须解决包的冲突问题。具体来说，VGAM 和 mgcv 这两个包都有一个名为 s() 的函数，用来生成光滑样条。当这两个包都加载到内存时，后加载的包会"屏蔽"先加载的包中的函数。也就是说，当我们在 R 控制台输入 s() 时，得到的是最后一次加载包的结果，而不是我们真正想要的结果。在这个例子中，对于这个问题最容易的解决办法是卸掉我们不需要的包，保证加载我们真正需要的包。下面的代码就是为了这个目的而设计的。需要说明的是，运行这段程序之后，我们将不能使用 vgam() 函数，除非我们重新加载 VGAM 包。

```
detach("package:VGAM")
library(mgcv)
```

现在就可以使用 mgcv 包的 gam() 函数拟合 GAM 模型了。我们这里也使用 s() 函数表示光滑样条，但是 mgcv 包需要利用 k 参数而非 df 参数来控制最大灵活度。此外，使用 gaussian() 函数设置合适的分布系列函数。虽然这段程序的其余代码看起来很熟悉，但还是有不一样的地方，如默认的光滑样条类型和估计方法。具体来说，mgcv 包默认利用薄板回归样条和 GCV 准则来获得合适的光滑度。

```
mgam4 <- gam(CESD11_W2 ~ Sex +
               s(CESD11_W1, k = 3) +
               s(AGE_W1, k = 3), data = acl,
          family = gaussian())
```

使用 gam() 函数的优点之一在于默认的摘要输出包含了各种有用信息。具体来说，除了自动计算参数项的统计推断外，还会对光滑项进行近似的显著性检验。但是需要注意的是，gam() 函数不同于 vgam() 函数，后者只是检验光滑项是否显著不同于线性趋势。gam() 函数可以检验光滑项的整体显著性(不仅包括线性趋势，还包括非线性趋势)。

```
summary(mgam4)

##
## Family: gaussian
## Link function: identity
##
## Formula:
## CESD11_W2 ~ Sex + s(CESD11_W1, k = 3) + s(AGE_W1, k = 3)
##
## Parametric coefficients:
##              Estimate Std. Error t value Pr(>|t|)
## (Intercept)  -0.0202     0.0272   -0.74   0.457
```

```
## Sex(2) FEMALE   0.0681        0.0342   1.99   0.046 *
## ---
## Signif. codes:  0 '***' 0.001 '**' 0.01 '*' 0.05 '.' 0.1 '.' 1
## 
## Approximate significance of smooth terms:
##                edf Ref.df     F  p-value
## s(CESD11_W1)  1.95   2.00 514.03  <2e-16 ***
## s(AGE_W1)     1.63   1.86   2.04   0.085 .
## ---
## Signif. codes:  0 '***' 0.001 '**' 0.01 '*' 0.05 '.' 0.1 '.' 1
## 
## R-sq.(adj) =  0.271   Deviance explained = 27.2%
## GCV = 0.75609  Scale est. = 0.75461   n = 2867
```

此外,由于 mgcv() 函数提供了一种简便的方法来读取自由度的估计值,因此现在我们更容易分析是否应该使用更大的灵活度。例如,当我们把 k 从 3 增大到 4 时,重新拟合模型后,我们就会发现,年龄的自由度变化很少,而抑郁症的自由度则有所增加。

```
mgam5 <- gam(CESD11_W2 ~ Sex +
               s(CESD11_W1, k = 4) +
               s(AGE_W1, k = 4), data = acl,
      family = gaussian())
```

```
summary(mgam5)
## 
## Family: gaussian 
## Link function: identity 
## 
## Formula:
## CESD11_W2 ~ Sex + s(CESD11_W1, k = 4) + s(AGE_W1, k = 4)
## 
## Parametric coefficients:
##                 Estimate Std. Error t value Pr(>|t|)
## (Intercept)     -0.0207     0.0272   -0.76    0.447
## Sex(2) FEMALE    0.0688     0.0342    2.01    0.044 *
## ---
## Signif. codes:  0 '***' 0.001 '**' 0.01 '*' 0.05 '.' 0.1 '.' 1
## 
## Approximate significance of smooth terms:
```

```
##                    edf Ref. df F p-value
## s(CESD11_W1)  2.86 2.99 344.7 <2e-16 ***
## s(AGE_W1)     1.78 2.16 2.4 0.076 .
## ---
## Signif. codes: 0 '***' 0.001 '**' 0.01 '*' 0.05 '.' 0.1 '.' 1
##
## R-sq.(adj) = 0.272 Deviance explained = 27.3%
## GCV = 0.75508 Scale est. = 0.75333 n = 2867
```

我们把这两个模型的结果绘制成并排的图形，如图 5-8 所示。结果说明，第一波抑郁症的趋势有微妙差异。当 k=4 时，有比较突出的平台。

```
par(mfrow = c(2, 2))
plot(mgam4, se = TRUE, scale = 0, main = "k = 3")
plot(mgam5, se = TRUE, scale = 0, main = "k = 4")
```

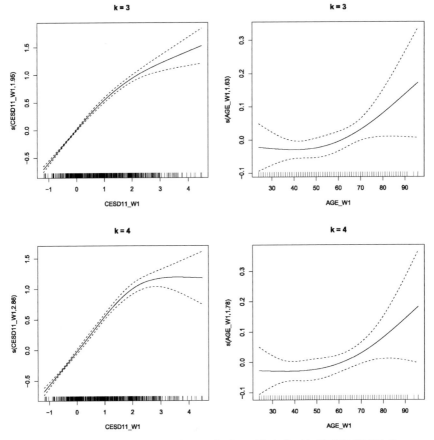

图 5-8 在改变光滑样条的最大灵活度后，两个广义可加模型的模型结果

2. 具有交互效应的 GAM

mgcv 包具有而 VGAM 包没有的另一个特征是在交互作用项中包含光滑样条。例如，假设我们认为抑郁症或年龄的效应随性别而变化。这个功能很容易用 mgcv 包来实现，只需要在 s()函数中添加 by=Sex 即可。摘要输出信息表明并没有很大的差别。这个结论可以从图 5-9 中得到证实，虽然看起来十分相似，但在不同性别上仍然表现出一定的差异。

```
mgam6 <- gam(CESD11_W2 ~ Sex +
             s(CESD11_W1, k = 4, by = Sex) +
             s(AGE_W1, k = 4, by = Sex),
             data = acl,
         family = gaussian())

summary(mgam6)

## 
## Family: gaussian
## Link function: identity
## 
## Formula:
## CESD11_W2 ~ Sex + s(CESD11_W1, k = 4, by = Sex) + s(AGE_W1, k = 4,
##     by = Sex)
## 
## Parametric coefficients:
##                 Estimate Std. Error t value Pr(>|t|)
## (Intercept)     -0.0218    0.0276    -0.79   0.428
## Sex(2) FEMALE    0.0693    0.0343     2.02   0.044 *
## ---
## Signif. codes:  0 '***' 0.001 '**' 0.01 '*' 0.05 '.' 0.1 ' ' 1
## 
## Approximate significance of smooth terms:
##                            edf Ref.df      F  p-value
## s(CESD11_W1):Sex(1) MALE   2.52   2.83 119.68  <2e-16 ***
## s(CESD11_W1):Sex(2) FEMALE 2.76   2.96 234.18  <2e-16 ***
## s(AGE_W1):Sex(1) MALE      1.80   2.17   1.58  0.2
## s(AGE_W1):Sex(2) FEMALE    1.00   1.00   2.68  0.1
## ---
## Signif. codes:  0 '***' 0.001 '**' 0.01 '*' 0.05 '.' 0.1 ' ' 1
## 
```

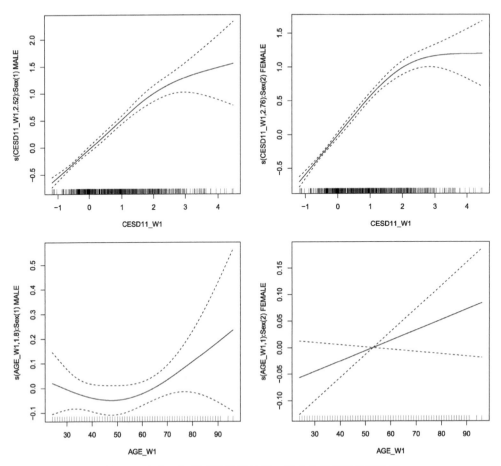

图 5-9 广义可加模型的模拟结果,样条曲线可按性别分类

我们可以使用 AIC 和 BIC 准则快速比较这两个模型的结果。在这里,这两个指标都表示:不包含性别交互作用的模型是相对较好的模型,能在拟合度与简洁性之间达到平衡。

```
AIC(mgam5, mgam6)

##            df  AIC
## mgam5    7.6  7333
## mgam6   11.1  7338

BIC(mgam5, mgam6)

##            df  BIC
## mgam5    7.6  7378
## mgam6   11.1  7404
```

第 5 章 广义可加模型

当使用光滑样条表示两个连续量之间的交互作用时，情况就会变得更加复杂。然而，mgcv 包允许我们使用张量积光滑。张量积光滑的详细理论不容易解释，但是简单地说，就是每一次取一个变量，用节点分隔它们并用多项式(与普通样条一样)拟合它们。可以简单假设张量积是两个量的乘积项，但是在整个数据范围内计算全部的乘积项是不现实的，我们希望通过把两个变量的空间分割成节点后，就能提供合理的近似。从实际角度看，想象一个未知的三维表面，用两个预测量定义这个三维表面的宽度和深度，高度表示因变量的分类值。可以想象我们正在用一个有重量的薄片覆盖这个表面。薄片的材料具有重量特性，从而保证了一定的光滑度，但是薄片的形状可以随任意方向而变化。因此，我们不能只讲某个变量的"效应"而定义另一个变量的级别。需要指出的是，张量积光滑需要大量的计算，因此拟合速度非常慢。

在下面的代码中，我们拟合了一个 GAM 模型，以性别为参数项，并用张量积光滑表示第一波抑郁症与自尊之间的关系，用这个 GAM 模型预测第二波抑郁症。

```
mgam7 <- gam(CESD11_W2 ~ Sex +
                te(CESD11_W1, SelfEsteem_W1, k = 4^2),
             data = acl,
             family = gaussian())

summary(mgam7)

## 
## Family: gaussian 
## Link function: identity 
## 
## Formula:
## CESD11_W2 ~ Sex + te(CESD11_W1, SelfEsteem_W1, k = 4^2)
## 
## Parametric coefficients:
##                Estimate Std. Error t value Pr(>|t|)
## (Intercept)    -0.0226     0.0268   -0.84   0.400
## Sex(2) FEMALE   0.0718     0.0337    2.13   0.033 *
## ---
## Signif. codes:  0 '***' 0.001 '**' 0.01 '*' 0.05 '.' 0.1 '.' 1
## 
## Approximate significance of smooth terms:
##                              edf Ref.df    F  p-value
## te(CESD11_W1,SelfEsteem_W1) 12.1   14.5 77.4  <2e-16 ***
```

```
## ---
## Signif. codes: 0 '***' 0.001 '**' 0.01 '*' 0.05 '.' 0.1 '.' 1
##
## R-sq.(adj) = 0.286 Deviance explained = 28.9%
## GCV = 0.74276 Scale est. = 0.7391 n = 2867
```

摘要信息显示，总体的张量积光滑是统计显著的，但是并没有告诉我们哪个变量贡献较大。另一个挑战是，结果更难可视化。现在我们使用 vis.gam()函数，生成三维视图或等高图。我们先在同一个画板中，从不同视角绘制几个三维视图，同时缩小它们的默认边界值，结果如图 5-10 所示。

```
par(mfrow = c(2, 2), mar = c(.1, .1, .1, .1))
vis.gam(mgam7,
view = c("CESD11_W1", "SelfEsteem_W1"),
theta = 210, phi = 40,
color = "topo",
plot.type = "persp")
vis.gam(mgam7,
view = c("CESD11_W1", "SelfEsteem_W1"),
theta = 150, phi = 40,
color = "topo",
plot.type = "persp")
vis.gam(mgam7,
view = c("CESD11_W1", "SelfEsteem_W1"),
theta = 60, phi = 40,
color = "topo",
plot.type = "persp")
vis.gam(mgam7,
view = c("CESD11_W1", "SelfEsteem_W1"),
theta = 10, phi = 40,
color = "topo",
plot.type = "persp")
```

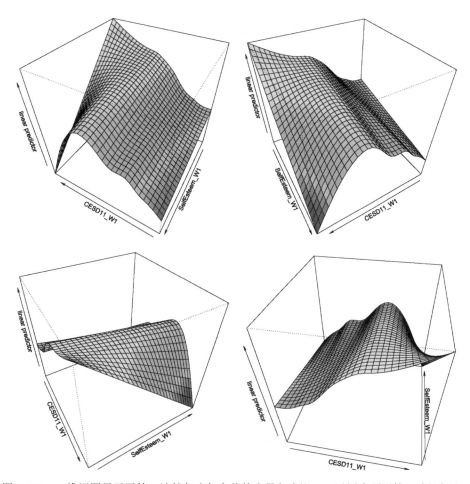

图 5-10* 三维视图显示了第一波抑郁症与自尊的张量积光滑，可以用来预测第二波抑郁症

在二维空间中，比较容易的可视化方法是使用等高图。在等高图中，显示了 x 轴和 y 轴的预测量值并用线段和颜色表示第三维。同一条曲线或等高线表示同一个预测量值，这些曲线说明了同一个预测量的值如何随两个预测量的不同组合而变化。图 5-11 显示了一幅等高图。

```
par(mfrow = c(1, 1), mar = c(5.1, 4.1, 4.1, 2.1))
vis.gam(mgam7,
    view = c("CESD11_W1", "SelfEsteem_W1"),
    color = "topo",
    plot.type = "contour")
```

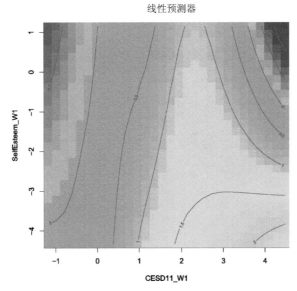

图 5-11*　等高图：用第一波抑郁症与自尊的张量积光滑预测第二波抑郁症的结果

如果想分解方差，我们可以使用张量积的交互作用，也就是使用 ti()函数。结果已在下面的代码中得到说明：抑郁症与自尊的交互作用并不能为抑郁症与自尊的光滑项提供额外值。

```
mgam8 <- gam(CESD11_W2 ~ Sex +
             ti(CESD11_W1, k = 4) +
             ti(SelfEsteem_W1, k = 4) +
             ti(CESD11_W1, SelfEsteem_W1, k = 4^2),
             data = acl,
             family = gaussian())

summary(mgam8)

## 
## Family: gaussian
## Link function: identity
## 
## Formula:
## CESD11_W2 ~ Sex + ti(CESD11_W1, k = 4) + ti(SelfEsteem_W1, k = 4) +
##     ti(CESD11_W1, SelfEsteem_W1, k = 4^2)
## 
## Parametric coefficients:
## Estimate Std. Error t value Pr(>|t|)
```

```
## (Intercept) -0.0156 0.0281 -0.55 0.579
## Sex(2) FEMALE 0.0681 0.0338 2.02 0.044 *
## ---
## Signif. codes: 0 '***' 0.001 '**' 0.01 '*' 0.05 '.' 0.1 '.' 1
##
## Approximate significance of smooth terms:
##                              edf Ref.df     F p-value
## ti(CESD11_W1)               1.72   2.08 260.86 < 2e-16 ***
## ti(SelfEsteem_W1)           1.00   1.00  22.77 1.9e-06 ***
## ti(CESD11_W1,SelfEsteem_W1) 21.77 31.08   1.03    0.43
## ---
## Signif. codes: 0 '***' 0.001 '**' 0.01 '*' 0.05 '.' 0.1 '.' 1
##
## R-sq.(adj) = 0.284 Deviance explained = 29%
## GCV = 0.74778 Scale est. = 0.74087 n = 2867
```

现在我们介绍 mgcv 包的最后一项额外功能：快速检查最大光滑度是否受限。虽然光滑度已知，但是参数 k 可以控制最大允许值。通常，如果自由度的估计值比 $k-1$ 小许多，则增大 k 值不大可能会带来任何好处，因为用已经选定的模型表示简单结构已经足够，然而情况并非总是这样，特别当自由度的估计值非常接近 $k-1$ 时，这意味着人为强加的限制会产生过约束模型，并且如果增大 k 值，我们可能会得到不同的结果。为了说明这一点，我们回到前面介绍过的模型，分析抑郁症与年龄的关系(没有任何交互作用)，并预测以后的抑郁症。为了方便起见，我们重新引用那个模型。注意，抑郁症的估计自由度接近于 $k-1=4-1=3$，这里暗示可能存在一些问题。

```
mgam5 <- gam(CESD11_W2 ~ Sex +
             s(CESD11_W1, k = 4) +
             s(AGE_W1, k = 4), data = acl,
         family = gaussian())
```

summary(mgam5)

```
##
## Family: gaussian
## Link function: identity
##
## Formula:
## CESD11_W2 ~ Sex + s(CESD11_W1, k = 4) + s(AGE_W1, k = 4)
##
## Parametric coefficients:
##             Estimate Std. Error t value Pr(>|t|)
## (Intercept) -0.0207     0.0272   -0.76    0.447
```

```
## Sex(2) FEMALE    0.0688       0.0342    2.01    0.044 *
## ---
## Signif. codes:  0 '***' 0.001 '**' 0.01 '*' 0.05 '.' 0.1 '.' 1
##
## Approximate significance of smooth terms:
##                edf  Ref.df      F  p-value
## s(CESD11_W1)  2.86    2.99  344.7  <2e-16 ***
## s(AGE_W1)     1.78    2.16    2.4   0.076 .
## ---
## Signif. codes:  0 '***' 0.001 '**' 0.01 '*' 0.05 '.' 0.1 '.' 1
##
## R-sq.(adj) = 0.272  Deviance explained = 27.3%
## GCV = 0.75508  Scale est. = 0.75333  n = 2867
```

为了验证是否需要增大 k 值，我们使用 gam.check()函数。使用这个函数时只需要一个已拟合的 GAM 对象，由于 gam.check()依赖于某个模拟过程，因此会因随机种子而变化。为了保证可重复性，需要设置随机种子值，参见下面代码中的 set.seed() 语句。我们把输出结果绘制成图形，如 5-12 所示。结果说明：对于第一波抑郁症，k 值还不是很大。一般来说，由于光滑的原因，并没有要求 k 值完全一样。但是，为了使函数形式不受到过分限制，确实要求 k 值要足够大。

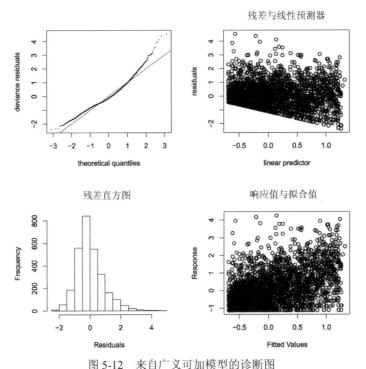

图 5-12　来自广义可加模型的诊断图

```
par(mfrow = c(2, 2))
set.seed(12345)
gam.check(mgam5)
## 
## Method: GCV   Optimizer: magic
## Smoothing parameter selection converged after 9 iterations.
## The RMS GCV score gradient at convergence was 6.7e-07 .
## The Hessian was positive definite.
## Model rank = 8 / 8
## 
## Basis dimension (k) checking results. Low p-value (k-index<1) may
## indicate that k is too low, especially if edf is close to k'.
## 
##                 k'   edf k-index p-value
## s(CESD11_W1)  3.00  2.86    0.97   0.025 *
## s(AGE_W1)     3.00  1.78    0.99   0.230
## ---
## Signif. codes:  0 '***' 0.001 '**' 0.01 '*' 0.05 '.' 0.1 '.' 1
```

根据 gam.check() 生成的输出信息，我们可能需要增大抑郁症的系数 k，并重新拟合这个模型。我们给 k 设置了新值：$k=20$。现在的结果说明：自由度的估计值比 $k-1=20-1=19$ 小许多。尽管不是必需的，但是为了说明改变参数值产生的影响，我们增大了年龄的 k 值。

```
mgam5b <- gam(CESD11_W2 ~ Sex +
                s(CESD11_W1, k = 20) +
                s(AGE_W1, k = 20), data = acl,
        family = gaussian())

summary(mgam5b)
## 
## Family: gaussian
## Link function: identity
## 
## Formula:
## CESD11_W2 ~ Sex + s(CESD11_W1, k = 20) + s(AGE_W1, k = 20)
## 
## Parametric coefficients:
##                  Estimate Std. Error t value Pr(>|t|)
```

```
## (Intercept)       -0.0202      0.0271    -0.75 0.456
## Sex(2) FEMALE      0.0680      0.0341     2.00 0.046 *
## ---
## Signif. codes:  0 '***' 0.001 '**' 0.01 '*' 0.05 '.' 0.1 '.' 1
##
## Approximate significance of smooth terms:
##                edf Ref.df     F p-value
## s(CESD11_W1) 11.68  13.99 76.43  <2e-16 ***
## s(AGE_W1)     1.69   2.13  1.87    0.14
## ---
## Signif. codes:  0 '***' 0.001 '**' 0.01 '*' 0.05 '.' 0.1 '.' 1
##
## R-sq.(adj) =  0.278   Deviance explained = 28.2%
## GCV = 0.7508  Scale est. = 0.74678   n = 2867
```

我们把结果绘制成图 5-13，图 5-13 说明这里的抑郁症趋势相比前面的例子包含更大的灵活度。此外需要注意的是，虽然增大了 k 值，但年龄的趋势并没有受到明显的影响。因此，增大 k 值对结果产生的影响很小，因为额外的灵活度已经受到影响。

```
par(mfrow = c(1, 2))
plot(mgam5b, se = TRUE, scale = 0)
```

尽管简短，但是本节介绍了 GAM 在连续正态分布数据方面的许多基本用法和特性。稍后将利用同样的思想，但是应用到其他类型的结果数据，并且假设它们服从不同类型的分布。然而，模型拟合、模型比较和模型可视化的基本步骤仍然一样。

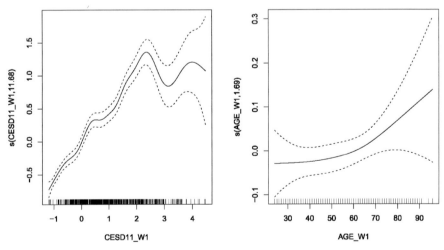

图 5-13 增大抑郁症的阶数 k 之后广义可加模型的结果

5.2.2 二值因变量

二值因变量在前几章介绍 GLM 模型时已经讨论过。作用于二值结果的 GAM 与 GLM 一样，基于同样的理论，并且使用同样的分布簇(伯努利分布或二项正态分布)。作用于二值结果的 GAM 的独特之处在于使用光滑样条。这里使用的光滑样条，与应用于连续正态分布结果的光滑样条没有太大的不同，唯一不同之处是，前者的光滑样条基于连接函数的尺度，而后者通常基于对数尺度(logit，优势概率的对数函数)。

为了讨论二值因变量的 GAM，我们以吸烟为结果变量，比较当前吸烟者(1)与之前吸烟者或从不吸烟者(0)的关系。首先，我们以年龄为预测量。下面的摘要输出说明：年龄与吸烟状态存在某个非线性关联。

```
library(VGAM)

##
## Attaching package: 'VGAM'

## The following object is masked from 'package:car':
##
##     logit
## The following objects are masked from 'package:rms':
##
##     calibrate, lrtest
## The following object is masked from 'package:mgcv':
##
##     s
## The following objects are masked from 'package:boot':
##
##     logit, simplex

acl$CurSmoke <- as.integer(acl$Smoke_W1 == "(1) Cur Smok")

mgam.lr1 <- vgam(CurSmoke ~ s(AGE_W1, df = 3),
           family = binomialff(link = "logit"),
           data = acl, model = TRUE)

summary(mgam.lr1)

##
## Call:
## vgam(formula=CurSmoke ~ s(AGE_W1, df = 3), family = binomialff(link =
```

```
##       "logit"),
##     data = acl, model = TRUE)
## 
## 
## Number of linear predictors: 1
## 
## Name of linear predictor: logit(prob)
## 
## (Default) Dispersion Parameter for binomialff family: 1
## 
## Residual deviance: 4173 on 3613 degrees of freedom
## 
## Log-likelihood: -2087 on 3613 degrees of freedom
## 
## Number of iterations: 5
## 
## DF for Terms and Approximate Chi-squares for Nonparametric Effects
## 


##                      Df Npar Df Npar Chisq P(Chi)
## (Intercept)           1
## s(AGE_W1, df = 3)     1        2         44  2e-10
```

为了更好地理解上面的结果,我们把模型绘制成光滑样条曲线。

```
par(mfrow = c(1, 1))
plot(mgam.lr1, se = TRUE,
    lcol = viridis(4)[1],
    scol = viridis(4)[2])
```

图 5-14 说明:当年龄较小时,吸烟状态变化很小,但是到了 60 岁左右,曲线下降很快。图 5-14 主要基于连接函数的尺度。我们也可以获得基于概率尺度的预测结果,把结果绘制成更直观、更容易理解的度量值。

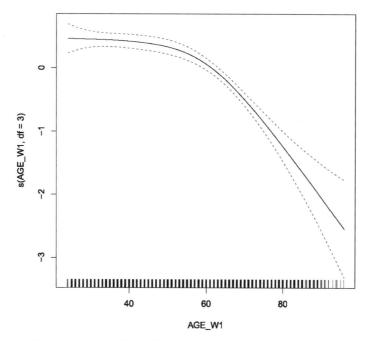

图 5-14　反映年龄与当前吸烟状态之间关系的广义可加模型

```
## generate new data for prediction
## use the whole range of age
newdat <- as.data.table(expand.grid(
 AGE_W1 = seq(
   from = min(acl$AGE_W1, na.rm=TRUE),
   to = max(acl$AGE_W1, na.rm=TRUE),
   length.out = 1000)))

newdat$yhat <- predict(mgam.lr1,
                      newdata = newdat,
                      type = "response")
```

一旦生成了预测量的数据集后，我们就可以用 ggplot()函数生成最终的图形，结果如图 5-15 所示。图 5-15 表明，得到的结果与前面基于连接函数的尺度的结果相似。但是经过变换后，结果更容易解释。

```
ggplot(newdat, aes(AGE_W1, yhat)) +
  geom_line() +
  scale_y_continuous(labels = percent) +
  xlab("年龄(年)") +
  ylab("吸烟概率") +
```

```
coord_cartesian(xlim = range(acl$AGE_W1),
                ylim = c(0, .4),
                expand = FALSE)
```

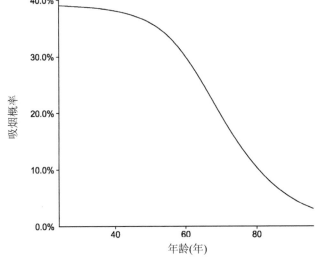

图 5-15 预测的吸烟概率与年龄的关系

但是这种方法也存在局限性。那就是 VGAM 没有提供内置函数，因而无法为 GAM 针对新数据的预测量生成置信区间。生成置信区间的一种方法是使用自采样法。对于简单的模型，这种方法并不需要很长时间。但是当模型很复杂时，或者当重采样的数据量很大时，我们将需要使用并行方法来加速处理。

```
nboot <- 500

out <- matrix(NA_real_, ncol = nboot, nrow = nrow(newdat))

start.time <- proc.time()
set.seed(12345)
for (i in 1:500) {
 tmp <- vgam(CurSmoke ~ s(AGE_W1, df = 3),
      family = binomialff(link = "logit"),
      data = acl[sample(nrow(acl), replace = TRUE)], model = TRUE)
 out[, i] <- predict(tmp,
                   newdata = newdat,
                   type = "response")
}
stop.time <- proc.time()
```

```
## time to bootstrap 500 times
stop.time - start.time
## user system elapsed
## 19.12 0.03 19.21
```

现在我们可以从自采样预测结果得到摘要信息。首先，有时人们对自采样预测结果的均值与实际模型进行比较，看看是否存在系统性偏差。下面的代码用于快速计算平均绝对差值，在这个示例中，这个值非常小。

```
mean(abs(newdat$yhat - rowMeans(out)))

## [1] 0.00031
```

接着计算置信区间，但是这里需要使用自采样样本数据的百分位数。

```
newdat$LL <- apply(out, 1, quantile,
 probs = .025, na.rm = TRUE)

newdat$UL <- apply(out, 1, quantile,
 probs = .975, na.rm = TRUE)
```

最后，重新绘制预测结果的概率图，但是现在增加了置信区间，结果如图 5-16 所示。置信区间不是很光滑，原因是自采样样本数相对较少。基于分位数的置信区间只有当样本数很大时才光滑，但即使如此，它们也提供了比较快速且非常有用的额外信息，从而表明在整个年龄的光滑样条中吸烟的预测概率值的不确定程度。

```
ggplot(newdat, aes(AGE_W1, yhat)) +
  geom_ribbon(aes(ymin = LL, ymax = UL), fill = "grey80") +
  geom_line(size = 2) +
scale_y_continuous(labels = percent) +
xlab("年龄(年)") +
ylab("吸烟概率") +
theme_tufte() +
coord_cartesian(xlim = range(acl$AGE_W1),
                ylim = c(0, .5),
                expand = FALSE)
```

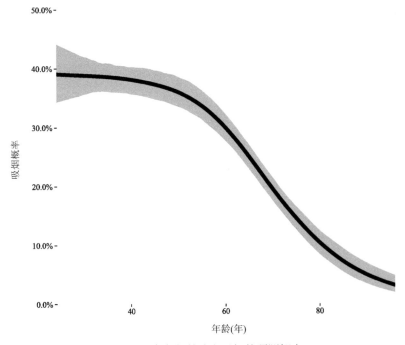

图 5-16 在各年龄阶段吸烟的预测概率

在之前的章节中，我们曾引入预测概率的平均边际变化。当结果是分类型结果量时，就可以比较直观地说明预测量的意义。虽然这个度量值也可以用于连接函数引起的非线性，但是在光滑样条情况下，生成这样一个度量值并没有多大意义，因为其中不仅包含了起始概率带来的差异，而且表明了预测非线性这个事实。因此，图 5-16 所示的置信区间往往是二值结果 GAM 模型的最终结果。

5.2.3 无序因变量

在之前的章节中，我们分析了多项 Logistic 回归，它们可应用于无序分类型(多于二级)结果量。具体过程同样适用于无序分类型因变量的 GAM 模型。我们首先进行数据处理，根据第二波数据生成一个表示就业状态的变量，然后拟合一个 GAM 模型，由年龄的光滑样条预测就业状态。摘要输出说明：经过几组对比后，存在显著的非线性。一个有趣的特性是，现在不能单靠一次检验就验证某个光滑项中是否存在非线性，而是需要进行 $k-1$ 次检验，这里的 k 就是因变量的分类值个数。在这个示例中，有五个分类值，其中一个可作为参考组，因此需要进行四次非线性检验。

```
acl[, EmployG_W2 := as.character(Employment_W2)]
acl[EmployG_W2 %in% c(
  "(2) 2500+HRS", "(3) 15002499",
```

```
    "(4) 500-1499", "(5) 1-499HRS"),
  EmployG_W2 := "(2) EMPLOYED"]
acl[, EmployG_W2 := factor(EmployG_W2)]

mgam.mr1 <- vgam(EmployG_W2 ~ s(AGE_W1, k = 5),
                 family = multinomial(),
                 data = acl, model = TRUE)

summary(mgam.mr1)

## 
## Call:
## vgam(formula = EmployG_W2 ~ s(AGE_W1, k = 5), family = multinomial(),
##     data = acl, model = TRUE)
## 
## 
## Number of linear predictors: 4
## 
## Names of linear predictors:
## log(mu[,1]/mu[,5]),log(mu[,2]/mu[,5]),log(mu[,3]/mu[,5]),log(mu[,4]/
mu[,5])
## 
## Dispersion Parameter for multinomial family: 1
## 
## Residual deviance: 5261 on 11450 degrees of freedom
## 
## Log-likelihood: -2631 on 11450 degrees of freedom
## 
## Number of iterations: 8
## 
## DF for Terms and Approximate Chi-squares for Nonparametric Effects
## 
##                       Df Npar Df Npar Chisq P(Chi)
## (Intercept):1          1
## (Intercept):2          1
## (Intercept):3          1
## (Intercept):4          1
## s(AGE_W1, k = 5):1     1       3         16    0.0
## s(AGE_W1, k = 5):2     1       2         83    0.0
## s(AGE_W1, k = 5):3     1       2         71    0.0
```

```
## s(AGE_W1, k = 5):4    1         2          5     0.1
```

我们再次把结果绘制成图形,默认时,结果主要基于连接函数的尺度。现在我们需要绘制四个图形,因为分类型结果量的每个分类值都需要绘制图形,结果如图 5-17 所示。经过对比,我们发现,有些分类值的非线性比另一些严重,而且具有显著性,它们的趋势有很大不同。多项 Logistic 回归的 GAM 模型允许光滑样条的形状和灵活性随结果的分类值而变化。

```
par(mfrow = c(2, 2))
plot(mgam.mr1, se = TRUE,
    lcol = viridis(4)[1],
    scol = viridis(4)[2])
```

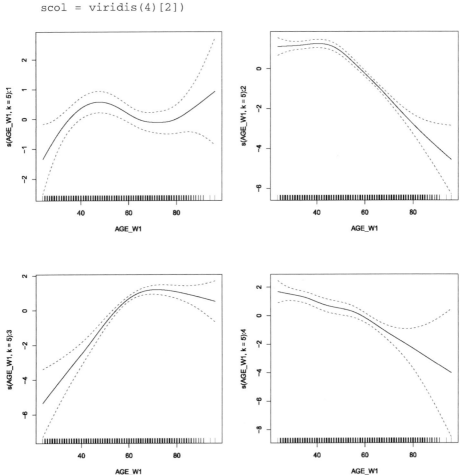

图 5-17 年龄与就业状态的广义可加模型,无序五级分类的因变量会产生四种不同类型的年龄效应

同样,我们需要生成预测量的概率图而非对数图。与通常一样,我们先生成预

测结果。这里使用 cbind() 函数对预测的概率值与数据集进行合并，因为这里我们不用向量来表示预测概率值，而是返回一个矩阵，这个矩阵中的每一个元素都是相对因变量中每个分类值的预测概率。然后把数据变换成绘制概率图所需要的长数据集。这个新的长数据集有三个变量：年龄、分类型结果的分类值以及实际的预测概率。

```
## generate new data for prediction
## use the whole range of age
newdat <- as.data.table(expand.grid(
  AGE_W1 = seq(
    from = min(acl$AGE_W1, na.rm=TRUE),
    to = max(acl$AGE_W1, na.rm=TRUE),
    length.out = 1000)))

newdat <- cbind(newdat, predict(mgam.mr1,
                 newdata = newdat,
                 type = "response"))

newdatlong <- melt(newdat, id.vars = "AGE_W1")

summary(newdatlong)

##      AGE_W1         variable       value
## Min.    :24  (1) DISABLED:1000  Min.   :0.00
## 1st Qu. :42  (2) EMPLOYED:1000  1st Qu.:0.03
## Median  :60  (6) RETIRED :1000  Median :0.08
## Mean    :60  (7) UNEMPLOY:1000  Mean   :0.20
## 3rd Qu. :78  (8) KEEP HS :1000  3rd Qu.:0.28
## Max.    :96                     Max.   :0.84
```

最后使用 ggplot() 函数把结果绘制成图形，如图 5-18 所示。这些结果突出了如下已被人承认但无法从线性模型获得的结论：人们总是在 60 岁之后退休。因为围绕大多数人的退休年龄，年龄窗口相对较窄，所以模型肯定是非线性的。它们相对比较平坦，只在很小的范围内有较大的起伏，但又回到相对平坦的状态。假设给定有关退休年龄的数据，则不妨考虑增大灵活度，或在退休年龄附近使用拼接模型，光滑样条会使本来相对离散的过程变成光滑。尽管如此，即使没有这些额外的努力，我们也会发现 GAM 模型的价值——可以相对较好地表示快速过渡过程，尽管我们并没有告诉模型哪里会出现这种过渡现象。

```
ggplot(newdatlong, aes(
  AGE_W1, value,
  colour = variable, linetype = variable)) +
```

```
geom_line(size = 2) +
scale_color_viridis(discrete = TRUE) +
scale_x_continuous("年龄(年)") +
scale_y_continuous("概率", label = percent) +
coord_cartesian(ylim = c(0, 1), expand = FALSE) +
theme_tufte() +
theme(legend.position = c(.2, .5),
      legend.key.width = unit(2, "cm"))
```

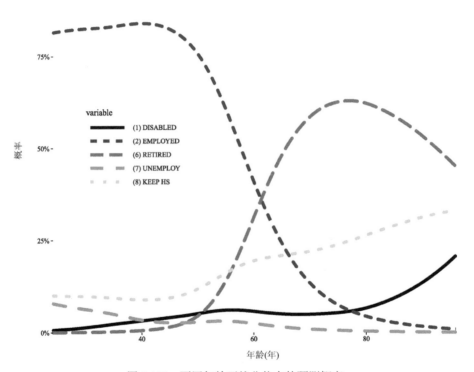

图 5-18*　不同年龄下就业状态的预测概率

5.2.4　计数因变量

计数因变量已经在前几章介绍 GLM 模型时讨论过。作用于计数因变量的 GAM 与 GLM 有相同的理论背景,并且采用相同的分布簇(泊松分布或负二项正态分布)。作用于计数因变量的 GAM 的独特之处在于使用光滑样条。光滑样条的作用与在连续、正态分布因变量中的作用相同,唯一不同的地方是,前者中的光滑样条基于连在介绍 GLM 的章节中，我们看到了泊松分布的局限性：过离散现象经常发生但又不能经常被捕捉到。因此，这里我们直接使用 GAM 模型模拟负二项分布，后者允许过离散现象。虽然前面的讨论只针对单个预测量，但是我们并没有仅限于此。在下面的例子中，我们分析慢性病的发作次数，并从性别和年龄的光滑样条中预测具体的值。后面的输出摘要信息显示了年龄存在显著的非线性。

```
## negative binomial regression model
mgam.nbr1 <- vgam(NChronic12_W2 ~ Sex + s(AGE_W1, k = 5),
            family = negbinomial(),
            data = acl, model = TRUE)

summary(mgam.nbr1)

##
## Call:
## vgam(formula = NChronic12_W2 ~ Sex + s(AGE_W1, k = 5), family = negbinomial(),
##     data = acl, model = TRUE)
##
##
## Number of linear predictors: 2
##
## Names of linear predictors: loge(mu), loge(size)
##
## Dispersion Parameter for negbinomial family: 1
##
## Log-likelihood: -3636 on 5727 degrees of freedom
##
## Number of iterations: 8
##
## DF for Terms and Approximate Chi-squares for Nonparametric Effects
##
##                   Df Npar Df Npar Chisq P(Chi)
## (Intercept):1      1
## (Intercept):2      1
## Sex                1
## s(AGE_W1, k = 5)   1       3         112      0
```

为了更好地理解上述结果，我们把它们绘制成光滑样条曲线，如图 5-19 所示。

从中可以看出，女性相比男性患有更多的慢性病，而且当年龄较轻时，报告的慢性病发作次数随年龄增加较快；而当年龄较大时，增加趋势变慢。

```
par(mfrow = c(1, 2))
plot(mgam.nbr1, se = TRUE,
  lcol = viridis(4)[1],
  scol = viridis(4)[2])
```

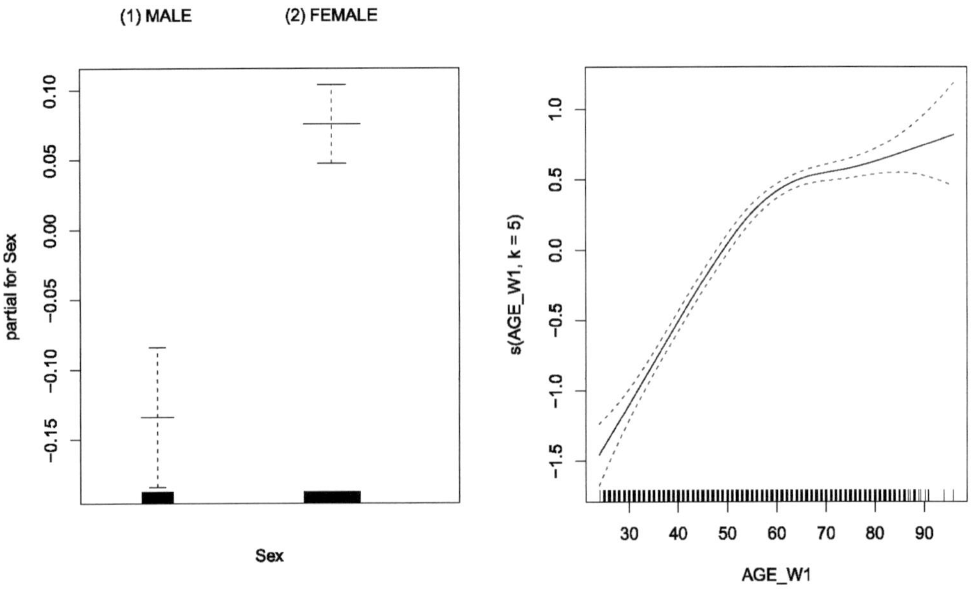

图 5-19　性别、年龄与慢性病发作次数的广义可加模型

与二值回归和多项 Logistic 回归一样，当前的图形也基于连接函数的尺度，我们可以得到基于原始尺度的预测值，并生成比较直观容易理解的图形。

```
## generate new data for prediction
## use the whole range of age and sex
newdat <- as.data.table(expand.grid(
  Sex = levels(acl$Sex),
  AGE_W1 = seq(
    from = min(acl$AGE_W1, na.rm=TRUE),
    to = max(acl$AGE_W1, na.rm=TRUE),
    length.out = 1000)))

newdat$yhat <- predict(mgam.nbr1,
                      newdata = newdat,
                      type = "response")
```

一旦有了预测量的数据集后，我们就可以使用 ggplot() 绘制图形，结果如图 5-20 所示。虽然在连接函数的尺度空间中，性别的效应是常量；但是在原始响应的尺度空间中，绝对值随预测分数的增加而增加。因此，根据预测得到结论：女性与男性的差异随年龄增大。但是需要注意，在这里，年龄与性别并没有交互作用。因此，年龄的效应对于女性和男性都是相同的。

```
ggplot(newdat, aes(AGE_W1, yhat, colour = Sex)) +
  geom_line(size = 2) +
  scale_color_viridis(discrete = TRUE) +
  xlab("年龄(年)") +
  ylab("慢性病发作次数") +
  theme_tufte() +
  coord_cartesian(xlim = range(acl$AGE_W1),
                  ylim = c(0, 2.5),
                  expand = FALSE) +
theme(legend.position = c(.2, .8),
      legend.key.width = unit(1, "cm"))
```

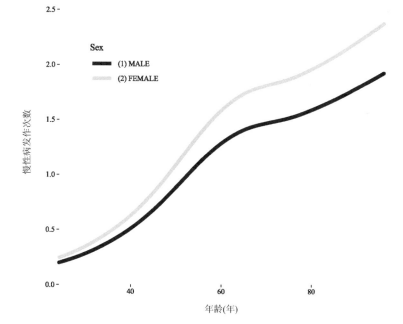

图 5-20　慢性病发作次数与性别和年龄的关系

读者可能想知道，年轻时，女性是否真的比男性患有更多的慢性病？是否比男性更快地进入稳定期？这意味着存在交互作用。由于当前的 VGAM 并不支持光滑样条的交互作用，因此需要卸掉 vgam 包，转向 mgcv 包。使用 gam() 函数拟合这个模型，如下所示：

```
detach("package:VGAM")
library(mgcv)

mgam.nbr2 <- gam(NChronic12_W2 ~ Sex + s(AGE_W1, k = 10, by = Sex),
            family = nb(), data = acl)

summary(mgam.nbr2)

##
## Family: Negative Binomial(20719.179)
## Link function: log
##
## Formula:
## NChronic12_W2 ~ Sex + s(AGE_W1, k = 10, by = Sex)
##
## Parametric coefficients:
##              Estimate Std. Error z value Pr(>|z|)
## (Intercept)   -0.2674     0.0395   -6.77  1.3e-11 ***
## Sex(2) FEMALE  0.2661     0.0477    5.58  2.4e-08 ***
## ---
## Signif. codes: 0 '***' 0.001 '**' 0.01 '*' 0.05 '.' 0.1 '.' 1
##
## Approximate significance of smooth terms:
##                       edf Ref.df Chi.sq p-value
## s(AGE_W1):Sex(1) MALE   4.36   5.36    295  <2e-16 ***
## s(AGE_W1):Sex(2) FEMALE 4.11   5.10    447  <2e-16 ***
## ---
## Signif. codes: 0 '***' 0.001 '**' 0.01 '*' 0.05 '.' 0.1 '.' 1
##
## R-sq.(adj) =  0.248   Deviance explained = 25.6%
## -REML = 3649.7  Scale est. = 1         n = 2867
```

现在我们再次生成预测数据，代码与使用gam()函数拟合模型类似。

```
## generate new data for prediction
## use the whole range of age and sex
newdat <- as.data.table(expand.grid(
  Sex = levels(acl$Sex),
  AGE_W1 = seq(
```

```
            from = min(acl$AGE_W1, na.rm=TRUE),
            to = max(acl$AGE_W1, na.rm=TRUE),
            length.out = 1000)))

newdat$yhat <- predict(mgam.nbr2,
                       newdata = newdat,
                       type = "response")
```

最后，我们重新绘制结果，如图 5-21 所示。然而，结果却显示：女性并没有比男性较快地进入稳定期，男性会更早地进入稳定期。即使到了更大的年纪，根据预测，女性相比男性将患有更多的慢性病。

```
ggplot(newdat, aes(AGE_W1, yhat, colour = Sex)) +
  geom_line(size = 2) +
  scale_color_viridis(discrete = TRUE) +
  xlab("年龄(年)") +
  ylab("慢性病发作次数") +
  theme_tufte() +
  coord_cartesian(xlim = range(acl$AGE_W1),
                  ylim = c(0, 2.7),
                  expand = FALSE) +
theme(legend.position = c(.2, .8),
      legend.key.width = unit(1, "cm"))
```

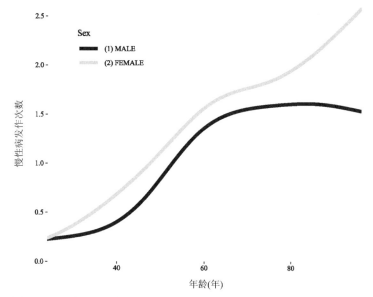

图 5-21 由交互作用模型预测的慢性病发作次数与性别和年龄的关系

与前面的二项 Logistic GAM 模型一样，如有必要，我们也可以使用自采样法生成预测量的置信区间。注意，这个任务需要花费相比前面二项 Logistic GAM 模型更长的时间，这可能是软件差异造成的，也可能是由于包含两个预测量的模型比较复杂，并且年龄的光滑样条随性别而变。由于计算过程比较长，因此这个例子也正好说明，假如想要用于实际项目且至少需要用到几千个自采样样本数据，则可以利用并行计算机。

```r
nboot <- 500

out <- matrix(NA_real_, ncol = nboot, nrow = nrow(newdat))

start.time <- proc.time()
set.seed(12345)
for (i in 1:500) {
 tmp <- gam(NChronic12_W2 ~ Sex + s(AGE_W1, k = 10, by = Sex),
            family = nb(),
            data = acl[sample(nrow(acl), replace = TRUE)])
 out[, i] <- predict(tmp,
                     newdata = newdat,
                     type = "response")
}
stop.time <- proc.time()

## time to bootstrap 500 times
stop.time - start.time

##   user  system elapsed
## 167.18    0.73  168.08
```

现在我们可以从自采样预测结果生成摘要输出信息。首先，有时人们需要对自采样预测的平均结果与实际模型进行比较，看看是否存在系统性偏差。下面这段代码通过计算平均绝对差值进行快速检验。在这个示例中，这个差值非常小。

```r
mean(abs(newdat$yhat - rowMeans(out)))

## [1] 0.0094
```

接着计算置信区间，但是使用自采样样本数据的百分位数。

```r
newdat$LL <- apply(out, 1, quantile,
  probs = .025, na.rm = TRUE)

newdat$UL <- apply(out, 1, quantile,
  probs = .975, na.rm = TRUE)
```

最后，重新生成预测的计数值图形，但是现在还加上了置信区间，结果如图 5-22 所示。

```
ggplot(newdat, aes(AGE_W1, yhat)) +
  geom_ribbon(aes(ymin = LL, ymax = UL, fill = Sex), alpha = .2) +
  geom_line(aes(colour = Sex), size = 2) +
  scale_color_viridis(discrete = TRUE) +
  scale_fill_viridis(discrete = TRUE) +
  xlab("年龄(年)") +
  ylab("慢性病发作次数") +
  theme_tufte() +
  coord_cartesian(xlim = range(acl$AGE_W1),
                  ylim = c(0, 4),
                  expand = FALSE) +
  theme(legend.position = c(.2, .8),
        legend.key.width = unit(2, "cm"))
```

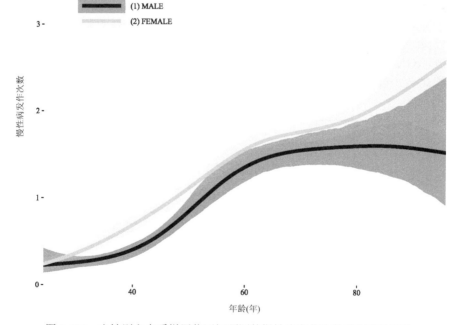

图 5-22* 由性别和自采样置信区间预测的慢性病发作次数随年龄的变化

总体上，男性与女性相比在趋势上有差别，但是预测结果也有相当的不确定性，特别是当年龄比较大时尤为明显。这意味着，无法判断女性在 80 岁之后的增长趋势是否可靠。同样，根据预测，男性在 80 岁以后，处于相对稳定的状态，但是对应的置信区间比较宽，也可能出现显著增长。这说明本例没有足够的数据得出可信的结论。确实如此，如果分析第一波中年龄 80 岁或大于 80 岁的人有多少，并且这些人在第二波完成慢性病报告，就会发现只有 27 位男性和 73 位女性，男性的人数并不多。由于要根据这些数据推断 80 岁之后的趋势，因此置信区间比较大。

```
xtabs(~Sex + I(AGE_W1 > 80), data = acl[!is.na(NChronic12_W2)])
##                I(AGE_W1 > 80)
## Sex             FALSE  TRUE
##  (1) MALE       1010    27
##  (2) FEMALE     1757    73
```

5.3 小结

本章简单介绍了多项式回归、样条回归和光滑样条回归，然后引入一类灵活的模型：广义可加模型(GAM)。GAM 模型是参数化广义线性模型(GLM)的推广，可以通过学习得到预测量的未知函数形式。特别值得一提的是，当预测量是连续变量时，GAM 模型特别有用。大家担心，因变量中存在的关联关系可能无法用线性趋势或多项式趋势表达出来，或者由于提供的信息不够，无法估计多项式的阶数。在这些情况下，或者当有足够多的样本数据时，GAM 模型的优点就会显示出来，进而可以捕捉或模拟这些未知趋势。本章介绍了如何对结果进行验证，还介绍了可视化或展示 GAM 的基本方法，包括使用自采样法得到不确定的估计，以及使用图形和可视化方式显示交互作用。本章用到的一些重要函数及其功能如表 5-1 所示。

表 5-1 本章用到的重要函数及其功能

函数	功能
vgam()	来自 VGAM 包的向量广义可加模型，用来拟合半参数模型，既包含标准参数项(如广义可加线性模型)，也包含一项或多项的光滑样条
s()	表示哪个预测量需要应用光滑样条。注意，这个函数也以同样的名字出现在了 VGAM 包和 mgcv 包中。但是在 VGAM 包中，控制参数灵活性的参数是 df；而在 mgcv 包中，同样的参数用 k 表示
gam()	来自 mgcv 包的广义可加模型，参考前面的 vgam()函数，两者十分相似
plot()	当应用于广义可加模型时，由每个预测量和相应的参数或光滑样条结果生成一幅图
linearHypothesis()	来自 car 包，用来检验线性假设，允许我们检验由 vgam()生成的与参数项有关的假设

(续表)

函数	功能
predict()	泛型函数，包含的方法可以代替 R 语言中的广义可加模型，可以从原始数据或模型生成的新数据中生成预测分数。我们经常把预测分数绘制成图形以展示广义可加模型，因为光滑样条很难用语言归纳
vis.gam()	来自 mgcv 包的 gam()函数用于生成三维透视图或等高图，也可用于可视化交互作用
gam.check()	用来检测最大允许灵活度是否足够大，可参考参数 k 来决定是否需要增大灵活度

第 6 章

机器学习：引言

机器学习(Machine Learning，ML)是一个非常不确定的计算机辅助统计工具箱，至少在笔者看来是这样。虽然我们最终的目标是使用最新的 R 语言包实现支持向量机、分类与回归树、人工神经网络等算法，但是究其本质，机器学习只不过是各种类型的模式识别而已。

本章作为导论，主要包含两项核心内容——理解样本结构和引入并行计算，从而为机器学习打好基础。机器学习问题的每个流程和每个项目都不一样，因此，我们打算用三章篇幅介绍机器学习。第 6 章介绍数据的组成，第 7 章介绍数据的净化处理、配置和压缩，第 8 章介绍一些真正属于机器学习的内容。

如果已经熟悉数据集的训练/验证/测试、Bootstrapping(自助法或自采样法)以及并行/多核处理等概念，可毫不犹豫地跳到下一章。但是另一方面，如果你只是受过传统训练的统计学者，且来自充满各种查找表的友好世界，那么请准备使用与以前完全不同的方式思考数据。

不管怎样，本章假设我们使用的数据都是干净的、小规模的且整齐的——之所以使用整齐这个词，是因为我们使用了 tibble 函数和一个名为 tidyverse 的最新超级包。这个超级包集成了其他几个程序包。在后面的机器学习探索中，这个包可能会非常有用。现在，让我们看看如何设置和调用库，并介绍本章即将用到的其他包。

```
library(checkpoint)
checkpoint("2018-09-28", R.version = "3.5.1",
  project = book_directory,
  checkpointLocation = checkpoint_directory,
  scanForPackages = FALSE,
  scan.rnw.with.knitr = TRUE, use.knitr = TRUE)
library(knitr)
library(tidyverse)
library(rsample)
library(data.table)
library(boot)
```

```
library(parallel)
library(foreach)
library(doParallel)

options(width = 70, digits = 3)
```

与通常的做法一样，对于这几个新增的程序包，我们先对它们进行简单的介绍。rsample 包可实现简单的重采样。boot 包可以为我们提供通用的自采样法。parallel 包可以在多核 CPU 上实现并行计算，进而减少运行时间。foreach 包是大家都熟知的包，虽是循环体的变异形式，但也适用于并行计算。最后，doParallel 包允许 foreach 包执行实际的并行计算。

6.1 训练数据和验证数据

我们从 iris 样本数据集开始，先对这个数据集进行简单的介绍。iris 数据集包含 150 条完整的观测记录。在机器学习中，存在如下风险：机器对样本数据学习得太好，但是当放到真实世界中进行测试时，结果总是不够精确。这种现象被称为过度训练或过拟合。换言之，可能是由于用来估计模型与实际对象之间误差的度量指标太乐观，导致误差结果总是很小。解决这个问题的一种办法是把数据分成两组：一组称为训练组，直接提供给机器；另一组保留到以后使用，用来评估把模型应用于新数据或"野数据"时的表现。任何东西都不是免费的，这样做也要付出成本。这种方法也会带来问题，当其他因素不变时，要使机器表现得更好，就必须提供更多的数据。通常的比例是 80/20、75/25 或 70/30，大部分数据用于训练，只保留小部分数据用于测试。诚然，为了减小人为偏差，最好在进行探索性数据分析之前对数据进行分组。

这里有必要简单介绍一下理论构架。从技术上讲，从一开始直到得出逻辑结论之前，最好准备三组数据。第一组是训练数据，占整个数据的绝大部分，用于探索性数据分析和模型训练。第二组数据比第一组少许多，用来验证模型，看看模型的表现。由于需要从多个模型中选择一个模型，因此这组验证数据不是用来训练模型，而是用来帮助我们做出决定，例如从线性拟合或二次拟合中选择其一，或者从人工智能神经网络或随机森林中选择其一。由于这组验证数据本质上还是用于模型选择，因此从技术上讲，仍属于拟合过程的一部分，并不能给出模型在遇到新数据时的真实表现。第三组数据需要一直保存到最后，用来估计模型遇到真实世界中的新数据时的错误率。

当然，这样做的代价是要准备更多的数据。在本书介绍的机器学习例子中，我们不能不考虑这个问题。而实际上，我们需要说明以下事实：每种计算方法或技术都是基于局部假设的，它们经过文献和其他过程被证明为最佳方法。有很多机器学习方法，当应用于新数据时，往往表现不好，其中一个原因可能就是没有保留第三组测试数据(当然不是唯一的原因)。

针对 iris 样本数据集，我们使用 80/20 的比例，这是比较合理的。我们使用 R 语言的 set.seed(5)函数作为随机数生成器，供 rsample 包中的重采样函数使用。这样安排的好处在于有兴趣的读者可以完全重现本例中的数据。initial_split()是分组函数，它需要两个参数：一个是要分组的数据集，另一个是训练集所占的比例。对于 iris 这个特定的数据集，里面一共 150 条记录，我们保留 29 条记录作为测试数据，另外约 80%(121 条数据)用于创建和训练模型。

```
set.seed(5)
case_data <- initial_split(data = iris, prop = 0.8)
case_data

## <121/29/150>
```

重采样的执行是一个随机选取过程，它从原数据集中随机选取一部分数据，这非常重要。如果我们按某种有规律方式选择数据，就会给模型带来异常影响，而这种影响是由数据分组造成的。对于这里的数据重采样划分，我们没有考虑数据中的层次结构。如果数据的层次关系很重要，那么还要根据给定的比例对层次数据进行分组。通过 rsample 包的相关函数，可以从 case_data 对象分离出训练数据集(有时简称训练集)和测试数据集(有时简称测试集)。此外，利用 tidyverse 包的 glimpse()函数可以浏览训练数据集中的数据。

```
data_train <- training(case_data)
data_test <- testing(case_data)
glimpse(data_train)

## Observations: 121
## Variables: 5
## $ Sepal.Length <dbl> 5.1, 4.9, 4.7, 4.6, 5.0, 5.4, 4.6, 5.0, 4.4,...
## $ Sepal.Width  <dbl> 3.5, 3.0, 3.2, 3.1, 3.6, 3.9, 3.4, 3.4, 2.9,...
## $ Petal.Length <dbl> 1.4, 1.4, 1.3, 1.5, 1.4, 1.7, 1.4, 1.5, 1.4,...
## $ Petal.Width  <dbl> 0.2, 0.2, 0.2, 0.2, 0.2, 0.4, 0.3, 0.2, 0.2,...
## $ Species      <fct> setosa, setosa, setosa, setosa, setosa, seto...
```

我们发现有四列 double 类型的数据；还有一列因子类型的数据，用于表示花卉种类。仔细观察，你可以发现 iris 数据集中有三个品种的花卉：

```
unique(data_train$Species)

## [1] setosa versicolor virginica
## Levels: setosa versicolor virginica
```

如何将样本数据与机器学习和计算机环境相结合，从而实现快速的机器学习方法是我们本章的研究重点。为此，我们使用一个简单的线性模型拟合这些数值型数据，并用三种不同的方式分析样本数据结构。目的是为大家提供一个经典的例子，通过这个例子掌握三种不同的处理方法。

本书前面已经拟合了一个线性模型，它利用数据集中四个数值型变量中的三个去预测另一个变量(Petal.Length)。

```
length.lm = lm(Petal.Length ~ Sepal.Length +
               Sepal.Width + Petal.Width,
               data = data_train)
length.lm
```

```
##
## Call:
## lm(formula = Petal.Length ~ Sepal.Length + Sepal.Width + Petal.Width,
##     data = data_train)
#
## Coefficients:
##  (Intercept) Sepal.Length Sepal.Width Petal.Width
##      -0.274  0.723  -0.630  1.466
```

```
summary(length.lm)
```

```
##
## Call:
## lm(formula = Petal.Length ~ Sepal.Length + Sepal.Width + Petal.Width,
##     data = data_train)
##
## Residuals:
##      Min      1Q  Median      3Q     Max
## -1.0349 -0.1699 -0.0061  0.1976  0.5751
##
## Coefficients:
##               Estimate Std. Error t value Pr(>|t|)
## (Intercept) -0.2735  0.3091  -0.88  0.38
## Sepal.Length  0.7230  0.0609  11.87  < 2e-16 ***
## Sepal.Width  -0.6298  0.0715  -8.81  1.3e-14 ***
## Petal.Width   1.4661  0.0700  20.93  < 2e-16 ***
## ---
```

```
## Signif. codes: 0 '***' 0.001 '**' 0.01 '*' 0.05 '.' 0.1 ' ' 1
## 
## Residual standard error: 0.299 on 117 degrees of freedom
## Multiple R-squared: 0.971, Adjusted R-squared: 0.97
## F-statistic: 1.32e+03 on 3 and 117 DF, p-value: <2e-16
```

从结果可以看出，标准残留误差(Residual Standard Error, RSE)是 0.299，RSE 与回归曲线的 y 高度以及数据集中数据点的实际高度有关。接近于零的 RSE 远胜于远离于零的 RSE(相当于告诉我们模型的效力)。以下是 RSE 的计算公式，这一切背后隐藏着深奥的理论。

$$\text{RSE} = \sqrt{\frac{\sum_{i=1}^{n}(y_i - \hat{y}_i)^2}{n-4}} \tag{6.1}$$

转换成 R 程序后，代码如下：

```
sqrt(
  sum(
    (fitted(length.lm)-data_train$Petal.Length)^2
  )/(nrow(data_train)-4)
)

## [1] 0.299
```

注意在这两种情况下，除数都是数据集的大小减去变量的个数(本例中是 4)。虽然 R 语言可以免费向我们提供这个 RSE 值，但均方误差(Mean Squared Error, MSE)是衡量拟合模型质量好坏的一个更常用参数。两者在实质上属于同一个公式，因为在本质上，两者都表示在给定一对输入值时，由模型得到的 y 值减去数据集中实际的 y 值。由于 R 语言已经为我们保存了模型的残留值，因此下面的代码看起来有点不一样，但是快速体验一下就知道，前面的第三行代码和以下 mean 函数中的参数实质上是一回事。

```
mse_train<- mean(length.lm$residuals^2)
mse_train

## [1] 0.0862
```

RSE 和 MSE 都使用原始数据的尺度，它们都存在严重的缺点。它们都是在训练数据上测量得到的，模型在经过专门训练后，在同一数据上也表现得很好。这是一个在样本内进行精确测量的例子，但不大可能用来估计模型应用于"野数据"或真实世界数据时的性能。准备训练数据和测试数据的目的不是用训练数据计算 MSE(或任何表示拟合优度的参数)，而是用来估计模型应用于训练中没有用过的数据时的性能。我们自然转向 data_test 数据集。

如果我们也用类似方法计算测试数据上 y 的差值，就会发现，在这两种情况下，得到的结果都比训练数据的结果要大一些。这说明，我们的回归模型属于过拟合。这个例子正好促使我们考虑以下重要的问题：不能只考虑模型在样本内数据上的表现，还要考虑模型在样本外数据上的表现。

```
sqrt(
  sum(
    (predict(length.lm, data_test)-data_test$Petal.Length)^2
  )/(nrow(data_test)-2)
)

## [1] 0.41

mse_test <- mean((predict(length.lm, data_test) -
                    data_test$Petal.Length)^2)
mse_test

## [1] 0.156
```

这种训练与测试过程非常重要。任何好模型的目标都是让残留值更小。诚然，通过选择合适的系数，可以使训练数据的残留值最小化。因此，我们不是只看训练数据内的残留值，还要看测试数据或样本外数据的 MSE。这可以帮助我们更好地了解模型的表现。请记住!正如本章开头所述，我们要做的工作不是决定模型的好坏，而是用测试数据去了解当模型部署到真实世界后能否经得住考验。假设我们需要根据测试数据再次修改模型，则实际需要准备三组数据。

记住，MSE 是原始数据单位的平方。因此，虽然 MSE 在测试数据上的值大于在训练数据上的值——几乎两倍，但还是足够好到可以继续后面的工作。有时任何类型的可用数据都比没有数据好。测试数据上的 MSE 比较大这个事实可能只是警告用户，当用模型数据做决定时需要谨慎，此外也与使用的数据类型有关。例如，大学入学趋势比起健康结果，可以允许较大的误差。在这个花卉数据示例中，这些数据的单位是平方厘米，上面的测试数据告诉我们可能存半厘米的误差，而模型在训练数据上存在四分之一厘米的误差。

既然已经有了模型，我们想知道该模型在真实世界中的表现。然而我们确实丢失了 29 个数据点。如果可以用样本外数据计算 MSE 的估计值，而且仍然有 150 个数据点，那就更好了。损失一部分数据不只是表示增加 20%的数据后，模型可能会更好，而是说明数据的某种分组方式虽然是随机的，但是仍然可能有点极端。这种极端包括在小规模数据集中选择数据分组的位置，尽管是随机的，但会对最终结果产生很大影响。

考虑在二维平面中分析测试数据和训练数据的关系。如图 6-1 所示，在第一排的图形中，我们看到，输入量 Sepal.Length 与输出量 Petal.Length 在训练数据集和测试数据集中有不同的取值范围。第二排的 Q-Q 图也证实，训练数据与测试数据确实存在细微的差别。

```
par(mfrow=c(2,2))
plot(data_train$Sepal.Length, data_train$Petal.Length)
plot(data_test$Sepal.Length, data_test$Petal.Length)
qqnorm(data_train$Petal.Length,
       xlab = "训练数据的理论分位数")
qqnorm(data_test$Petal.Length,
       xlab = "测试数据的理论分数位")
```

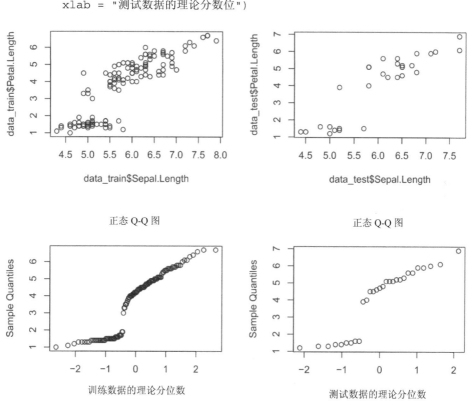

图 6-1 iris 训练数据和测试数据的 2D 图和 Q-Q 图

摘要输出中的数据也证实了测试数据与样本数据之间存在差异。

```
summary(data_train$Sepal.Length)

##    Min.  1st Qu.  Median    Mean  3rd Qu.   Max.
##    4.3     5.1     5.7      5.8     6.3     7.9

summary(data_test$Sepal.Length)

##    Min.  1st Qu.  Median    Mean  3rd Qu.   Max.
##    4.40    5.20    6.10     6.02    6.50    7.70
```

可能存在相比只检查训练数据的 MSE 更好的方法来帮助我们确定实际情形中的 MSE 值。但是我们的结果受 set.seed(5)随机数据抽取方式的限制。这里存在两个风险：一是样本分割可能带来很大的方差；二是即使其他条件不变，在 121 个和 150 个观测数据之间做出选择，也可以预料到，在 150 个观测数据上训练模型肯定会表现更好。

本节的目的是给出划分训练数据和测试数据的理由。在这个十分简单的例子中，测试数据有可能帮助我们深入了解经过训练的模型在真实世界中的表现情况。一般情况下，缺失数据会给我们带来许多损失。因此，如何用较少的样本数据获得更好的结果？

6.2 重采样和交叉验证

如何用较少的样本数据获得更好的结果？这个问题的一种解决方法是使用交叉验证。也就是说，对数据集的训练/测试分组不止一次，而是进行多次分组。

具体实施时有多种不同的方法。现在我们不是把 iris 数据集分成两组，而是分成 5 组，每组包含 30 条观测记录。把前 4 组合并成训练集，而保留第 5 组作为测试集。在训练集上拟合模型，而在测试集上计算 MSE。重复以上过程 5 次。下次再把第 1~3 组和第 5 组合并成训练集，而把第 4 组作为测试集，重复执行以上操作。依此类推，重复 5 次，得到 5 个不同的 MSE 值，再通过它们求得平均值，这样就得到所谓的交叉 MSE 值(有时也称为 CV 值)。

虽然现成的程序包可以完成这类计算，但是如果偶尔自己动手计算这些值，也许对我们会有帮助。首先，我们对 iris 样本进行随机抽取并保存到一个名为 crossData 的变量中(不要选择放回，这样可确保生成的样本数据不会有序)。这个过程可由 tidyverse 包的 sample_n()函数来完成。利用%>%管道操作符，我们不需要在第一个参数中写上数据集。一旦一切准备就绪好，只需要添加一列(使用 add_column 函数)就可以把样本分成 5 组。此外，用 store 变量保存 MSE 值。

```
crossData <- iris %>%
  sample_n(nrow(iris), replace = FALSE)
```

```
crossData <- add_column(crossData,
  Bin = cut(1:150, breaks = 5, labels = c(1:5)))
store <- tibble(Fold=1:5, MSE=NA_integer_)
```

接着使用 for 循环轮流处理这 5 组数据。由于要把数据分成 5 组，因此需要执行 5 次，前面曾提到，每次我们都会留下一组数据作为测试集。按照交叉验证法，折叠(fold)的次数即为 K 的值，这就是所谓的 K-折叠法的由来。每次迭代过程就是一次数据的折叠。用训练集训练这个线性模型，用保留的测试集计算 MSE，把 MSE 保存在 store 变量中，继续下一次折叠。

```
for(i in 1:5){
  data_train<-crossData %>% filter(Bin != i)
  data_test<-crossData %>% filter(Bin == i)
  lengthFold.lm = lm(Petal.Length ~ Sepal.Length +
                      Sepal.Width + Petal.Width,
                      data = data_train)
  store[i,]$MSE <- mean((predict(lengthFold.lm, data_test) -
                      data_test$Petal.Length)^2)
}
```

现在求 5 次折叠后的平均标准误差。注意，这个 MSE 是来自每次折叠的测试数据，因此可能会提供比较准确的信息，并且反映了一个模型在经过这些数据训练后，遇到真实世界中新数据时的表现。

```
mse_k <- mean(store$MSE)
mse_k
```

```
## [1] 0.109
```

在这个示例中，MSE 大约是 0.109，小于前面单个测试集时的 MSE。

在执行 K-折叠和交叉验证时，我们使用的模型不再是单折叠模型，而是另一个经过全部数据训练的模型。我们发现，样本外估计和样本内估计的 MSE 值非常接近。因此，虽然经过交叉验证的 MSE 比全部数据集的 MSE 稍微大一点，但它们之间的差距不是很大，至少对于 iris 中的花萼长度来，不会大于花萼长度本身。

```
lengthFold.lm <- lm(Petal.Length ~ Sepal.Length +
                      Sepal.Width + Petal.Width,
                      data = iris)
lengthFold.lm
```

```
##
```

```
## Call:
## lm(formula = Petal.Length ~ Sepal.Length + Sepal.Width + Petal.Width,
##     data = iris)
##
## Coefficients:
##  (Intercept)   Sepal.Length    Sepal.Width    Petal.Width
##       -0.263          0.729         -0.646          1.447

mse_ALL <- mean(lengthFold.lm$residuals^2)
mse_ALL

## [1] 0.099
```

注意每次折叠保存起来的 MSE 值(由于模型都拟合在其他数据组上,因此对于 for 的每次迭代过程都是真正的样本外测试),它们的值从 0.075 到 0.18 都有,范围比较大。这正好说明单一训练集/测试集存在风险。这又把我们带回以前的警告:对于较小的数据集,给测试集分配较多的数据会带来一定的风险。

```
store

## # A tibble: 5 x 2
##    Fold    MSE
##   <int>  <dbl>
## 1     1  0.180
## 2     2  0.109
## 3     3  0.0822
## 4     4  0.0746
## 5     5  0.101
```

当然,我们没有理由只做 4 次折叠或 100 次折叠。从 K-折叠这个普通名称可以看出,这里的 K 可以是任何数字。可以是 1(数据没有分组)、2(本章的第一个例子只是特例:权重问题)直到 n(这是留一交叉法 LOOCV 的特例)。最后需要注意的一件事是,虽然我们的示例按 1、2、3、4、5 这样的顺序运行,但是没有理由必须按这样的顺序运行。换言之,第 2 次迭代与第 1 次迭代并没有任何关系。如果想要拟合复杂一些的模型,或者需要拟合很多数据,那么一次循环可能需要很长时间。无论如何,我们只想要一张多折叠的 MSE 表,每次迭代过程都是独立的。再次说明,读者只需要知道这么一件事,现在可暂时忘掉。

K-折叠看起来是不错的技术。确实如此!即使我们能够用完整的数据集训练模型,但是通过分析模型在样本外数据上的表现,仍然会有很多收获。然而,这对于我们正在使用的线性模型固然很好，具体取决于我们真正部署的实际机器学习模型，但是 K-折叠模型与应用于完整数据集的模型好像并没有明显的关系，以至于我们不想面对以下事实：部署在完整数据集上的模型，也许用其他不同的权重系数也能构造得到，如何解决这个问题呢？此外还要注意，虽然 K-折叠模型可以起作用，但相比简单的训练/测试模型需要更多的计算量。原来只需要拟合一次，现在需要拟合模型 6 次。从计算量来说，增加了很多。因此，当我们想让自己的模型在整个数据集上训练并且对经过完全训练的模型进行错误估计时，就要认识到，每次改进都需要依靠计算机技术的进步。

6.3 自采样法

现在我们转向另一种方法：自采样法(Bootstrapping)。在刚刚使用的 K-折叠或交叉验证方法中，虽然最终我们确实能够从样本外数据得到"真正的"MSE 估计，但是每个模型的训练集要少于整个数据集，这意味着每个模型都可能有软肋。因此，我们得到的估值虽然比一次性估值要好，但是仍然要比实际值大一些。

自采样法用另一种方式解决了这个问题。假设我们的样本数据(原来的 iris 数据集)是从总体样本中精心挑选的。因此，我们可以这样假设：如果对 iris 数据集进行带放回的重采样，并且反复进行多次，那么全部的样本应该非常接近总体样本。

首先需要定义一个函数，用于基于自采样数据生成我们感兴趣的统计。从前面的讨论中我们知道了 MSE 来自哪里。注意，现在我们每次都需要拟合模型。下面这个自定义函数首先从原有数据集读取一个新的数据集，接着生成一个线性拟合模型，然后计算样本内 MSE，最后返回这个 MSE 值。假设我们在其他地方收集这个 MSE 返回值，事实正是如此。

```
mse <- function(data, i) {
  lengthBoot.lm <- lm(Petal.Length ~ Sepal.Length +
                      Sepal.Width + Petal.Width,
                      data=data[i,])
  return(mean(lengthBoot.lm$residuals^2))
}
```

现在使用 boot 包中的 boot()函数实现自采样。boot()函数用于从 iris 数据集进行有放回的自采样。事实上，它执行了 10 000 次。每次都把自采样的数据集发送给前面定义的 mse()函数，后者返回模型的 MSE 值，并保存在 bootResult 变量中。

```
bootResults <- boot(data=iris, statistic=mse, R=10000)
bootResults

##
## ORDINARY NONPARAMETRIC BOOTSTRAP
```

```
## 
## 
## Call:
## boot(data = iris, statistic = mse, R = 10000)
## 
## 
## Bootstrap Statistics :
##     original     bias    std. error
## t1*    0.099  -0.00263      0.0129
```

现在同时以数值形式和图形形式显示运算结果。全部样本内 MSE 值的总体分布如图 6-2 所示。

```
plot(bootResults)
```

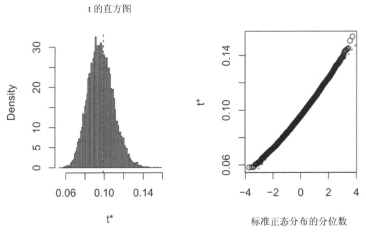

图 6-2　自采样法的结果

从图 6-2 所示的分布图可以看出，MSE 在 95%置信区间内(注意 0.95 是默认值)处于 0.08 和 0.13 之间。

```
boot.ci(bootResults, conf = 0.95, type="bca")

## BOOTSTRAP CONFIDENCE INTERVAL CALCULATIONS
## Based on 10000 bootstrap replicates
## 
## CALL :
## boot.ci(boot.out = bootResults, conf = 0.95, type = "bca")
## 
```

```
## Intervals :
## Level BCa
## 95%  ( 0.0794, 0.1343 )
## Calculations and Intervals on Original Scale
```

与 K-折叠一样，对于这种方法所依附的实际模型，我们用整个数据集的线性拟合 LenghFull.lm 作为变量系数。这让我们明白从何处可以得到真实的 MSE。

你可能认为这个置信区间有点小，因为它是作用于样本内的平均标准误差。有人可能会想到，如果把重采样后留下来的数据点用来计算样本外的自采样 MSE，则有可能改善自采样法的性能。当然，这样的估值可能会太大，因为它们是从训练集中排除出来的数据。虽然每个自采样的线性模型的训练集都有 150 个值，但是不可能抽取全部 150 个原始数据，事实上这也是为什么可以得到正态分布(用直方图表示)的原因。这个分布正好说明了没有抽取全部数据点，因此它们的 MSE 各不相同。使用保留下来的数据点当然也会与 K-折叠一样得到这样的结论：使用自采样法的 MSE 值应该比真实世界中的数据稍微大一些。但是通过反复执行自采样法很多次，我们知道了模型的工作过程。聪明的研究者很快就提出新的方法，但是这里，我们只介绍基本的自采样法。本章概括了三种样本结构，并讨论了什么情形下机器学习算法表现最佳。

关于 K-折叠和自采样法的另一个令我们感兴趣的问题在于它们的运行时间有点长。K-折叠在 iris 数据集上的运行时间很短，因此我们很难注意到这一点。但是，10 000 次自采样的运行时间，就会让我们明显感受到运行过程。这个时间还不是很长，可能只有 6 秒，但却执行了 10 000 次采样，每次 150 个数据点，因此总共是 1 500 000 个数据点！

如果原来的数据集有 1000 个数据点会怎样？10 000 个数据点又会怎样？这会直接影响我们使用自采样法的能力，至少要等到我们想到更好的计算机算法才行。

6.4 并行处理和随机数

就计算机环境而言，R 语言有两个主要特点。首先，它驻留在内存中，而不是驻留在硬盘上。因此，当涉及几百万甚至几亿个数据点和几百个甚至几千个需求时，我们必须考虑内存的大小。另外，由于现代图形技术的"贪婪性"，大多数计算机要给图形保留相当大的内存空间。其次，默认情况下，R 语言在单个处理器上运行，但是大多数最新计算机都至少有两个处理器。如果读者已经在自己的计算机上安装了 parallel 库，就请运行下面的程序片段，并对结果进行比较。

```
detectCores()

## [1] 12

detectCores(logical = TRUE)
```

```
## [1] 12
detectCores(logical = FALSE)
## [1] 6
```

在编写本书时,笔者使用的计算机有四个物理核,每个物理核有两个逻辑"核"。由于本书不讨论计算机硬件,因此我们暂时不介绍物理核与逻辑核的细微区别。没错,由于读者使用的操作系统和硬件系统不同于笔者的,因此运行结果可能会与上面的不一样。无论如何,只要以上命令的返回值大于 1,就能把更多的处理器投入工作池中,自采样法和 K-折叠算法也会运行得更快。

回想一下前面有关 K-折叠算法的论述。那里的 for 循环,每次迭代都执行相同的操作。第 c 次迭代的计算机与第 a 次迭代没有任何关系。自采样法也是如此。进行 10 000 次随机抽样,把抽样数据传递给 mse()函数,当我们的模型比简单线性拟合复杂许多或者数据集很大时,将需要等很长时间。只要同一过程需要重复独立运行,本节介绍的方法就可能起作用。如果计算过程不独立,则不属于本节讨论范围(但是也有办法适应这个过程)。

多核、集群、并行等概念之间存在细微的差别。如果我们的数据确实来自于这个大数据世界,那么这些细微的差别对我们很有意义。然而,有限的内存也是问题,这些都超出了本书的讨论范围。但是,前面的 10 000 次自采样需要 6 秒时间,如果用两个核进行计算,则执行时间有可能下降一半。

但是这实际上并不一定成立,因为可能还有其他额外的开销,如启动和终止多核环境。但是,回想一下,我们的分析仅限于简单的线性拟合和均值计算。这些额外开销都是固定的,因此如果需要拟合的模型非常复杂,自采样法需要一天或半天,那么把运行时间减少到一半左右是很有意义的。而且,如果计算机不止有两个核,则运行时间会进一步压缩。有一点需要注意:不管计算机有多少个核,都要保留一个核给系统使用,否则整个系统都会变慢,甚至瘫痪,直到 R 运算结束。

在下面的代码中,假设 R 运算只在两个核上运行。因此,我们把 10 000 次自采样一分为二,每个核运行 5000 次自采样。为简单起见,我们定义函数 runP()来执行并行处理。接着使用 makeCluster()函数生成 R 运行环境的两个并行副本,可通过它们运行我们的函数。为了使 R 的副本具有与本机同样的运行环境,我们使用 clusterEvalQ()函数把运算所需要的库结构赋给 cl 集群。我们使用 checkpoint()函数以确保使用正确的版本,但是实际上,每个 R 副本只需要 boot 库。在这里小气一点可以节省很多额外的时间开销,因此在传递数据时要谨慎。接着,使用 clusterExport() 函数从全局环境中导出已经创建好的函数。最后使用 clusterSetRNGStream()函数设置随机数值流,以保证读者的运行结果与这里的一致。

之后的大部分代码都与自采样法有关,读者应该已经十分熟悉。我们花一点时间分析实际的并行调用过程,记住前面的几个步骤都是额外开销。回忆一下,R 语言的 apply()函数可以把其他函数应用于数组或类似的对象。这里的 parLapply()函数的作用与 apply() 一样，只是第一个参数需要链接到我们刚才建立的集群，第二个参数表示要运行这个函数两次，第三个参数就是前面定义的函数 runP() 用于执行自采样 5000 次。do.call() 函数也是 R 语言的一个基本函数，它通过组合函数 c() 把并行函数的运算结果合并成自采样对象。这样做的好处是，可以像前面一样使用熟悉的 boot.ci()。最后，调用 stopCluster() 函数以关闭集群。

```
## notice 10000/2 = 5000
runP <- function(...) boot(data=iris, statistic=mse, R=5000)

## makes a cluster with 2 cores as 10000/5000 = 2
cl<-makeCluster(2)

## passes along parts of the global environment
## to each node / part of the cluster
## again, base is a file path variable to our book's path
## set book_directory <- "C:/YourPathHere/"
clusterExport(cl, c("runP", "mse", "book_directory",
"checkpoint_directory" ))
## creates the library and some environment on
## each of the parts of the cluster
clusterEvalQ(cl, {

library(checkpoint)
  checkpoint("2018-09-28", R.version = "3.5.1",
  project = book_directory,
  checkpointLocation = checkpoint_directory,
  scanForPackages = FALSE,
  scan.rnw.with.knitr = TRUE, use.knitr = TRUE)

  library(boot)
  })

## [[1]]
## [1] "boot"            "checkpoint"     "RevoUtils"      "stats"
## [5] "graphics"        "grDevices"      "utils"          "datasets"
## [9] "RevoUtilsMath"  "methods"         "base"
##
## [[2]]
## [1] "boot"            "checkpoint"     "RevoUtils"      "stats"
```

```
## [5] "graphics"      "grDevices"    "utils"        "datasets"
## [9] "RevoUtilsMath" "methods"      "base"

## similar to set.seed() except for clusters
clusterSetRNGStream(cl, 5)

## uses the parLapply() function which works on windows too
pBootResults <- do.call(c, parLapply(cl, seq_len(2), runP))

#stop the cluster
stopCluster(cl)

# view results
pBootResults

##
## ORDINARY NONPARAMETRIC BOOTSTRAP
##
##
## Call:
## boot(data = iris, statistic = mse, R = 5000)
##
##
## Bootstrap Statistics :
##     original    bias    std. error
## t1*    0.099  -0.00295    0.0128

## get 95% confidence interval of the MSEs
## (note 0.95 is the default)
boot.ci(pBootResults, conf = 0.95, type="bca")

## BOOTSTRAP CONFIDENCE INTERVAL CALCULATIONS
## Based on 10000 bootstrap replicates
##
## CALL :
## boot.ci(boot.out = pBootResults, conf = 0.95, type = "bca")
##
## Intervals :
```

```
## Level BCa
## 95%   ( 0.0795, 0.1352 )
## Calculations and Intervals on Original Scale
```

这就是并行计算过程。根据上面的计算，运算时间并不恰好是单处理器运算时间的一半，这是可以理解的。需要说明的是，上述程序的许多地方可以修改，但是你要结合自己的运行环境。如果有更多的核，那么可以增加 R 副本的个数，因而可以减少 runP() 函数的自采样次数。也可以执行 runP() 函数两次，在两个核上只需要把 seq_len() 的参数从 2 改为 4 就行。这样，自采样法将执行 4 次，每个 R 实例执行两次，一共执行 20 000 次自采样。因此，读者可以看出，上面这个程序是完全为用户定制的，可根据现有的硬件和数据差异灵活使用。图 6-3 所示的结果与图 6-2 非常相似。

plot(pBootResults)

但是仍有必要指出，这里还是稍微有些差别——如果读者足够幸运，很可能你们的计算机正好与笔者的计算机相匹配，原因在于随机数和生成随机数的方法。为了使研究具有可重复性，最好使用 set.seed() 或 clusterRNGStream() 函数。这不仅能保证读者的结果与我们的结果一致，也可以使今天的结果与明天的结果一致。在程序刚开始就生成随机数或设置随机种子，正是这两个函数的作用。但是，在集群情况下，虽然我们想在全局范围内使用同一个种子，但是对于每个处理器，我们希望有不同的起点，这样我们就能真正做到 10 000 次独一无二的重采样而不是 5000 次的副本。这个问题可以用种子生成器的集群版本来解决，由于在后台非常智能地解决了这个问题，因此可以生成可重复的随机数。尽管如此，由于这里的随机数生成方法不同于前面的，因此，生成的随机数会有微小的差别。

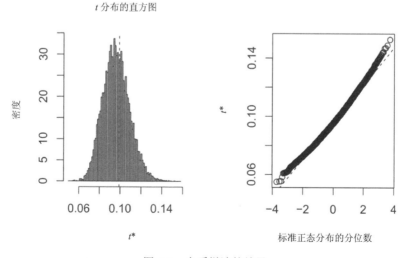

图 6-3　自采样法的结果

在本节中，我们介绍了如何创建集群，如何把集群的计算结果合并。这里我们用到了 boot() 函数(当时，这个函数增强了并行运算的功能)。自采样过程也可以通过 for 循环的硬编码来实现，但是我们选择了现成的 boot 包。这在 R 语言中往往是可行的，因为人们在 CRAN 上发布了很包和库。R 语言的包不断得到更新，生态系统不断得到改善，这正是使用 checkpoint 包的理由。机器学习的一大特征就是总要面对很多新数据，面对很多新的分析方法。因此，面对如此不断变化的数据和方法，有必要把自己的代码锁定在某个时间点，以便将来可以继续工作，或者以后偶尔重新看看这些代码，做些修改，让这些代码能够使用更新或最新的库。

foreach

下面讨论 foreach() 函数及其同名库。虽然我们已经在 K-折叠背景下介绍了 for() 函数的用法，但是也可用于任何循环，只要循环的每次迭代都是相互独立的即可。然而，在一般情况下，R 语言总是有办法使作用于数据的循环函数向量化，而且向量化过程快于这个过程。此外，对于这个具体例子，由于创建集群需要额外的开销，因此对于只有 150 个数据点并且简单的线性模型，只处理 5 次反而不会节省时间。K-折叠的计算过程比起自采样法要简单许多。

在下面的代码中，很多语句读者已熟悉。程序一开始先创建集群。唯一没有用过的函数是 registerDoParallel()，它用于把 foreach() 函数连接到正确的架构。与前面一样，假设只有两个核。现在我们不用 boot 包，因此不能调用 boot 库。但是现在我们需要加载 tidyverse 库，因为要为 tible 数据使用管道。

```
cl <- makeCluster(2)
registerDoParallel(cl)

clusterExport(cl, c("book_directory", "checkpoint_directory"))

clusterEvalQ(cl, {
  library(checkpoint)
  checkpoint("2018-09-28", R.version = "3.5.1",
  project = book_directory,
  checkpointLocation = checkpoint_directory,
  scanForPackages = FALSE,
  scan.rnw.with.knitr = TRUE, use.knitr = TRUE)

  library("tidyverse")
})
## [[1]]
## [1] "forcats"      "stringr"      "dplyr"        "purrr"
## [5] "readr"        "tidyr"        "tibble"       "ggplot2"
```

```
## [9] "tidyverse"       "checkpoint"     "RevoUtils"     "stats"
## [13] "graphics"        "grDevices"      "utils"         "datasets"
## [17] "RevoUtilsMath"   "methods"        "base"
##
## [[2]]
## [1] "forcats"         "stringr"        "dplyr"         "purrr"
## [5] "readr"           "tidyr"          "tibble"        "ggplot2"
## [9] "tidyverse"       "checkpoint"     "RevoUtils"     "stats"
## [13] "graphics"        "grDevices"      "utils"         "datasets"
## [17] "RevoUtilsMath"   "methods"        "base"
```

重要的代码已全部列在这里。同样，这段代码与我们前面介绍的 K-折叠算法差不多，这就是问题所在。唯一的变化是 foreach()函数及其参数。同样需要从第 1 折叠执行到第 5 折叠。这里的 foreach()函数使用了一个新参数.combine，通过它传递一个合并函数，这个合并函数就是我们熟悉的 R 基本函数，当然与前面一样，也需要调用 do.call()函数。然后使用%dopar%管道符，通过已注册的后端函数执行并行处理。这个后端函数已在前面的代码中注册过。相关的程序包会把这些运行五次的代码发送到两个核上运行，最后对运行结果进行合并。

```
k <- foreach(i=1:5, .combine = c) %dopar% {
  data_train <- crossData %>% filter(Bin != i)
  data_test <- crossData %>% filter(Bin == i)
  lengthFold.lm <- lm(Petal.Length ~ Sepal.Length +
                        Sepal.Width + Petal.Width,
                      data = data_train)
  mean((predict(lengthFold.lm, data_test) -
        data_test$Petal.Length)^2)
}
```

这里需要注意：五次折叠，两个处理器，它们之间不是很匹配。可以想象，在循环内部，在一般的循环中，某次(或某几次)迭代过程的计算量可能很大，另一次(或另几次)迭代过程的计算量可能比较小。当然对于这个例子，这是不可能的。尽管如此，也要按以下方式设置并行计算：需要较长时间完成的交互作用要先发送到第一个核，把其余的发送到另一个核。默认时，运算顺序是先进先出。

```
stopCluster(cl)
mse_Pk<-mean(k)
mse_Pk

## [1] 0.109
```

我们看到，这里的 MSE 值为 0.109，与前面 for 循环得到的 MSE 值相等。当这两个算法作用于同一个数据集时，效果是相同的。诚然，这个算法比较"聪明"，第一次用 foreach() 进行快速计算，并且确保没有出错。当读者发现自己也处于笔者所处的情形时，我们只能给出一些于事无补的安慰或建议。

6.5 小结

本章完成了机器学习的准备工作：用三种方法训练数据，然后评估它们在真实世界里的表现。至此，我们对数据模式和数据用法有了认知地图。凭借几个多核计算包和手头现有的程序，我们拥有强大的技术工具，可以不用太长时间完成机器学习。

诚然，并行计算技术——特别是 foreach() 函数——很容易实现，可以节省我们大量的时间。现在有很多方法可以实现循环功能。向量化计算是其中之一。作为一个例子，本书的一位作者每天都要与一个非常大的数据集打交道(大概有二十万条记录和七十列)。即便最基本的数据处理——从数据库中读取数据——也至少需要半天时间。程序是早在前几年就编写好的，原来的时效性不强，通常在周末运行。后来，公司业务发生了变化，程序需要比较频繁地运行。在编写本书时，本书的这位作者准备整理程序。通过某些过程的向量化和其他过程的并行化，让程序在普通办公室里的四核计算机上运行，从半天时间减少至不到两小时。

从这个角度讲，本章介绍的方法确实不错，确实给我们提供了一些非常好的与机器学习有关的内容。这些方法可以混合使用，也可以相互组合，使我们的生活更加容易、数据更加友好。有些老程序仍在使用，只是现在运行速度有点慢，现在只需要对它们做微小修改，就可以达到突破性的提升效果。

与平常一样，在结束本章之前，本章用到的重要函数及其功能已列在表 6-1 中。

表 6-1 本章用到的重要函数及其功能

函数	功能
boot()	来自 boot 库，用于进行自采样处理
boot.ci()	对自采样法的输出结果计算置信区间
clusterEvalQ()	来自 parallel 库，用于创建集群运行环境，可以复制到每个集群实例
clusterExport()	从全局环境中导出数值供每个集群环境使用
clusterSetRNGStream()	生成随机数种子，传递给每个集群
detectCores()	确定 R 程序可以使用多少个核
do.call()	R 语言的基础函数，可调用另一个函数，并使用列表给这个函数传递参数
filter()	来自 tidyverse 包，用于返回数据集的某些行
fitted()	从线性模型读取拟合的 y 值
foreach()	for() 的并行版本

(续表)

函数	功能
glimpse()	tidyverse 包中的函数,用于显示列名及每列的前几个值
initial_split()	重采样函数,用于把数据分组成训练数据和测试数据
lm()	根据参数提供的关系生成线性模型
makeCluster()	创建集群
parLapply()	应用函数,只适用于并行计算
predict()	显示线性模型的预测 y 值
registerDoParallel()	来自 doParallel 包的运算符,用于向并行集群注册 foreach()函数
seq_len()	生成定长序列
set.seed()	生成随机数种子,用于可重复结果
stopCluster()	终止由 makeCluster()函数创建的集群
testing()	重采样函数,抽取测试数据
training()	重采样函数,抽取测试数据
unique()	用于返回唯一值

第 7 章

机器学习：无监督学习

本章重点介绍无监督的机器学习，这类机器学习处理的对象是无标签数据，目的是根据某个特性把这些数据归类分组，每一组的数据具有共同的特征。经常但并不总是，无监督的机器学习被当作降维技术。例如，假设有一个数据集，它有几百个甚至几千个特征量，但是只有几千条观测记录，我们可能希望先利用无监督的机器学习把数量巨大的特征量压缩为数量较少(即维数较少)的特征量空间，但是后者仍然包含原数据集的绝大部分信息。无监督的机器学习成为探索性数据分析阶段的最后一个步骤。无监督的机器学习中的一些归类方法或聚类方法可以帮助我们确定数据集中有多少个"独一无二"的组或维。想象一下，一个数据集包含若干不同地理区域的众多地质特性。我们希望用无监督的分组方法得到地理区域的某些共同特征，或者发现相隔较远的区域可能具有若干高度共性的特征。

不管是有标签的数据还是没有标签的数据，它们都经常以"混乱的状态"出现在我们面前。因此，在数据的预处理阶段需要花很大的精力。我们经常遇到这样的情形：获得的数据不符合机器学习算法的格式要求。通常，机器学习算法要求数据按列的形式存放，而且最前面几列往往是最重要的几列(在某种意义上)。比如针对上面的地理数据，最前面几列表示地理区域和观测数据的获取年份，后面几列表示某个特定的特征量或变量的观测值。因此，需要把原始数据变换成正确的格式，让每一行表示某个时间点的唯一观测量。本章将通过数据示例介绍数据的变换方法。

与通常的做法一样，本章要用到几个包，因此先简单地介绍新增的包。readxl 包可以用来快速读取 Excel 数据文件中的样本数据，ape 包可以为我们绘制树状图，MASS 包为我们提供了一些用于实现非线性降维的函数，matrixStats 包提供了矩阵和向量运算函数，最后 viridis 包为我们提供了一种更合适的绘图技术。

```
library(checkpoint)
 checkpoint("2018-09-28", R.version = "3.5.1",
   project = book_directory,
   checkpointLocation = checkpoint_directory,
   scanForPackages = FALSE,
   scan.rnw.with.knitr = TRUE, use.knitr = TRUE)
```

```
library(ggplot2)
library(cowplot)
library(viridis)
library(scales)
library(readxl)
library(data.table)
library(ape)
library(MASS)
library(matrixStats)

options(width = 70, digits = 2)
```

本章将要介绍的另一方法是主成分分析(Principal Component Analysis，PCA)。虽然 R 语言也内置了 PCA 函数，但是 pcaMethods 包提供了更多选项。pcaMethods 包是 Bioconductor 项目的一部分，后者是另一个 R 包镜象地址(另一个 CRAN)，集成了许多专用于生物信息领域的 R 程序包。可使用下面的代码安装 pcaMethods 包。

```
source("https://bioconductor.org/biocLite.R")
biocLite("pcaMethods")
```

pcaMethods 包安装完毕后，就可以像其他 R 包一样加载到内存中：

```
library(pcaMethods)
```

7.1 数据背景和探索性分析

这里用到的样本数据来自于世界银行，许可序列是 CC-BY 4.0。这些样本数据在经过修改后，只包含某些地区的某些数据。全部数据都保存在 Gender_StatsData_worldbank.org_ccby40.xlsx 文件中。我们只选取其中重要的数据，选取没有缺失值的最近几年数据。这个数据文件可以从网站上下载，或者从 GitHub 资料库中下载。

有必要说明一下，read_excel()函数的 stringsAsFactors 参数的默认值为 FALSE，这是从 Excel 文件中读取数据的常用方法。假设需要用到数据中的因子值，你可以在后面通过适当的函数调用来实现。

```
## Note: download Excel file from publisher website first
dRaw <- read_excel("Gender_StatsData_worldbank.org_ccby40.xlsx")
dRaw <- as.data.table(dRaw) # convert data to data.table format.
```

存在缺失值的数据变量可以用不同的方法进行处理。最简单的处理方法就是删除所有缺失信息，但是这需要付出昂贵的代价：数据量减少，剩下的数据只是原来全部数据的子集。代价较小的方法是巧妙地处理缺失数据，这也是本章要讨论的内容。目前暂且认为，本章的示例数据没有缺失值。

了解数据的结构是任何数据分析方法的第一步，也最关键。例如，至少要知道，当前数据有哪些类型，数据如何组织。在数据集上应用 str()函数，就可以知道数据的结构。在本例中，既有字符类型，也有数值类型，它们是按年份(1997—2014年)组织起来的。诚然，大多数据是数值类型。

使用 summary()函数可以生成简单地按列显示的摘要信息，我们的数据是多变的。现在我们开始认识到，此数据集并不是机器学习的最佳格式。换言之，每一列并不是单一类型的测量值，而且无法从某个变量中获取年份信息，但是可以从变量名本身获取年份信息。

为了进一步了解数据的标签(这里是指国家或地区名)，可以利用 unique()函数，我们发现数据来自于几个很大的地理区域，并且某些地名反复出现。

```
str(dRaw)

## Classes 'data.table' and 'data.frame': 99 obs. of 21 variables:
## $ CountryName  : chr "Sub-Saharan Africa" "Sub-Saharan Africa"
    "Sub-Saharan Africa" "Sub-Saharan Africa" ...
## $ Indicator Name: chr "Adolescent fertility rate (births per 1,000 women
    ages 15-19)" "Age dependency ratio (% of working-age population)"
    "Children out of school, primary, female" "Children out of school,
    primary, male" ...
## $ IndicatorCode : chr "SP.ADO.TFRT" "SP.POP.DPND" "SE.PRM.UNER.FE"
    "SE.PRM.UNER.MA" ...
## $ 1997         : num 1.32e+02 9.17e+01 2.44e+07 2.03e+07 1.55e+01 ...
## $ 1998         : num 1.31e+02 9.13e+01 2.44e+07 2.05e+07 1.53e+01 ...
## $ 1999         : num 1.30e+02 9.09e+01 2.43e+07 2.08e+07 1.52e+01 ...
## $ 2000         : num 1.28e+02 9.04e+01 2.37e+07 2.00e+07 1.49e+01 ...
## $ 2001         : num 1.27e+02 9.04e+01 2.31e+07 1.95e+07 1.47e+01 ...
## $ 2002         : num 1.26e+02 9.02e+01 2.28e+07 1.91e+07 1.44e+01 ...
## $ 2003         : num 124 90 21938840 18230741 14 ...
## $ 2004         : num 1.23e+02 8.97e+01 2.14e+07 1.79e+07 1.36e+01 ...
## $ 2005         : num 1.21e+02 8.94e+01 2.06e+07 1.71e+07 1.32e+01 ...
## $ 2006         : num 1.20e+02 8.94e+01 1.99e+07 1.67e+07 1.28e+01 ...
## $ 2007         : num 1.18e+02 8.94e+01 1.94e+07 1.52e+07 1.23e+01 ...
## $ 2008         : num 1.16e+02 8.92e+01 1.90e+07 1.52e+07 1.19e+01 ...
## $ 2009         : num 1.15e+02 8.89e+01 1.92e+07 1.56e+07 1.15e+01 ...
## $ 2010         : num 1.13e+02 8.85e+01 1.98e+07 1.61e+07 1.10e+01 ...
```

```
## $ 2011           : num 1.11e+02 8.83e+01 1.92e+07 1.54e+07 1.07e+01 ...
## $ 2012           : num 1.09e+02 8.80e+01 1.91e+07 1.55e+07 1.03e+01 ...
## $ 2013           : num 1.07e+02 8.75e+01 1.91e+07 1.53e+07 1.00e+01 ...
## $ 2014           : num 1.05e+02 8.69e+01 1.92e+07 1.56e+07 9.73 ...
## - attr(*, ".internal.selfref")=<externalptr>
```

summary(dRaw)

```
##   CountryName          Indicator Name       IndicatorCode
##   Length:99            Length:99            Length:99
##   Class :character     Class :character     Class :character
##   Mode  :character     Mode  :character     Mode  :character
##
##
##
##       1997                1998                 1999
##   Min.   :      6     Min.   :      6     Min.   :      6
##   1st Qu.:     16     1st Qu.:     15     1st Qu.:     15
##   Median :     71     Median :     71     Median :     71
##   Mean   : 949741     Mean   : 872971     Mean   : 817616
##   3rd Qu.:   4366     3rd Qu.:   4338     3rd Qu.:   3993
##   Max.   :24371987    Max.   :24437801    Max.   :24292225
##       2000                2001                 2002
##   Min.   :      6     Min.   :      6     Min.   :      5
##   1st Qu.:     15     1st Qu.:     16     1st Qu.:     16
##   Median :     70     Median :     70     Median :     70
##   Mean   : 781078     Mean   : 736806     Mean   : 674889
##   3rd Qu.:   4224     3rd Qu.:   4275     3rd Qu.:   4672
##   Max.   :23672959    Max.   :23125633    Max.   :22795557
##       2003                2004                 2005
##   Min.   :      5     Min.   :      5     Min.   :      5
##   1st Qu.:     16     1st Qu.:     15     1st Qu.:     16
##   Median :     70     Median :     71     Median :     71
##   Mean   : 651075     Mean   : 637985     Mean   : 659420
##   3rd Qu.:   5568     3rd Qu.:   6772     3rd Qu.:   8042
##   Max.   :21938840    Max.   :21350198    Max.   :20582825
```

```
##        2006              2007              2008
##  Min.   :      5    Min.   :      5    Min.   :      5
##  1st Qu.:     15    1st Qu.:     16    1st Qu.:     16
##  Median :     71    Median :     71    Median :     72
##  Mean   : 653180    Mean   : 597847    Mean   : 573176
##  3rd Qu.:   9166    3rd Qu.:  11168    3rd Qu.:  13452
##  Max.   :19904220   Max.   :19402096   Max.   :19015196
##        2009              2010              2011
##  Min.   :      5    Min.   :      5    Min.   :      5
##  1st Qu.:     16    1st Qu.:     16    1st Qu.:     16
##  Median :     72    Median :     72    Median :     72
##  Mean   : 569320    Mean   : 569669    Mean   : 561551
##  3rd Qu.:  12484    3rd Qu.:  12654    3rd Qu.:  13404
##  Max.   :19209252   Max.   :19774011   Max.   :19191406
##        2012              2013              2014
##  Min.   :      5    Min.   :      5    Min.   :      5
##  1st Qu.:     16    1st Qu.:     16    1st Qu.:     16
##  Median :     72    Median :     73    Median :     73
##  Mean   : 567238    Mean   : 592806    Mean   : 610288
##  3rd Qu.:  13047    3rd Qu.:  13574    3rd Qu.:  13852
##  Max.   :19068296   Max.   :19092876   Max.   :19207489
unique(dRaw$CountryName)

## [1] "Sub-Saharan Africa"         "North America"
## [3] "Middle East & North Africa" "Latin America & Caribbean"
## [5] "European Union"             "Europe & Central Asia"
## [7] "East Asia & Pacific"        "Central Europe and the Baltics"
## [9] "Arab World"

unique(dRaw$IndicatorCode)

## [1]  "SP.ADO.TFRT"      "SP.POP.DPND"      "SE.PRM.UNER.FE"
## [4]  "SE.PRM.UNER.MA"   "SP.DYN.CDRT.IN"   "SE.SCH.LIFE.FE"
## [7]  "SE.SCH.LIFE.MA"   "NY.GDP.PCAP.CD"   "NY.GNP.PCAP.CD"
## [10] "SP.DYN.LE00.FE.IN" "SP.DYN.LE00.MA.IN"
```

在把机器学习算法应用于这些数据之前，数据需要重新组织，使得每一列数据只包含某个指标(indicator)的数值(这里的指标是指男童小学失学率、青少年生育率等，在转换之前，所有这些指标数据都按年份组织，在年份(Year)列中，保存所有不同指标的数值，所以很难读取。转换后，同一指标数据将存放在同一列中，因此处理起来比较容易)。

我们把 IndicatorCodes 作为新列的名称，删除人类容易阅读的文字性描述，尽管为了解释重组后的数据，应该保留这些描述。列名 Indicator Name 含有一个空格，在这个列名的起始和结束位置插入反引号(与波浪符在同一个键上)，然后赋予 NULL 值，这样就可以删除这一列的全部内容。

```
dRaw[,'Indicator Name':= NULL]
```

为了变换数据，我们在原始数据上使用 melt()函数，把全部年份数据压缩成单个变量(名为 year)。这样就将全部时间信息保存到了一个变量中，而不是保存到不同的变量中。可将相应的指标数据保存到名为 value 的列中。这看起来似乎情况变得更糟，因为现在确定单个值需要同时检查 IndicatorCode 列和 Year 列。

使用 dcast()函数再次转换数据，把数据转换成正确的结构。转换后，原来 IndicatorCode 列中的每个值(指标名)都变成列变量，CountryName 和 Year 列分别表示观测数据来自哪个国家或地区以及相应的年份。

```
## collapse columns into a super long dataset
## with Year as a new variable
d <- melt(dRaw, measure.vars = 3:20, variable.name = "Year")
head(d)
##           CountryName IndicatorCode Year     value
## 1: Sub-Saharan Africa    SP.ADO.TFRT 1997 1.3e+02
## 2: Sub-Saharan Africa    SP.POP.DPND 1997 9.2e+01
## 3: Sub-Saharan Africa SE.PRM.UNER.FE 1997 2.4e+07
## 4: Sub-Saharan Africa SE.PRM.UNER.MA 1997 2.0e+07
## 5: Sub-Saharan Africa  SP.DYN.CDRT.IN 1997 1.6e+01
## 6: Sub-Saharan Africa  SE.SCH.LIFE.FE 1997 5.7e+00

str(d)

## Classes 'data.table' and 'data.frame':  1782 obs. of 4 variables:
## $ CountryName  : chr "Sub-Saharan Africa" "Sub-Saharan Africa"
     "Sub-Saharan Africa" "Sub-Saharan Africa" ...
## $ IndicatorCode: chr "SP.ADO.TFRT" "SP.POP.DPND" "SE.PRM.UNER.FE"
     "SE.PRM.UNER.MA" ...
## $ Year         : Factor w/ 18 levels "1997","1998",..: 1 1 1 1 1 1 1
    1 1 ...
## $ value        : num 1.32e+02 9.17e+01 2.44e+07 2.03e+07 1.55e+01 ...
```

```
## - attr(*, ".internal.selfref")=<externalptr>

## finally cast the data wide again
## this time with separate variables by indicator code
## keeping a country and time (Year) variable
d <- dcast(d, CountryName + Year ~ IndicatorCode)

head(d)

##       CountryName Year NY.GDP.PCAP.CD NY.GNP.PCAP.CD SE.PRM.UNER.FE
## 1:     Arab World 1997           2299           2310        6078141
## 2:     Arab World 1998           2170           2311        5961001
## 3:     Arab World 1999           2314           2288        5684714
## 4:     Arab World 2000           2589           2410        5425963
## 5:     Arab World 2001           2495           2496        5087547
## 6:     Arab World 2002           2463           2476        4813368

##    SE.PRM.UNER.MA SE.SCH.LIFE.FE SE.SCH.LIFE.MA SP.ADO.TFRT
## 1:        4181176            8.1            9.7          57
## 2:        4222039            8.3            9.8          56
## 3:        4131775            8.5           10.0          55
## 4:        3955257            8.7           10.0          54
## 5:        3726838            8.8           10.1          53
## 6:        3534138            9.1           10.2          52

##    SP.DYN.CDRT.IN SP.DYN.LE00.FE.IN SP.DYN.LE00.MA.IN SP.POP.DPND
## 1:            6.8                69                65          79
## 2:            6.7                69                65          78
## 3:            6.6                69                66          76
## 4:            6.5                70                66          75
## 5:            6.4                70                66          73
## 6:            6.3                70                66          72

str(d)

## Classes 'data.table' and 'data.frame':	162 obs. of 13 variables:
##  $ CountryName   : chr  "Arab World" "Arab World" "Arab World" "Arab World" ...
##  $ Year          : Factor w/ 18 levels "1997","1998",..: 1 2 3 4 5 6 7 8 9 10 ...
```

```
## $ NY.GDP.PCAP.CD   : num 2299 2170 2314 2589 2495 ...
## $ NY.GNP.PCAP.CD   : num 2310 2311 2288 2410 2496 ...
## $ SE.PRM.UNER.FE   : num 6078141 5961001 5684714 5425963
    5087547 ...
## $ SE.PRM.UNER.MA   : num 4181176 4222039 4131775 3955257 3726838 ...
## $ SE.SCH.LIFE.FE   : num 8.08 8.27 8.5 8.65 8.84 ...
## $ SE.SCH.LIFE.MA   : num 9.73 9.82 9.97 10.02 10.12 ...
## $ SP.ADO.TFRT      : num 56.6 55.7 54.9 54.2 53.3 ...
## $ SP.DYN.CDRT.IN   : num 6.8 6.68 6.57 6.48 6.4 ...
## $ SP.DYN.LE00.FE.IN: num 68.7 69 69.3 69.6 69.8 ...
## $ SP.DYN.LE00.MA.IN: num 65 65.3 65.7 65.9 66.2 ...
## $ SP.POP.DPND      : num 79.1 77.7 76.2 74.7 73.2 ...
## - attr(*, ".internal.selfref")=<externalptr>
## - attr(*, "sorted")= chr "CountryName" "Year"
```

现在的数据格式十分适合于机器学习。每行是全球某个地区在某一年各个指标的观测值。同一指标数据可以用一个列变量来表示，而不是使用多个列变量来表示。我们称这种格式的数据为"干净"数据。

现在列名本身和地区名都可以用图形来表示。为了更好地可视化这些数据，我们首先缩短这些名字的长度。此外，有些算法需要保留某些字符(如句点或其他标点符号)做特殊用途。在这种情形下，把这个数据集的全部列名赋给变量 x，然后使用 gsub() 函数删除全部的标点符号。接着使用 abbreviate() 把列名压缩为四个字符。然后使用 names() 把这些新的名字赋给这个数据集。最后，对地区名也要进行压缩。希望读者原谅，我们在图形的清晰度与可理解性之间做了折中处理。注意，本例通过使用 left.kept 选项来提高图形的可理解性。

```
## rename columns with shortened, unique names
x<-colnames(d)
x<-gsub("[[:punct:]]", "", x)
(y <- abbreviate(x, minlength = 4, method = "both.sides"))

##    CountryName          Year   NYGDPPCAPCD   NYGNPPCAPCD   SEPRMUNERFE
##          "CntN"        "Year"         "NYGD"        "NYGN"        "SEPR"
##    SEPRMUNERMA   SESCHLIFEFE   SESCHLIFEMA     SPADOTFRT  SPDYNCDRTIN
##          "ERMA"        "SESC"         "FEMA"        "SPAD"        "SPDY"
##  SPDYNLE00FEIN SPDYNLE00MAIN    SPPOPDPND
##          "FEIN"        "MAIN"         "SPPO"

names(d) <- y

## shorten regional names to abbreviations.
```

```
d$CntN<-abbreviate(d$CntN, minlength = 5,
                   method = "left.kept")
```

现在,我们简单地使用一个表来描述每列数据的意义,参见表7-1。第1列是原来的列名,然后紧跟|符号和简化后的新列名,第2列是简单的描述。

表7-1 Gender数据的全部列

变量(特征量)	描述
CountryName |CntN	地区名或国家名的缩写
Year|Year	数据采集的年份
SP.ADO.TFRT|SPAD	青少年生育率(每1000名15至19岁女性的出生率)
SP.POP.DPND|SPPO	抚养系数(就业年龄人口的百分比)
SE.PRM.UNER.FE | SEPR	女童小学失学人数
SE.PRM.UNER.MA | ERMA	男童小学失学人数
SP.DYN.CDRT.IN | SPDY	原始死亡人数(每1000人)
SE.SCH.LIFE.FE | SESC	受教育年限期望值(女性)
SE.SCH.LIFE.MA | FEMA	受教育年限期望值(男性)
NY.GDP.PCAP.CD | NYGD	人均国民生产总值(GDP)(按当前美元汇率)
NY.GNP.PCAP.CD | NYGN	人均国民总收入(GNI),使用图谱法(按当前美元汇率)
SP.DYN.LE00.FE.IN | FEIN	出生时寿命期望值,单位为年(女性)
SP.DYN.LE00.MA.IN | MAIN	出生时寿命期望值,单位为年(男性)

经过上述处理后,这个数据集有了正常的结构。summary()函数告诉我们各个列数据的统计信息,其中让我们感兴趣的是每一列数据的取值范围或区间。在某些情况下,这些区间变化很大。另外,Year列不再是数值类型,而是因子类型。虽然保留Year列作为因子类型看起来有道理,但实际上并非如此。现在使用as.character()把Year列转换为字符串类型。

```
summary(d)
##      CntN              Year          NYGD              NYGN
## Length:162         1997   :  9   Min.   :  496    Min.   :  487
## Class :character   1998   :  9   1st Qu.: 3761    1st Qu.: 3839
## Mode  :character   1999   :  9   Median : 7458    Median : 7060
##                    2000   :  9   Mean   :13616    Mean   :13453
##                    2001   :  9   3rd Qu.:19708    3rd Qu.:19747
##                    2002   :  9   Max.   :54295    Max.   :55010
##                    (Other):108
```

```
##       SEPR              ERMA              SESC           FEMA      
##  Min.   :  100024   Min.   :  109075   Min.   : 5.7   Min.   : 7.0  
##  1st Qu.:  482710   1st Qu.:  563119   1st Qu.:10.3   1st Qu.:11.2  
##  Median : 1338898   Median : 1195360   Median :13.3   Median :13.1  
##  Mean   : 3992637   Mean   : 3360191   Mean   :12.8   Mean   :12.8  
##  3rd Qu.: 3936040   3rd Qu.: 3339679   3rd Qu.:15.7   3rd Qu.:14.9  
##  Max.   :24437801   Max.   :20766960   Max.   :17.3   Max.   :16.5  
##                                                                    
##       SPAD            SPDY            FEIN           MAIN           SPPO      
##  Min.   : 11     Min.   : 5.0    Min.   :52     Min.   :48     Min.   :41  
##  1st Qu.: 21     1st Qu.: 6.0    1st Qu.:72     1st Qu.:68     1st Qu.:49  
##  Median : 38     Median : 8.1    Median :77     Median :70     Median :51  
##  Mean   : 45     Mean   : 8.5    Mean   :74     Mean   :69     Mean   :57  
##  3rd Qu.: 53     3rd Qu.:10.6    3rd Qu.:80     3rd Qu.:73     3rd Qu.:63  
##  Max.   :132     Max.   :15.5    Max.   :84     Max.   :78     Max.   :92  
##

str(d)

## Classes 'data.table' and 'data.frame':    162 obs. of  13 variables:
##  $ CntN: chr  "ArbWr" "ArbWr" "ArbWr" "ArbWr" ...
##  $ Year: Factor w/ 18 levels "1997","1998",..: 1 2 3 4 5 6 7 8 9 10 ...
##  $ NYGD: num  2299 2170 2314 2589 2495 ...
##  $ NYGN: num  2310 2311 2288 2410 2496 ...
##  $ SEPR: num  6078141 5961001 5684714 5425963 5087547 ...
##  $ ERMA: num  4181176 4222039 4131775 3955257 3726838 ...
##  $ SESC: num  8.08 8.27 8.5 8.65 8.84 ...
##  $ FEMA: num  9.73 9.82 9.97 10.02 10.12 ...
##  $ SPAD: num  56.6 55.7 54.9 54.2 53.3 ...
##  $ SPDY: num  6.8 6.68 6.57 6.48 6.4 ...
##  $ FEIN: num  68.7 69 69.3 69.6 69.8 ...
##  $ MAIN: num  65 65.3 65.7 65.9 66.2 ...
##  $ SPPO: num  79.1 77.7 76.2 74.7 73.2 ...
##  - attr(*, ".internal.selfref")=<externalptr>

d[, Year := as.character(Year)]
```

接着我们开始研究各个特征量之间的关系。我们使用 ggplot2 包中的 ggplot()函数绘制图形，以人均 GDP 为输入量(x 轴)，以青少年生育率为响应变量(y 轴)，显示它们的关系。前者的单位是人均 GDP(以美元计)，后者的单位是每 1000 人 15 岁至 19 岁女性的生育率。plot_grid()函数帮助我们生成了两个图形：一个图形只显示这两个变量的值，另一个图形还用颜色表示不同年份。

```
## ggplot2 plot object indicating x and y variables
p1 <- ggplot(d, aes(NYGN, SPAD))

## make a grid of two plots
plot_grid(
  ## first plot data points only
  p1 + geom_point(),
  ## data poins colored by year
  p1 + geom_point(aes(colour = Year)) +
    scale_colour_viridis(discrete = TRUE),
  ncol = 1
)
```

仔细观察图 7-1，我们发现数据明显存在组群特性。在 7.2 节，我们将借助机器学习方法确定到底存在多少个不同的组群。我们可以想象，并不是所有的地区之间都存在明显的界线(如欧洲、中亚等)。因此，我们不能简单根据地理区域进行分组。我们将研究一些算法，根据经验确定要分成多少个聚类或组群才能表示全部观察数据。

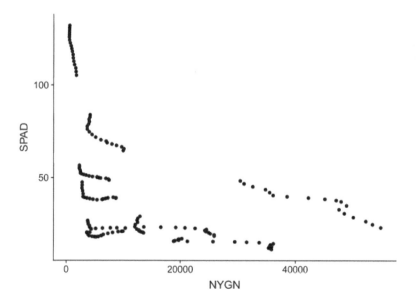

图 7-1*　人均 GDP 与每 1000 人女性青少年生育率之间的关系

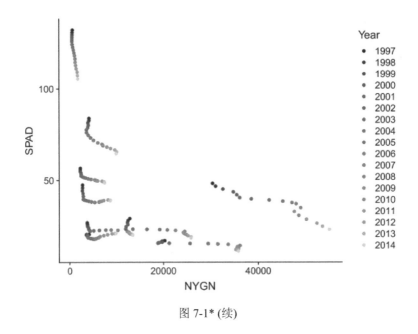

图 7-1*（续）

7.2 k-均值聚类算法

一种经常使用的聚类算法是 k-均值聚类算法。R 语言的 stats 包提供了 kmeans() 函数，可以用来实现 k-均值聚类算法。stats 包是为数不多的几个与 R 语言一起发布的程序包之一。

kmeans() 函数需要两个参数：一个是数据集 x，其中包含连续的数值型数据；另一个是中心数 k，它告诉 kmeans() 函数要从数据集中划分出多少个聚类。简而言之，k-均值聚类算法的主要思想是这样的：给定聚类数 k 的约束条件，确定 k 个聚类的中心点位置，使得每组内数据点离中心的距离最小(代表欧几里得距离)。

k-均值聚类算法如何开始存在可变性。如果希望我们的分析具有可重复性，则必须在 R 中设置随机种子。为此，我们用参数值 2468 调用 set.seed() 函数。

接着，初始化变量 wgss，用它保存聚类内数据点的平方和。当给定聚类的个数时，这个变量就是 k-均值聚类算法的最优化对象。

k=1 没有多大意义，因此我们从两个聚类中心开始。用 for 循环从 2 个中心开始直到 9 个中心为止，在循环内处理 NYGN 与 SPAD 两列数据。每次循环都把组内数的距离平方和保存在变量中，并生成我们熟悉的图形，但是现在根据聚类给数据点着色。

第 7 章 ■ 机器学习：无监督学习

最后，在网格图形的右下角添加碎石图，显示聚类个数与组内平方和下降的关系。最后得到如图 7-2 所示的图形。

```
set.seed(2468)
wgss <- vector("numeric", 8)
plots <- vector("list", 9)
p1 <- ggplot(d, aes(NYGN, SPAD))

for(i in 2:9) {
  km <- kmeans(d[, .(NYGN, SPAD)],
            centers = i)

  wgss[i - 1] <- km$tot.withinss

  plots[[i - 1]] <- p1 +
    geom_point(aes_(colour = factor(km$cluster))) +
    scale_color_viridis(discrete = TRUE) +
    theme(legend.position = "none") +
    ggtitle(paste("kmeans centers = ", i))
}

plots[[9]] <- ggplot() +
  geom_point(aes(x = 2:9, y = wgss)) +
  xlab("Number of Clusters") +
  ylab("Within SS") +
  ggtitle("Scree Plot")

do.call(plot_grid, c(plots, ncol = 3))
```

在图 7-2 中，我们看到了不同聚类个数的全部结果。不要忘了本例的特殊情况：我们正好知道这些数据来自九个不同地区。然而，仔细分析右下角的碎石图，我们发现在聚类个数降到 3 或 4 后，组内平方和并没有下降多少。作为无监督的机器学习方法，k-均值聚类算法的结果告诉我们，这些数据反映的不同地理区域特性要少于实际的地区数量。

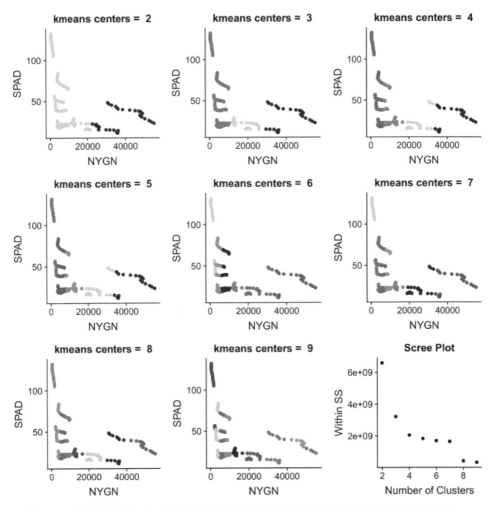

图 7-2* 不同聚类数(k 值)下人均生产总值和(每 1000 名女性)青少年生育率之间的关系

我们发现在图 7-2 中，主因素好像是 GNP。由于 GNP 是最远的距离，因此它是距离项的决定因素，这是可以理解的。k-均值聚类算法的目的是最小化聚类中数据点与中心点的距离。仔细分析这个数据集可以发现，这两个变量的数量级相差很大。一个是一百左右，另一个是好几千。

```
summary(d[,.(NYGN, SPAD)])
```

```
##       NYGN            SPAD
##  Min.   :  487   Min.   : 11
##  1st Qu.: 3839   1st Qu.: 21
##  Median : 7060   Median : 38
```

```
## Mean   :13453   Mean    : 45
## 3rd Qu.:19747   3rd Qu.: 53
## Max.   :55010   Max.   :132
```

通常情况下,数据的尺度是任意的,但是数据的大小并不表示某个变量在分析中的权重。解决这个问题的一种方法是:中心化和定标化。中心化是指用每个特征量减去数据的平均值,这样每个特征量的均值为 0。定标化是指用每个特征量除以数据的标准差,这样处理后,每组数据就都有了标准范围。R 语言的基本函数 scale() 就是用来实现这两个功能的,而且可以作用于矩阵数据、数据框架和数据表。

```
x <- scale(d[,.(NYGN, SPAD)])
summary(x)
```

```
##      NYGN              SPAD
## Min.   :-0.92    Min.   :-1.04
## 1st Qu.:-0.68    1st Qu.:-0.74
## Median :-0.46    Median :-0.21
## Mean   : 0.00    Mean   : 0.00
## 3rd Qu.: 0.45    3rd Qu.: 0.26
## Max.   : 2.96    Max.   : 2.72
```

经过这样处理后,我们重新绘制上一次的图形,但现在使用定标化之后的数据。图 7-3 说明,y 轴的高度成为聚类的区分器。

```
set.seed(2468)
wgss <- vector("numeric", 8)
plots <- vector("list", 9)
p1 <- ggplot(d, aes(NYGN, SPAD))

for(i in 2:9) {
  km <- kmeans(x, centers = i)
  
  wgss[i - 1] <- km$tot.withinss
  
  plots[[i - 1]] <- p1 +
    geom_point(aes_(colour = factor(km$cluster))) +
    scale_color_viridis(discrete = TRUE) +
    theme(legend.position = "none") +
    ggtitle(paste("kmeans centers = ", i))
}
```

```
plots[[9]] <- ggplot() +
  geom_point(aes(x = 2:9, y = wgss)) +
  xlab("Number of Clusters") +
  ylab("Within SS") +
  ggtitle("Scree Plot")

do.call(plot_grid, c(plots, ncol = 3))
```

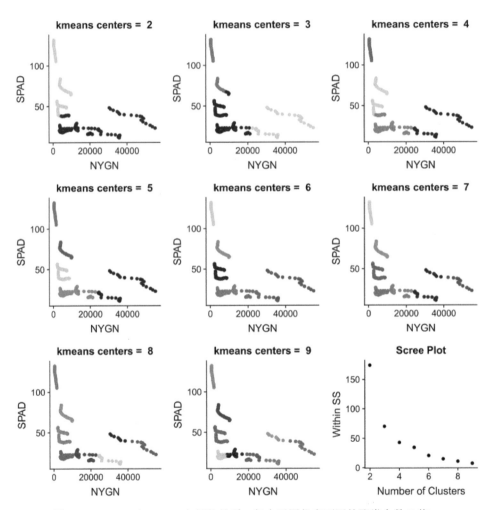

图 7-3* NYGN 与 SPAD 之间的关系，每个子图代表不同的聚类个数(k 值)

数据经过定标化处理后，我们更有可能使用 k-均值聚类算法根据 y 轴的值(生育率)确定数据的聚类。但是从图 7-3 中每个子图的左侧可以明显看出，除 GNP 外，肯定还有其他因素可以解释不同的生育率。从右下角的碎石图可以看出，这个数据集实际存在的"逻辑"簇数可能要少于实际的区域数(9 个)。诚然，如果我们稍微思考一下这些区域的真实地理分布，我们可能会认为最多有 6 个组群，而且这个假设是合理的。仔细分析各个 *k*-均值聚类图和碎石图就可以知道，当聚类达到 6 个之后，所有组内平方和并没有多大改善。也许 4 个聚类就已相当接近实际情况。

我们暂时假设存在 6 个聚类中心。现在修改 kmeans()函数默认的迭代次数(默认是 10 次)，看看结果有没有改善。虽然这对聚类划分的影响很小，但是我们确实注意到，最右边簇中的数据点很稀少。最大迭代次数控制了聚类划分算法的执行次数。

k-均值聚类算法一开始会选定 *k* 个随机点作为每个聚类的质心(或聚类中心)，然后根据数据点与质心的最小欧几里得距离对数据点进行划分，把数据点归类到相应的簇类。根据每个聚类中的数据点重新计算聚类的质心，新的聚类中心才真正是聚类的中心。现在得到第二代的聚类中心。这意味着，要重新计算每个数据点与每个聚类中心的距离，根据最小欧几里得距离，重新确定聚类成员身份。如果某个聚类包含的数据点成员发生变化，则重新计算每个聚类的质心，这样得到第三代的聚类中心。不断重复这个过程，直到聚类包含的数据点成员不再发生变化或者达到最大迭代次数为止。在本例中，由于存在微弱信号，有些数据点可能同时处于两个聚类的边界，因此相邻两次迭代可能引起数据点在两个聚类中来回切换，使用最大迭代次数可避免算法进入死循环，结果如图 7-4 所示。

```r
set.seed(2468)
plots <- vector("list", 9)
p1 <- ggplot(d, aes(NYGN, SPAD))

for(i in 6:14) {
  km <- kmeans(x, centers = 6, iter.max = i)

  plots[[i - 5]] <- p1 +
    geom_point(aes_(colour = factor(km$cluster))) +
    scale_color_viridis(discrete = TRUE) +
    theme(legend.position = "none") +
    ggtitle(paste("kmeans iters = ", i))
}

do.call(plot_grid, c(plots, ncol = 3))
```

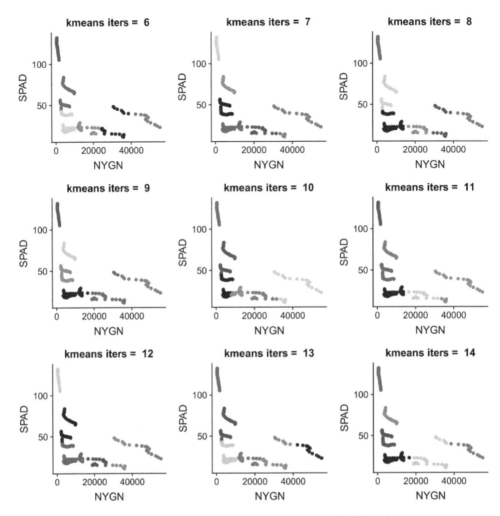

图 7-4* 不同的迭代次数对 NYGN 与 SAPD 关系的影响

kmeans()函数的最后一个参数是 nstart,你经常需要修改它。k-均值聚类算法对于每个组的每个点都需要计算与聚类中心的距离,每次迭代都尽可能使距离变小。但是,开始第一次迭代时,需要随机设置 k 个中心。因此,nstart 参数决定了要经过多次随机化过程,才能确定第一代的 k 个质心。k-均值聚类算法会选择最优值开始第一次迭代,然后继续下一次迭代。对于这个示例,我们并没有发现任何明显的变化,如图 7-5 所示。

```
set.seed(2468)
plots <- vector("list", 9)
p1 <- ggplot(d, aes(NYGN, SPAD))
for(i in 1:9) {
```

```
km <- kmeans(x, centers = 6, iter.max = 10, nstart = i)

plots[[i]] <- p1 +
    geom_point(aes_(colour = factor(km$cluster))) +
    scale_color_viridis(discrete = TRUE) +
    theme(legend.position = "none") +
    ggtitle(paste("kmeans nstarts = ", i))
}

do.call(plot_grid, c(plots, ncol = 3))
```

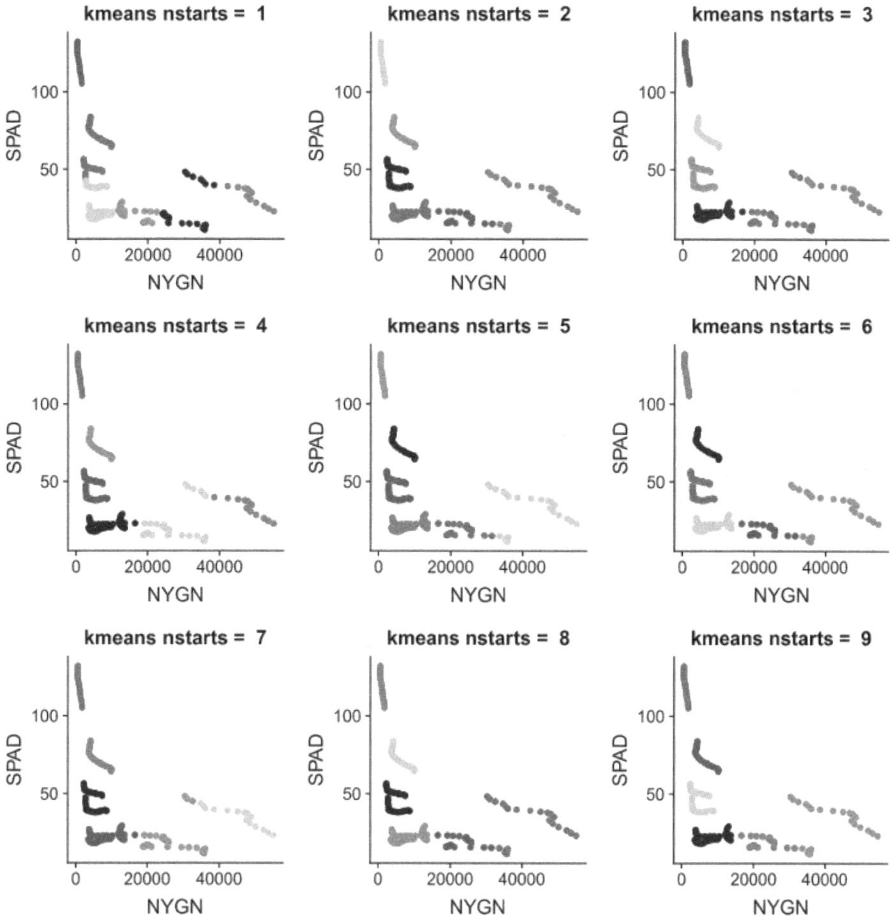

图 7-5*　不同的 nsart 参数值对 NYGN 与 SAPD 关系的影响

这个例子的数据只限于二维情形，但是 k-均值聚类算法也可对高级数据进行聚类划分。虽然不大可能通过二维图形可视化全部 11 个变量，但是仍然可以通过分析碎石图，决定最优聚类个数。下面的代码可执行与前面同样的计算，但是现在只显示碎石图。

```
x <- scale(d[,-c(1,2)])
wgss<-0
set.seed(2468)
for( i in 1:11){
  km <- kmeans(x, centers = i)
  wgss[i]<-km$tot.withinss
}

ggplot() +
  geom_point(aes(x = 1:11, y = wgss)) +
  xlab("聚类数") +
  ylab("Within SS") +
  ggtitle("全部变量的碎石图")
```

根据图 7-6 中的碎石图，我们可以为整个数据集确定最佳聚类个数。在这里，我们选择 4 作为最优聚类个数，最后运行一次，看看聚类划分情况。结果保存在 kmAll 变量中，使用 cbind()函数把结果以列形式添加到数据集中，新增的两列分别为地区名(CntN)和年份(Year)。

```
kmAll <- kmeans(x, centers = 4, nstart = 25)
x <- cbind(d[, c(1,2)], x,
           Cluster = kmAll$cluster)
tail(x)

##      CntN Year    NYGD  NYGN SEPR ERMA SESC FEMA SPAD SPDY FEIN MAIN
## 1: Sb-SA 2009   -0.89 -0.87  2.4  2.3 -1.5 -1.5  2.2 1.11 -2.2 -2.2
## 2: Sb-SA 2010   -0.87 -0.87  2.5  2.4 -1.5 -1.5  2.1 0.95 -2.1 -2.1
## 3: Sb-SA 2011   -0.86 -0.86  2.4  2.3 -1.4 -1.4  2.1 0.81 -2.0 -2.0
## 4: Sb-SA 2012   -0.85 -0.84  2.4  2.3 -1.3 -1.4  2.0 0.68 -1.9 -1.9
## 5: Sb-SA 2013   -0.85 -0.84  2.4  2.3 -1.3 -1.3  1.9 0.56 -1.8 -1.8
## 6: Sb-SA 2014   -0.85 -0.83  2.4  2.3 -1.3 -1.4  1.9 0.45 -1.7 -1.7
##       SPPO Cluster
## 1:    2.2       1
## 2:    2.2       1
## 3:    2.2       1
## 4:    2.2       1
```

```
## 5:       2.1         1
## 6:       2.1         1
```

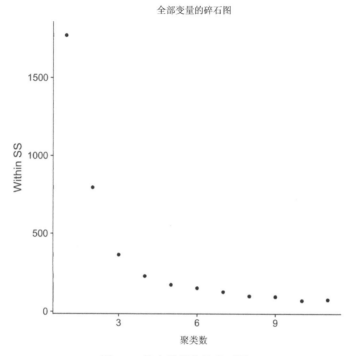

图 7-6　整个数据集的碎石图

对上述数据表进行交叉分析，确定某个地区在各个聚类中出现的频数。我们发现有些地区相当一致，而有些地区偶尔会改变聚类。

```
xtabs(~ CntN + Cluster, data = x)

##          Cluster
## CntN      1  2  3  4
##    ArbWr  0 18  0  0
##    CEatB  0  0  0 18
##    Er&CA  0  0  1 17
##    ErpnU  0  0 11  7
##    EsA&P  0 14  0  4
##    LtA&C  0 18  0  0
##    ME&NA  0 18  0  0
##    NrthA  0  0 18  0
##    Sb-SA 18  0  0  0
```

这是否意味着算法失败？首先，这是无监督的机器学习算法，答案可能是这样的：即使某个特定区域无法从数据集中得到重现，但是经验结构仍然可以告诉我们一些有用的信息。此外，在本例中，这个数据集有时间成分，如果我们按时间顺序对结果进行分析，就会发现，在长时间内这种变化(某个地区的聚类成员身份会来回切换)是一致的。

```
unique(x[
  order(CntN, Year, Cluster),
  .(CntN, Year, Cluster)][
    CntN=="EsA&P"])
```

```
##       CntN Year Cluster
##  1:  EsA&P 1997       2
##  2:  EsA&P 1998       2
##  3:  EsA&P 1999       2
##  4:  EsA&P 2000       2
##  5:  EsA&P 2001       2
##  6:  EsA&P 2002       2
##  7:  EsA&P 2003       2
##  8:  EsA&P 2004       2
##  9:  EsA&P 2005       2
## 10:  EsA&P 2006       2
## 11:  EsA&P 2007       2
## 12:  EsA&P 2008       2
## 13:  EsA&P 2009       2
## 14:  EsA&P 2010       2
## 15:  EsA&P 2011       4
## 16:  EsA&P 2012       4
## 17:  EsA&P 2013       4
## 18:  EsA&P 2014       4
```

```
unique(x[
  order(CntN, Year, Cluster),
    .(CntN, Year, Cluster)][
      CntN == "ErpnU"])
```

```
##       CntN Year Cluster
##  1:  ErpnU 1997       4
##  2:  ErpnU 1998       4
##  3:  ErpnU 1999       4
```

```
##  4: ErpnU 2000        4
##  5: ErpnU 2001        4
##  6: ErpnU 2002        4
##  7: ErpnU 2003        4
##  8: ErpnU 2004        3
##  9: ErpnU 2005        3
## 10: ErpnU 2006        3
## 11: ErpnU 2007        3
## 12: ErpnU 2008        3
## 13: ErpnU 2009        3
## 14: ErpnU 2010        3
## 15: ErpnU 2011        3
## 16: ErpnU 2012        3
## 17: ErpnU 2013        3
## 18: ErpnU 2014        3
```

我们已经看到，kmeans()函数已把相似数据分组在一起。虽然出于教学目的，为数据加上了标签，但是并没有要求数据必须有标签。通过使用碎石图和for循环，可以得到一种合理的最佳聚类组合方式，把数据划分成相似的簇类。在某种程度上，这成为探索性数据分析的最后一步，因为结果可以向公司的客户或研究的参与者提供许多有用的信息。但是要记住，没有经过定标化处理的数据可能在某些维上表现出不平衡的权重。算法的目标是最小化欧几里得距离，但是这也许不能得到人眼可以看出的聚类划分。

7.3 层次聚类算法

k-均值聚类算法在开始执行时，需要选择任意 k 个簇类的中心，接着把每个数据点归类到离中心最近的聚类，然后经过若干次迭代。但是层次聚类算法却不同，初始时为每个数据点都赋予一个独一无二的簇类，这意味着聚类的个数等于数据点的个数。然后求任意两个数据点之间的距离，对于每个数据点，找到离它最近的数据点，以相邻最近的两个数据点组成更大的聚类。不断重复这个过程，直到最后把两个超级聚类合并成一个最大聚类为止。

由于层次聚类算法依赖于距离的计算，因此第一步是计算每个数据点到其他数据点的距离。同样，默认情况下，这个距离代表欧氏距离。因此，最基本的要求是数据必须是数值型。然而，也可以使用定制的距离函数，以表示其他类型的"距离"。只要是距离矩阵，并且数值越大表示距离越远，层次聚类算法就可以处理(但是处理效率无法保证)。

第一阶段是在数据集上应用dist()函数，为了培养我们的直觉能力，我们这里只使用数据集的二维数据。

```
hdist <- dist(d[,.(NYGN, SPAD)])
str(hdist)

## 'dist' num [1:13041] 1.13 22.04 100.03 186.5 166.08 ...
##  - attr(*, "Size")= int 162
##  - attr(*, "Diag")= logi FALSE
##  - attr(*, "Upper")= logi FALSE
##  - attr(*, "method")= chr "euclidean"
##  - attr(*, "call")= language dist(x = d[, .(NYGN, SPAD)])
```

得到的结果展示了二维数据集中每个数据点与其他数据点之间的距离。把结果传递给 hclust()函数，后者会创建一个层次聚类对象，然后调用 plot()函数，绘制一个图形以表示这个层次聚类。这是一个树状图，其中每个线段的高度代表数据集中两行(或两个观测量)之间的距离，如图 7-7 所示。

```
hclust <- hclust(hdist)
plot(hclust)
```

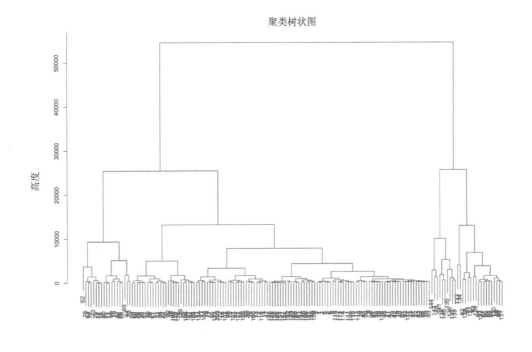

图 7-7　带行号的聚类树状图

注意，这里使用了行名。在本例中，行名是数值类型，因而并不容易理解。通过为数据集添加键值列，可以帮助我们更好地理解这个树状图。虽然这并不是最"干净的"图形，但我们还是会注意到，相似的地区相互靠得很近，如图 7-8 所示。

```
x <- d[, .(CntN, Year, NYGN, SPAD)]
x[, Key := paste(CntN, Year)]
x[, CntN := NULL]
x[, Year := NULL]

hdist <- dist(x[,.(NYGN, SPAD)])
hclust <- hclust(hdist)
plot(hclust, labels = x$Key)
```

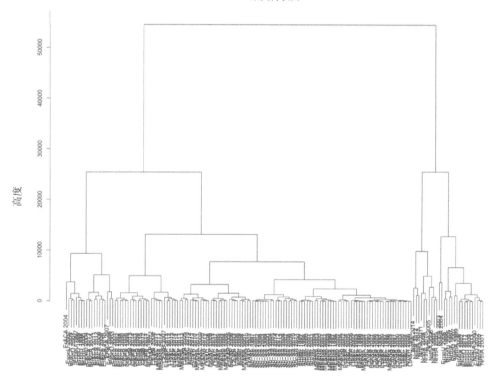

图 7-8　通过 ape 包绘制的聚类树状图的变异体

虽然使用 k-均值聚类算法也许更加简单，但是利用上述最终结果，我们可以得到所需要的聚类个数。因此，碎石图很有价值，它可以帮助我们判断出多少个聚类比较合理。在这里,每行都从自己的聚类开始,然后有规律地每相邻两个组合并成一个新的聚类。

图 7-8 中的高度表示被合并聚类之间的距离。此外,还要注意到,给定某个高度,便能够获知数据可以拟合多少个"聚类"。

```
plot(hclust, labels = x$Key)
abline(h = 30000, col = "blue")
```

从图 7-9 可以看出,在高度 h=30 000 时,只有两个聚类。其中一个聚类包含北美(NrtA)和欧盟(ErpU)绝大多数地区,另一个聚类包含其他所有地区。浏览一下摘要信息,我们发现主高度(基于欧几里得距离)很可能会是 GNP(NYGN)。这再次说明以下道理:即使在探索性工作完成后,也有必要对数据进行定标化处理。如果我们不对各列数据进行均衡化处理(大致相等),那么像 GNP(NYGN)这样的列就会淹没其他重要的特征量。

```
summary(x)

##      NYGN             SPAD           Key
##  Min.   :  487    Min.   : 11    Length:162
##  1st Qu.: 3839    1st Qu.: 21    Class :character
##  Median : 7060    Median : 38    Mode  :character
##  Mean   :13453    Mean   : 45
##  3rd Qu.:19747    3rd Qu.: 53
##  Max.   :55010    Max.   :132

d[, mean(NYGN), by = CntN][order(V1)]

##       CntN    V1
## 1:   Sb-SA   953
## 2:   ArbWr  4260
## 3:   ME&NA  5045
## 4:   EsA&P  5801
## 5:   LtA&C  6004
## 6:   CEatB  8531
## 7:   Er&CA 19021
## 8:   ErpnU 28278
## 9:   NrthA 43188

d[, mean(SPAD), by = CntN][order(V1)]
```

```
##      CntN  V1
## 1: ErpnU  15
## 2: EsA&P  20
## 3: CEatB  23
## 4: Er&CA  23
## 5: NrthA  37
## 6: ME&NA  40
## 7: ArbWr  52
## 8: LtA&C  73
## 9: Sb-SA 120
```

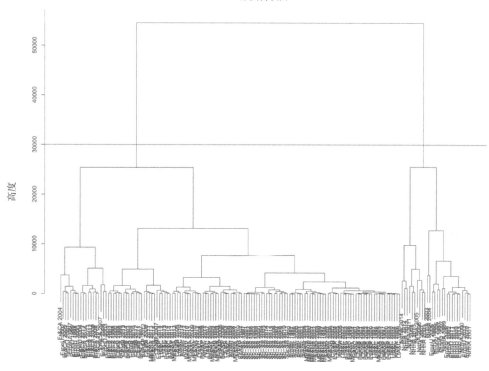

图 7-9　带有地区名称、年份和高度线的聚类树状图

通过调整 abline() 函数的高度参数，可以改变数据的浏览方式，现在已有四个聚类。对于这么大的图形，很难清楚地打印全图，要打印在书本中尤为困难，但我们还是尽了最大的努力，以期望得到最好的结果，如图 7-10 所示。希望读者务必在自

己的计算机上运行下面的代码，并牢记，我们现在仍处于探索阶段。这可以帮助我们理解这些数据在国家之间存在的相似性，以及它们在二维平面中的结构。

```
plot(hclust, labels = x$Key)
abline(h = 20000, col = "blue")
```

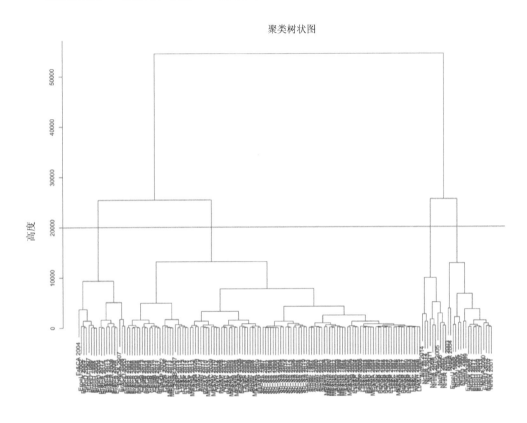

图 7-10 带有地区名称、年份和高度线的聚类树状图和一条高度线

考虑到这个数据集的维数，我们认识到这个模型能够很好地可视化整个数据集——可视化全部列。可能只需要对这段代码做小小的调整，就可以使程序的变量不限于两个。当然，高度值的变化范围可能会非常大，因为现在是在一个更大的空间中计算欧几里得距离。此外，最后两个聚类把南撒哈拉马非洲(S-SA)合并到了其他地区，如图 7-11 所示。

```
x <- copy(d)
x[, Key := paste(CntN, Year)]
x[, CntN := NULL]
```

第 7 章 ■ 机器学习:无监督学习

```
x[, Year := NULL]
hdist <- dist(x[, -12])
hclust <- hclust(hdist)

plot(hclust, labels = x$Key)
```

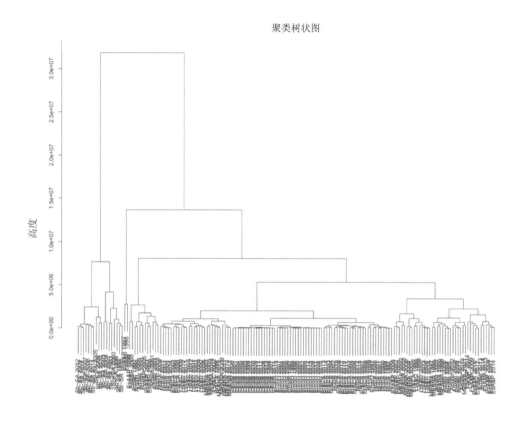

图 7-11　全部数据的聚类树状图,带地区名称和年份

在这里,hclust()函数的第一个参数是数据集的距离矩阵,第二个参数是方法类型。但是第二个参数取默认值"complete"(完全),表示将聚类点的最大距离作为聚类距离,然后根据最大距离确定最近的聚类。如果选择其他方法(比如让聚类内方差的迭代增长最小,参见下面代码中的"ward.D2"),就会得到不同的结果。这里我们不需要更新 hdist 矩阵,因为我们只是改变聚类划分所使用的方法,结果如图 7-12 所示。

```
hclust <- hclust(hdist, method = "ward.D2")
```

```
plot(hclust, labels = x$Key)
```

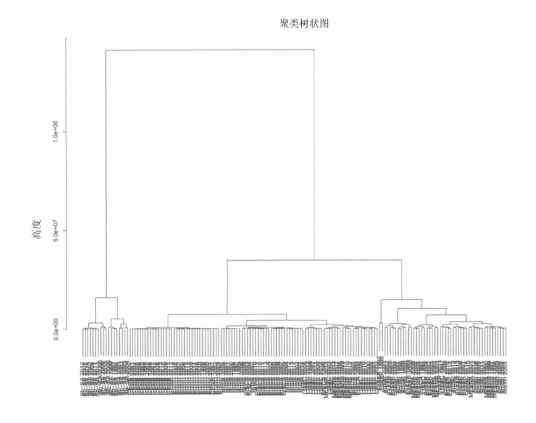

图 7-12　应用 ward.D2 方法后得到的聚类树状图

有必要指出，欧几里得距离也可以换成其他距离度量标准。R 语言确实内置了其他几个选项。只需要掌握内置函数的用法，不必搞得太深奥，并且只需要了解推特上使用的几种方法：这些方法可用来对推特上的情感进行分析，以决定对于某个推文有多少种不同意见。当然，只有当情感分析转换为数值分析时，使用欧几里得距离才有意义。不管如何，这说明一个道理：并没有要求数据必须从数值类型开始。

正如前面曾提到的，当我们在分析过程中增加更多的维数时，如果不对数据进行定标化处理，则取值范围最大的列会对聚类划分产生过大的影响，从而屏蔽其他列。经过定标化处理之后，我们使用了全部变量并重新绘图，结果如图 7-13 所示。

```
x <- scale(d[,-c(1,2)])
row.names(x) <- paste(d$CntN, d$Year)
```

```
hdist <- dist(x)
hclust <- hclust(hdist)

plot(hclust, labels = paste(d$CntN, d$Year))
abline(h = 6, col = "blue")
```

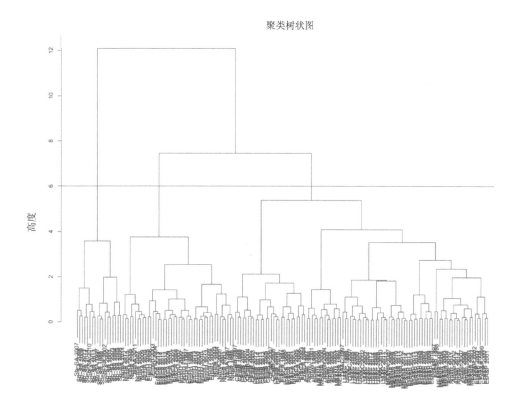

图 7-13　经过定标化处理后的聚类树状图

现在我们想要在某个高度切割这棵树，这样就能够可视化各个聚类的划分情况。可以使用 cutree() 函数在某个高度对数据进行聚类划分。当 $h=6$ 时，将把这棵树分割成三个聚类。这可以从如下代码的执行结果中看出：

```
cut_hclust <- cutree(hclust, h = 6)
unique(cut_hclust)

## [1] 1 2 3
```

也可以不按高度切割这棵树，而是根据聚类的某个数目进行切割。先生成数据的副本，再把聚类编号保存到新的一列中，该列的名称为 cluster。

```
dcopy <- as.data.table(copy(d))
dcopy[, cluster:= NA_integer_]

dcopy$cluster <- cutree(hclust, k = 3)

tail(dcopy)
```

```
##     CntN Year NYGD NYGN    SEPR    ERMA SESC FEMA SPAD SPDY FEIN MAIN
## 1: Sb-SA 2009 1198 1186 1.9e+07 1.6e+07  8.2  9.4  115 11.5   58   55
## 2: Sb-SA 2010 1555 1287 2.0e+07 1.6e+07  8.3  9.4  113 11.0   58   55
## 3: Sb-SA 2011 1706 1412 1.9e+07 1.5e+07  8.4  9.6  111 10.7   59   56
## 4: Sb-SA 2012 1740 1631 1.9e+07 1.6e+07  8.6  9.7  109 10.3   60   57
## 5: Sb-SA 2013 1787 1686 1.9e+07 1.5e+07  8.9  9.9  107 10.0   61   57
## 6: Sb-SA 2014 1822 1751 1.9e+07 1.6e+07  8.7  9.7  105  9.7   61   58
##    SPPO cluster
## 1:  89       3
## 2:  89       3
## 3:  88       3
## 4:  88       3
## 5:  87       3
## 6:  87       3
```

在结束对层次聚类算法的讨论之前，我们介绍一下 ape 包以及其中的 plot() 函数。在使用 plot() 函数绘制树状图时，有几个可视化选项。不可否认，分类值较少的模型容易可视化，但是在无监督学习的一般应用中，很自然的目标就是确定存多少个分类值。下面这个示例还有其他意义，因为此处使用了十分宽广的、固定的分类值集合，图 7-14 显示了结果。

```
plot(as.phylo(hclust), type = "cladogram")  ##生成图 7-14

plot(as.phylo(hclust), type = "fan")         ##生成图 7-15

plot(as.phylo(hclust), type = "radial")      ##生成图 7-16
```

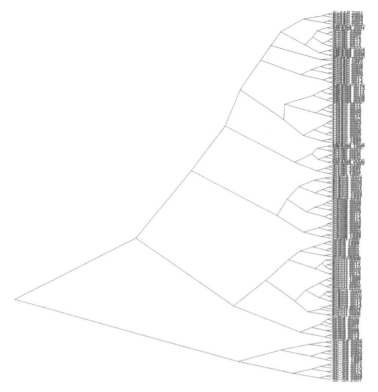

图 7-14　使用 ape 包绘制的聚类树状图的变异形式(一)

层次聚类的优点之一在于可以按某种方式可视化观测数据之间的相似性和差异性。作为这个过程的一部分，把聚类树切割成聚类是一个很有用的步骤。根据前面的 k-均值分析，我们知道这个问题可能存在四个簇类，因此我们想进行可视化处理。cutree()函数的第二个参数 k 表示希望得到的聚类个数，在本例中 $k=4$。此外，as.phylo()函数用来把 hclust 对象转换为 ape 包可以使用的对象类型。这里需要介绍另一类新的图形——unrooted 以及新的参数 label.offset，后者表示标题与图形之间的距离。最后使用 tip.color 参数显示 cutree()函数的结果，并使用 cex 参数缩小显示的标题文本，最终结果如图 7-15 所示。

以下代码可以生成图 7-17：

```
hclust4 <- cutree(hclust, k = 4)
plot(as.phylo(hclust), type = "unrooted", label.offset = 1,
    tip.color = hclust4, cex = 0.8)
```

请注意！图 7-17 是根据原来的层次聚类模型得到的，只是使用 tip.color 参数给不同的聚类设置了不同的颜色(在图 7-17 中，聚类与颜色的对应关系有助于我们理解)。

图 7-15 使用 ape 包绘制的聚类树状图的变异形式(二)

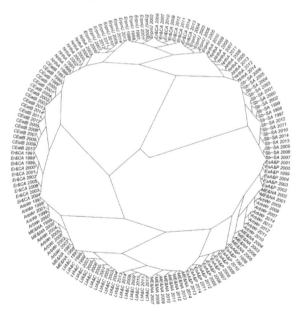

图 7-16 使用 ape 包绘制的聚类树状图的变异形式(三)

四个聚类的无根聚类树如图 7-17 所示。

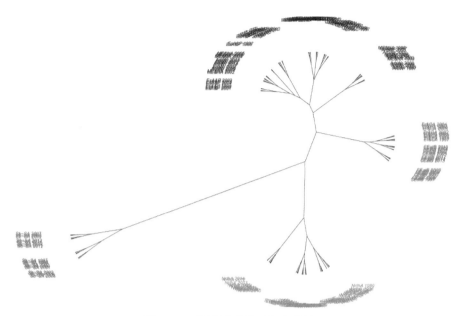

图 7-17* 四个聚类的无根聚类树

7.4 主成分分析

至此,在无监督的机器学习中,我们用两种技术确定了数据中存在多少个聚类或组。一种是 k-均值聚类算法,但需要事先知道数据中存在多少个聚类(可能来自碎石图分析)。另一种是层次聚类算法,首先把每个观测值放到单个聚类中,然后进行合并,直到只有一个聚类为止,最后由分析师确定哪些观测值最接近,哪些子聚类最接近。本节将要介绍的主成分分析(Principal Component Analysis,PCA)也是按某种方式划分聚类。PCA 把数据分解成唯一成分(是指无相关的、独立的正交成分)。例如,在这个数据集中,我们可以想象 GDP 和 GNP 可能在某种程度上存在相关性。事实上,它们是高度相关的。本质上,它们是一样的。它们的取值区间和均值都很接近,这可以从图 7-18 看出。

```
cor(d$NYGD, d$NYGN)

## [1] 1

summary(d[,.(NYGD, NYGN)])

##        NYGD            NYGN
##  Min.   :  496   Min.   :  487
##  1st Qu.: 3761   1st Qu.: 3839
##  Median : 7458   Median : 7060
##  Mean   :13616   Mean   :13453
```

```
## 3rd Qu.:19708   3rd Qu.:19747
## Max.   :54295   Max.   :55010

ggplot(d, aes(NYGD, NYGN)) +
  geom_point()
```

图 7-18 实质上展示的是直线 y=x。主成分分析可以看成分组运算。分组的目的是确定数据集中存在多少个真正独立的维度。在本例中，虽然从表面上看，数据集有两列，但是实际上，我们认为只有一列数据是独立的。

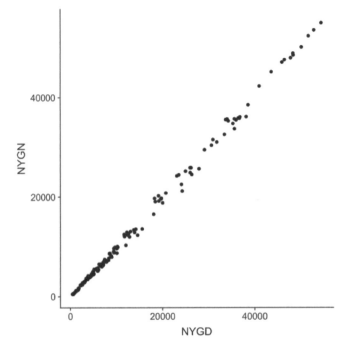

图 7-18　高度相关图，这真的是二维数数据么(一)

利用主成分分析法，我们可以确定这两列数据并不是都需要，可以按主成分分析法把两列数据合并成一列。这可以简化特征空间。正如我们将要看到的，这样处理后信息损失很少。另外，假设分析其他变量，我们发现如果只是简单地删除某一列而保留另一列，将是不合理的。即使两列数据是高度相关的，我们也很容易看出，在某个时间点，受教育年限期望值(SESC)对人均国民生产总值(NYGD)的影响很小，如图 7-19 所示。显然，这里存在不止一维的信息。

```
ggplot(d, aes(NYGD, SESC)) +
  geom_point()

cor(d$NYGD, d$SESC)
```

```
## [1] 0.79
```

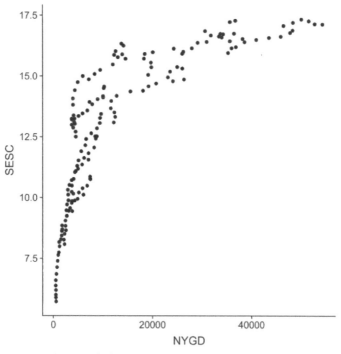

图 7-19　高度相关图，这真的是二维数据么(二)

与 PCA 相关的一种技术是因子分析(Factor Analysis，FA)。这两种技术的共同点在于它们都是探索性的，数据的真正维数在分析之前是未知的。虽然也存在验证性因子分析法，但目标是检验假设的维数。PCA 和 FA 都试图找到数据的低维空间，但结果与原始数据非常近似。然而，主成分分析和因子分析有许多不同之处。它们来自不同的理论背景，对主成分分析和因子分析的解释也不一样，对数据的基本假设也不一样。其中一项显著差别是，因子分析通常把重点放在变量之间的共享方差上，而主成分分析会对共享方差和独立方差进行合并。产生这个差别的根本原因在于主成分分析和因子分析的理论基础及目标不同。因子分析来自心理测量领域，经常与专用测验一起使用，用来分析同一测验中的不同问题，抑或设计不同的问题来测量 IQ 或评估某些心理构建。在一项测验中，所有问题的目的是为学生对某门功课的全面理解提供一个指标，这个指标无法通过直接观测得到。各个问题的方差比起某个测验问题的方差能更好地表示学生的理解程度。后者只能表示某个问题的语句是否通顺，或者某个概念有没有讲清楚，或者对某个概念有没有好好理解。主成分分析的目标是用尽可能少的维度重复高维空间。因此，如果测验中的某个问题没有与其他任何问题发生重合,则主成分分析不认为是整体表现不佳,而是认为问题需要另一维度。通常,主成分分析更常用在机器学习中,因为不需要很强的理论支持,也不认为各个特征之间应该有共享的成分。有了主成分分析,就更容易包含更多的成分,确保原来的数据可以从一个更少维度的数据集完全得到恢复。

主成分分析要做的就是分析数据,把数据分解成小块数据,使得小块数据可以左右移动(行内移动)而不是上下移动(列内移动),换言之,把数据分解成主成分。如果读者具有线性代数背景,就会明白,标准的 PCA 就是协方差矩阵的特征值分解。不管哪种情况,现在回过头来分析我们感兴趣的两列。再次引用这两列的原始图形。

pca()函数有两个参数:一个是 scale,用于表示要对数据进行定标化处理,如果设置为"uv",就表示把方差设置为 1(单位方差);另一个是 center,如果设置为 TRUE,就表示对数据进行中心化处理。传统的主成分分析基于特征值和奇异值分解(Singular Value Decomposition,SVD),因此,如果要使用传统的主成分分析,就必须通过设置 method = "svd"来告诉 pca()函数。

首先,我们只收集 NY.GNP.PCAP.CD(对应 NYGN)和 SP.ADO.TFRT(对应 SPAD)的原始数据,生成新的数据集 x。计算 PCA 是一件很容易的事情,我们先对数据进行定标化处理和中心化处理,再用奇异值分解方法估计传统的 PCA。summary()函数会告诉我们总方差中有多少可以由各个主成分解释。另一行摘要信息显示了可以解释的累积方差。在本例中,对于这两个变量——100%的方差和 $R^2=1$,可以由两个主成分解释。

```
x <- d[,.( NYGN, SPAD)]
res <- pca(x, method="svd", center=TRUE, scale = "uv")

summary(res)

## svd calculated PCA
## Importance of component(s):
##                   PC1      PC2
## R2             0.7213   0.2787
## Cumulative R2  0.7213   1.0000
```

为了生成可视化结果,我们创建一幅图形,显示如何把原始数据转换为双标图,如图 7-20 所示。读者有没有注意到图 7-20 中发生了正交旋转?当然,不止是正交旋转,还有更多的信息。PC1 变量是单个直线可以解释的最大方差。将剩下的方差投影到 PC2 变量。biplot()函数用于显示原始数据在新空间中的分布情况。

```
biplot(res, main = "PCA 双标图")
```

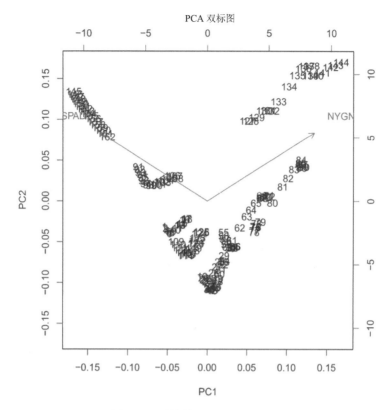

图 7-20　原始数据和 PCA 的比较

接下来分析，当把 PCA 算法应用于全部变量时，结果会如何。我们绘制一幅碎石图，看看添加额外的主成分后准确度有没有得到改善，通过这种办法，我们可以确定需要多少主成分才能足以表示数据的基本维度。需要为 pca() 函数设置另一个参数 nPcs，nPcs 表示数据中存在的列数，这是可能需要的最大主成分数。但是，如果数据的真正维度较少，那么较少的成分就可以代表原来的数据。

类似于反向碎石图，使用 plot() 函数可以生成如图 7-21 所示的结果。仔细分析后我们发现，只有四个维度的数据是独立的，即使在一维数据中，也足以代表全部变量的一半方差。

```
x <- d[, -c(1,2)]
res <- pca(x, method="svd", center=TRUE, scale = "uv",
           nPcs = ncol(x))

summary(res)

## svd calculated PCA
```

```
## Importance of component(s):
##                     PC1    PC2     PC3     PC4     PC5     PC6    PC7
## R2              0.7278 0.1614 0.06685 0.02554 0.01226 0.00447 0.0011
## Cumulative R2   0.7278 0.8892 0.95607 0.98161 0.99387 0.99834 0.9994
##                     PC8    PC9    PC10   PC11
## R2              0.00021 0.0002  1e-04  5e-05
## Cumulative R2   0.99965 0.9999  1e+00  1e+00

## reverse scree plot
ggplot() +
  geom_bar(aes(1:11, cumsum(res@R2)),
           stat = "identity") +
scale_x_continuous("主成分", 1:11) +
scale_y_continuous(expression(R^2), labels = percent) +
ggtitle("碎石图") +
coord_cartesian(xlim = c(.5, 11.5), ylim = c(.5, 1),
                expand = FALSE)
```

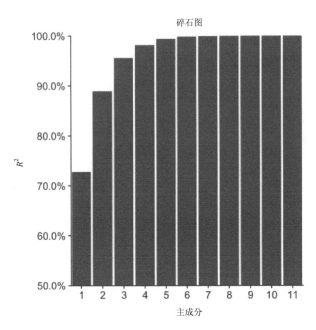

图 7-21 碎石图演示了在将传统 PCA 方法应用于数据中的全部变量后的效果

我们也可以从 PCA 数据生成双标图,但是每次只能绘制两个成分。前两个成分的结果如图 7-22 所示。它们两个在一起可以解释绝大部分方差。

```
biplot(res, choices = c(1, 2))
```

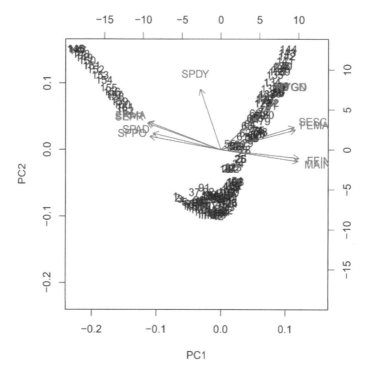

图 7-22 前两个主成分的双标图

附带说明一下。由于 res 变量保存了全部数据,因此我们可以只使用这个变量(前面 4 列数据就已足够)而不需要原始数据。特别值得一提的是,假设我们要使用监督学习(这将在第 8 章中讨论),那么使用 PCA 数据是有好处的。例如,前面的 PCA 结果表明,四个主成分可以解释全部变量的几乎全部方差(只差 2%)。

使用主成分数据而非原始数据的好处是:主成分是相互正交的。但缺点是:每个主成分可能是由多个原始变量组成的,因此很难准确解释每个特征的意义。然而,如果能改善模型的预测能力,抑或唯一目标就是模型的预测能力,那么代价是值得付出的。在某些情况下,甚至还可以加速模型的计算,因为之后的分析只需要处理较少的特征,从而可以减少分析需要占用的内存空间和计算量。

下面使用 scores()函数读取主成分的分数值。分析前几行的分数,并使用一个相关矩阵说明它们确实是线性无关的。

```
head(scores(res))
##        PC1  PC2  PC3   PC4  PC5    PC6   PC7    PC8     PC9     PC10
## [1,] -2.5 -1.2 0.74 -0.31 0.99 -0.075 -0.22 0.0046  0.0015 -0.00660
## [2,] -2.4 -1.2 0.72 -0.31 0.89 -0.057 -0.21 0.0075 -0.0035  0.00095
## [3,] -2.3 -1.3 0.70 -0.29 0.82 -0.047 -0.19 0.0121 -0.0046 -0.00521
## [4,] -2.2 -1.3 0.69 -0.29 0.75 -0.074 -0.18 0.0202 -0.0086 -0.01269
## [5,] -2.0 -1.3 0.66 -0.27 0.70 -0.095 -0.15 0.0290 -0.0149 -0.00243
## [6,] -1.9 -1.4 0.62 -0.25 0.64 -0.104 -0.13 0.0355 -0.0237 -0.00071
##         PC11
## [1,] -9.9e-03
## [2,]  4.7e-06
## [3,]  1.3e-02
## [4,]  1.1e-02
## [5,]  1.3e-02
## [6,]  1.3e-02

round(cor(scores(res)),2)
##      PC1 PC2 PC3 PC4 PC5 PC6 PC7 PC8 PC9 PC10 PC11
## PC1    1   0   0   0   0   0   0   0   0    0    0
## PC2    0   1   0   0   0   0   0   0   0    0    0
## PC3    0   0   1   0   0   0   0   0   0    0    0
## PC4    0   0   0   1   0   0   0   0   0    0    0
## PC5    0   0   0   0   1   0   0   0   0    0    0
## PC6    0   0   0   0   0   1   0   0   0    0    0
## PC7    0   0   0   0   0   0   1   0   0    0    0
## PC8    0   0   0   0   0   0   0   1   0    0    0
## PC9    0   0   0   0   0   0   0   0   1    0    0
## PC10   0   0   0   0   0   0   0   0   0    1    0
## PC11   0   0   0   0   0   0   0   0   0    0    1
```

除了传统方法(使用特征值和奇异值分解)外，也有其他几种方法可用于各种不同情形。其中之一是 robustPca，为了查看效果，我们仍使用同一个数据集，但是先使用 prep() 函数进行定标化处理，然后保存为两个副本：一个没有奇异值，另一个有奇异值。

接着执行 PCA 分析四次：传统的 SVD PCA 和稳健的 PCA，将它们分别作用于无奇异值数据和有奇异值数据。最后，我们绘制载荷图。载荷图用于把原始数据投射到主成分数据，也就是分别投射到带奇异值和不带奇异值的普通 PCA 数据和稳健 PCA 数据，如图 7-23 所示。从中可以清楚地看出，在传统的 PCA 中，载荷比发生急剧变化；而在稳健的 PCA 中，添加奇异值对载荷比影响很小。通常，如果我们关心数据是否有极端值或奇异值，则有必要先删除奇异值，或者至少对传统 PCA 与稳健 PCA 的结果进行比较，以确保结果对几个极端分数的出现不敏感。

```
x <- d[, -c(1,2)]
x <- prep(x, center = TRUE, scale = "uv")

xout <- copy(x)
xout[1:5, "NYGD"] <- (-10)

res1 <- pca(x, method = "svd",
            center = FALSE, nPcs = 4)
res2 <- pca(xout, method = "svd",
            center = FALSE, nPcs = 4)

res1rob <- pca(x, method = "robustPca",
               center = FALSE, nPcs = 4)
res2rob <- pca(xout, method = "robustPca",
               center = FALSE, nPcs = 4)
plot_grid(
  ggplot() +
    geom_point(aes(
      x = as.numeric(loadings(res1)),
      y = as.numeric(loadings(res2)))) +
    xlab("负荷系数、SVD、无奇异值") +
    ylab("负荷系数、SVD、有奇异值"),
  ggplot() +
    geom_point(aes(
      x = as.numeric(loadings(res1rob)),
      y = as.numeric(loadings(res2rob)))) +
    xlab("负荷系数、稳健的 PCA、无奇异值") +
    ylab("负荷系数、稳健的 PCA、有奇异值"),
  ncol = 1)
```

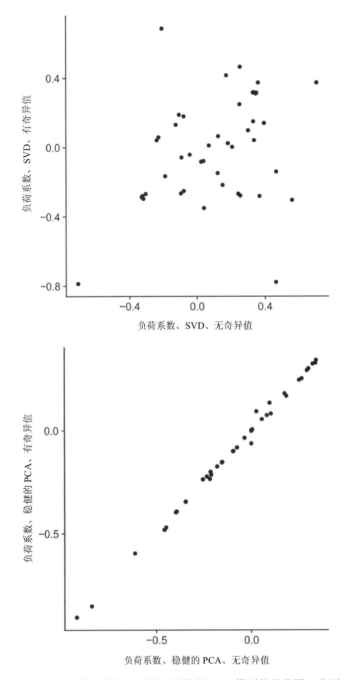

图 7-23 绘制带奇异值和不带奇异值的 PCA 模型的载荷图,分别使用传统的 SVD PCA 方法和稳健的 PCA 方法

7.5 非线性聚类分析

PCA 的目的之一是减少维数,从而简化模型并且改善预测准确度。PCA 的基本假设之一是降维之前的数据存在线性关系。在 n 维空间中,存在一个正交向量组,n 维空间中的数据可以投射到这个正交向量组而不会引起信号很大的损失。如果有理由怀疑情况并非如此,则自然会想到非线性方法。

在下面的代码中,前四行代码你应该比较熟悉,它们来自前面的层次聚类。sammon()函数来自 MASS 包,它根据数据点之间的距离,把高维空间(这里是 11 维)投射到 k 维空间(这里 $k=2$,以方便绘制图形)。介绍这些内容主要是为了让读者注意以下事实:万一存在明显的非线性关系,则比起其他方法(这些方法会放松对线性假设的要求),PCA 方法的效率较差。

```
x <- scale(d[, -c(1,2)])
row.names(x) <- paste(d$CntN, d$Year)
head(x)

##              NYGD  NYGN SEPR  ERMA SESC FEMA SPAD  SPDY  FEIN  MAIN
## ArbWr 1997 -0.81 -0.79 0.33 0.156 -1.5 -1.4 0.37 -0.66 -0.74 -0.62
## ArbWr 1998 -0.82 -0.79 0.31 0.164 -1.5 -1.3 0.34 -0.71 -0.70 -0.57
## ArbWr 1999 -0.81 -0.79 0.27 0.147 -1.4 -1.2 0.32 -0.75 -0.67 -0.53
## ArbWr 2000 -0.79 -0.79 0.22 0.113 -1.3 -1.2 0.30 -0.78 -0.63 -0.48
## ArbWr 2001 -0.80 -0.78 0.17 0.070 -1.3 -1.2 0.27 -0.81 -0.60 -0.44
## ArbWr 2002 -0.80 -0.78 0.13 0.033 -1.2 -1.1 0.24 -0.84 -0.57 -0.41
##             SPPO
## ArbWr 1997  1.6
## ArbWr 1998  1.4
## ArbWr 1999  1.3
## ArbWr 2000  1.2
## ArbWr 2001  1.1
## ArbWr 2002  1.0

sdist <- dist(x)

xSammon <- sammon(sdist, k = 2)
## Initial stress        : 0.04343
## stress after   7 iters: 0.03619

head(xSammon$points)
```

```
##                [,1]  [,2]
## ArbWr 1997 -2.6 -1.2
## ArbWr 1998 -2.5 -1.2
## ArbWr 1999 -2.3 -1.3
## ArbWr 2000 -2.2 -1.3
## ArbWr 2001 -2.1 -1.4
## ArbWr 2002 -2.0 -1.4
```

使用 sammon() 函数的目的是使 stress 最小化。stress 用来表示将高维空间"压缩"到低维空间的效率。

在前面的代码中，如果把 k 调整为 2，我们预料 stress 会减少。图 7-24 显示了使用 sammon() 函数把 11 维压缩到 2 维之后的结果。

```
plot(xSammon$points, type = "n")
text(xSammon$points, labels = row.names(x) )
```

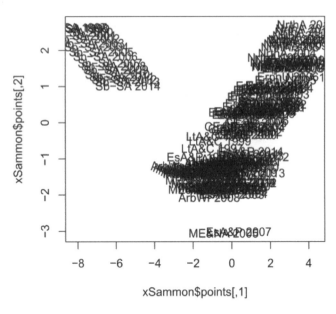

图 7-24 带文本标签的压缩结果

7.6 小结

本章介绍了无监督的机器学习的思想。尽管适用于无监督的机器学习的数据都是无标签的，但是在这里，我们以带标签的数据作为例子，目的是让读者对使用哪种聚类或分组方法有初步的理解。k-均值聚类算法和层次聚类算法是两种经常使的算法,它们采用标准的欧几里得距离(因而限制为数值型数据)。尽管如此,这两个强大的算法让我们能够更好地理解在复杂的多维数据集中真正有多少分组。本章接下来介绍了降维的概念,其中主成分分析是其中最常用的方法。本章最后介绍了其他比较复杂的方法,这些方法放松了对线性假设的限制。

表 7-2 概括了本章用到的一些重要函数及其功能。

表 7-2 本章用到的重要函数及其功能

函数	功能
read_excel()	读取 Excel 文件的内容,参数是表示文件路径的字符串
as.data.table()	把 data.frame 转换为 data.table 对象
str()	显示 R 语言中对象的基本结构
summary()	生成数据对象或模型对象的统计摘要
melt()	把宽数据合并成长数据
dcast()	把长格式转换为宽格式
sort()	按序排列数据
unique()	删除重复数据
plot()	绘制数据和模型结果的通用图形
set.seed()	使伪随机算法具有可重复性
kmeans()	执行 k-均值聚类算法
scale()	按列中心化数据,使得均值为 0,并调整为 1 个单位的标准差
for()	调用 for 循环
cbind()	按列合并数据
dist()	生成距离矩阵,用以表示每个元素与其他元素的欧几里得距离
hclust()	生成层次聚类对象
abline()	在图形对象上绘制一条直线
row.names()	访问 data.frame 行名称属性
cutree()	根据高度或聚类分割聚类树
tail()	显示最后 6 行数据
copy()	复制数据对象,而不是把数据的引用名赋给另一个变量
as.phylo()	创建 phylo 对象,用于 ape 包绘图
cor()	显示两个数据项之间的相关性
pca()	执行 PCA 降维计算
scores()	读取主成分的分数
loadings()	读取主成分的载荷比,用来把原始数据投影到主成分空间
biplot()	在 PC1 和 PC2 平面上绘制 PCA,并显示原始的数据矢量
sammon()	一种非线性降维算法,其中的第二个参数是新的维数
text()	在图形对象上设置文本标签

第 8 章

机器学习：监督学习

在第 7 章中，我们把数据传递给算法，后者把数据划分成具有相同类型数据的分组。为了更好地理解算法施加于数据的操作，我们有时候需要保留数据的标签，而在实际生活中，无监督的机器学习是探索性数据分析的一种形式，在算法的初始阶段，主要任务是进行数据的定标化和中心化，有时也称为前期处理。

前期处理的目的不仅是对数据进行分类，还要得到用当前数据去预测未来的能力。机器学习的一个目的就是训练模型，使之具有强大的预测能力。至于预测准确度的可接受程度因实际应用而异。本书的一位作者就职于社区学院，关于学生最终成绩等级，即使预测准确度不是很高，只要不是纯猜测的，都允许采取比较有意义的或有针对性的干涉(如发送短信、告知辅导时间以及给教学顾问或辅导员分配任务)。在这样的环境中，出现假阳性结果也不会有多大风险。相反，本书另一位作者的主要工作是处理健康愈后数据，在这种情况下，假阳性会给病人的总体健康带来很大的风险。

本章新用到的程序包如下：caret 包，里面包含一些有用的函数，这些函数既可以用来准备数据，也可以用来开发模型；kernlab 包用来实现支持向量机算法；DALEX 包与 caret 包一起可以帮助我们解释模型(需要用到 spdep 包)；rattle 包可以实现额外的可视化功能；最后，RSNNS 包用于实现多层感知机，这属于神经网络方面的内容。

关于 caret 包需要说明的是，由于不会自动安装某些分析方法专用的包，因此当读者逐个测试后面的分析算法时，还需要另外安装这些包。为了减轻负担，这里安装了 ranger 包、e1071 包、gbm 包和 plyr 包。

```
library(checkpoint)
checkpoint("2018-09-28", R.version = "3.5.1",
  project = book_directory,
  checkpointLocation = checkpoint_directory,
  scanForPackages = FALSE,
  scan.rnw.with.knitr = TRUE, use.knitr = TRUE)
```

```r
library(ggplot2)
library(cowplot)
library(data.table)
library(readxl)
library(viridis)

library(RSNNS)
library(kernlab)
library(rpart)
library(rattle)
library(DALEX)
library(caret)
library(spdep)
library(ranger)
library(e1071)
library(gbm)
library(plyr)
set.seed(1234)

options(width = 70, digits = 2)
```

8.1 数据准备

对于监督学习的绝大多数应用，都需要做一定程度的数据准备。本章从数据准备开始，并引用第 7 章介绍的数据初始步骤：先读入样本数据，再将它们转换为我们熟悉的格式。程序中的`符号与波浪符在同一个键上，这个键位于 Tab 键的正上方。

```r
## Note: download Excel file from publisher website first
dRaw <- read_excel("Gender_StatsData_worldbank.org_ccby40.xlsx")
dRaw <- as.data.table(dRaw) # convert data to data.table format.
dRaw[,'Indicator Name':= NULL]

## collapse columns into a super long dataset
## with Year as a new variable
data <- melt(dRaw, measure.vars = 3:20, variable.name = "Year",
variable.factor = FALSE)

## cast the data wide again
## this time with separate variables by indicator code
```

```
## keeping a country and time (Year) variable
data <- dcast(data, CountryName + Year ~ IndicatorCode)
rm(dRaw) #remove unneeded variable

#rename columns with shortened, unique names
x<-colnames(data)
x<-gsub("[[:punct:]]", "", x)
(y <- abbreviate(x, minlength = 4, method = "both.sides"))

##    CountryName             Year NYGDPPCAPCD NYGNPPCAPCD SEPRMUNERFE
##         "CntN"           "Year"      "NYGD"      "NYGN"      "SEPR"
##    SEPRMUNERMA    SESCHLIFEFE SESCHLIFEMA     SPADOTFRT SPDYNCDRTIN
##         "ERMA"         "SESC"      "FEMA"      "SPAD"      "SPDY"
##    SPDYNLE00FEIN SPDYNLE00MAIN    SPPOPDPND
##         "FEIN"         "MAIN"      "SPPO"

names(data) <- y

#shorten regional names to abbreviations.
data$CntN<-abbreviate(data$CntN, minlength = 5, method = "left.kept")
```

现在再次简单地介绍一下这个数据集中每列的意义，如表 8-1 所示。

表 8-1 示例数据集中各列的意义

变量(特征量)	描述
CountryName |CntN	地区名的缩写
Year|Year	数据采集的年份
SP.ADO.TFRT|SPAD	青少年生育率(每 1000 名 15 至 19 岁女性的出生率)
SP.POP.DPND|SPPO	抚养系数(就业年龄人口的百分比)
SE.PRM.UNER.FE | SEPR	女童小学失学人数
SE.PRM.UNER.MA | ERMA	男童小学失学人数
SP.DYN.CDRT.IN | SPDY	原始死亡人数(每 1000 人)
SE.SCH.LIFE.FE | SESC	受教育年限期望值(女性)
SE.SCH.LIFE.MA | FEMA	受教育年限期望值(男性)
NY.GDP.PCAP.CD | NYGD	人均国民产生总值(GDP)(按当前美元汇率计算)
NY.GNP.PCAP.CD | NYGN	人均国民总收入(GNI)，基于图谱法(按当前美元汇率计算)
SP.DYN.LE00.FE.IN | FEIN	出生时寿命期望值，单位为年(女性)
SP.DYN.LE00.MA.IN | MAIN	出生时寿命期望值，单位为年(男性)

虽然许多最新的程序包可以执行本节中介绍的全部或部分可视化操作，但是如果能理解预处理方法背后的价值，那么还是很有帮助的。某些方法的使用既依赖于选用的模型，也与模型输入的数据有关。例如，树型方法都适用于字符类型数据或因子类型数据，而传统的线性回归要求输入数值型数据。因此，在本章中，要求介绍的每个模型都按同样的方法使用固定的数据集是不合理的。在讨论这些方法时，应保留 data 变量。创建数据集的副本，直接对副本执行一些处理，必要时再回到原来的数据集。

8.1.1 独热编码

CntN(地区名)一列是分类型数据，其中包含 9 个不同的分类值。要把分类型数据转换为可用于回归的数值型数据，最简单的办法是为分类型数据的每个分类值建立新的一列，列值为 0 或 1，列名就是分类值(地区名)。如果某行中出现这个分类值，这一列相应的值为 1，否则为 0。由于本例中的分类型数据有 9 个分类值，因此需要创建 9 列。从 ArbWr(ArabWorld)开始，到 S-SA(Sub-Saharan Africa)结束。这样，每一行只有一个为 1，其余都为 0。这种方法被称为独热编码(或一位有效编码)。还有另一种办法，因为这里的分类型数据有 9 个分类值，所以我们可以像前面的独热编码那样只对前 8 个分类值进行编码。这种方法有时也称为虚拟编码(dummy codding)。在实际使用时，这两种编码方法几乎可以互换使用。不同的模型对数据排列可能有不同的要求。与往常一样，可以花一些时间去理解某个特定模型的需求，以及对输入项有哪些要求。

```
d <- copy(data)
sort(unique(d$CntN))

## [1] "ArbWr" "CEatB" "Er&CA" "ErpnU" "EsA&P" "LtA&C" "ME&NA" "NrthA"
## [9] "Sb-SA"
```

使用 caret 包的 dummyVars()函数可以实现独热编码。这个函数需要一个 R 公式，这里我们需要对整个数据集进行处理，而不是只对数据的一部分进行处理。这个函数会忽略数值型数据，但是会转换字符型和因子型数据。正如我们看到的，可使用 str()把年份信息转换为字符类型。如果单独只有年份，也可以使用虚拟编码，但是在这里，我们把年份转换为数值型，希望得到较好的拟合。不得不承认，目前这样做只是希望总列数尽量少。

```
str(d)

## Classes 'data.table' and 'data.frame': 162 obs. of 13 variables:
```

```
##  $ CntN: chr "ArbWr" "ArbWr" "ArbWr" "ArbWr" ...
##  $ Year: chr "1997" "1998" "1999" "2000" ...
##  $ NYGD: num 2299 2170 2314 2589 2495 ...
##  $ NYGN: num 2310 2311 2288 2410 2496 ...
##  $ SEPR: num 6078141 5961001 5684714 5425963 5087547 ...
##  $ ERMA: num 4181176 4222039 4131775 3955257 3726838 ...
##  $ SESC: num 8.08 8.27 8.5 8.65 8.84 ...
##  $ FEMA: num 9.73 9.82 9.97 10.02 10.12 ...
##  $ SPAD: num 56.6 55.7 54.9 54.2 53.3 ...
##  $ SPDY: num 6.8 6.68 6.57 6.48 6.4 ...
##  $ FEIN: num 68.7 69 69.3 69.6 69.8 ...
##  $ MAIN: num 65 65.3 65.7 65.9 66.2 ...
##  $ SPPO: num 79.1 77.7 76.2 74.7 73.2 ...
##  - attr(*, ".internal.selfref")=<externalptr>

d[,Year:=as.numeric(Year)]
ddum <- dummyVars("~.", data = d)
d <- data.table(predict(ddum, newdata = d))
rm(ddum) #remove ddum as unneeded
str(d)

## Classes 'data.table' and 'data.frame': 162 obs. of 21 variables:
##  $ CntNArbWr: num 1 1 1 1 1 1 1 1 1 1 ...
##  $ CntNCEatB: num 0 0 0 0 0 0 0 0 0 0 ...
##  $ CntNEr&CA: num 0 0 0 0 0 0 0 0 0 0 ...
##  $ CntNErpnU: num 0 0 0 0 0 0 0 0 0 0 ...
##  $ CntNEsA&P: num 0 0 0 0 0 0 0 0 0 0 ...
##  $ CntNLtA&C: num 0 0 0 0 0 0 0 0 0 0 ...
##  $ CntNME&NA: num 0 0 0 0 0 0 0 0 0 0 ...
##  $ CntNNrthA: num 0 0 0 0 0 0 0 0 0 0 ...
##  $ CntNSb-SA: num 0 0 0 0 0 0 0 0 0 0 ...
##  $ Year     : num 1997 1998 1999 2000 2001 ...
##  $ NYGD     : num 2299 2170 2314 2589 2495 ...
##  $ NYGN     : num 2310 2311 2288 2410 2496 ...
##  $ SEPR     : num 6078141 5961001 5684714 5425963 5087547 ...
##  $ ERMA     : num 4181176 4222039 4131775 3955257 3726838 ...
##  $ SESC     : num 8.08 8.27 8.5 8.65 8.84 ...
##  $ FEMA     : num 9.73 9.82 9.97 10.02 10.12 ...
```

```
##  $ SPAD      : num 56.6 55.7 54.9 54.2 53.3 ...
##  $ SPDY      : num 6.8 6.68 6.57 6.48 6.4 ...
##  $ FEIN      : num 68.7 69 69.3 69.6 69.8 ...
##  $ MAIN      : num 65 65.3 65.7 65.9 66.2 ...
##  $ SPPO      : num 79.1 77.7 76.2 74.7 73.2 ...
##  - attr(*, ".internal.selfref")=<externalptr>
```

8.1.2 定标化与中心化

准备工作的第二阶段是对数据进行定标化和中心化处理,这在第 7 章已经介绍过。简言之,定标化和中心化的目的是防止某些成分的权重过大,因为这些成分的取值范围可能很大。对于本例,前 9 列使用虚拟编码,因此不需要进行定标化处理。我们可以使用 cbind() 函数把这些列重新添加到数据集中。

```
dScaled<-scale(d[,-c(1:9)])
dScaled<-as.data.table(dScaled)
d <- cbind(d[,c(1:9)], dScaled)
rm(dScaled) #remove d2 as unneeded
str(d)

## Classes 'data.table' and 'data.frame': 162 obs. of 21 variables:
##  $ CntNArbWr: num 1 1 1 1 1 1 1 1 1 1 ...
##  $ CntNCEatB: num 0 0 0 0 0 0 0 0 0 0 ...
##  $ CntNEr&CA: num 0 0 0 0 0 0 0 0 0 0 ...
##  $ CntNErpnU: num 0 0 0 0 0 0 0 0 0 0 ...
##  $ CntNEsA&P: num 0 0 0 0 0 0 0 0 0 0 ...
##  $ CntNLtA&C: num 0 0 0 0 0 0 0 0 0 0 ...
##  $ CntNME&NA: num 0 0 0 0 0 0 0 0 0 0 ...
##  $ CntNNrthA: num 0 0 0 0 0 0 0 0 0 0 ...
##  $ CntNSb-SA: num 0 0 0 0 0 0 0 0 0 0 ...
##  $ Year     : num -1.633 -1.441 -1.249 -1.057 -0.865 ...
##  $ NYGD     : num -0.813 -0.822 -0.812 -0.792 -0.799 ...
##  $ NYGN     : num -0.793 -0.793 -0.795 -0.786 -0.78 ...
##  $ SEPR     : num 0.327 0.309 0.266 0.225 0.172 ...
##  $ ERMA     : num 0.1565 0.1643 0.1471 0.1134 0.0699 ...
##  $ SESC     : num -1.52 -1.46 -1.39 -1.34 -1.28 ...
##  $ FEMA     : num -1.35 -1.31 -1.25 -1.22 -1.18 ...
##  $ SPAD     : num 0.37 0.344 0.319 0.295 0.269 ...
##  $ SPDY     : num -0.66 -0.708 -0.749 -0.784 -0.815 ...
```

```
##  $ FEIN       : num  -0.744 -0.704 -0.668 -0.635 -0.603 ...
##  $ MAIN       : num  -0.622 -0.573 -0.527 -0.484 -0.444 ...
##  $ SPPO       : num  1.55 1.45 1.34 1.24 1.13 ...
##  - attr(*, ".internal.selfref")=<externalptr>
```

8.1.3 变换

定标过程并没有消除奇异值,但却提示我们对数据进行检查,看看是否存在明显的非正常行为,因为某些机器学习算法只有在正常数据上才能发挥出良好的性能。在这些情况下,执行其他变换(如对数变换)是很有用的。正如我们在图 8-1 中看到的,数据中存在一些奇异值。

```
boxplot(d[,-c(1:9)], las = 2)
```

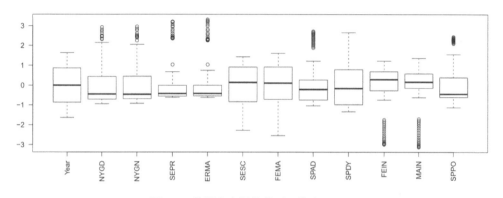

图 8-1 数据存在显著的不正常表现(一)

仔细分析图 8-2 中的小学男童辍学人数,说明数据中存在非正常现象。直方图也不是传统的钟形图,Q-Q 图也不是 y=x 那样的直线。

```
par(mfrow = c(1,2))
hist(d$ERMA, 100)
qqnorm(d$ERMA)

par(mfrow = c(1,1))
```

确实如此,使用 Shapiro-Wilk 正态性检验对数据进行假设检验,我们看到 p 值是显著的,因此我们拒绝数据正态分布的无效假设。

```
shapiro.test(d$ERMA)
## 
##   Shapiro-Wilk normality test
```

```
## 
## data:  d$ERMA
## W = 0.6, p-value <2e-16
```

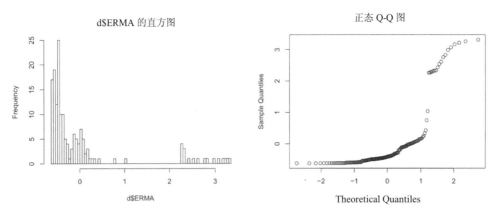

图 8-2　数据存在显著的不正常表现(二)

根据图 8-2 中的直方图和 Q-Q 图,对数据进行变换是很有必要的,可能要用到对数变换。首先我们发现,进行定标化和中心化处理后的数据通常会包含 0,这会给对数变换带来困难。原始数据 data 不存在这个问题。但是 Shapiro-Wilk 正态性检验表明,即使应用了对数变换后,也与正态分布不匹配。

```
range(d$ERMA)

## [1] -0.62 3.32

range(data$ERMA)

## [1] 1.1e+05 2.1e+07

shapiro.test( log(data$ERMA) )

## 
##      Shapiro-Wilk normality test
## 
## data:  log(data$ERMA)
## W = 1, p-value = 3e-04
```

从可视化结果可以看出,对数变换确实使数据分散开来(space out),如图 8-3 所示。

```
par(mfrow = c(1,2))
hist(data$ERMA, 100)
```

```
hist( log (data$ERMA) , 100)
```

```
par(mfrow = c(1,1))
```

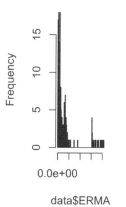
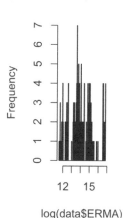

图 8-3　数据存在显著的不正常表现(三)

这个间隔是否足够大,大到需要进行变换?一种办法是确定某个响应变量的原始数据与变换后数据的相关性。我们选择 SPAD(青少年生育率)为响应/输出变量。创建数据集的副本,其中包括 ERMA(男童失学率)的原始数据和对数变换后的数据,观察它们之间的相关性。最终结果的第一列表示相关性,说明没有变换的数据存在更大的相关性,因此最终的选择是不进行变换。

```
d2 <- copy(data[,.(SPAD, ERMA)])
d2[, Log.ERMA := log(ERMA)]
cor(d2)

##            SPAD ERMA Log.ERMA
## SPAD       1.00 0.83  0.72
## ERMA       0.83 1.00  0.81
## Log.ERMA   0.72 0.81  1.00

rm(d2) #no longer needed
```

从技术上讲,问题中的每个变量都需要进行正态性检验(再次强调,这样做是因为某些模型在作用于正态预测量时表现得非常好)。通常,在选择某个特定模型时,必须知道模型的最优性能对输入量的要求。首先,使用 lapply()函数,我们发现所有的 p 值都是显著的。接着应用 sapply()函数,对数据进行对数变换,并且使用

colnames()函数为列名添加后缀。最后,比较原始数据和 SPAD 的相关性以及原始数据和对数变换后数据的相关性。在某些情况下,相关性有轻微改善;在其他情况下,并没有改善。

```
lapply(data[,-c(1:2)], shapiro.test)

## $NYGD
##
##      Shapiro-Wilk normality test
##
## data: X[[i]]
## W = 0.8, p-value = 3e-13
##
##
## $NYGN
##
##      Shapiro-Wilk normality test
##
## data: X[[i]]
## W = 0.8, p-value = 1e-13
##
##
## $SEPR
##
##      Shapiro-Wilk normality test
##
## data: X[[i]]
## W = 0.6, p-value <2e-16
##
##
## $ERMA
##
##      Shapiro-Wilk normality test
##
## data: X[[i]]
## W = 0.6, p-value <2e-16
##
##
## $SESC
```

```
## 
##      Shapiro-Wilk normality test
## 
## data: X[[i]]
## W = 0.9, p-value = 7e-06
## 
## 
## $FEMA
## 
##      Shapiro-Wilk normality test
## 
## data: X[[i]]
## W = 1, p-value = 5e-05
## 
## 
## $SPAD
## 
##      Shapiro-Wilk normality test
## 
## data: X[[i]]
## W = 0.8, p-value = 5e-13
## 
## 
## $SPDY
## 
##      Shapiro-Wilk normality test
## 
## data: X[[i]]
## W = 0.9, p-value = 6e-08
## 
## 
## $FEIN
## 
##      Shapiro-Wilk normality test
## 
## data: X[[i]]
## W = 0.8, p-value = 1e-13
## 
```

```
## 
## $MAIN
## 
##     Shapiro-Wilk normality test
## 
## data:  X[[i]]
## W = 0.8, p-value = 9e-14
## 
## 
## $SPPO
## 
##     Shapiro-Wilk normality test
## 
## data:  X[[i]]
## W = 0.8, p-value = 6e-13

dlog <- copy(data)
dlog <- sapply(dlog[,-c(1:2)], **log**)
dlog<-as.data.table(dlog)
colnames(dlog) <- paste(colnames(dlog), "LOG", sep = ".")

dlog<-cbind(data, dlog)
View(cor(dlog[,-c(1:2)]))
rm(dlog) #remove as we will not use.
```

因此，在下面的讨论中，我们都不使用对数变换。取决于分析方法，取决于模型精度要求，取决于具体模型选择，在后面的讨论中，在必要时我们会说明，哪些变换在变换后相关性更强。各种不同程度的预处理已成为模型"调谐过程"的一部分。

8.1.4 训练数据与验证数据

现在讨论预处理中的训练数据和测试数据问题。回忆一下，在第 6 章中，我们曾提到训练数据集的选择是一件非常重要的事情。对于任意模型，都必须选择训练数据集和测试数据集。通常它们的比例关系是 80/20。这样，我们就可以在训练数据上创建模型，在测试数据上获得模型在真实世界中的表现。但是在本章中，我们将讨论几个切实可行的模型。假设我们只选择其中一个模型，则可能又会遇到某种程度的过拟合现象。因此，我们需要从训练数据和测试数据中保留一部分验证数据，用来评估模型在应用于真实世界之前的最后表现。这会使事情复杂化,因为现在要按 60/20/20 的比例划分数据,只有大概一半的数据用于训练模型。

当然,交叉验证方法可以避免训练数据过少的问题。我们仍然使用 80/20 的比例生成训练数据和测试数据,但是在训练数据集中使用交叉验证方法,这样就不需要正式的验证数据集。但是这会增加计算成本,特别是多重模型(每个模型都需要多次迭代)。回想一下,当我们最终选定某个模型后,把它应用于真实世界的最后一个步骤是在全部数据上重新训练这个模型——不再需要划分数据。这可能需要付出很大的代价,具体取决于模型本身的计算量。

由于我们的数据集只有 162 个观测量,因此为了简单起见,我们还是继续使用标准的 80/20 划分比例。我们的目标是在模型中使用交叉验证,只需要在最后使用保留的测试数据。

使用 set.seed(1234)函数,以保证程序具有可重复性。我们引入一个新的划分函数:caret 包的 createDataPartition()函数。它的第一个参数表示数据是否采用层次结构。第二个参数表示划分比例(这里是 80/20)。为 index 变量赋值后,就可以利用它把数据划分为训练数据、验证数据和测试数据。数据划分完毕后,我们准备进行预处理过程的最后一个步骤。

```
set.seed(1234)
index <- createDataPartition(data$CntN, p = 0.8, list = FALSE)
trainData <- data[index, ]
validationData <- data[-index, ]
```

这里我们应该说明一下,从技术上讲,要为训练数据、验证数据和测试数据分别进行定标化和中心化处理。确实如此,定标化和中心化方案必须在训练数据上得到,否则在这些数据集之间存在信息泄漏。然而,我们已经重置了数据,但是我们又想进行定标化处理。

8.1.5 主成分分析

我们已经介绍了主成分分析。降维带来的好处包括减少计算时间、降低过拟合程度和简化模型。如果读者已经安装了 pcaMethods 包,则没有必要再次安装。如果读者确实需要安装,那么只需要在运行下面的代码之前去掉行首的#。不管哪种情况,第三行代码是必须运行的。

```
#source("https://bioconductor.org/biocLite.R")
#biocLite("pcaMethods")
library(pcaMethods)

## Loading required package: Biobase
```

```
## Loading required package: BiocGenerics

## 
## Attaching package: 'BiocGenerics'

## The following objects are masked from 'package:Matrix':
## 
##     colMeans, colSums, rowMeans, rowSums, which

## The following objects are masked from 'package:parallel':
## 
##     clusterApply, clusterApplyLB, clusterCall, clusterEvalQ,
##     clusterExport, clusterMap, parApply, parCapply, parLapply,
##     parLapplyLB, parRapply, parSapply, parSapplyLB
## The following objects are masked from 'package:stats':
## 
##     IQR, mad, sd, var, xtabs

## The following objects are masked from 'package:base':
## 
##     anyDuplicated, append, as.data.frame, basename, cbind,
##     colMeans, colnames, colSums, dirname, do.call, duplicated,
##     eval, evalq, Filter, Find, get, grep, grepl, intersect,
##     is.unsorted, lapply, lengths, Map, mapply, match, mget,
##     order, paste, pmax, pmax.int, pmin, pmin.int, Position,
##     rank, rbind, Reduce, rowMeans, rownames, rowSums, sapply,
##     setdiff, sort, table, tapply, union, unique, unsplit,
##     which, which.max, which.min

## Welcome to Bioconductor
## 
##     Vignettes contain introductory material; view with
##     'browseVignettes()'. To cite Bioconductor, see
##     'citation("Biobase")', and for packages
##     'citation("pkgname")'.

## 
## Attaching package: 'pcaMethods'
```

```
## The following object is masked from 'package:stats':
##
##     loadings
```

由于已经划分好数据，因此我们只需要为主成分分析准备数据。现在我们的选择部分取决于使用的数据，部分取决于最终的模型。例如，各种类型的森林算法和基于树的算法对于字符类型或因子类型的数据都不会有问题。但是，各种类型的回归算法需要前面提到的虚拟编码。PCA 算法(也称为 svd)不能很好地拟合虚拟编码表示的数据。但是，有很多数据属于分类型数据。对于分类型数据，有必要先对全部的分类预测量进行虚拟编码，然后尝试各种降维技术，PCA 算法只是其中一种降维技术。

另一方面，我们的数据集只有一个完全的分类型特征量——CntN。假设数据集有几列数据属于虚拟编码，即使把其他 10 个变量减少到 3 个或 4 个，也仍然可以得到很不错的降维效果。

通常，PCA 是数据预处理的最后一个步骤。在 PCA 之前，数值型数据需要经过定标化和中心化处理。那么，是否需要让分类型数据经过 PCA 处理？为了简单起见，这里我们介绍如何用手动方法把分类型数据排除在外。假设读者的数据需要不同的方法或更加微妙的技术，我们希望这里的介绍足够详细，读者可结合自己的情况灵活应用。

首先要牢记数据集的结构。我们用 str()函数验证了我们已正确选取了训练数据集的几行内容。

默认情况下，stats 库与 R 语言一起发行，prcomp()是 stat 库中的一个函数。这个函数计算训练数据的维数。请记住！任何从 PCA 训练数据得到的拟合模型都需要经过新数据或同样经过 PCA 处理的测试数据的测试或验证。为此，在使用 summary(pc)命令查看 PCA 处理结果之后，我们调用了 predict()函数。predict()函数的第一个参数是 PCA 分析对象(prcomp()函数的处理结果)，此处保存在 pc 变量中。第二个参数是新的数据集，在本例中是 validationData。当然，对于用于实际生产的模型，新的数据集中必须是真正的新数据，也就是我们真正希望输入模型中的数据。

然而，我们需要的不止"基本的" PCA 功能。因此，我们还要介绍 pcaMethods 库中 pca()函数的详细使用过程。这个函数的细节内容已经在第 7 章中介绍过。现在我们只需要说明，这个函数的结果完全符合 predict()函数的要求。我们只输出结果的第一维数据，以此证明这两个方法的结果是一样的。

当然，pca()的强大之处在于容易转换为 listPcaMethods()函数列出的任何方法，只需要设置参数 method=" "。

```
#confirm structure
str(trainData[,c(3:8,10:13)])
```

```
## Classes 'data.table' and 'data.frame':    135 obs. of 10 variables:
##  $ NYGD: num 2299 2170 2314 2589 2495 ...
##  $ NYGN: num 2310 2311 2288 2410 2496 ...
##  $ SEPR: num 6078141 5961001 5684714 5425963 5087547 ...
##  $ ERMA: num 4181176 4222039 4131775 3955257 3726838 ...
##  $ SESC: num 8.08 8.27 8.5 8.65 8.84 ...
##  $ FEMA: num 9.73 9.82 9.97 10.02 10.12 ...
##  $ SPDY: num 6.8 6.68 6.57 6.48 6.4 ...
##  $ FEIN: num 68.7 69 69.3 69.6 69.8 ...
##  $ MAIN: num 65 65.3 65.7 65.9 66.2 ...
##  $ SPPO: num 79.1 77.7 76.2 74.7 73.2 ...
##  - attr(*, ".internal.selfref")=<externalptr>

#base R / traditional method
pc <- prcomp(trainData[,c(3:8,10:13)], center = TRUE, scale. = TRUE)
summary(pc)

## Importance of components:
##                            PC1    PC2    PC3    PC4     PC5     PC6
## Standard deviation       2.703  1.321 0.8175 0.4029 0.27986 0.16986
## Proportion of Variance   0.731  0.175 0.0668 0.0162 0.00783 0.00289
## Cumulative Proportion    0.731  0.905 0.9719 0.9881 0.99597 0.99886
##                            PC7     PC8     PC9    PC10
## Standard deviation      0.08417 0.04726 0.03535 0.02894
## Proportion of Variance  0.00071 0.00022 0.00012 0.00008
## Cumulative Proportion   0.99957 0.99979 0.99992 1.00000

pcValidationData1 <- predict(pc, newdata = validationData[,c(3:8,10:13)])

#scalable method using PcaMethods
pc<-pca(trainData[,c(1:8,10:13)], method = "svd",nPcs = 4, scale = "uv",
center = TRUE)
pc

## svd calculated PCA
## Importance of component(s):
##                 PC1    PC2     PC3     PC4
## R2           0.7306 0.1745 0.06683 0.01623
```

```
## Cumulative R2   0.7306 0.9051 0.97191 0.98814
## 10    Variables
## 135   Samples
## 0     NAs ( 0 %)
## 4     Calculated component(s)
## Data was mean centered before running PCA
## Data was scaled before running PCA
## Scores structure:
## [1] 135   4
## Loadings structure:
## [1] 10   4
```

```
summary(pc)
```

```
## svd calculated PCA
## Importance of component(s):
##                   PC1      PC2     PC3     PC4
## R2             0.7306   0.1745  0.06683 0.01623
## Cumulative R2  0.7306   0.9051  0.97191 0.98814
```

```
pcValidationData2 <- predict(pc, newdata = validationData[,c(3:8,10:13)])

#demonstration of how to access transformed validation data
pcValidationData1[,1]
```

```
## [1]  -1.11 -0.87 -0.77  0.96  1.08  1.67 -1.52 -1.17 -0.82  0.37  1.06
## [12]  1.67  1.94  2.67  3.36  0.76  0.86  1.00 -1.14 -0.49  0.40  2.66
## [23]  3.72  3.80 -7.52 -5.80 -4.95
```

```
pcValidationData2$scores[,1]
```

```
## [1]  -1.11 -0.87 -0.77  0.96  1.08  1.67 -1.52 -1.17 -0.82  0.37  1.06
## [12]  1.67  1.94  2.67  3.36  0.76  0.86  1.00 -1.14 -0.49  0.40  2.66
## [23]  3.72  3.80 -7.52 -5.80 -4.95
```

数据在经过变换后，事情就简单了，只需要使用 cbind() 函数对独热编码的 CntN 和响应变量 SPAD 进行合并即可。

在结束对预处理数据的讨论之前，你最好记住以下原则：如果只有单个模型，就按 80/20 的比例把数据划分成训练数据和测试数据，除非使用了交叉验证或自采样法。记住，后面这两种方法的计算成本非常高。如果要从多个模型中选择一个模型，那么需要一个训练数据集，用于对各个模型进行训练；还需要一个验证数据集，用于对将模型应用于未知数据的性能进行评估；此外更需要一个测试数据集，用于评估最终选取的模型在真实数据上的表现(否则，我们在第二阶段执行的验证过程就有可能出现过拟合)。交叉验证可以不使用验证数据集，但是当使用多个模型时，计算成本非常高。另一方面，按 70/20/10 的比例生成训练数据、验证数据和测试数据，成本也非常高。不管使用哪种方法，首先要阻止两个数据集之间发生信息泄漏(information leak)！

万一用户的数据集中存在缺失值，仔细阅读专门讨论缺失值的那一章内容，会对用户很有帮助。插补处理通常是我们得到正确的数据结构之后执行的第一个步骤。

对于分类型数据，需要使用独热编码或虚拟编码。有些模型只要求数值型数据，其他一些模型可以按因子格式处理分类型数据。正如某个类型的模型不可能对所有类型的数据都是最优的，某个类型的数据也不可能对所有模型都是最优的。因此，数据和模型这两个方面都需要考虑。对于某个模型，保留分类型数据，但使用因子格式表示它们，并且给模型足够多的信息，使得模型可以有效地使用数据，同时又不要强制给数据添加任意线性效果。另外一些模型，可能无法处理因子类型数据，因此除了使用虚拟编码外，没有其他选择。

通常，数值型数据必须经过定标化和中心化处理。诚然，最好删除零方差或近零方差的列。近零方差的列可能需要保留，但要经过预处理阶段的后期 PCA 处理。

除了基本的定标化处理和中心化处理外，为了使数据有比较好的宽度，也需要对数据进行变换。虽然本章只讨论对数变换，但是还有很多其他变换方法，有些可能只对某个类型的数据、某些特征量或某个模型有价值。这里强调，如果某个模型在第一阶段的计算不够准确，则后面需要更复杂的数学计算。

8.2 监督学习模型

至此，我们已经介绍了预处理数据的一些方法。下一个任务就是认识模型。记住！监督学习是指在我们的意识中已经有响应变量。对于不同类型的响应或预测变量，不同的模型可能更适合于某些特定类型的数据。例如，如果数据集中包含较多分类型变量，则我们可选择使用基于分类的监督学习方法。另一方面，如果大部分数据都是数值型，则使用回归模型可能更好。有些模型同时适合这两种情况，或者在经过修改后适合这两种情况。正如我们在预处理中已经看到的，数据本身可以变换，比如通过虚拟编码从分类型变换为数值型。当然，只适用于某种类型数据的方法称不上好的方法，直方图就是一个很好的例子，它可以把连续的数值型数据转换为分类型数据。

当我们继续讨论这些模型时，要时刻记住应用程序对精度级别的要求。有时候，得到一个比偶然结果好一点点的模型就算达到要求。但是，仅仅比偶然结果好一点就够了吗？是否有足够的时间去测试更多的模型？大多数模型都有可调节的参数，输入额外的数据将允许更多的交叉验证，或者控制模型的复杂度。但问题是：在调整参数上花多少时间才比较合理？

我们可以采取均衡方法。准备好数据，使它们符合某个模型，然后选择合理的硬件设备，花费合理的计算时间，再讨论各个调节参数，不需要尝试每个选项。对于数据的某个特定应用，宁愿在数据收集、前期处理和最后的模型调整上花更多时间，而不是在模型的选择上花太多时间。有了这些思想，并把它们牢牢记在脑中，就可以开始下面的讨论了。

8.2.1 支持向量机

从理论上讲，支持向量机(Support Vector Machine，SVM)，与 k-最近邻算法有点相似，两者都是对数据进行分组。支持向量机通过关键数据点(支持向量)的识别，找到组的分组边界线。支持向量使组与组之间的分隔距离(在某种度量下)最大，而且在组与组之间划出边界线。边界线可以是线性直线、二次曲线或其他类型的曲线，因此相应地有多种 SVM 算法。确定边界线类型的过程称为 SVM 的核。自然，越是复杂的边界线，核的计算过程越复杂。caret 包以及其他包原本就支持多种不同形式的核，包括线性、指数、多项式和径向形式。这里我们只介绍线性和多项式形式。

我们从一个简单的数据集开始——不需要使用全部的参数——以帮助我们更好地理解 SVM 原理。我们以青少年生育率和人均 GNP 作为预测量。分类型响应量是地区名。又回到我们熟悉的图形，参见图 8-4。我们发现，按单个地区进行分组，存在非常明显的线性分割线。当然不得不承认，我们不期望奇迹来自左下角区域。

```
svmDataTrain <- trainData[,.(SPAD, NYGN)]
svmDataValidate <- validationData[,.(SPAD, NYGN)]

p1 <- ggplot(data = svmDataTrain,
             aes(x = NYGN, y = SPAD))
 ## data poins colored by country
 p1 + geom_point(aes(colour = trainData$CntN)) +
   scale_colour_viridis(discrete = TRUE)
```

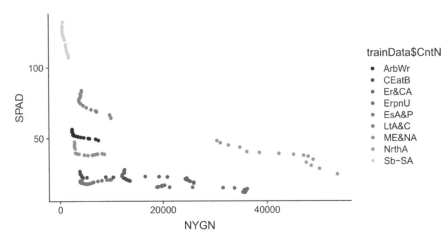

图 8-4* 人均 GNP 与青少年生育率的关系

caret 包提供了一个函数，这个函数有一个非常合适的名字：train。现在我们花一些时间分析下面的代码。

train() 函数的第一个参数用于定义预测量；第二个参数代表响应量；在编写本书的时候，第三个参数 method 可以提供多达 200 个不同的方法。在本例中，我们使用线性向量机，因此 method 参数为 svmLinear。由于我们想在原始数据上绘制结果，因此现在暂时把 preProcess 参数设置为 NULL(表示没有进行预处理)；以后，我们可能需要设置为 center、scale、pca 等值或其他表示插补的各种选项。把参数 metric 设置为 Accuracy，从而要求摘要信息告知训练的精度，也就是训练得到的区域名(CountryName)与实际的区域名相比较的精度。我们还是把 SVM 方法看成用线性边界分组数据，把数据分成几个不同区域。我们想知道什么时候这条边界线可以清楚地画出来。最后，使用 trainControl() 函数控制如何训练模型。在本例中，我们使用五次折叠的交叉验证法(cv)。实际上，svm 变量包含很多信息，但是摘要信息只输出了其中一小部分。摘要输出确实告诉我们，数据并没有经过预处理，并且按我们的要求显示了交叉验证的精度估计值。注意，精度估计值是根据每次折叠的交叉验证结果得来的。

```
set.seed(12345)

svm <- train(x = svmDataTrain,
             y = trainData$CntN,
             method = "svmLinear",
             preProcess = NULL,
             metric = "Accuracy",
             trControl = trainControl(method = "cv",
                                      number = 5,
```

```
                            seeds = c(123, 234, 345, 456, 567, 678)
                            )
             )
svm

## Support Vector Machines with Linear Kernel
##
## 135 samples
##   2 predictor
##   9 classes: 'ArbWr', 'CEatB', 'Er&CA', 'ErpnU', 'EsA&P', 'LtA&C',
##              'ME&NA', 'NrthA', 'Sb-SA'
##
## No pre-processing
## Resampling: Cross-Validated (5 fold)
## Summary of sample sizes: 108, 108, 108, 108, 108
## Resampling results:
##
##   Accuracy Kappa
##   0.82 0.8
##
## Tuning parameter 'C' was held constant at a value of 1
```

接着我们深入讨论如何计算模型的精度。事实上，我们使用了交叉验证法，这是一种很好的估计方法。首先，我们使用 predict()函数，它有两个参数：一个参数是 svm，也就是我们刚才创建的 svm 模型对象；另一个参数是我们用来训练模型的训练数据。不同于前面的交叉验证法，后者一次只使用 108 个观测数据，这里使用全部 135 个观测数据。接着，我们要找出哪些预测值的地区名与 trainData 变量中实际的地区名相一致。这会生成一系列的 TRUE 或 FALSE 布尔值，实际上它们代表 1 和 0。它们的平均值表示预测正确(TRUE)的比例。注意，虽然在未知数据上的精度估计值是 0.84，但事实上，在训练数据上的精度估计值是 0.85。这正是我们所说的过拟合现象的一部分。

```
#predict the country name on our training data using our new model
predictOnTrain <- predict(svm, newdata = svmDataTrain)

mean( predictOnTrain == trainData$CntN)

## [1] 0.82
```

现在还不是使用保留的验证数据的时候。从技术上讲，我们必须把验证数据留到最后，而根本不是用它们来选择模型。只有在考虑了所有模型后，才用它们对模型进行最后的验证。然而，为了说明这个例子的整个计算过程，显示最后的验证操作是很有教育意义的。在这个训练数据集上执行相同的计算(诚然，预测过程就是将模型应用于真实的新数据的过程)。虽然与实际训练数据所展示的结果相比，交叉验证比较保守，但实际上并没有像我们想象的那样保守。

同样，0.78 是模型作用于完全未知数据上的精度估计值，这是模型过拟合的又一个例子。模型在训练数据上的表现可能并没有反映真实情况，而在完全未知的验证数据上更不一定有同样好的结果。

```
predictOnTest <- predict(svm, newdata = svmDataValidate)
mean(predictOnTest == validationData$CntN)

## [1] 0.81
```

与第 7 章一样，我们用图形表示未知的验证数据集，并对正确的结果与预测结果进行比较，如图 8-5 所示。数据中最难用线性分离的地方也正是不准确值出现的地方。

```
p1 <- ggplot(data = validationData,
             aes(x = NYGN, y = SPAD))

plot_grid(
  ## data poins colored by country
  p1 + geom_point(aes(colour = validationData$CntN, size = validationData$CntN)) +
    scale_colour_viridis(discrete = TRUE),

  ## data poins colored by predicted country
  p1 + geom_point(aes(colour = predictOnTest, size = predictOnTest)) +
    scale_colour_viridis(discrete = TRUE),
ncol = 1
)

## Warning: Using size for a discrete variable is not advised.
## Warning: Using size for a discrete variable is not advised.
```

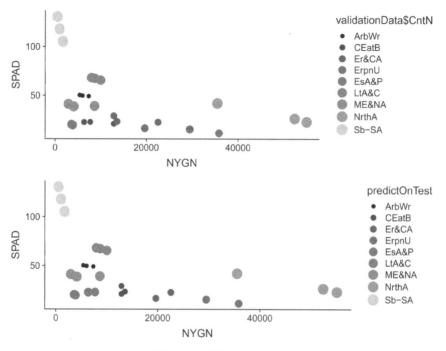

图 8-5* 训练和测试预测

可以预料到，前面的代码会产生两个警告——size 参数不适合地区名这样的离散变量。这是一个合乎逻辑的警告，在实际生活中，我们从不使用这样的方法(一个主要理由是人们总是把 size 本身理解为重要的东西，但在本例中不是这样)。这里我们只是为了帮助区别分类值。

现在我们看到并领会了创建 caret 模型的整个过程和步骤，以及如何在最后一步通过数据验证选取模型，并把验证数据安全地保存起来，暂时不用，直到最后用来验证最终选择的模型的表现。下面我们先清理运行环境。

```
rm(p1)
rm(svm)
rm(svmDataTrain)
rm(svmDataValidate)
rm(pcValidationData1)
rm(pcValidationData2)
rm(predictOnTest)
rm(predictOnTrain)
rm(pc)
rm(d)
```

现在一切都准备就绪！我们把 SVM 模型作用于整个训练数据集。我们保留了原始数据的一个副本，它没有经过任何处理。我们把数据划分为训练数据集、验证数据集，以及实际的训练数据集和验证数据集。

我们再次生成模型的训练数据，但是少了分类型数据。把字符类型的年份数据转换为数值，并使用随机种子函数确保程序的可重复性。除了包含更多的列变量外，唯一的差别是设置了 preProcess 参数(preProcess = c("scale", "center", "pca"))。把 PCA 阈值设置为 0.95，这个值在必要时可以调整，但是必须按照?preProcess 帮助文档中提供的步骤进行。在本例中，我们使用它们的默认值。我们发现模型的精度估计有了改进。

```
# set up training & validation data
svmDataTrain <- trainData[,-1]
svmDataTrain[,Year:=as.numeric(Year)]
svmDataValidation <- validationData[,-1]
svmDataValidation[,Year:=as.numeric(Year)]
#run linear SVM on the full data set
set.seed(12345)
svmLinear <- train(x = svmDataTrain,
                   y = trainData$CntN,
                   method = "svmLinear",
                   preProcess = c("scale", "center", "pca"),
                   metric = "Accuracy",
                   trControl = trainControl(method = "cv",
                                            number = 5,
                                            seeds = c(123, 234, 345, 456, 567, 678)
                                            )
                   )
svmLinear

## Support Vector Machines with Linear Kernel
##
## 135 samples
##  12 predictor
##   9 classes: 'ArbWr', 'CEatB', 'Er&CA', 'ErpnU', 'EsA&P', 'LtA&C',
##              'ME&NA', 'NrthA', 'Sb-SA'
##
## Pre-processing: scaled (12), centered (12), principal
##  component signal extraction (12)
```

```
## Resampling: Cross-Validated (5 fold)
## Summary of sample sizes: 108, 108, 108, 108, 108
## Resampling results:
##
##   Accuracy Kappa
##   0.99     0.98
##
## Tuning parameter 'C' was held constant at a value of 1
```

这时候，有必要介绍一下线性 SVM 算法的计算过程。这种算法是为二元分类法设计的。在本例中，对于多个结果变量，这种算法以一对多的方式循环遍历全部数据。这个线性模型是在真正地画一条直线，从而把一组数据与其余数据隔离开来。目的就是在数据之间画一条直线，使得分隔在两边的点尽可能远，从而帮助模型预测未来数据应该处在哪一侧。通过调整参数 C，我们可以控制边际距离(如果数据点靠得近，那么可能会选择另一条直线作为分隔线)。如果 C 值较大，则训练精度会较高，边际距离会更小，但是可能会带来过拟合。

如果把线性形式改为多项式形式，则相应地从直线变为多项式曲线。此外，默认时，会循环处理 C 的每个值。注意，通常对于固定的阶数和尺度，C 值越大，得到的精度越高。但代价是随着 C 的增大，曲线的边际距离也会随之增大，这相当于模型过拟合的风险也会增大。

接着，我们对模型进行修改，从线性模型改为多项式模型。使用 caret 包很容易实现这个功能，只需要把 train() 函数的 method 参数设置为 svmPoly 就行。虽然代码的变化很小，但却大大增加了计算量，因为 svmPoly 完全不同于线性模型。有关多项式模型的算法实现和数学理论已超出本章的讨论内容。虽然当前结果看起来没有线性模型那么好，但是 0.88 的精度还是相当不错的。

```
#run polynomial SVM on the full data set
set.seed(12345)
svmPoly <- train(x = svmDataTrain,
                 y = trainData$CntN,
                 method = "svmPoly",
                 preProcess = c("scale", "center", "pca"),
                 metric = "Accuracy",
                 trControl = trainControl(method = "cv",
                                          number = 5
                                          )
                 )
```

```
svmPoly
## Support Vector Machines with Polynomial Kernel
##
## 135 samples
##  12 predictor
##   9 classes: 'ArbWr', 'CEatB', 'Er&CA', 'ErpnU', 'EsA&P', 'LtA&C',
##              'ME&NA', 'NrthA', 'Sb-SA'
##
## Pre-processing: scaled (12), centered (12), principal
##  component signal extraction (12)
## Resampling: Cross-Validated (5 fold)
## Summary of sample sizes: 108, 108, 108, 108, 108
## Resampling results across tuning parameters:
##
##   degree  scale  C     Accuracy  Kappa
##   1       0.001  0.25  0.76      0.73
##   1       0.001  0.50  0.76      0.73
##   1       0.001  1.00  0.76      0.73
##   1       0.010  0.25  0.76      0.73
##   1       0.010  0.50  0.76      0.73
##   1       0.010  1.00  0.76      0.73
##   1       0.100  0.25  0.76      0.73
##   1       0.100  0.50  0.78      0.75
##   1       0.100  1.00  0.81      0.79
##   2       0.001  0.25  0.76      0.73
##   2       0.001  0.50  0.76      0.73
##   2       0.001  1.00  0.76      0.73
##   2       0.010  0.25  0.76      0.72
##   2       0.010  0.50  0.76      0.72
##   2       0.010  1.00  0.76      0.72
##   2       0.100  0.25  0.79      0.76
##   2       0.100  0.50  0.81      0.79
##   2       0.100  1.00  0.87      0.85
##   3       0.001  0.25  0.76      0.73
##   3       0.001  0.50  0.76      0.73
##   3       0.001  1.00  0.76      0.73
##   3       0.010  0.25  0.76      0.72
```

```
## 3           0.010  0.50  0.76       0.72
## 3           0.010  1.00  0.76       0.72
## 3           0.100  0.25  0.80       0.78
## 3           0.100  0.50  0.86       0.84
## 3           0.100  1.00  0.90       0.88
##
## Accuracy was used to select the optimal model using the
##  largest value.
## The final values used for the model were degree = 3, scale = 0.1
##  and C = 1.
```

需要说明一下,这两个模型都完美地拟合了训练数据集。因此,尽管多项式预测器的估计精度比较低,但是这两个模型看起来都很好地拟合了数据。

```
predictOnTrainL <- predict(svmLinear, newdata = svmDataTrain)
mean( predictOnTrainL == trainData$CntN)
```

```
## [1] 1
```

```
predictOnTrainP <- predict(svmPoly, newdata = svmDataTrain)
mean( predictOnTrainP == trainData$CntN)
```

```
## [1] 0.98
```

根据精度级别,在实际中面对这两种选择,我们总是选择线性模型。在这里,既然已经做出选择,我们最后一次用验证数据对选取的模型进行验证。下面的代码就用来验证这个模型,结果相当不错。因此,我们相当有信心地认为,根据选取的数据,给定 2005 年的其余观测量,我们完全有信心正确预测到相应的地区。当然,未来还是需要跟踪模型的精度。

```
predictOnTestL <- predict(svmLinear, newdata = svmDataValidation)
mean(predictOnTestL == validationData$CntN)
```

```
## [1] 1
```

从总体上看,我们这个数据集相当完整。换言之,这些地区的最近几年情况,都可以通过这组预测器比较准确地预测到。考虑到图 8-4 中存在相当清晰的分组边界,这个结果并不十分令我们震惊。确实,我们认识到,只是针对这两个变量,PCA 算法并没有太大的变化。这些数据在垂直和水平方向都容易分离。

至此，我们结束对支持向量机的讨论。在 8.2.12 节中，我们将继续使用 caret 的高度一致的结构来实现其他模型。随着我们对模型整体结构有了逐步深入的理解，我们也要努力增加新的技术。

8.2.2 分类与回归树

分类与回归树(Classification And Regression Tree，CART)是专为连续型数值预测量和分类型响应量而设计的，能够很好地拟合数据集。我们为 CART 重新生成训练数据集和验证数据集，并使用 set.seed()函数确保可重复性，同时使用我们熟悉的 train()函数。这里我们增加一项新的功能：tuneLength=10，进而控制迭代次数。增大这个值，就会增加模型的计算时间。因此，对于较大的数据集，需要权衡模型精度的改进与模型训练时间的增加。

```
cartDataTrain <- copy(trainData[,-1])
cartDataTrain[,Year:=as.numeric(Year)]
cartDataValidation <- copy(validationData[,-1])
cartDataValidation[,Year:=as.numeric(Year)]

set.seed(12345)
cartModel <- train(x = cartDataTrain,
            y = trainData$CntN,
            method = "rpart",
            preProcess = c("scale", "center", "pca"),
            metric = "Accuracy",
            tuneLength = 10,
            trControl = trainControl(method = "cv",
                                    number = 5
                                    )
            )
cartModel

## CART
##
## 135 samples
##  12 predictor
##   9 classes: 'ArbWr', 'CEatB', 'Er&CA', 'ErpnU', 'EsA&P', 'LtA&C',
##              'ME&NA', 'NrthA', 'Sb-SA'
##
```

```
## Pre-processing: scaled (12), centered (12), principal
##  component signal extraction (12)
## Resampling: Cross-Validated (5 fold)
## Summary of sample sizes: 108, 108, 108, 108, 108
## Resampling results across tuning parameters:
##
##   cp     Accuracy  Kappa
##   0.000  0.84      0.83
##   0.014  0.84      0.83
##   0.028  0.84      0.83
##   0.042  0.85      0.83
##   0.056  0.85      0.83
##   0.069  0.85      0.83
##   0.083  0.85      0.83
##   0.097  0.76      0.73
##   0.111  0.73      0.70
##   0.125  0.11      0.00
##
## Accuracy was used to select the optimal model using the
##  largest value.
## The final value used for the model was cp = 0.083.
```

最后，使用 R 语言的普通绘图函数 plot()绘制 cartModel 模型，结果如图 8-6 所示。这棵分类树并没有太多的层次。我们注意到，虽然估计的精确度相当高(因此我们相信这个模型的预测结果比较可靠)，但是这个模型并不能很好地帮助我们理解为什么要执行某个特定的预测。因此，虽然在一般情况下，分类树模型被认为相当容易解释，但使用 PCA 的最终效果是降低了我们对问题"为什么模型可能会成立"的理解能力。

```
plot(cartModel$finalModel)
text(cartModel$finalModel, cex = 0.5)
```

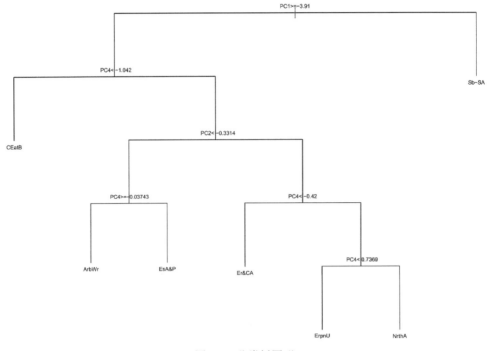

图 8-6 分类树图形

虽然 R 语言中的普通绘图函数十分有用，但是 fancyRpartPlot()函数可以生成更优雅的图形，尽管在本例中，为图 8-7 所示的输出文本选择合适的缩放级别并不是一件容易的事。无论如何，重要的是我们发现，虽然 PCA 方法可以提高模型的精度，但是模型的解释却变得比较复杂。因此，有必要提出一种能够更好解释模型的方法。

```
fancyRpartPlot(cartModel$finalModel, cex = 0.4, main = "")
```

接着，我们使用 SVM 模型的方法重复测量模型的精度。最终得到的模型在训练数据上的精度非常高，并且在完全未知的数据上也能保持这种高精度。同样，如果我们希望对模型在真实数据上的表现有比较正确的估计，那么由于我们继续使用交叉验证，因此正确的方法要到本章的结尾才知道。在本章的末尾，我们将通过交叉验证选择最精确的模型，然后只在选取的模型上执行 predictOnTestT()函数。然而作为教学方法，看看模型在完全未知的数据上的表现结果还是很有价值的。

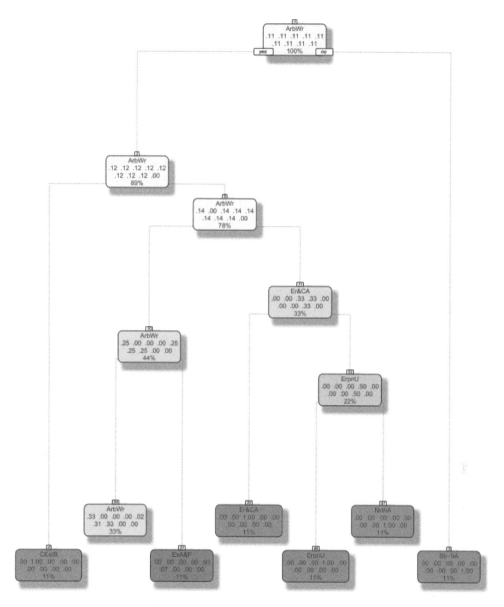

图 8-7 优雅的分类树图形

```
predictOnTrainT <- predict(cartModel, newdata = cartDataTrain)
mean( predictOnTrainT == trainData$CntN)

## [1] 0.77
```

```
predictOnTestT <- predict(cartModel, newdata = cartDataValidation)
mean(predictOnTestT == validationData$CntN)
```

```
## [1] 0.67
```

在 caret 包中，有一个函数我们到现在还没有介绍，它就是 confusionMatrix()。虽然上面这个例子的输出很长，但是我们可以看出预测结果和验证参考(validation reference)之间的关系。如果读者的记性很好或者翻到前面的结果，我们就会发现如下错误个案：阿拉伯世界(ArbWr)的预测结果不正确，实际应该是东亚和太平洋地区(AsA&P)。混淆矩阵很有用，除了简单的精度外，还可显示很多详细内容，比如通过模式检测告诉我们哪里出现错误。假设将模型应用于真实数据，这可以帮助我们收集一些额外信息，这些信息可以支持数据分类。此外，还提供了置信区间。

```
confusionMatrix(predictOnTestT, as.factor(validationData$CntN))
## Confusion Matrix and Statistics
##
##           Reference
## Prediction ArbWr CEatB Er&CA ErpnU EsA&P LtA&C ME&NA NrthA Sb-SA
##      ArbWr     3     0     0     0     2     3     3     0     0
##      CEatB     0     3     0     0     0     0     0     0     0
##      Er&CA     0     0     2     0     0     0     0     0     0
##      ErpnU     0     0     1     3     0     0     0     0     0
##      EsA&P     0     0     0     0     1     0     0     0     0
##      LtA&C     0     0     0     0     0     0     0     0     0
##      ME&NA     0     0     0     0     0     0     0     0     0
##      NrthA     0     0     0     0     0     0     0     3     0
##      Sb-SA     0     0     0     0     0     0     0     0     3
##
## Overall Statistics
##
##                Accuracy : 0.667
##                  95% CI : (0.46, 0.835)
```

```
##     No Information Rate : 0.111
##     P-Value [Acc > NIR] : 1.15e-11
##
##                   Kappa : 0.625
##  Mcnemar's Test P-Value : NA
##
## Statistics by Class:
##
##                      Class: ArbWr Class: CEatB Class: Er&CA
## Sensitivity                 1.000        1.000       0.6667
## Specificity                 0.667        1.000       1.0000
## Pos Pred Value              0.273        1.000       1.0000
## Neg Pred Value              1.000        1.000       0.9600
## Prevalence                  0.111        0.111       0.1111
## Detection Rate              0.111        0.111       0.0741
## Detection Prevalence        0.407        0.111       0.0741
## Balanced Accuracy           0.833        1.000       0.8333
##                      Class: ErpnU Class: EsA&P Class: LtA&C
## Sensitivity                 1.000        0.333        0.000
## Specificity                 0.958        1.000        1.000
## Pos Pred Value              0.750        1.000          NaN
## Neg Pred Value              1.000        0.923        0.889
## Prevalence                  0.111        0.111        0.111
## Detection Rate              0.111        0.037        0.000
## Detection Prevalence        0.148        0.037        0.000
## Balanced Accuracy           0.979        0.667        0.500
##                      Class: ME&NA Class: NrthA Class: Sb-SA
## Sensitivity                 0.000        1.000        1.000
## Specificity                 1.000        1.000        1.000
## Pos Pred Value                NaN        1.000        1.000
## Neg Pred Value              0.889        1.000        1.000
## Prevalence                  0.111        0.111        0.111
## Detection Rate              0.000        0.111        0.111
## Detection Prevalence        0.000        0.111        0.111
## Balanced Accuracy           0.500        1.000        1.000
```

从前面的结果可以看出，在这个数据集中，使用分类与回归树模型可以得到很不错的结果。如果使用 PCA 方法，我们将很难明白哪个数值驱动哪个决策，但是分类与回归树却总是可以用简单的图形来表示。此外，如果愿意，也可以尝试不用

PCA 方法。使用原始数据(当然需要经过归一化和定标化处理)也可能会得到足够精度且更容易解释的模型。另一方面，单棵树在某些个案中可能精度不够。总之，各个模型总是存在利弊。

8.2.3 随机森林

随机森林在回归树的基础上又慢出一大步。回想 8.2.2 节的内容，分类与回归树确实能够识别中欧(CEatB)地区。虽然在预测阿拉伯世界时出错，但却可以精确预测到中欧(CEatB)地区。假设我们不是训练一棵树，而是训练很多树，结果会怎样？显然，如果只是简单地循环执行 CART 算法，只会得到由某棵树克隆出来的森林，这根本没有必要。随机森林的第一步是随机地选取部分列作为预测量子集，然后只从这个子集中随机选取某个量作为观测量。这会生成训练数据集的随机子集。用这些子集训练一棵回归树。当树逐渐长大成森林时，模型就可用于预测。对回归或数值型数据的预测就是对每棵树的预测响应值求平均。对分类或分类型数据的预测通常采用机器学习的民主方式，得票多者赢(需要加上概率)。

与往常一样，我们先生成数据集的副本。caret 包的一项非常有用的功能就是提供了 train()函数的标准化模式，有了标准化模式，我们就很容易处理各种模型。对于随机森林，我们设置 method = "ranger"。可通过模型变量 num.trees 控制森林的规模，我们从 20 棵树开始。默认时，模型会对某些"调谐"参数进行小网格搜索，这个问题将在后面讨论。本例只有 20 棵树，根据交叉验证选择的模型估计会有很高的精度。我们发现，finalModel 在内部有几个特定变量，输出结果也证实这个模型只有 20 棵树。在本例中，在初始阶段需要生成 20 个随机子集，每个子集用来训练 20 棵树中的一棵。

```
rfDataTrain <- copy(trainData[,-1])
rfDataTrain[,Year:=as.numeric(Year)]
rfDataValidation <- copy(validationData[,-1])
rfDataValidation[,Year:=as.numeric(Year)]

set.seed(12345)

rfModel <- train(x = rfDataTrain,
          y = trainData$CntN,
          method = "ranger",
          preProcess = c("scale", "center", "pca"),
          metric = "Accuracy",
          num.trees = 20,
          trControl = trainControl(method = "cv",
                        number = 5
```

```
            )
         )

rfModel

## Random Forest
## 
## 135 samples
##  12 predictor
##   9 classes: 'ArbWr', 'CEatB', 'Er&CA', 'ErpnU', 'EsA&P', 'LtA&C',
              'ME&NA', 'NrthA', 'Sb-SA'
## 
## Pre-processing: scaled (12), centered (12), principal
##  component signal extraction (12)
## Resampling: Cross-Validated (5 fold)
## Summary of sample sizes: 108, 108, 108, 108, 108
## Resampling results across tuning parameters:
## 
##   mtry  splitrule   Accuracy  Kappa
##   2     gini        0.93      0.92
##   2     extratrees  0.96      0.96
##   3     gini        0.93      0.92
##   3     extratrees  0.96      0.96
##   4     gini                  0.93 0.92
##   4     extratrees  0.99      0.98
## 
## Tuning parameter 'min.node.size' was held constant at a value of 1
## Accuracy was used to select the optimal model using the
##  largest value.
## The final values used for the model were mtry = 4, splitrule
## = extratrees and min.node.size = 1.

rfModel$finalModel$num.trees

## [1] 20
```

自然地，我们还要进行例行检查，看看最终的模型在测试数据和验证数据上的表现。通过与 validationData 进行比较，我们发现在保留的训练数据上的精度估计值有点高。

```
predictOnTrainR <- predict(rfModel, newdata = rfDataTrain)
mean( predictOnTrainR == trainData$CntN)

## [1] 1

predictOnTestR <- predict(rfModel, newdata = rfDataValidation)
mean(predictOnTestR == validationData$CntN)

## [1] 1
```

随机森林的复杂计算部分与训练的树的个数有关,这确实给未来的预测增加了计算成本(虽然不是很大的负担,但预测不只是经过一棵树)。在下面的代码中调整为训练 50 棵树。

```
set.seed(12345)
rfModel <- train(x = rfDataTrain,
           y = trainData$CntN,
           method = "ranger",
           preProcess = c("scale", "center", "pca"),
           metric = "Accuracy",
           num.trees = 50,
           trControl = trainControl(method = "cv",
                                    number = 5
                                    )
           )
rfModel

## Random Forest
##
## 135 samples
##  12 predictor
##   9 classes: 'ArbWr', 'CEatB', 'Er&CA', 'ErpnU', 'EsA&P', 'LtA&C',
##       'ME&NA', 'NrthA', 'Sb-SA'
##
## Pre-processing: scaled (12), centered (12), principal
##  component signal extraction (12)
## Resampling: Cross-Validated (5 fold)
## Summary of sample sizes: 108, 108, 108, 108, 108
```

```
## Resampling results across tuning parameters:
##
##  mtry  splitrule   Accuracy  Kappa
##  2     gini        0.94      0.93
##  2     extratrees  0.99      0.99
##  3     gini        0.93      0.92
##  3     extratrees  0.98      0.97
##  4     gini        0.93      0.92
##  4     extratrees  0.98      0.97
##
## Tuning parameter 'min.node.size' was held constant at a value of 1
## Accuracy was used to select the optimal model using the
##  largest value.
## The final values used for the model were mtry = 2, splitrule
## = extratrees and min.node.size = 1.

rfModel$finalModel$num.trees
```

```
## [1] 50
```

从 20 棵树增大到 50 棵树的好处是：现在已与保留的验证数据完全匹配。未来是否经得起额外的真实测试是另一个问题。我们必须认识到，每个数据集都有各种特征量，使得数据集在不同模型之间有不同的表现。在本例中，到目前为止，模型已经给了我们精度很高的结果。正如前面提到的，本书的一位作者曾处理过学生学业数据，在那些例子中，准确预测学生成绩比较困难。

```
predictOnTrainR <- predict(rfModel, newdata = rfDataTrain)
mean( predictOnTrainR == trainData$CntN)
```

```
## [1] 1
```

```
predictOnTestR <- predict(rfModel, newdata = rfDataValidation)
mean(predictOnTestR == validationData$CntN)
```

```
## [1] 1
```

提高某个特定模型的精度的一种办法是进行参数调节。在随机森林情况下，可以调节的参数有 num.trees、mtry、splitrule 和 min.node.size。我们已经知道，num.trees 可以控制树的数量。其他调节参数有必要讨论一下。根据前面介绍的 PCA 方法，我们继续假设这个数据集有四个主成分。在本例中，在随机森林的任意一个节点上，都可以从这些预测量中随机选取几个，然后决定哪个预测量获得的信息增益最大(回忆一下，在树的一个节点处可以分叉为两个子树)。通过设置 mtry 参数可以确定每次从四个预测量中随机选取多少个，因此取值范围是 1~4，这成为调节模型的一种办法。通过 splitrule 参数可以调节算法的各种细微差别。由于在本例中，我们需要利用模型分类数据，因此 splitrule 参数可以是 gini 或 extratrees。到目前为止，我们一直使用 extratrees 表示选择最优化方法，为了方便调节，我们不改变这个参数的值。最后，参数 min.node.size 决定了在回归树停止生长之前，最多允许多少行数据，对于分类型数据，默认值是 1。然而，数据集有 135 个观测量，来自 9 个地区，每个地区有 15 组数据。因此，虽然选择比 15 大的最小行数是符合要求的，但最好还是试试多种情况(这里尝试 4 种情况，分别对应 1、5、10、15)。为了使用这些参数调节这个模型，我们使用 R 语言的 expand.grid()函数创建一个数据框架，进而把各个调节参数组合在一起。将运算结果传递给 tuneGrid 参数，然后运行这个模型。

```r
set.seed(12345)

rfModel <- train( x = rfDataTrain,
        y = trainData$CntN,
        method = "ranger",
        preProcess = c("scale", "center", "pca"),
        metric = "Accuracy",
        num.trees = 20,
        trControl = trainControl(method = "cv",
                    number = 5
                    ),
        tuneGrid = expand.grid(mtry = c(1, 2, 3, 4),
                    splitrule = "extratrees",
                    min.node.size = c(1, 5, 10, 15))
        )
rfModel

## Random Forest
##
## 135 samples
##  12 predictor
##   9 classes: 'ArbWr', 'CEatB', 'Er&CA', 'ErpnU', 'EsA&P', 'LtA&C',
        'ME&NA', 'NrthA', 'Sb-SA'
##
## Pre-processing: scaled (12), centered (12), principal
##  component signal extraction (12)
```

```
## Resampling: Cross-Validated (5 fold)
## Summary of sample sizes: 108, 108, 108, 108, 108
## Resampling results across tuning parameters:
##
##   mtry  min.node.size  Accuracy  Kappa
##   1     1              0.95      0.94
##   1     5              0.94      0.93
##   1     10             0.88      0.87
##   1     15             0.77      0.74
##   2     1              0.98      0.97
##   2     5              0.96      0.95
##   2     10             0.95      0.94
##   2     15             0.90      0.88
##   3     1              0.96      0.96
##   3     5              0.95      0.94
##   3     10             0.93      0.92
##   3     15             0.88      0.87
##   4     1              0.96      0.95
##   4     5              0.96      0.95
##   4     10             0.94      0.93
##   4     15             0.90      0.89
##
## Tuning parameter 'splitrule' was held constant at a value
##  of extratrees
## Accuracy was used to select the optimal model using the
##  largest value.
## The final values used for the model were mtry = 2, splitrule =
##  extratrees and min.node.size = 1.

rfModel$finalModel$num.trees

## [1] 20

rfModel$finalModel$mtry

## [1] 2

rfModel$finalModel$splitrule
```

```
## [1] "extratrees"

rfModel$finalModel$min.node.size
```

```
## [1] 1
```

需要注意的是，给模型设置较多的选项会增加模型的运行时间。在笔者的计算机上，运行时间增加为原来的 1.9 倍。使用 system.time()函数测量原来 20 棵树的运行时间和使用 tuneGrid 选项后的运行时间，确定它们的时间成本。作为通用流程，模型调节是最后一步，并且是在某个具体模型选定后执行的。

我们最后一次运行这个模型，发现在 20 棵树之内，调节参数并不会提高验证数据的精度。

```
predictOnTrainR <- predict(rfModel, newdata = rfDataTrain)
mean( predictOnTrainR == trainData$CntN)
```

```
## [1] 1
```

```
predictOnTestR <- predict(rfModel, newdata = rfDataValidation)
mean(predictOnTestR == validationData$CntN)
```

```
## [1] 1
```

8.2.4 随机梯度提升

随机梯度提升(stochastic gradient boosting)是指用迭代法创建树的"森林"，它与随机森林的区别在于迭代。在第一个模型完成训练后，就可以计算预测结果与已知训练结果的误差。然后为了降低误差级别，把误差作为预测器的附加响应变量。反复执行这个过程多次，逐步降低出错率。这种方法很有效，既不需要删除或插补缺失数据，也不需要定标化/中心化/主成分处理数据。但是有得亦有失，模型没有经过交叉验证，会出现过拟合现象。另外，迭代性质和降低出错率的目标也会大大增加计算成本和内存需求。

现在我们使用回归模型而非分类模型。为此，我们使用虚拟编码表示训练数据和验证数据中的地区名，同样把变量 Year 设置为数值型。

```
sgbDataTrain <- copy(trainData)
sgbDataTrain[,Year:=as.numeric(Year)]
sgbDataValidation <- copy(validationData)
sgbDataValidation[,Year:=as.numeric(Year)]
```

```
ddum <- dummyVars("~.", data = sgbDataTrain)
sgbDataTrain <- data.table(predict(ddum, newdata = sgbDataTrain))
sgbDataValidation <- data.table(predict(ddum, newdata =
sgbDataValidation))
rm(ddum)
```

现在的 train()函数与前面稍有不同。这里需要回归模型,因此 caret 包允许 train()函数的第一个参数为回归函数。现在我们选择 SPAD 作为因变量,选择其他变量作为预测量。由于第一个参数没有设置数据集,因此需要在第二个参数中显式地定义数据集。同样需要定标化和中心化处理,但是现在却执行主成分分析。此外,这些数据都必须是数值型,因此需要设置 metric = "RMSE",目的是通过均方根误差选择最优化模型。我们继续使用交叉验证(cross-fold validation)。通常这个模型会在屏幕上输出相当多的信息,显示每次迭代过程。但是这里设置 verbose = FALSE,从而取消屏幕输出。我们鼓励读者把这个参数设置改为 TRUE。

将 tuneGrid 设置为默认值(因为并非严格需要,所以这里只是简要提及)。将 interaction.depth 参数设置为 1 到 3 的某个值,因此这些树的高度范围为 1 层(单个节点)到 3 层(祖父节点、父节点和孙节点)。参数 shrinkage 用于控制迭代过程,它的值越小,对迭代过程的控制越精细,而且找到"足够好"的位置所需要的时间就越长。你现在应该熟悉 n.trees 参数,它用于控制森林的最大规模。将 n.minobsinnode 参数设置为我们熟悉的数字,比如 10。一般来说,只有 150 棵树可能不够,而在实际情况下,10 000 棵树是很常见的。

```
set.seed(12345)
sgbModel <- train(SPAD ~.,
                data = sgbDataTrain,
         method = "gbm",
         preProcess = c("scale", "center"),
         metric = "RMSE",
         trControl = trainControl(method = "cv",
                                  number = 5
                                  ),
         tuneGrid = expand.grid(interaction.depth = 1:3,
                                shrinkage = 0.1,
                                n.trees = c(50, 100, 150),
                                n.minobsinnode = 10),
         verbose = FALSE
```

```
                )
sgbModel
## Stochastic Gradient Boosting
##
## 135 samples
##  20 predictor
##
## Pre-processing: scaled (20), centered (20)
## Resampling: Cross-Validated (5 fold)
## Summary of sample sizes: 108, 108, 108, 107, 109
## Resampling results across tuning parameters:
##
##   interaction.depth  n.trees  RMSE  Rsquared  MAE
##   1                   50      14.6  0.81      11.5
##   1                  100      12.3  0.86       9.8
##   1                  150      11.1  0.88       8.8
##   2                   50      10.4  0.91       8.3
##   2                  100       7.8  0.94       5.7
##   2                  150       7.0  0.95       5.0
##   3                   50       8.9  0.93       6.7
##   3                  100       6.8  0.95       4.9
##   3                  150       6.2  0.96       4.4
##
## Tuning parameter 'shrinkage' was held constant at a value of
##  0.1
## Tuning parameter 'n.minobsinnode' was held constant at a
##  value of 10
## RMSE was used to select the optimal model using the smallest value.
## The final values used for the model were n.trees =
## 150, interaction.depth = 3, shrinkage = 0.1 and n.minobsinnode = 10.
```

选取的模型有 150 棵树，每个节点至少有 10 个观测数据(与前面的分类选择做比较，那里的默认最小观测数为 1)。这个模型的 RMSE 为 5.9，表示每 1000 名 15 岁到 19 岁女性的出生率)。

这里不使用主成分分析(PCA)是为了更好地理解是什么东西在驱动这个模型，以及到底牺牲了多少精度和效率。利用 summary() 函数的摘要输出，我们可以看出影响力最大的预测量。影响力最大的预测量是 SPPO(表示就业年龄人口比例)，其次是 SEPR(表示女童小学失学率)，接着是 SPDY(表示每 1000 人死亡率)。在本例中，summary() 函数会生成如图 8-8 所示的图形。不得不承认，这不是最优结果。尽管如此，数据输出仍很有用，并且通过可视化图形可以帮助我们更好地理解模型。

```
summary(sgbModel)

##                   var      rel.inf
## SPPO             SPPO      31.337
## SEPR             SEPR      17.903
## SPDY             SPDY      11.753
## MAIN             MAIN       8.223
## NYGN             NYGN       6.945
## ERMA             ERMA       6.127
## NYGD             NYGD       5.158
## SESC             SESC       4.519
## `CntNLtA&C`     `CntNLtA&C` 3.912
## FEMA             FEMA       2.843
## Year             Year       0.504
## CntNNrthA        CntNNrthA  0.337
## CntNErpnU        CntNErpnU  0.250
## FEIN             FEIN       0.104
## `CntNME&NA`     `CntNME&NA` 0.049
## CntNArbWr        CntNArbWr  0.018
## `CntNSb-SA`     `CntNSb-SA` 0.016
## CntNCEatB        CntNCEatB  0.000
## `CntNEr&CA`     `CntNEr&CA` 0.000
## `CntNEsA&P`     `CntNEsA&P` 0.000
```

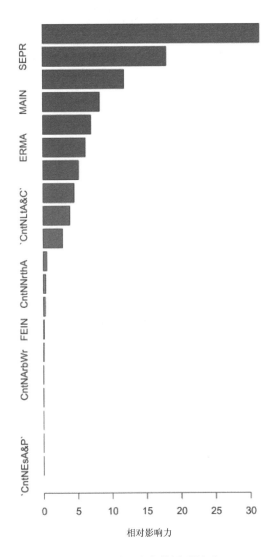

图 8-8　相对影响力的图形显示

接着我们把注意力转到模型的精度上。residuals()函数用来计算训练模型在训练数据上的 MSE(回忆一下，第 6 章中有关 MSE 的论述)。对验证数据上的预测值和实际值进行比较。我们很容易看出，这个模型已经过拟合了。

```
mean(stats::residuals(sgbModel)^2)
```

```
## [1] 3.6
```

```
mean((predict(sgbModel, sgbDataValidation) -
        sgbDataValidation$SPAD)^2)
```

```
## [1] 15
```

这种方法存在一个问题，任何模型的工作机制本来就相当复杂，使得理解预测的驱动因素变得相当困难。DALEX 包有一个名为 explain 的函数，它可以帮助我们更好地理解模型，以及预测量与响应的关系。虽然这个包非常有用，可用来比较各种模型在测试数据上的性能，但具体用法仍然需要通过训练数据和验证数据来说明。

explain()函数的第一个参数表示模型；第二个参数是字符标签(label)，表示后面的图形类型(这里需要区分训练数据或验证数据)；第三个参数是指向数据集的指针；最后一个参数表示响应变量 SPAD(青少年生育率)。

```
explainSGBt <- explain(sgbModel, label = "sgbt",
                data = sgbDataTrain,
                y = sgbDataTrain$SPAD)

explainSGBv <- explain(sgbModel, label = "sgbv",
                data = sgbDataValidation,
                y = sgbDataValidation$SPAD)
```

在这里，我们对 explain 对象本身并不是特别感兴趣。我们感兴趣的是从中可以获得的信息，model_performance()函数就是其中之一。我们再次使用 cowplot 包中的 plot_grid()函数，同时得到残差的分布图和箱形图。图 8-9 的左侧是残差的绝对值图形。回忆一下关于正态分布的残差的一般假设，并想象一下，绝对值变换会使得正态分布变成一半的分布，而且高度增大一倍。我们发现，验证数据集仍然看起来像正态分布，但是比起训练数据集更容易出错。图 8-9 的右侧图形说明了同样的道理，只是从箱形图中看到的区间更大。

```
performanceSGBt <- model_performance(explainSGBt)
performanceSGBv <- model_performance(explainSGBv)

plot_grid(
  plot(performanceSGBt, performanceSGBv),
  plot(performanceSGBt, performanceSGBv, geom = "boxplot"),
  ncol = 2)
```

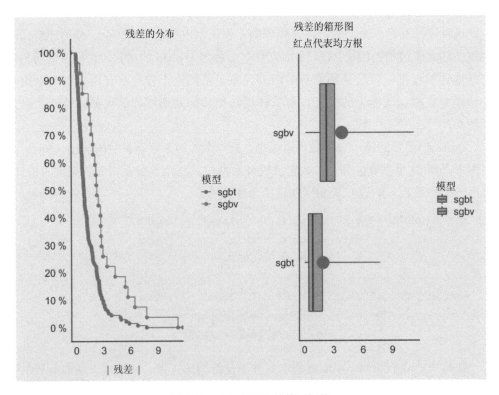

图 8-9*　DALEX 残差的可视化

我们已经看到了模型权重的相对影响,使用 variable_importance()函数可以计算没有这些变量提供的信息时引起的丢弃率。每个数据集都要计算丢弃率,因此请注意,结果是训练数据集不同于验证数据集,如图 8-10 所示。但是,最上面的关键变量与相对影响变量相符(尽管不在同一数量级上)。

```
importanceSGBt <- variable_importance(explainSGBt)
importanceSGBv <- variable_importance(explainSGBv)
plot(importanceSGBt, importanceSGBv)
```

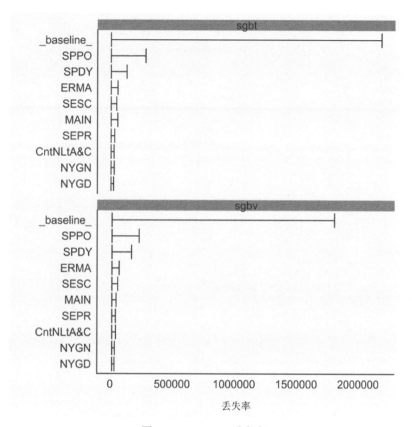

图 8-10　DALEX 丢弃率

我们要介绍的最后一个 DALEX 函数是 variable_response()，它有一个参数 type 用于表示图形的类型，这里我们选择部分依赖图(partial dependence plot，pdp)，结果如图 8-11 所示。图 8-11 中的曲线表明了女童小学失学人数(SEPR)与模型的因变量关系。图 8-11 的价值在于，即使模型本身不容易理解(不像简单的回归方程)，也仍然表达了青少年生育率与小学失学人数之间的关系。

```
responseSGBprmt <- variable_response(explainSGBt, variable = "SEPR",
type = "pdp")
responseSGBprmv <- variable_response(explainSGBv, variable = "SEPR",
type = "pdp")
    plot(responseSGBprmt, responseSGBprmv)
```

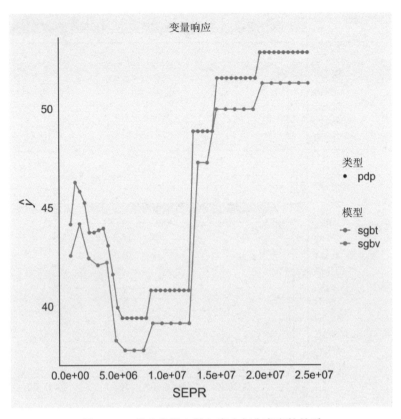

图 8-11*　学生失学人数与青少年生育率的关系

我们再次运行这段代码，其他参数都一样，只是将 variable 参数的值改为 SPDY(每 1000 人死亡率)，结果如图 8-12 所示。这里的关系比较复杂。这里只是想说明，为什么这类模型很适合处理与预测量存在复杂关系的数据，同时也表明了这类模型总是有过拟合风险的原因。

```
responseSGBdynt <- variable_response(explainSGBt, variable = "SPDY", type = "pdp")
responseSGBdynv <- variable_response(explainSGBv, variable = "SPDY", type = "pdp")
plot(responseSGBdynt, responseSGBdynv)
```

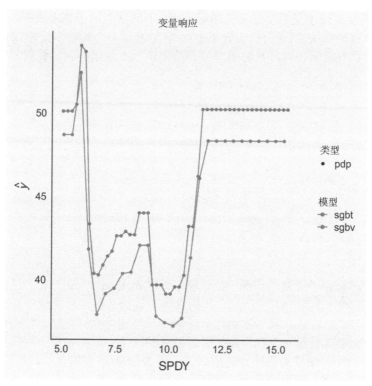

图 8-12* 每 1000 人死亡率与青少年生育率的关系

下一步干什么？这个模型并没有准确地说明精度的级别。不妨增大 tuneGrid 参数的值，加入更多、更深的树和其他变量模式，允许算法在更大范围内搜索最佳模型。我们把这些扩展内容留给有兴趣的读者。既然结构已经建立，下面继续下一个模型。

8.2.5 多层感知机

多层感知机(MultiLayer Perceptron，MLP)是一种前向的人工神经网络。严格地讲，MLP 不是深度学习或神经网络算法最新或最好的算法。尽管如此，这类神经网络是初学者的首选。神经网络的本质只不过是大量的线性代数矩阵乘法，并且经过算法优化。最终的结果是，我们不用那种每一个预测量只有一个权值的标准回归方程，而是用一个大数组表示权值。

神经网络的关键特性不是用单个方程创建预测器，而是用多个方程表示预测器(矩阵)。诚然，预测器的每一部分都要单独处理，并且都有各自的权值，还要映射到各种可能的结果。此外，在输入与输出之间，不只有一个方程，而是有若干层方程，名称"隐藏层"很合适表示它们。虽然这给模型带来巨大的灵活性，但是大多数多层感知机作为模型很难理解。它们的优点是可以得到相当准确的预测。

MLP 的经典例子是数字或字符图形识别。下面这个例子非常简单,也算不上一个非常适合这种算法的例子(确实算不上),但是丝毫不会影响多层感知机在其他情形中的功效。与前面一样,我们用虚拟变量创建上次使用的训练数据和验证数据。

```
mlpDataTrain <- copy(trainData)
mlpDataTrain[,Year:=as.numeric(Year)]
mlpDataValidation <- copy(validationData)
mlpDataValidation[,Year:=as.numeric(Year)]

ddum <- dummyVars("~.", data = mlpDataTrain)
mlpDataTrain <- data.table(predict(ddum, newdata = mlpDataTrain))
mlpDataValidation <- data.table(predict(ddum, newdata = mlpDataValidation))
rm(ddum)
```

模型和随机种子还是与前面一样。现在设置 method = "mlpML",从而代表多层感知机(多层这个词似乎有些多余)。我们继续对数据进行定标化和中心化处理,但是不再使用 PCA 方法。第一次运行会使这个模型使用默认方法,使得第二层和第三层无效,但要等待第一个隐藏层运行。默认情况下,模型在第一层模拟生成不同数量的节点。由于编排等原因,这里只显示警告信息(这经常是一种有用的手段)。对于本例中的模型,输出信息中出现了很多警告信息,但它们仅仅与模型的细节有关,对它们的讨论已超出本书的范围。顾名思义,supressWangings()函数用于压缩警告信息。

```
set.seed(12345)
suppressWarnings(
  mlpModel <- train(
    SPAD ~ .,
    data = mlpDataTrain,
    method = "mlpML",
    preProcess = c("scale", "center"),
    metric = "RMSE",
    trControl = trainControl(method = "cv",
                             number = 5)
  )
)
mlpModel

## Multi-Layer Perceptron, with multiple layers
##
```

```
## 135 samples
##  20 predictor
##
## Pre-processing: scaled (20), centered (20)
## Resampling: Cross-Validated (5 fold)
## Summary of sample sizes: 108, 108, 108, 107, 109
## Resampling results across tuning parameters:
##
##   layer1  RMSE    Rsquared   MAE
##   1       36      0.31       29
##   3       25      0.49       19
##   5       17      0.76       13
##
## Tuning parameter 'layer2' was held constant at a value of 0
##
## Tuning parameter 'layer3' was held constant at a value of 0
## RMSE was used to select the optimal model using the smallest value.
## The final values used for the model were layer1 = 5, layer2 = 0
## and layer3 = 0.
```

从输出结果可以看出,单个隐藏层可细化为 5 个节点。summary()函数提供了比较详细的信息,显示了活动函数的权值,以及 20 个输入列中每一列的偏移值、5 个隐藏节点和 1 个输出节点。这也展示了这个神经网络的总体结构:20-5-1 结构。

```
summary(mlpModel)

## SNNS network definition file V1.4-3D
## generated at Fri Nov 02 19:23:07 2018
##
## network name : RSNNS_untitled
## source files :
## no. of units : 26
## no. of connections : 105
## no. of unit types : 0
## no. of site types : 0
##
##
## learning function : Std_Backpropagation
## update function   : Topological_Order
##
##
## unit default section :
##
```

```
## act     | bias    | st | subnet | layer | act func     | out func
## --------|---------|----|--------|-------|--------------|-------------
## 0.00000 | 0.00000 | i  |   0    |   1   | Act_Logistic | Out_Identity
## --------|---------|----|--------|-------|--------------|-------------
##
##
## unit definition section :
##
## no. | typeName | unitName         | act      | bias     | st | position | act func     | out func | sites
## ----|----------|------------------|----------|----------|----|----------|--------------|----------|------
##   1 |          | Input_CntNArbWr  | -0.35224 |  0.25864 | i  | 1, 0, 0  | Act_Identity |          |
##   2 |          | Input_CntNCEatB  | -0.35224 | -0.07158 | i  | 2, 0, 0  | Act_Identity |          |
##   3 |          | Input_`CntNEr&CA`| -0.35224 |  0.17340 | i  | 3, 0, 0  | Act_Identity |          |
##   4 |          | Input_CntNErpnU  | -0.35224 |  0.09913 | i  | 4, 0, 0  | Act_Identity |          |
##   5 |          | Input_`CntNEsA&P`| -0.35224 |  0.02550 | i  | 5, 0, 0  | Act_Identity |          |
##   6 |          | Input_`CntNLtA&C`| -0.35224 | -0.07856 | i  | 6, 0, 0  | Act_Identity |          |
##   7 |          | Input_`CntNME&NA`| -0.35224 |  0.10749 | i  | 7, 0, 0  | Act_Identity |          |
##   8 |          | Input_CntNNrthA  | -0.35224 | -0.17845 | i  | 8, 0, 0  | Act_Identity |          |
##   9 |          | Input_`CntNSb-SA`|  2.81793 |  0.20316 | i  | 9, 0, 0  | Act_Identity |          |
##  10 |          | Input_Year       |  1.51162 |  0.09500 | i  | 10, 0, 0 | Act_Identity |          |
##  11 |          | Input_NYGD       | -0.84754 | -0.12790 | i  | 11, 0, 0 | Act_Identity |          |
##  12 |          | Input_NYGN       | -0.83754 | -0.26720 | i  | 12, 0, 0 | Act_Identity |          |
##  13 |          | Input_SEPR       |  2.37160 |  0.23106 | i  | 13, 0, 0 | Act_Identity |          |
##  14 |          | Input_ERMA       |  2.28315 | -0.13108 | i  | 14, 0, 0 | Act_Identity |          |
##  15 |          | Input_SESC       | -1.27208 | -0.13525 | i  | 15, 0, 0 | Act_Identity |          |
```

```
## 16 |              | Input_FEMA          | -1.28836 |  0.21397 | i | 16, 0, 0 |
Act_Identity |      |
## 17 |              | Input_SPDY          |  0.55710 |  0.19976 | i | 17, 0, 0 |
Act_Identity |      |
## 18 |              | Input_FEIN          | -1.80461 | -0.15568 | i | 18, 0, 0 |
Act_Identity |      |
## 19 |              | Input_MAIN          | -1.77002 |  0.29051 | i | 19, 0, 0 |
Act_Identity |      |
## 20 |              | Input_SPPO          |  2.09958 | -0.29660 | i | 20, 0, 0 |
Act_Identity |      |
## 21 |              | Hidden_2_1          |  1.00000 |  16.57569 | h |  1, 2, 0 |
                    |                     |
## 22 |              | Hidden_2_2          |  1.00000 | -42.96722 | h |  2, 2, 0 |
                    |                     |
## 23 |              | Hidden_2_3          |  0.00000 | -49.55274 | h |  3, 2, 0 |
                    |                     |
## 24 |              | Hidden_2_4          |  1.00000 |  39.86870 | h |  4, 2, 0 |
                    |                     |
## 25 |              | Hidden_2_5          |  1.00000 |  21.29272 | h |  5, 2, 0 |
                    |                     |
## 26 |              | Output_1            | 66.31960 |-1069.78821| o |  1, 4, 0 |
Act_Identity |      |
## ----|----------|--------------------|----------|----------|----|----------|
---------------|----------|-------
##
##
## connection definition section :
##
## target | site | source:weight
## -------|------|----------------------------------------------------------
##    21 |      | 20:48.96251, 19:-47.13240, 18:-46.89282, 17:29.71989,
                  16:-31.71886, 15:-30.48963, 14:58.16447, 13:58.57929,
                  12:-15.94363,
```

```
##                 11:-15.49402, 10:21.26738,  9:66.89728,  8:-5.93687,
                   7:-24.55808,  6:-8.02125,   5:-5.53956,  4:-5.59685,
                   3:-5.55265,
##                 2:-5.77468,  1:-5.90555
## 22 |          | 20:19.36864, 19:-36.07077, 18:-30.54533, 17:30.76214,
                   16:-19.48156, 15:-10.87526, 14:40.41421, 13:38.18938,
                   12: 4.44169,
##                 11: 0.46633, 10:46.79949,  9:49.01194,  8:15.15641,
                   7:-81.96992, 6:14.43461,   5:-6.70102,  4:-
                   40.07672,  3:12.00658,
##                 2: 7.56544,  1:31.19720
## 23 |          | 20:-12.19030, 19: 2.85565, 18:31.55284, 17:84.06341,
                   16:77.33264, 15:103.85283, 14:-12.62139, 13:-9.16594,
                   12:81.62211,
##                 11:81.21730, 10:-194.05856, 9:49.49640, 8:115.78496,
                   7:-4.44688, 6:179.36331, 5:-26.62095, 4:35.70350,
                   3:-54.66271,
##                 2:33.46564,  1:-328.59045
## 24 |          | 20:22.24673, 19:-17.17476, 18:-17.65513, 17:-30.85148,
                   16:-20.34034, 15:-17.87234, 14:19.58477, 13:16.31513,
                   12:-25.13864,
##                 11:-24.56263, 10:-14.12056, 9:11.75429, 8:-14.03880,
                   7:-0.54804, 6:62.57944, 5:14.06488, 4:-13.82649,
                   3:-14.21823,
##                 2:-31.15477,  1:-13.92656
## 25 |          | 20:35.84281, 19:-31.83327, 18:-33.52740, 17: 7.88547,
                   16:-23.72048, 15:-24.41236, 14:36.01567, 13:37.40243,
                   12:-16.33773,
##                 11:-15.88420, 10:19.37509, 9:42.81319, 8:-7.29130,
                   7:10.05342, 6:-4.69724, 5:-11.28413, 4:-7.28304,
                   3:-7.42553,
##                 2:-7.40186,  1:-7.59370
## 26 |          | 25: 5.30307, 24:31.84159, 23:30.69779, 22:36.21242,
                   21:-7.03748
## -------|------|------------------------------------------------------------
```

不要在相对简单的数据集上使用过分复杂的方法，这个道理同样适用于这个模型。这个模型并没有表现得十分出色，并且在验证数据上的表现更糟糕。由于residuals()函数被其中一个必不可少的包屏蔽掉，因此要调用该函数，就必须使用显式的方法调用 R 语言版的 residuals()函数。

```
mean(stats::residuals(mlpModel)^2)

## [1] 462

mean((predict(mlpModel, mlpDataValidation) -
                mlpDataValidation$SPAD)^2)

## [1] 407
```

但也存在一个问题，由于任何一个特定模型的准确执行过程本身就相当复杂，因此要是理解什么东西驱动预测将变得更加困难。DALEX 包有一个名为 explain 函数，它可以帮助我们更好地理解模型，以及预测量与响应的关系。

explain()函数的第一个参数表示模型，第二个参数 label 表示图形类型(这里用以区分训练数据或验证数据)，第三个参数是指向数据集的指针，最后一个参数表示响应变量是 SPAD(青少年生育率)。

```
explainMLPt <- explain(mlpModel, label = "mlpt",
            data = mlpDataTrain,
            y = mlpDataTrain$SPAD)

explainMLPv <- explain(mlpModel, label = "mlpv",
            data = mlpDataValidation,
            y = mlpDataValidation$SPAD)
```

与前面一样，我们对 explain 对象本身并不特别感兴趣。我们感兴趣的是从中可以获得的信息，model_performance()函数就是其中之一。我们再次使用 cowplot 包中的 plot_grid()函数，同时得到残差的分布图和箱形图。图 8-13 的左侧是残差的绝对值图形。回忆一下关于正态分布的残差的一般假设，然后想象一下，绝对值变换会使得正态分布变成一半的分布，而且高度增大一倍。我们发现，验证数据集仍然看起来像正态分布，但是比起训练数据集更容易出错。此外，我们发现前面介绍的 gbm 模型不容易出错。图 8-13 右侧的箱形图说明了同样的道理，只是区间范围较大。这两种情形的图形都说明总是存在过度训练的风险。验证数据(模型的未知数据)的残差比较大。

```
performanceMLPt <- model_performance(explainMLPt)
performanceMLPv <- model_performance(explainMLPv)

plot_grid(
    plot(performanceMLPt, performanceMLPv, performanceSGBt,
performanceSGBv),
```

```
plot(performanceMLPt, performanceMLPv, performanceSGBt,
performanceSGBv,
    geom = "boxplot"),
    ncol = 2
)
```

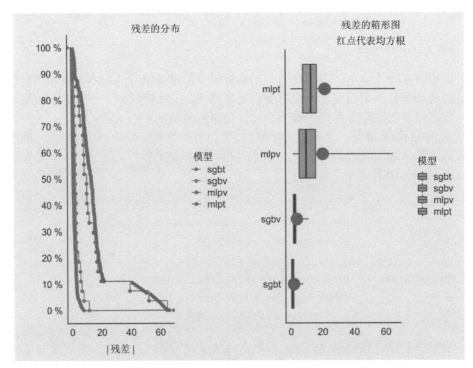

图 8-13*　模型性能的比较：SGB 方法与 MLP 方法

如果处在无法提供各个变量信息的境地，则需要使用 variable_importance()函数计算 dropout loss(丢弃损失)。在这些图以及前面使用 gbm 模型绘制的图形中，有一件事情值得我们注意：哪些变量最关键。最关键的就是在执行 dropout 后损失最大的变量，如图 8-14 所示。这说明多层感知机在相同的数据上也可能构建出迥异的模型。在本例中，这似乎是一个缺点，但是在其他数据中，这正说明它的强大之处。

```
importanceMLPt <- variable_importance(explainMLPt)
importanceMLPv <- variable_importance(explainMLPv)
plot(importanceMLPt, importanceMLPv, importanceSGBt, importanceSGBv)
```

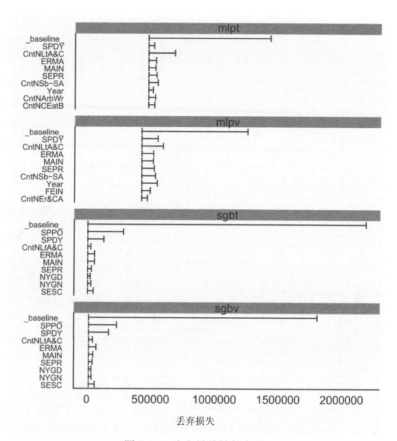

图 8-14 决定最关键的变量

与前面一样,我们使用 DALEX 包的 variable_response()函数得出一些结论。除了定义模型的参数外,还有额外两个参数:一个参数定义变量,另一个参数定义图形类型。在本例中,我们选择小学女童失学人数(SEPR)作为自变量,选择 "部分相关图" (PDP)作为图形类型,生成的图形如图 8-15 所示,它展示了小学女童失学人数与模型因变量之关的关系。尽管图形本身不容易理解(不像简单的回归方程),但却可以帮助我们探索青少年生育率与小学缀学程度的关系。

```
responseMLPprmt <- variable_response(explainMLPt, variable = "SEPR",
type = "pdp")
responseMLPprmv <- variable_response(explainMLPv, variable = "SEPR",
type = "pdp")
plot(responseMLPprmt, responseMLPprmv, responseSGBprmt,
responseSGBprmv)
```

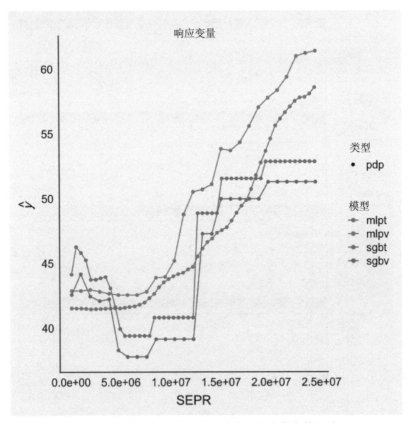

图 8-15* 青少年小学入学率对青少年生育率的影响

下面使用图 8-16 表示每 1000 人死亡率与响应变量的关系，以结束本节对 DALEX 包的探讨。这里我们看到两个模型的对比是非常明显的。这说明它们的基本方法截然不同，因此 mlpML 方法适用于使用前面介绍的方法无法得到有效预测的数据。

```
responseMLPdynt <- variable_response(explainMLPt, variable = "SPDY", type = "pdp")
responseMLPdynv <- variable_response(explainMLPv, variable = "SPDY", type = "pdp")
plot(responseMLPdynt, responseMLPdynv, responseSGBdynt, responseSGBdynv
```

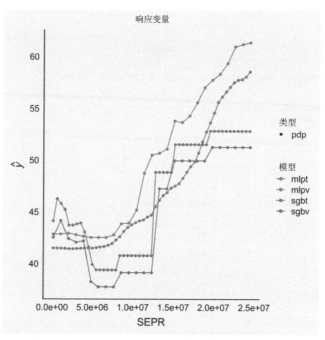

图 8-16*　每 1000 人死亡率与青少年生育率的关系

在结束讨论之前，我们需要考虑这个模型是否经过精细调整。由于复杂性，多层感知机模型有很多调节参数。对于 caret 包，特别是 mlpML 方法，可以调节隐藏层的参数数目以及每个隐藏层的节点数。利用我们熟悉的 tuneGrid 参数和 expand.grid() 函数，通过上千个不同选项，从中确定最佳模型。在实际应用中，多层感知机往往被认为是最佳方法，因此，有几百个节点是很常见的。这会生成数十万个变量，模型要对每个变量进行逐一优化处理。这在计算资源方面需要一笔很大投资，在本例中这并不划算。

```
set.seed(12345)
suppressWarnings(
  mlpModelb <- train(
    SPAD ~ .,
    data = mlpDataTrain,
    method = "mlpML",
    preProcess = c("scale", "center"),
    metric = "RMSE",
    verbose = FALSE,
    trControl = trainControl(method = "cv",
                             number = 5),
    tuneGrid = expand.grid(
      layer1 = 0:10,
      layer2 = 0:10,
      layer3 = 0:10
    )
```

```
  )
)
mlpModelb

## Multi-Layer Perceptron, with multiple layers
## 
## 135 samples
##  20 predictor
## 
## Pre-processing: scaled (20), centered (20)
## Resampling: Cross-Validated (5 fold)
## Summary of sample sizes: 108, 108, 108, 107, 109
## Resampling results across tuning parameters:
## 
##   layer1  layer2  layer3  RMSE  Rsquared  MAE
##   0       0       0       NaN   NaN       NaN
##   0       0       1       41    1.4e-01   30.4
##   0       0       2       36    3.0e-01   27.1
##   0       0       3       26    4.9e-01   17.5
##   0       0       4       18    7.4e-01   14.6
##   0       0       5       18    7.9e-01   14.2
##   0       0       6       16    7.7e-01   11.9
##   0       0       7       14    8.3e-01   10.7
##   0       0       8       16    8.0e-01   12.0
##   0       0       9       15    8.1e-01    9.8
##   0       0      10       11    8.8e-01    8.9
##   0       1       0       37    2.6e-01   29.9
##   0       1       1       33    3.0e-01   25.1
##   0       1       2       36    4.0e-01   28.5
##   0       1       3       38    3.2e-01   28.7
##   0       1       4       35    6.7e-02   24.7
##   0       1       5       33    2.3e-01   24.4
##   0       1       6       35    1.4e-01   26.1
##   0       1       7       34    2.0e-01   28.5
##   0       1       8       56    3.0e-01   50.3
##   0       1       9       41    3.7e-01   36.8
##   0       1      10       41    1.3e-01   32.9
##   0       2       0       28    3.5e-01   18.8
##   0       2       1       42    2.5e-01   32.2
##   0       2       2       40    1.7e-01   33.7
##   0       2       3       36    4.5e-01   27.7
##   0       2       4       34    2.5e-01   24.6
##   0       2       5       34    4.1e-01   28.1
##   0       2       6       32    3.0e-01   23.2
```

```
## 0  2   7   35  3.8e-01  27.6
## 0  2   8   39  2.6e-01  29.9
## 0  2   9   40  2.3e-01  31.9
## 0  2  10  249  3.3e-01 243.2
## 0  3   0   24  5.8e-01  19.1
## 0  3   1   40  2.3e-01  30.7
## 0  3   2   40  3.9e-04  33.2
## 0  3   3   38  2.7e-01  30.7
## 0  3   4   35  4.4e-01  26.2
## 0  3   5   36  8.9e-02  30.0
## 0  3   6   32  4.3e-01  21.5
## 0  3   7   32  2.1e-01  25.8
## 0  3   8   46  2.3e-01  37.9
## 0  3   9   30  3.0e-01  21.6
## 0  3  10   48  3.3e-01  42.4
## 0  4   0   22  5.7e-01  17.2
## 0  4   1   51  2.9e-01  42.1
## 0  4   2   38  2.3e-01  30.9
## 0  4   3   35  5.0e-02  27.3
## 0  4   4   36  2.2e-01  24.4
## 0  4   5   35  2.1e-01  29.9
## 0  4   6   31  2.6e-01  23.2
## 0  4   7   38  2.2e-01  28.8
## 0  4   8   31  4.1e-01  23.2
## 0  4   9   33  2.8e-01  27.1
## 0  4  10   35  3.1e-01  27.5
## 0  5   0   24  5.6e-01  16.5
## 0  5   1   37  3.7e-01  29.4
## 0  5   2   32  2.8e-02  25.2
## 0  5   3   34  2.6e-01  25.3
## 0  5   4   31  2.3e-01  22.6
## 0  5   5   40  2.0e-01  31.4
## 0  5   6   33  8.7e-02  25.3
## 0  5   7   30  2.7e-01  22.3
## 0  5   8   35  1.9e-01  25.3
```

```
##  0   5   9   28  3.3e-01  21.1
##  0   5   10  34  3.9e-01  27.1
##  0   6   0   18  7.4e-01  14.7
##  0   6   1   34  NaN      24.0
##  0   6   2   37  1.3e-01  26.5
##  0   6   3   32  3.9e-01  22.3
##  0   6   4   35  2.5e-01  24.4
##  0   6   5   33  2.1e-01  26.0
##  0   6   6   52  1.9e-01  42.8
##  0   6   7   30  2.7e-01  23.8
##  0   6   8   36  3.3e-01  27.8
##  0   6   9   54  1.5e-01  45.9
##  0   6   10  30  2.8e-01  23.7
##  0   7   0   22  7.0e-01  17.0
##  0   7   1   38  4.4e-02  30.6
##  0   7   2   42  1.5e-01  35.7
##  0   7   3   35  1.2e-01  24.6
##  0   7   4   33  2.4e-01  25.3
##  0   7   5   39  1.5e-01  32.4
##  0   7   6   32  1.7e-01  24.4
##  0   7   7   32  2.7e-01  26.3
##  0   7   8   41  1.3e-01  33.6
##  0   7   9   33  1.4e-01  25.6
##  0   7   10  31  2.5e-01  22.1
##  0   8   0   15  8.3e-01  11.9
##  0   8   1   34  NaN      25.8
##  0   8   2   33  6.2e-02  25.1
##  0   8   3   30  3.2e-01  22.5
##  0   8   4   43  1.8e-01  37.1
##  0   8   5   39  3.3e-01  31.3
##  0   8   6   34  1.1e-01  26.0
##  0   8   7   34  1.3e-01  24.7
##  0   8   8   45  1.2e-01  38.6
##  0   8   9   32  3.1e-01  23.3
##  0   8   10  50  4.4e-01  42.3
```

```
##  0   9    0   15  8.4e-01  11.9
##  0   9    1   34  NaN      24.7
##  0   9    2   34  1.6e-01  26.6
##  0   9    3   34  5.2e-01  25.5
##  0   9    4   43  2.4e-01  33.8
##  0   9    5   44  2.2e-01  37.4
##  0   9    6   37  3.6e-01  30.3
##  0   9    7   39  2.8e-01  27.3
##  0   9    8   35  1.3e-01  27.1
##  0   9    9   31  2.9e-01  22.3
##  0   9   10   51  2.2e-01  41.2
##  0  10    0   19  7.6e-01  15.1
##  0  10    1   44  NaN      35.5
##  0  10    2   33  NaN      26.3
##  0  10    3   37  4.8e-01  29.8
##  0  10    4   33  9.2e-02  24.2
##  0  10    5   35  1.4e-01  25.9
##  0  10    6   35  1.7e-01  27.7
##  0  10    7   32  1.6e-01  23.0
##  0  10    8   67  5.1e-02  62.2
##  0  10    9   31  1.6e-01  23.7
##  0  10   10   32  3.1e-01  25.1
##  1   0    0   39  4.1e-01  31.2
##  1   0    1   37  5.3e-01  29.1
##  1   0    2   40  3.5e-01  31.7
##  1   0    3   34  7.9e-02  24.5
##  1   0    4   36  3.8e-01  24.6
##  1   0    5   33  3.8e-01  24.7
##  1   0    6   35  3.4e-01  27.3
##  1   0    7   37  2.3e-01  27.4
##  1   0    8   30  3.8e-01  21.4
##  1   0    9   38  2.7e-01  30.3
##  1   0   10   40  2.8e-01  32.9
##  1   1    0   37  2.2e-01  29.0
##  1   1    1   42  7.3e-01  32.5
```

```
##   1   1    2    38  6.4e-01   31.6
##   1   1    3    33      NaN   25.0
##   1   1    4    36  4.5e-01   24.4
##   1   1    5    32  7.1e-01   26.1
##   1   1    6    34  2.7e-01   25.7
##   1   1    7    39  3.2e-01   31.9
##   1   1    8    37  5.4e-01   30.0
##   1   1    9    37  2.5e-01   28.4
##   1   1   10    35  9.0e-02   27.5
##   1   2    0    40  4.8e-01   34.1
##   1   2    1    34      NaN   25.7
##   1   2    2    33  5.0e-01   24.8
##   1   2    3    36  5.1e-01   26.6
##   1   2    4    40  4.6e-01   32.0
##   1   2    5    33  5.1e-01   23.7
##   1   2    6    41  5.5e-01   33.0
##   1   2    7    32  4.7e-01   23.3
##   1   2    8    33  3.5e-01   25.2
##   1   2    9    38  4.5e-01   29.5
##   1   2   10    39  4.5e-01   30.5
##   1   3    0    32  4.1e-01   24.1
##   1   3    1    34      NaN   26.3
##   1   3    2    34  2.8e-01   27.0
##   1   3    3    41      NaN   31.2
##   1   3    4    33  6.5e-01   23.4
##   1   3    5    31  5.4e-01   23.4
##   1   3    6    41  6.8e-01   33.8
##   1   3    7    44  5.0e-01   32.6
##   1   3    8    57  4.2e-01   47.5
##   1   3    9    41  4.7e-01   34.1
##   1   3   10    42  2.8e-01   32.6
##   1   4    0    38  4.3e-01   28.8
##  [ reached getOption("max.print") -- omitted 1165 rows ]
##
## RMSE was used to select the optimal model using the smallest value.
```

```
## The final values used for the model were layer1 = 0, layer2 = 0
##  and layer3 = 10.
```

mean(stats::residuals(mlpModelb)^2)

```
## [1] 668
```

mean((predict(mlpModelb, mlpDataValidation) -
              mlpDataValidation$SPAD)^2)

```
## [1] 552
```

summary(mlpModelb)

```
## SNNS network definition file V1.4-3D
## generated at Fri Nov 02 19:34:18 2018
##
## network name : RSNNS_untitled
## source files :
## no. of units : 31
## no. of connections : 210
## no. of unit types : 0
## no. of site types : 0
##
##
## learning function : Std_Backpropagation
## update function   : Topological_Order
##
##
## unit default section :
##
## act      | bias     | st | subnet | layer | act func      | out func
## ---------|----------|----|--------|-------|---------------|-------------
## 0.00000  | 0.00000  | i  |    0   |   1   | Act_Logistic  | Out_Identity
## ---------|----------|----|--------|-------|---------------|-------------
##
##
## unit definition section :
```

```
##
## no. | typeName   | unitName          | act      | bias     | st | position |
act func      | out func | sites
## ----|------------|-------------------|----------|----------|----|----------|
---------------|----------|--------
##   1 |            | Input_CntNArbWr   | -0.35224 |  0.27237 | i  | 1, 0, 0  |
Act_Identity  |          |
##   2 |            | Input_CntNCEatB   | -0.35224 |  0.12640 | i  | 2, 0, 0  |
Act_Identity  |          |
##   3 |            | Input_`CntNEr&CA` | -0.35224 |  0.14994 | i  | 3, 0, 0  |
Act_Identity  |          |
##   4 |            | Input_CntNErpnU   | -0.35224 |  0.05916 | i  | 4, 0, 0  |
Act_Identity  |          |
##   5 |            | Input_`CntNEsA&P` | -0.35224 | -0.03508 | i  | 5, 0, 0  |
Act_Identity  |          |
##   6 |            | Input_`CntNLtA&C` | -0.35224 |  0.20488 | i  | 6, 0, 0  |
Act_Identity  |          |
##   7 |            | Input_`CntNME&NA` | -0.35224 | -0.18422 | i  | 7, 0, 0  |
Act_Identity  |          |
##   8 |            | Input_CntNNrthA   | -0.35224 | -0.24506 | i  | 8, 0, 0  |
Act_Identity  |          |
##   9 |            | Input_`CntNSb-SA` |  2.81793 | -0.11938 | i  | 9, 0, 0  |
Act_Identity  |          |
##  10 |            | Input_Year        |  1.70822 |  0.19864 | i  | 10, 0, 0 |
Act_Identity  |          |
##  11 |            | Input_NYGD        | -0.84501 |  0.20640 | i  | 11, 0, 0 |
Act_Identity  |          |
##  12 |            | Input_NYGN        | -0.83288 |  0.20374 | i  | 12, 0, 0 |
Act_Identity  |          |
##  13 |            | Input_SEPR        |  2.38957 |  0.21969 | i  | 13, 0, 0 |
Act_Identity  |          |
##  14 |            | Input_ERMA        |  2.33470 | -0.14782 | i  | 14, 0, 0 |
Act_Identity  |          |
##  15 |            | Input_SESC        | -1.32473 | -0.08605 | i  | 15, 0, 0 |
Act_Identity  |          |
##  16 |            | Input_FEMA        | -1.37682 |  0.28955 | i  | 16, 0, 0 |
Act_Identity  |          |
```

```
## 17  |                | Input_SPDY   |  0.44706  |  0.01856  | i |  17, 0, 0 |
Act_Identity |                |
## 18  |                | Input_FEIN   | -1.72852  | -0.10129  | i |  18, 0, 0 |
Act_Identity |                |
## 19  |                | Input_MAIN   | -1.69223  | -0.26429  | i |  19, 0, 0 |
Act_Identity |                |
## 20  |                | Input_SPPO   |  2.06062  | -0.17451  | i |  20, 0, 0 |
Act_Identity |                |
## 21  |                | Hidden_2_1   |  1.00000  | -8.20578  | h |   1, 2, 0 |
       |                |              |
## 22  |                | Hidden_2_2   |  0.00000  | -61.29456 | h |   2, 2, 0 |
       |                |              |
## 23  |                | Hidden_2_3   |  1.00000  | -4.93293  | h |   3, 2, 0 |
       |                |              |
## 24  |                | Hidden_2_4   |  0.00000  | -1.26154  | h |   4, 2, 0 |
       |                |              |
## 25  |                | Hidden_2_5   |  1.00000  | -136.45082| h |   5, 2, 0 |
       |                |              |
## 26  |                | Hidden_2_6   |  1.00000  | -3.98742  | h |   6, 2, 0 |
       |                |              |
## 27  |                | Hidden_2_7   |  1.00000  | -38.50706 | h |   7, 2, 0 |
       |                |              |
## 28  |                | Hidden_2_8   |  1.00000  | -59.23545 | h |   8, 2, 0 |
       |                |              |
## 29  |                | Hidden_2_9   |  1.00000  | -13.07257 | h |   9, 2, 0 |
       |                |              |
## 30  |                | Hidden_2_10  |  0.00000  | -3.80823  | h |  10, 2, 0 |
       |                |              |
## 31  |                | Output_1     | 80.51889  | 165.28026 | o |   1, 4, 0 |
Act_Identity |                |
## ----|----------------|--------------|-----------|-----------|----|-----------|
---------------|----------|-------
##
##
## connection definition section :
##
```

```
## target | site | source:weight
## -------|------|-------------------------------------------------
##    21  |      | 20:14.99080, 19:-4.37922, 18:-5.64107, 17:-14.21278,
                   16:-7.40044, 15:-6.96982, 14: 2.04649, 13: 3.28454,
                   12:-1.09398,
##                 11:-1.05998, 10:-10.35237,  9: 3.07458,  8: 2.81771,
                   7: 7.14501,  6:22.43020,  5:-17.89252,  4: 2.94234,
                   3:-3.41989,
##                 2:-20.86507,  1: 2.99437
##    22  |      | 20:-42.11395, 19:46.16928, 18:46.41003, 17: 5.73816,
                   16:50.23483, 15:47.74510, 14:-48.54859, 13:-49.08794,
                   12:49.66853,
##                 11:51.15318, 10:-5.34949,  9:-55.80005,  8:25.68831,
                   7:-2.84146,  6:-12.38087,  5:-27.17203,  4:23.60743,
                   3:24.90088,
##                 2: 1.37566,  1:22.42043
##    23  |      | 20: 3.55224, 19:-3.82663, 18:-2.81083, 17:-8.62280,
                   16:-6.84271, 15:-6.68200, 14: 2.13178, 13: 1.19267,
                   12:-12.25461,
##                 11:-12.00026, 10: 7.13982,  9:-0.63003,  8:-19.36786,
                   7: 1.56885,  6:18.87510,  5: 1.15033,  4: 1.62183,
                   3: 1.71615,
##                 2:-6.58669,  1: 1.57223
##    24  |      | 20:-3.03815, 19: 2.09218, 18: 5.45140, 17: 8.87992,
                   16: 8.22070, 15:10.87528, 14:-0.88254, 13:-2.19428,
                   12: 8.49697,
##                 11: 8.60248, 10:-5.41809,  9: 0.47726,  8:10.84176,
                   7:-27.30257,  6:14.88415,  5:-4.98278,  4: 0.67941,
                   3: 1.06026,
##                 2: 5.48360,  1:-0.97088
##    25  |      |  0:115.12606, 19:-66.18334, 18:-81.21451, 17:59.74724,
                   16:-65.24387, 15:-91.23738, 14:48.93630, 13:63.63233,
                   12:17.89186,
##                 11:13.69802, 10:-49.68809,  9:48.28717,  8:-4.37396,
                   7:36.57324,  6:-239.25703,  5:-116.16022,  4:45.37873,
                   3:47.11736,
```

```
##                       2:-11.51299,   1:193.68028
##           26 |      | 20: 1.62858, 19:-6.50968, 18:-10.44102, 17:-22.89452,
                        16:-21.50499, 15:-24.28332, 14:12.23182, 13: 8.47606,
                        12:-39.59196,
##                      11:-38.13202, 10:14.99837,  9: 1.17484,  8:-42.70610,
                        7: 0.45940,  6:19.33571,  5:48.32096,  4: 2.15939,
                        3: 1.45809,
##                       2:-34.17036,   1: 4.24288
##           27 |      | 20:24.32948, 19:-21.69843, 18:-29.03406, 17:-39.08598,
                        16:-39.70897, 15:-33.39420, 14:22.44779, 13:21.58632,
                        12:-34.10506,
##                      11:-30.81281, 10: 8.56867,  9:13.75277,  8:15.13938,
                        7: 4.94741,  6:29.65086,  5:20.66949,  4:-30.40738,
                        3:-89.47778,
##                       2: 7.78840,   1:27.43818
##           28 |      | 20:74.58337, 19:-73.31054, 18:-54.84992, 17:38.25743,
                        16:-26.25908, 15:-6.00562, 14:51.08411, 13:57.09294,
                        12:-2.95093,
##                      11: 5.12013, 10:-112.35419,  9:81.15020,  8:53.54121,
                        7:63.02877,  6:169.16539,  5:-121.10607,  4:-34.08242,
                        3:-29.48601,
##                       2:-13.01993,   1:-169.10889
##           29 |      | 20:29.63905, 19:-10.05235, 18:-26.69251, 17:-51.13666,
                        16:-14.93525, 15:-15.09192, 14:20.62878, 13:20.32225,
                        12:-9.60404,
##                      11:-9.00413, 10:72.53555,  9:19.84532,  8: 7.09636,
                        7:60.42725,  6:35.26074,  5:-6.58941,  4: 4.21469,
                        3:-123.86588,
##                       2:-1.78124,   1: 5.16048
##           30 |      | 20:-1.49977, 19: 0.78230, 18: 3.44946, 17: 9.52544,
                        16: 5.21607, 15: 7.46949, 14: 2.12706, 13: 0.74737,
                        12: 7.23410,
##                      11: 7.26661, 10:-4.33287,  9: 1.54910,  8: 7.26920,
                        7:-28.82655,  6:10.88533,  5: 1.27544,  4: 1.88801,
                        3: 1.09380,
##                       2: 3.79257,   1: 1.51486
```

```
##     31  |          | 30: 9.60220, 29:-8.94521, 28:33.58144, 27: 1.55787,
                      | 26: 8.52473, 25:45.79420, 24:-4.24323, 23:-18.14175,
                      | 22: 5.18716,
##                    | 21:18.14762
## -------|------|--------------------------------------------------------
```

这并不划算，我们试图利用每层多达 10 个节点的几个隐藏层得到只有一层且这一层只有 8 个节点的模型。虽然这个例子令人感到沮丧，但神经网络是机器学习中最令人神往的且发展最快的领域。

现在结束关于多层感知机的讨论，也结束关于监督学习的讨论。虽然本章只介绍了有限的几个方法，但却讨论了几种不同类型的模型。最重要的是，如果没有 caret 包，那么每次只能尝试一种类型的模型；有了 caret 包，就可以同时尝试几十个不同类型的模型。不同类型的模型只有在使用某种类型的数据时才有最佳结果，并且有不同的判断标准，如能否处理分类型数据或数值型数据。此外，还可能有一些准则用于判断模型的好坏，如能否处理分类型数据、能否处理数值型数据。有些模型支持主成分分析，而有些模型则不支持主成分分析。最后，还要记住一件事：模型是如何处理缺失数据的。有些方法要求数据完整，有些方法对缺失数据表现非常稳健。

最后，我们温馨地提醒读者，在决定了最优模型后，最后一步是，必须最后一次在全部可用数据上训练这个模型，特别是对于现有的数据量并不十分大的情形。对于模型调整，最好使用交叉验证，避免出现过拟合。

8.3 小结

本章介绍并探讨了 caret 包，caret 包是众多模型的共同接口。这只是权宜之计，但是有了 caret 包，从众多算法中确定最优模型拟合将变得更加简单易行。我们还讨论了数据预处理方法。最后介绍了将原始数据划分为训练数据、验证数据和测试数据的准则，虽然这些无法用代码来说明。我们特别强调以下概念：所有的模型都要在训练数据上进行训练，最终得到的最佳模型要用验证数据进行选择，实际性能要通过最终模型在原始的、未曾使用过的测试数据上进行估计。表 8-2 归纳了本章用到的重要函数及其功能。

表 8-2 本章用到的重要函数及其功能

函数	功能
boxplot()	生成箱形图，可用于可视化地检查奇异值和其他非正常数据
cbind()	按列合并数据
colnames()	列出数据集中的列标题
confusionMatrix()	显示实际观测值与分类型预测量的预测结果
copy()	创建数据集的完全副本，不是指向原始数据的指针。对副本的编辑不会影响原始数据，需要双倍的内存

(续表)

函数	功能
cor()	计算相关系数
createDataPartition()	caret 包中的函数,用于生成训练/测试数据集,需要注意数据的分段特性。在本章的示例中,数据需要具有区域特性
dummyVars()	对分类型数据进行独热编码,用于回归计算
expand.grid()	利用所有输入的所有组合,生成数据框架
explain()	DALEX 包中的函数,在 DALEX 的其他函数之前使用
fancyRpartPlot()	生成彩色的树型图,还附加其他有用的数据
gbm	caret 的参数,表示梯度提升
hist()	生成直方图
lapply()	列出 apply()函数
mlpML	多层感知机,作为 caret 包的参数
model_performance()	DALEX 函数,用于生成可绘制图形的残差对象
par()	可通过 R 语言的默认图形包设置图形参数(如绘制图形的列或行)
pca()	pcaMethods 包提供的主成分分析法
plot_grid()	cowplot 包中的函数,用来设置多个图形的行和列。与 R 语言的图形包函数 par()对应
prcomp()	R 统计包提供的主成分分析法
predict()	给定模型,由输入值预测输出量
qqnorm()	生成 Q-Q 图
ranger	表示 caret 包的随机森林参数
rpart	表示 caret 包的分类与回归参数
sapply()	简化版的 apply()函数
scale()	R 语言的基本函数,用于对数据进行定标化和中心化处理
shapiro.test()	计算 Shapiro-Wilke 的正态化准则
stats::residuals()	计算模型的残差
summary()	给定输入,生成摘要输出
svmLinear	表示 caret 包的支持向量机参数(线性形式)
svmPoly	表示 caret 包的支持向量机参数(多项式形式)
train()	caret 包中的函数,可通过给定的训练数据训练某个模型
trainControl()	caret 参数(和函数),用于为模型训练提供输入数据(交叉验证和折叠次数)
variable_importance()	DALEX 函数,计算丢弃损失
variable_response()	DALEX 函数,计算部分依赖性
View()	在新的视窗中以交互方式打开数据框架/数据表

第 9 章

缺 失 数 据

在真实世界中,几乎所有的数据分析都出现过数据缺失现象。本章首先介绍数据缺失的基本概念,包括数据缺失的几种常见描述方法。之后将重点介绍数据分析中数据缺失的几个处理方法。本章用到的一个关键程序包是 mice,这个包提供了缺失数据的稳健处理方法,这些方法可以确保数据缺失对分析结果的影响最小。

```
library(checkpoint)
checkpoint("2018-09-28", R.version = "3.5.1",
  project = book_directory,
  checkpointLocation = checkpoint_directory,
  scanForPackages = FALSE,
  scan.rnw.with.knitr = TRUE, use.knitr = TRUE)

library(knitr)
library(ggplot2)
library(cowplot)
library(lattice)
library(viridis)
library(VIM)

library(mice)
library(micemd)
library(parallel)

library(data.table)
library(xtable)
library(JWileymisc) # has data

options(width = 70, digits = 2)
```

9.1 概念背景

数据缺失是指一个或多个变量丢失了某些观测值。引起数据缺失的原因可能有很多。数据缺失也会给数据分析带来许多问题：
- 从无缺失数据获得的估计可能存在偏差。
- 缺失数据会造成信息量减少，因而影响数据的效率。
- 许多工具和软件都没有处理缺失数据的功能。

如果数据缺失并不是完全随机的，就会存在偏差。因此，从有缺失的观测数据中获得的估计值将系统性地不同于从没有缺失的观测数据中获得的结果。当观测发生数据缺失时，会影响效率，因为数据缺失会影响数据中的信息量。更有甚者，许多简单的解决数据缺失问题的技术，如完全记录分析，会直接丢弃缺少某个变量值的记录，虽然这些记录也包含其他变量值。这当然会影响效率。最后，由于许多工具无法直接处理数据缺失问题，因此处理缺失数据的分析方法往往需要花更多的时间，也更加复杂，因为在使用标准工具之前，必须先处理好缺失数据问题。

对于前面提到的缺失数据带来的三个问题，有很多解决方法。但是在实施某个方法之前，需要考虑一些普遍性的东西。从本质上讲，假设我们的目的是获得某个参数 θ 的估计，以及这个估计的不确定性估计。再进一步假设，数据是从我们感兴趣的有限样本空间中采样得到的，但是不需要扩展到整个总体空间。现在最根本的问题是在什么条件和假设下存在 θ 的无偏估计，以及如何获得？

通常，数据可以分为三类：
- 完全随机缺失(Missing Completely At Random，MCAR)。产生数据缺失的机制完全与 θ 估计无关。
- 随机缺失(Missing At Random，MAR)。产生数据缺失的机制有条件地与 θ 估计无关。
- 非随机缺失(Missing Not At Random，MNAR)。产生数据缺失的机制与 θ 估计有关。

当且仅当数据是完成随机的缺失数据时，使用完全记录分析才能得到 θ 的无偏估计。对于所有其他情况，都必须考虑我们对缺失过程所做的假设，以及在这些假设下，在现有可用的数据集上是否能获得 θ 的无偏估计。

可以使用一种系统性的方法表示预期的模型和分析缺失数据之间的因果关系。这种系统性的方法就是图形模型，如有向无环图(Directed Acyclic Graph，DAG)。Mohan、Pearl 和 Tian 等人利用 DAG 设计出一种方法，用以识别哪种模型的无偏估计可以被恢复，而且 Mohan 和 Pearl 还把这种方法扩展到因果查询，以检验数据是否是 MCAR，以及是否属于变化级别的 MAR+。

这项研究带来一些实际影响。首先，取决于因果过程和缺失机制，同样的数据，也许可以恢复 θ 的无偏估计，也许不能恢复。因此，最重要的是要考虑到模型的规范。仅仅调整所有可能变量是不够的，因为其他研究显示，原来无偏的 θ 估计，在为 DAG 加上不合适的变量或路径(后门准则)后，有可能变为有偏估计。另外，严格分析模型以及得到或不能得到无偏估计的条件,这既复杂,也需要专业知识。需要对因果关系和缺失机制有深入理解,而这远远超出大多数研究者的研究范围和当前科学现状。随着需要考虑的变量数不断增加,模型的复杂度呈指数增长。

虽然在 Mohan 和 Pearl 的理论文献中,并没有论述这个问题。但是当实际应用时,不仅要定义好正确的变量和路径,还要正确地定义关系的函数形式。因此,对于 $P(Y|f(X))$,$f(X)$ 可能是线性函数,也可能是非线性函数。θ 的无偏估计取决于这个函数的定义。在实际情况下,至少对于观测量的关系函数必须仔细分析,而且在必要时,允许使用非线性形式。

虽然希望通过某些特定变量的背景知识确定数据缺失机制已超出本章的讨论范围,但这个问题还是值得讨论。接下来讨论多重插补法(multiple imputation),作为处理缺失数据的一种方法,多重插补法至少可以作为处理未知函数形式的可选手段。

多重插补法

1. 概述

现在有很多插补方法。其中,单一插补法(又称均值和热卡插补法)以及条件均数插补法不值得提倡。单一插补法存在的问题是,不管是哪类插补模型,都认为缺失数据的预测值不会有误差。这会导致这样的结果:建立在插补数据基础之上的模型的不确定性估计太低,因而会增大第一类统计错误率。影响的程度取决于缺失数据的数量和插补模型的精度。

多重插补法不是一次插补数据集,而是多次插补数据集。多重插补法的原理不是生成单个预测值作为插补值,而是根据预测分布随机生成多个插补值。预测分布的宽度决定了预测的不确定性,因而给插补的每个数据集带来了可变性。

生成多重插补数据的过程如下:

(1) 以包含缺失数据的数据集为初始数据集。

(2) 用初始估计填补缺失数据。初始估计很容易得到,或是每个变量的均值和中位数,或是每个变量的随机值。

(3) 对于每个变量,建立一个模型,这个模型可根据其他变量预测这个变量的值。用这个模型预测缺失数据。对于参数模型,如线性回归,从预测的分布(也就是正态分布,分布的均值来自预测值,分布的标准差表示预测的不确定性)生成随机值,或者从贝叶斯模型的后验分布采样随机值。对于非参数模型,如随机森林模型,可通过其他方法引入不确定性,如使用自采样法建立以预测值为中心的经验分布,并从经验分布采样随机值。

(4) 重复前面的步骤,直到预测的完全数据集与前一次迭代的结果没有实质性差别为止,这表示模型已经收敛。这一步之所以是必需的,是因为随着初始估计越来越准确,建立的模型可能随着时间发生变化。

(5) 重复以上这些步骤,直到生成的多重插补数据集的个数满足要求为止。

当多重插补数据集生成后,分析过程稍微不同于无缺失数据的单个数据集的分析过程。多重插补数据要单独分开进行分析,然后根据鲁宾规则合并结果。简单描述如下。

- 模型在每个插补数据集上进行单独估计。
- 每个模型的许多参数都可以参与均取处理,包括回归系数、均值差和预测值。有些值不能直接参与均值处理,如残余方差或相关性的估值,这些值要在求均值之前进行转换。
- 所收集结果的不确定性估计(标准误差)包括两个可变性来源:
  ◆ 每个模型的参数的平均不确定性。
  ◆ 模型之间参数估计的可变性。
- 根据平均参数和不确定性估计进行统计检验。这里的不确定估计包括模型不确定性和不同数据集的不确定性。

通常,任何分析都要在单个数据集上进行,只是到了最后一步,才从各个数据集收集结果。例如,如果我们的目标不是仅仅得到回归模型,而是生成一幅表示预测结果的图形,那么可以根据每个插补的数据集,产生单个预测值,然后合并全部预测值。不正确的做法是:先收集回归模型的结果,再利用收集起来的模型生成预测值。关于多重插补的常见错觉是认为只有独立变量才可以插补,因变量不可以插补。模拟结果显示,不对因变量进行插补会增大偏差,因此建议对所有的变量进行插补。

2. 多重插补的实现方法

通常,用于实现多重插补的模型有以下两种形式。

- JM:联合模型(Joint Model,JM),需要确定全部变量的联合多变量分布,从条件分布中获得插补值。
- FCS:全条件定义(Fully Conditional Specification,FCS),需要为每个缺失数据的变量建立独立的模型,以其他变量作为预测量。每个缺失数据的变量的值由变量的特定模型的条件密度分布插补得到。

JM 可以用理论方法来证明有效性,这是 JM 优越于 FCS 的地方,后者还无法用理论证明有效性。

JM 面临的挑战在于对多变量分布有以下要求:(i)可定义;(ii)是数据的合理表示;(iii)容易解释。通常,只有部分条件容易得到满足。例如,多变量正态模型(MVN)相对比较容易定义,容易用解析法进行估计和解释。然而,只有少部分研究案例,缺失数据的变量可以用正态分布来表示。例如,一旦在模型中引入二元协方差(例如性别),MVN 模型就开始偏离实际。有时,MVN 模型仍然用于某些案例,在这些案例中,数据不可能是真正的 MVN 近似模型。但是这也正好说明了 JM 的缺点。MVN 模型并不是唯一可以定义的多变量分布类型。然而,涉及正态分布、二元变量或计次变量的多变量分布很难估计,也很难解释,因而很难用解析法进行处理。

在我们看来,在实际应用中,JM 特别难,因为对于许多应用研究问题(如流行病研究、纵向研究),在处理缺失数据时,会建立许多模型,这些模型包含许多协变量和预测量,更别提大量的缺失数据和丢弃的数据,它们虽然不是最终解析模型的一部分,但却对改进缺失数据模型很关键。这么多不同变量都遵循传统的多变量正态分布是很少见的,因此使得 JM 在很多情况下没有实用价值。

虽然 FCS 缺少理论支持,但是 FCS 可以取代 JM。FCS 的别名基于链式方程的多重插补(Multiple Imputation through Chained Equation,MICE),因为有一系列独立方程。假设有 k 个变量,我们不是定义 k 维多变量密度分布,而是定义 k 个单变量密度分布。这简化了计算过程,使得 FCS 可以应用于任何现有的分布,因而适用于各种不同类型的因变量(如连续型正态分布、计次型泊松分布、二值型二项分布、正值连续型伽马分布等)。FCS 的另一个优点是,可以为预测量与每个因变量之间的关系定义灵活的函数形式。

FCS 模型的标准做法是,根据每个变量的(条件)后验分布取得 Gibbs 样本。这个后验分布通常可以表示成 $P(Y_i|Y_{-i}, \theta_i)$,其中 i 可以是 1 和 k 之间的任何一个值。当所有的结果量都已填补后,现在就可以反复使用观测数据和每个结果量的填补数据,直到收敛为止。到达收敛后,根据需要从条件后验分布获取我们所需要的样本数据,生成多重插补数据集。

FCS 存在的一个主要问题是条件分布可能无法相容,当条件分布不相容时,变量插补的顺序就很重要,但是这些因素的影响相对较小。条件分布在什么条件下可以相容,并且可以得到与联合分布相同的结果?这些问题在 Hughes 的文章中有讨论,其中还提供了一种仿真方法,可以分析当分布相容或不相容时 FCS 的性能。一般情况下,虽然与 JM 相比,FCS 缺少理论支持,但是在仿真和实践中,FCS 的性能看起来不错。考虑到限制较少,当 JM 假设无法满足时,FCS 的性能远胜于 JM。由于十分灵活,本章重点介绍 FCS 插补方法。

3. 非线性效应和非正态结果量

在许多应用中,默认假设变量之间存在线性关系。然而,根据理论的规定和数据的要求,需要检验以上假设,以允许使用非线性函数形式。即使是 MAR 数据,为了获得无偏估计,模型也必须正确定义。既要定义正确的变量,也要定义正确的函数形式。

以前,对于非线性项,需要使用所谓的被动插值方法。例如,对于两个变量 X_1 和 X_2 之间的交互作用,每个变量都需要单独插补,然后在分析过程中执行多重插补,它们的乘积 X_1X_2 可从 X_1 和 X_2 的插值计算中得到。同样的过程也适用于平方项 X_1^2 和其他非线性项。仿真结果表明,这样的被动插补会生成有偏估计。实际上,这些非线性变换应该嵌入多重插补过程。具体方法是先创建变量,再把它们作为额外变量添加到插补模型中。交互项、平方项或变换变量,有时统称为另一个变量(Just Another Variable,JAV)。然而,这样处理存在局限性,会丢失 X_1 与 X_1^2 (交互作用)之间的关系。Vink 和 van Buuren 提出了另一种方法,这种方法又称为多项组合法,使用这种方法既可以生成无偏估计,也可以保留 X_1 与 X_1^2 之间的关系。然而,就我们所知,当前这种方法只可用于平方项,不可用于不同变量之间的交互作用,也不可以用于高阶多项式,尽管在理论上可以推广到这些项。

另一个相关问题是偏正态分布变量或非正态分布变量。直观的想法可能是使用正态变换。但是 von Hippel 已经证明,使用这种办法得不到最优结果。在许多情况下,建议使用正态模型。其他选项包括,为每个因变量定义(正确的)分布(如伽马分布、beta 分布)。当前,大多数仿真只研究了正态结果和二项结果的多重插补性质,而很少研究有序结果的多重插补。因此,有关来自其他分布的变量,目前这方面的资料很少。而且,大多数软件只允许相当有限几种已知分布。

正如交互作用或其他非线性项在必要时需要进行插值处理,如果某个其他变量 Y 不仅依赖于 X_1 和 X_2,也依赖于它们的交互作用 X_1X_2,那么为了正确地定义这个模型,必须在 FCS 中加入交互作用项作为预测量。如果 Y 依赖于 X_1、X_2 和 X_1X_2,但是 X_1X_2 却没有加入到插补模型中,则结果肯定存在偏差。然而,如果 Y 依赖于 X_1、X_2 和 X_1X_2,但是 X_1、X_2 和 X_1X_2 都包括在插补模型中,则结果不会存在偏差。这个问题在 Bartlett、Seaman、White 和 Carpenter 的文章中有详细介绍,他们证明了实体解析模型可以是插补模型的限制版本,但是反之则不然。具体来说,他们建议确保插补模型与实体解析模型相容,至少半相容(实体模型是插补模型的限制版)。

4. 带插补的 GLM 模型

FCS 并没有定义某个具体模型,但是最常用的一类模型是广义线性模型(GLM)。例如,用于连续的、近似正态分布变量的线性回归以及用于二元变量的 Logistic 回归。本书的第 3 章和第 4 章比较深入地讨论了 GLM 模型,有兴趣的读者可以阅读这两章内容。GLM 模型的优点之一在于它们是大多数数据分析人员十分熟悉的解析模型,因此人们容易理解它们在多重插补中的应用。此外,大多数 GLM 在现代计算机上可以快速运行,因而计算成本相对较低。虽然有通用性和运算速度快等优点,但是 GLM 也有不足之处。

首先,GLM 默认所有变量之间存在线性关系,因变量是基于连接函数的尺度测量得到的,虽然这个假设对于任何 GLM 模型都是成立的,但是带来的问题因以下事实而变得更加严重:多重插补通常涉及许多关系。例如,考虑如下相对简单的问题:肥胖与血压有关吗?血压本身有两个指标:收缩压和舒张压。有好几个因素可能会使这种关系更加复杂。相关的协变量也是如此,年龄和社会经济状况就是相关因素。最后,与缺失数据有关的因素也应该考虑在内。例如,假设已经知道已就业的参与人员更有可能缺失数据,那么在插补模型中考虑这个因素是很合理的。在这个示例中,刚开始,我们只考虑几个与肥胖、血压和数据缺失等有关的因素,我们一共需要处理 6 个变量。在最后的数据分析中,我们只需要关心压力、年龄和社会经济地位(三个变量)与血压(两个变量)的关系,因此我们需要考虑 6 个关系。然而对于插补模型,它们存在 15 个不同的关系。如果其中一个是非线性的,插补模型将会出错,我们需要确认哪些关系是非线性的,为之定义合适的函数形式(如二次函数)。许多应用研究问题可能包含更多变量,或者因为研究问题本身涉及很多变量,或者因为存在更多的协相关性,或者因为存在更多因素与数据缺失有关。让数据分析师用人工方法确定每个关系可能存在的全部函数形式是不切实际的(10 个变量存在 45 个关系，20 个变量存在 190 个关系)。

其次，默认时，GLM 模型并没有包含变量之间的交互作用。随着插补模型中变量个数的增加，它们之间可能存在的交互作用个数也急剧增加，远远超出我们的分析能力。

最后，对于某些规模较小的数据集或应用，相对于观测量的个数，变量的个数可能很大。在这些情况下，GLM 总是会过拟合数据，特别是对于二元因变量，可能会造成完全分离和估计困难，最根本的问题是 GLM 并没有包含默认的变量选择方法。

5. 带插补的 GAM

面对未知的函数形式带来的挑战，自然的解决办法是使用如下这样的模型：这种模型可以按经验逐渐地接近未知的函数形式。广义可加模型就是这样一类模型，由于使用平滑器和惩罚函数生成了近似的函数形式，因而不会过拟合数据(严重过拟合)。"基本的" GAM 的扩展是 GAMLSS，GAMLSS 在基本的 GAM 模型中引入了位置、尺寸和形状参数。GAMLSS 不仅允许位置为模型参数(正态分布的均值)，而且允许将分布的尺度(方差)和形状作为模型的参数。虽然 GAM 模型比较成熟，但是很少有人研究它在多重插补中的性质。

de Jong、van Buuren 和 Spiess 所做的仿真研究证明了从多重插补 GAMLSS 模型可以得到很好的结果，GAMLSS 模型允许在插补中出现非对称正态分布、非正态分布因变量和非线性效应。然而，有必要指出，这个仿真研究只是分析几个变量。在实际应用数值型预测量时，可能会出现非收敛或计算成本太高等问题。

6. 将随机森林法用于插补

随机森林法(Random Forest，RF)是机器学习中一类广泛用于预测模型的算法，往往能得到非常好的结果。对于插补处理，随机森林法比起前面介绍的方法有几个优点。

在插补中我们遇到的一个问题是，需要正确地获取函数形式，它可能是所有变量之间的非线性关系。GAM 提供了一个解决办法，但是使用随机森林法也可以解决这个问题，它允许对树在变量的不同节点处进行分叉，这样就可以表示非线性关系。

不同于 GAM 或 GLM，随机森林法可以辨识变量之间的重要交互作用。即使无法系统化扫描所有可能情况，使用随机森林法也仍然可以有效识别交互作用。这正是随机森林法最大的优点。假设有 10 个或更多个变量，让研究者定义变量之间的所有交互作用是不可能的，而且会大大增加模型的复杂度，生成非常大的采样数据集。

最后，随机森林法的优点是，内部有自动选择变量的功能。随机森林法只会选择对因变量预测有帮助的变量。因此，不同于 GAM 或 GLM，随机森林法可以很好地处理这样的案例：相对于数据集的观测量而言，插补模型中的变量个数非常大。

7. 其他情形

到目前为止，除了前面介绍的多重插补外，还有很多特殊案例需要使用其他方法。当涉及实时事件或重要因变量时，多重插补就变得更加复杂。在这些情况下，需要对协变量进行插补。

9.2 R 示例

为了应用前面介绍的数据缺失解决方法，我们使用一个与每日研究对应的数据集。前面讨论的很多插补模型只用于单层数据，因此，我们先对这个数据集进行压缩，按 UserID 分组平均值。

```
## load example dataset
data("aces_daily")
draw <- as.data.table(aces_daily)[order(UserID)]
davg <- na.omit(draw[, .(
  Female = na.omit(Female)[1],
  Age = na.omit(Age)[1],
  SES_1 = na.omit(SES_1)[1],
  EDU = na.omit(EDU)[1],
  STRESS = mean(STRESS, na.rm = TRUE),
  SUPPORT = mean(SUPPORT, na.rm = TRUE),
  PosAff = mean(PosAff, na.rm = TRUE),
  NegAff = mean(NegAff, na.rm = TRUE)),
  by = UserID])
```

接着，我们想给这个数据集添加一些缺失值。在本例中，缺失值的概率由数据集的两列数据 SUPPORT(支持)和 STRESS(压力)的组合值决定。然后，我们根据这些概率值生成某些变量的缺失数据。我们随机地给 STRESS 和 SUPPORT 两个特征量生成缺失值(NA)。

```
## missing depending on support and stress
davg[, MissingProb := ifelse(
        SUPPORT < 5,
           ifelse(STRESS > 2.5, .4, .0),
           ifelse(STRESS > 2.5, 0, .4))]

set.seed(1234)
davgmiss <- copy(davg)
davgmiss[, PosAff := ifelse(rbinom(
             .N, size = 1, prob = MissingProb) == 1,
```

```
                NA, PosAff)]
davgmiss[, NegAff := ifelse(rbinom(
                .N, size = 1, prob = MissingProb) == 1,
                NA, NegAff)]
## random missingness on stress and support
davgmiss[, STRESS := ifelse(rbinom(
                .N, size = 1, prob = .1) == 1,
                NA, STRESS)]
davgmiss[, SUPPORT := ifelse(rbinom(
                .N, size = 1, prob = .1) == 1,
                NA, SUPPORT)]
davgmiss[, Age := ifelse(rbinom(
                .N, size = 1, prob = .1) == 1,
                NA, Age)]
davgmiss[, SES_1 := ifelse(rbinom(
                .N, size = 1, prob = .1) == 1,
                NA, SES_1)]
davgmiss[, Female := factor(ifelse(rbinom(
                .N, size = 1, prob = .1) == 1,
                NA, Female), levels = 0:1,
                labels = c("Male", "Female"))]
davgmiss[, EDU := factor(ifelse(rbinom(
                .N, size = 1, prob = .1) == 1,
                NA, EDU), levels = 0:1,
                labels = c("< Uni Graduate", "Uni Graduate +"))]
## drop unneeded variables to make analysis easier
davgmiss[, MissingProb := NULL]
davgmiss[, UserID := NULL]
```

现在，使用可视化方法分析数据集中的缺失数据模式对后面的讨论会有帮助。这项工作可以由 VIM 包的 aggr()函数来完成，结果如图 9-1 所示。左边的子图表示每个变量的缺失值比例，右边的子图表示每列数据的缺失值模式和比例。从图 9-1 中可以看出，虽然整个数据缺失率大概在 15%左右，不是很高，但是只有三分之一的参与者有完整的观测数据。这正好成为一个完整的分析案例，里面丢失了很多信息。

```
aggr(davgmiss, prop = TRUE,
     numbers = TRUE)
```

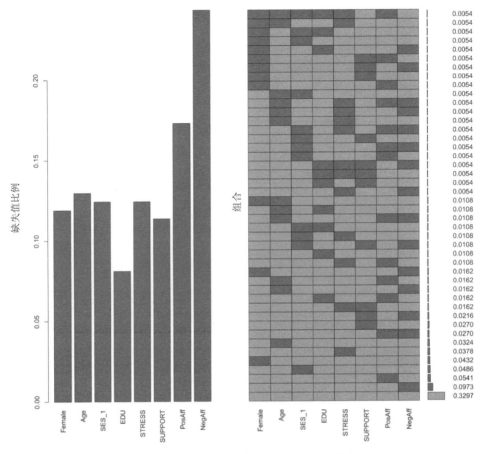

图 9-1* 用图形显示变量的缺失性和缺失模式

VIM 包提供了一个函数,用于帮助我们确认一个变量的缺失值是否依赖于另一个变量,这个函数就是 marginplot()。图 9-2 中的几个子图包含一些有用的信息:图的中央部分是数据对的点阵图,边缘部分显示了缺失数据的扩散程度,箱形图显示了每个变量的分布,并根据其他变量是否缺失而进行分层。这些子图说明了当缺少积极情感时时,压力总是比较大,得到的支持较少。

```
par(mfrow = c(2, 2))
marginplot(davgmiss[,.(STRESS, NegAff)])
marginplot(davgmiss[,.(SUPPORT, NegAff)])
marginplot(davgmiss[,.(STRESS, PosAff)])
marginplot(davgmiss[,.(SUPPORT, PosAff)])
```

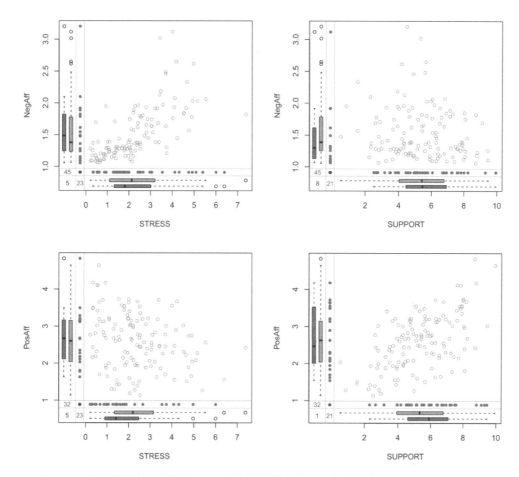

图 9-2* 缺失数据的二变量图形。中央位置的散点表示没有缺失数据，边缘位置的散点表示缺失数据，箱形图则通过另一个变量是否缺失来说明每个变量的缺失情况

下面应用统计检验，分析一个变量的缺失是否与另一个变量有关。例如，使用后面将要介绍的 t 检验。我们发现 STRESS 和 SUPPORT 受积极情感的影响，没有表现出显著性差异。然而，一般情况下，根据统计显著性决定是否在插补模型加入变量的做法不应该得到支持，因为结果虽然不是统计显著的，但是对多重插补模型的结果却仍然有影响，影响的强度取决于交互效应的强度和样本集的大小。

```
## does age differ by missing on negative affect?
t.test(Age ~ is.na(NegAff), data = davgmiss)$p.value

## [1] 0.9
```

```
## does age differ by missing on positive affect?
t.test(Age ~ is.na(PosAff), data = davgmiss)$p.value
```

```
## [1] 0.14
```

```
## does stress differ by missing on negative affect?
t.test(STRESS ~ is.na(NegAff), data = davgmiss)$p.value
```

```
## [1] 0.89
```

```
## does stress differ by missing on positive affect?
t.test(STRESS ~ is.na(PosAff), data = davgmiss)$p.value
```

```
## [1] 0.17
```

```
## does social support differ by missing on negative affect?
t.test(SUPPORT ~ is.na(NegAff), data = davgmiss)$p.value
```

```
## [1] 0.49
```

```
## does social support differ by missing on positive affect?
t.test(SUPPORT ~ is.na(PosAff), data = davgmiss)$p.value
```

```
## [1] 0.17
```

9.2.1 回归模型与多重插补

在本例中，我们利用回归方法多重插补缺失数据。由于多重插补涉及随机成分(如自采样法)，因此每次的最终结果都会随机变化。为了使结果可以重复，需要设置随机种子。考虑到速度等因素，我们只生成 6 个插补数据集。在实际研究中，需要更多的数据集以保证即使采用不同的随机种子，集成后模型的最终结果也大致相同。

下面的代码使用 mice 包的 mice() 函数来对 davgmiss 数据集中的缺失数据进行插补处理。这里要求执行 6 次插补($m=6$)。参数 defaultMethod 定义了模型的类型，这些模型可以用于连续的数值型变量、二元值变量、标称(多分类)变量或有序分类变量等。算法的迭代次数设置为 10，并且为了可重复性，设置了随机种子，在插补实现过程中关闭了消息输出。调用 system.time() 函数记录插补所需的时间

(秒)。mice()函数的运算结果是一个 mids 对象，其中包含了原始数据和所有的插值结果。

```
system.time(mi.1 <- mice(
  davgmiss,
  m = 6, maxit = 10,
  defaultMethod = c("norm", "logreg", "polyreg", "polr"),
  seed = 1234, printFlag = FALSE)
)

## user system elapsed
## 2.9 0.0 3.0
```

由于迭代次数有限，因此模型可能不会收敛。与贝叶斯方法一样，收敛性可以通过图形进行检查。每次的插补结果都用不同的颜色表示，如果当它们都变得稳定时，结果就收敛，并且任意两次插补不会存在系统性差异(这说明模型已经收敛到局部极值)。如果对收敛有怀疑，可以使用 mice.mids()函数继续进行迭代运算，而且不需要重新运行前 10 次迭代。结果看起来相当稳定，并且没有发现系统性差异，这是收敛的合理证据，如图 9-3 所示。

```
## plot convergence diagnostics
plot(mi.1, PosAff + NegAff + SUPPORT ~ .it | .ms)

## run an additional iterations
system.time(mi.1 <- mice.mids(
  mi.1, maxit = 10,
  printFlag = FALSE)
)

## user system elapsed
## 3 0 3

## plot convergence diagnostics
plot(mi.1, PosAff + NegAff + SUPPORT ~ .it | .ms)   ##生成图 9-4
```

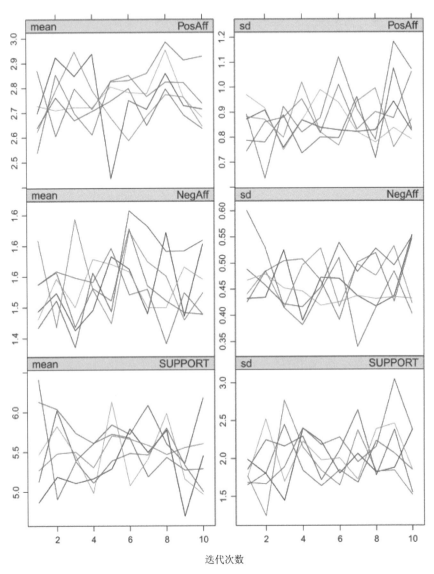

图 9-3*　使用 mice() 函数诊断收敛性

除了检查模型是否收敛外，还有必要估算插补值是否可行。这个任务可以用 mice 包的 densityplot() 函数来完成，用它绘制观测数据和插补值的分布曲线，如图 9-4 所示。mice() 包的 xyplot() 函数不仅可以用于单变量估计，而且可以用于二变量关系的检验。蓝色曲线表示原始观测数据，红色曲线表示插补数据，如图 9-5 所示。一个小问题是，当使用回归方法时，插补值落在数据区域之外。特别是当预测的 affect 值小于 1 时，这正好处在刻度范围之外。虽然这看起来不是十分理想，但还是要保留这些值，因为排除它们或者把它们的值强制为 1 会减小预测的可变性，会使模型显得比实际过于确定。

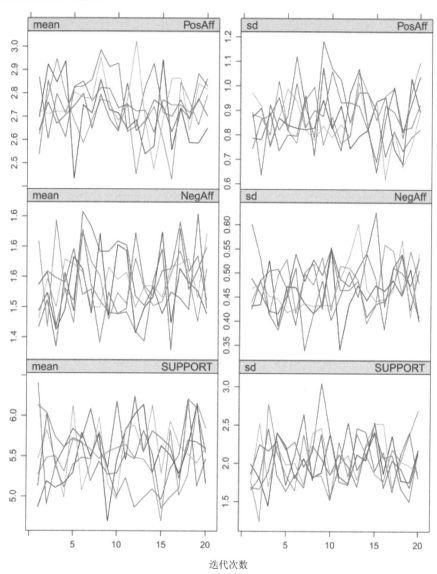

图 9-4* 增加迭代次数后,使用 mice()函数诊断收敛性

```
densityplot(mi.1, ~ PosAff + NegAff + SUPPORT + STRESS)   ##生成图 9-5

xyplot(mi.1, NegAff + PosAff ~ STRESS + SUPPORT)   ##生成图 9-6
```

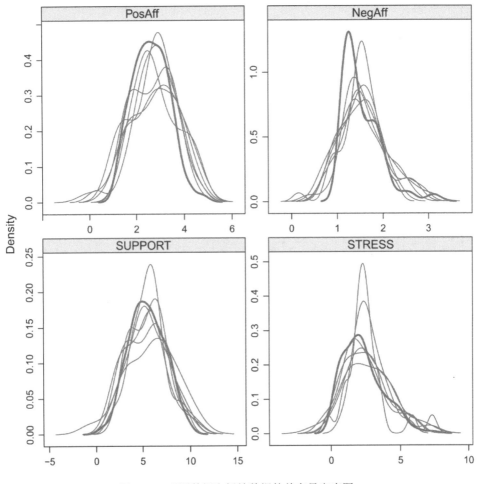

图 9-5* 观测数据和插补数据的单变量密度图

如果到目前为止,插补模型都没有出现问题,那么可以继续下一个任务,对初步的分析结果进行拟合,如图 9-6 所示。mice 包提供了 with() 函数,用于把一个 R 表达式作用于每个插补数据集,然后通过 mice() 函数返回 mids 对象。我们首先执行线性回归,以积极情感作为结果量,以压力作为主要的解释因素,还包括协变量等其他因素,结果得到一个 mira 对象,其中包含同样的分析模型,可以反复作用于各个多重插补数据集。输出这个对象,这样就可以从每个回归模型中获取结果。

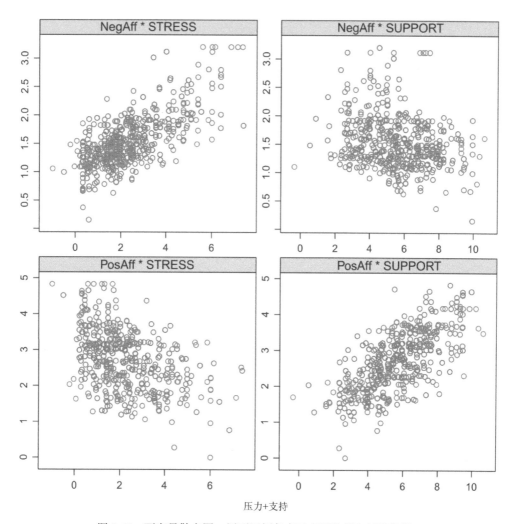

压力+支持

图 9-6* 两变量散点图，用不同颜色表示观测数据和插补数据

```
lm.1 <- with(mi.1, lm(PosAff ~ STRESS + Age + EDU + Female))

lm.1

## call :
## with.mids(data = mi.1, expr = lm(PosAff ~ STRESS + Age + EDU +
##     Female))
##
## call1 :
## mice.mids(obj = mi.1, maxit = 10, printFlag = FALSE)
```

```
## 
## nmis :
##  Female     Age   SES_1     EDU  STRESS SUPPORT  PosAff  NegAff
##      22      24      23      15      23      21      32      45
## 
## analyses :
## [[1]]
## 
## Call:
## lm(formula = PosAff ~ STRESS + Age + EDU + Female)
## 
## Coefficients:
##        (Intercept)              STRESS                 Age
##             4.1174             -0.2194             -0.0459
## EDUUni Graduate +        FemaleFemale
##            -0.0715              0.0450
## 
## 
## [[2]]
## 
## Call:
## lm(formula = PosAff ~ STRESS + Age + EDU + Female)
## 
## Coefficients:
##        (Intercept)              STRESS                 Age
##             4.0037             -0.1697             -0.0415
## EDUUni Graduate +        FemaleFemale
##            -0.0967             -0.0464
## 
## 
## [[3]]
## 
## Call:
## lm(formula = PosAff ~ STRESS + Age + EDU + Female)
## 
## Coefficients:
##        (Intercept)              STRESS                 Age
##             3.8330             -0.2022             -0.0266
```

```
## EDUUni  Graduate +      FemaleFemale
##             -0.0267              -0.2389
## 
## 
## [[4]]
## 
## Call:
## lm(formula = PosAff ~ STRESS + Age + EDU + Female)
## 
## Coefficients:
##         (Intercept)             STRESS                  Age
##              4.2129             -0.2214              -0.0466
## EDUUni  Graduate +      FemaleFemale
##             -0.0529              -0.0799
## 
## 
## [[5]]
## 
## Call:
## lm(formula = PosAff ~ STRESS + Age + EDU + Female)
## 
## Coefficients:
##         (Intercept)             STRESS                  Age
##              3.6608             -0.1867              -0.0221
## EDUUni  Graduate +      FemaleFemale
##             -0.1658              -0.0691
## 
## 
## [[6]]
## 
## Call:
## lm(formula = PosAff ~ STRESS + Age + EDU + Female)
## 
## Coefficients:
##         (Intercept)             STRESS                  Age
##              3.6097             -0.1872              -0.0232
## EDUUni  Graduate +      FemaleFemale
##             -0.0190              -0.0252
```

对每个模型进行诊断分析,得到如图 9-7 所示的结果。

```
par(mfcol = c(2,2 ))
plot(lm.1$analyses[[1]])
par(mfcol = c(1,1))
```

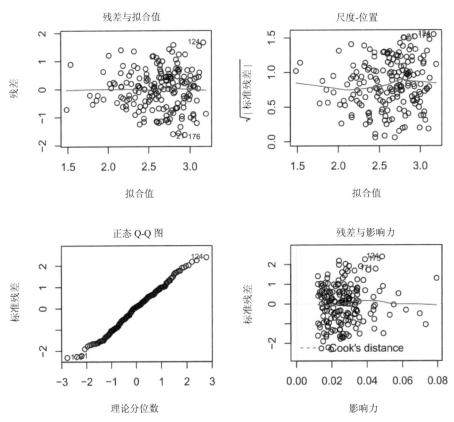

图 9-7 作用于第一个插补数据集的线性回归模型的诊断结果

但是,我们通常对单个模型不大感兴趣,而是对从各个模型收集的总体结果感兴趣。mice 包的 pool() 函数就专为此而设计。结合 summary() 函数,我们可以得到像普通线性回归那样的摘要信息,但是它们来自从各个多重插补数据收集的结果,包括收集到的回归系数、回归系数的标准误差、t 值、自由度的估计值、p 值和置信区间。为了生成好看且适合于图书出版的格式,我们使用了 xtable() 函数,结果如表 9-1 所示。为了生成这个结果,不需要使用 LaTex,只需要运行 summary(pool(lm.1), conf.int = TRUE) 即可。

```
xtable(summary(pool(lm.1), conf.int=TRUE),
    digits = 2,
```

```
caption = "Regression results pooled across multiply imputed data",
    label = "tmd-pooledres1")
```

表 9-1　从各个多重插补数据收集的回归结果

	估计值	标准误差	统计值	df	p 值	2.5%	97.5%
(Intercept)	3.91	0.68	5.71	89.89	0.00	2.55	5.27
STRESS	−0.20	0.04	−4.48	50.53	0.00	−0.29	−0.11
Age	−0.03	0.03	−1.07	88.88	0.29	−0.10	0.03
EDUUni Graduate +	−0.07	0.15	−0.50	83.78	0.62	−0.36	0.22
FemaleFemale	−0.07	0.15	−0.45	19.98	0.65	−0.39	0.25

为了从模型中得到合并的 R^2 值，我们使用 pool.r.squared() 函数。

```
pool.r.squared(lm.1)

## est lo 95 hi 95 fmi
## R^2 0.14 0.054 0.26 NaN
```

在调用 summary() 函数时，把 type 参数设置为 all(type="all")，就可以得到一些额外的数据列，它们会显示有关缺失值的数量和比例等有关信息，后者表示有多少缺失数据会影响某个特定系数，参见表 9-2。

表 9-2　从各个多重插补数据收集到的回归结果，附带了额外信息

	估计值	标准误差	统计值	df	p 值	2.5%	97.5%	riv	lambda	fmi	ubar	b
(Intercept)	3.91	0.68	5.71	89.89	0.00	2.55	5.27	0.18	0.15	0.17	0.40	0.06
STRESS	−0.20	0.04	−4.48	50.53	0.00	−0.29	−0.11	0.33	0.25	0.28	0.00	0.00
Age	−0.03	0.03	−1.07	88.88	0.29	−0.10	0.03	0.18	0.15	0.17	0.00	0.00
EDUUni Graduate +	−0.07	0.15	−0.50	83.78	0.62	−0.36	0.22	0.19	0.16	0.18	0.02	0.00
Female-Female	−0.07	0.15	−0.45	19.98	0.65	−0.39	0.25	0.81	0.45	0.49	0.01	0.01

```
xtable(summary(pool(lm.1), type = "all", conf.int=TRUE),
    digits = 2,
    caption = "Regression results pooled across multiply imputed data with additional information",
    label = "tmd-pooledres1alt")
```

假设想得到压力与积极情感的预测回归线，我们首先需要设置一个数据集，然后从每个单独的回归模型生成预测结果，最后对结果进行均值化处理，如图 9-8 所示。

```
newdat <- data.frame(
  STRESS = seq(from = 0, to = 6, length.out = 100),
  Age = mean(davg$Age),
  EDU = factor("< Uni Graduate", levels = levels(davgmiss$EDU)),
  Female = factor("Female", levels = levels(davgmiss$Female)))

newdat$PosAff <- rowMeans(sapply(1:6, function(i) {
  predict(lm.1$analyses[[i]], newdata = newdat)
}))

ggplot(newdat, aes(STRESS, PosAff)) +
  geom_line()
```

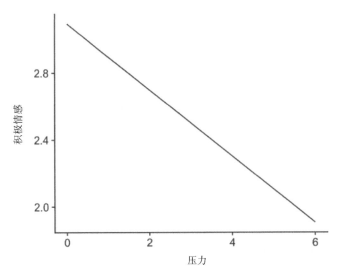

图 9-8　从压力与积极情感的线性回归模型获得的预测结果

9.2.2　多重插补与并行处理

虽然基于回归的插补方法的计算速度总是相当快，但是随着加入更多的观测数据、变量和插补数据，特别是加入更加复杂的插补方法，多重插补也像随机森林法那样，计算强度非常大而且非常耗时。幸运的是，我们可以直接利用多核优势实现并行计算。

第 9 章 缺 失 数 据

下面介绍如何使用一种既适合 Windows 操作系统也适合 Mac 和 Linux 操作系统的并行计算方法来实现多重插补。在 Linux 和 Mac 操作系统中还有比这更容易的方法，但是这里介绍的方法是跨平台兼容的。

首先建立本地集群并运行两个工作进程。如果读者的计算机不止有两个核，那么可以创建更多的进程。如果只有两个核，就设置为 2。接着，确保在每个工作进程中都载入所需要的包。由于每个工作进程只处理一个插补，为了使结果可重复，我们需要为各个插补计算设置单独的随机种子。最后，我们把数据集和随机种子导出到每个工作进程供后期处理。

```
cl <- makeCluster(2)
clusterExport(cl, c("book_directory", "checkpoint_directory"))

clusterEvalQ(cl, {
  library(checkpoint)
  checkpoint("2018-09-28", R.version = "3.5.1",
    project = book_directory,
    checkpointLocation = checkpoint_directory,
    scanForPackages = FALSE,
    scan.rnw.with.knitr = TRUE, use.knitr = TRUE)
  library(mice)
  library(randomForest)
  library(data.table)
})

## [[1]]
##  [1] "data.table"   "randomForest" "mice"       "lattice"
##  [5] "checkpoint"   "RevoUtils"    "stats"      "graphics"
##  [9] "grDevices"    "utils"        "datasets"   "RevoUtilsMath"
## [13] "methods"      "base"
##
## [[2]]
##  [1] "data.table"   "randomForest" "mice"       "lattice"
##  [5] "checkpoint"   "RevoUtils"    "stats"      "graphics"
##  [9] "grDevices"    "utils"        "datasets"   "RevoUtilsMath"
## [13] "methods"      "base"

imputation_seeds <- c(
  403L, 2L, 2118700268L, 1567504751L,
  -161759579L, -1822093220L)
```

```
clusterExport(cl, c("davgmiss", "imputation_seeds"))
```

现在一切都准备就绪，让程序从 1 循环到 6，生成 6 个多重插补数据集。使用 parLapplyLB()函数把每个数据集传递给工作进程，从而做进一步处理。

```
system.time(mi.par <- parLapplyLB(cl, 1:6, function(i) {
mice(
  davgmiss,
  m = 1, maxit = 20,
  defaultMethod = c("norm", "logreg", "polyreg", "polr"),
  seed = imputation_seeds[i])
}))
##   user  system elapsed
##    0.0     0.0     3.5
```

最后，因为前面我们已经使用 mice()函数直接进行了多重插补计算，所以插补对象已经组合成一个很大的对象。为了把它分解成可并行处理的对象，我们只能每次请求一个插补对象，因此需要手动组合它们。为此，我们可以使用 ibind()函数创建一个 mids 对象，其中包含 6 个插补对象。当我们输出结果时，我们发现多重插补的个数是 6。

```
## combine the separate imputations into a single object
mi.par2 <- ibind(mi.par[[1]], mi.par[[2]])
for (i in 3:6) {
  mi.par2 <- ibind(mi.par2, mi.par[[i]])
}

mi.par2

## Class: mids
## Number of multiple imputations: 6
## Imputation methods:
##   Female      Age    SES_1       EDU   STRESS  SUPPORT   PosAff
## "logreg"   "norm"   "norm" "logreg"   "norm"   "norm"   "norm"
##   NegAff
##   "norm"
## PredictorMatrix:
##         Female Age SES_1 EDU STRESS SUPPORT PosAff NegAff
## Female       0   1     1   1      1       1      1      1
```

```
## Age        1  0  1  1  1  1  1  1
## SES_1      1  1  0  1  1  1  1  1
## EDU        1  1  1  0  1  1  1  1
## STRESS     1  1  1  1  0  1  1  1
## SUPPORT    1  1  1  1  1  0  1  1
```

9.2.3 使用随机森林法实现多重插补

使用随机森林法插补数据的工作过程与较简单的回归方法十分相似。同样需要调用基本函数 mice()，主要差别在于需要为 method 参数定义如下不同的方法：rf(Random Forest，RF)。由于随机森林法既可以处理连续变量，也可以处理分类型变量，因此我们不需要为不同类型的变量定义不同的方法。最后，对于随机森林法还需要设置几个额外的选项。首先需要设置每个森林包含多少棵树。在本例中，我们设置为 100(在下面的代码中是 500)，有些插补算法建议使用较少棵树，但是这取决于实际问题。在某些案例中，为了得到比较准确的预测模型，可能需要多于 100棵树。此外，还需要设置 RF 的节点大小。在本例中，节点大小设置为 10。这里把最大迭代次数设置为 20(代码中为 30)，这是为了与回归插补方法的迭代数相一致。在实际情况下，很难事先确定最大迭代次数。但是为了使模型收敛，需要设置足够多的迭代次数。

我们注意到的第一件事情是计算时间有差别。回归插补过程只需要几秒，而 RF 插补过程需要很长的时间，即使实现了并行计算，也需要较长时间。从结果看，模型已经收敛。仔细分析输出结果，使用随机森林法得到的分布更加接近观测数据。没有使用概率取值范围之外(小于 1)的情感值进行插补。

```
system.time(mi.rfpar <- parLapplyLB(cl, 1:6, function(i) {
  mice(
    davgmiss,
    m = 1, maxit = 30,
    method = "rf",
    seed = imputation_seeds[i],
    ntree = 500, nodesize = 10)
}))

##    user  system elapsed
##    0.16    0.11  850.27
```

```r
## combine into a single object
mi.rf <- ibind(mi.rfpar[[1]], mi.rfpar[[2]])
for (i in 3:6) {
  mi.rf <- ibind(mi.rf, mi.rfpar[[i]])
}

## plot convergence diagnostics
plot(mi.rf, PosAff + NegAff + SUPPORT ~ .it | .ms)   ##生成图9-9

## model diagnostics
densityplot(mi.rf, ~ PosAff + NegAff + SUPPORT + STRESS)

xyplot(mi.rf, NegAff + PosAff ~ STRESS + SUPPORT)   ##生成图9-10

m.true <- lm(PosAff ~ STRESS + Age + EDU + Female, data = davg)
m.cc <- lm(PosAff ~ STRESS + Age + EDU + Female, data = davgmiss)
m.mireg <- summary(pool(with(mi.1,
  lm(PosAff ~ STRESS + Age + EDU + Female))),
  conf.int = TRUE)
m.mirf <- summary(pool(with(mi.rf,
  lm(PosAff ~ STRESS + Age + EDU + Female))),
  conf.int = TRUE)

res.true <- as.data.table(cbind(coef(m.true), confint(m.true)))
res.cc <- as.data.table(cbind(coef(m.cc), confint(m.cc)))
res.mireg <- as.data.table(m.mireg[, c("estimate", "2.5 %", "97.5 %")])
res.mirf <- as.data.table(m.mirf[, c("estimate", "2.5 %", "97.5 %")])
setnames(res.true, c("B", "LL", "UL"))
setnames(res.cc, c("B", "LL", "UL"))
setnames(res.mireg, c("B", "LL", "UL"))
setnames(res.mirf, c("B", "LL", "UL"))

res.compare <- rbind(
  cbind(Type = "Truth", Param = names(coef(m.true)), res.true),
  cbind(Type = "CC", Param = names(coef(m.true)), res.cc),
  cbind(Type = "MI Reg", Param = names(coef(m.true)), res.mireg),
  cbind(Type = "MI RF", Param = names(coef(m.true)), res.mirf))

ggplot(res.compare, aes(factor(""),
    y = B, ymin = LL, ymax = UL, colour = Type)) +
  geom_pointrange(position = position_dodge(.4)) +
  scale_color_viridis(discrete = TRUE) +
```

```
  facet_wrap(~Param, scales = "free") +
  theme(
    legend.position = c(1, 0),
    legend.justification = c("right", "bottom"))   ##生成图 9-11

## clean up cluster
stopCluster(cl)
rm(cl)
```

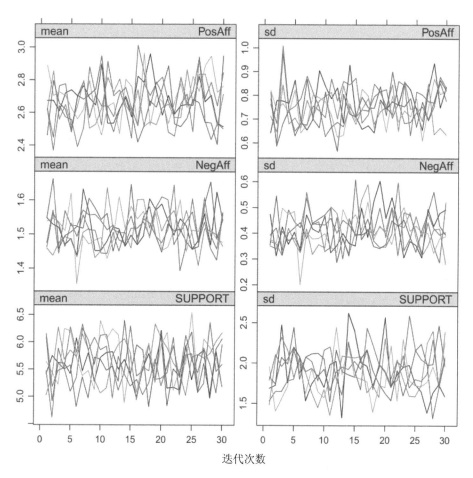

图 9-9*　诊断随机森林插补模型的收敛性

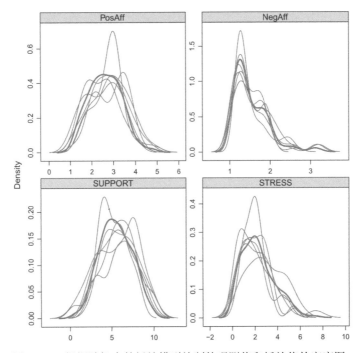

图 9-10* 根据随机森林插补模型绘制的观测值和插补值的密度图

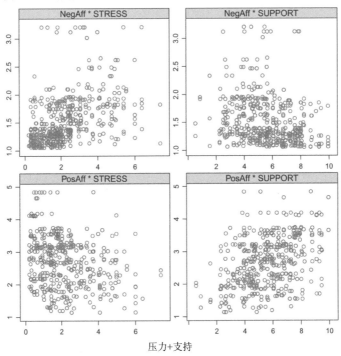

压力+支持

图 9-11* 根据预测数据和插补数据绘制的情感与压力以及社会支持的散点图

注意，不管使用哪种插补方法(GLM、GAM 和 RF)。经过插补后的数据，可以使用同样的分析方法。通过比较不同模型的结果，看看插补的影响。由于我们人为地生成缺失值，因此在这个示例中，我们不仅对插补模型和完全记录分析的结果进行比较，还可以对它们与"真值"进行比较。下面的代码使用了 GLM 模型，并且以积极情感为因变量，以模型中的一些社会人口统计协变量和压力作为焦点预测量。分别使用"真实数据"、完整记录、基于链式方程和线性模型的插补数据以及随机森林多重插补数据反复测试这个模型。把它们的估计值和置信区间绘制成图 9-12。在这个假想的例子中，我们发现，使用完整记录法能够得到较大的置信区间和往往不大准确的结果。不同的插补方法与"真实"模型具有较大可比性的置信区间。但可惜的是，虽然可以评估不同插补模型在已知条件下的性能，但是实际上，我们无法知道真实情况或造成缺失值的真实原因，因此我们无法判断哪种方法最准确。这些结果也说明了以下道理：许多结果可能被认为非常相似，这取决于对新发现的不同解释。考虑到这种相似性以及到底谁是最好模型的不确定性，我们必须理性地考虑各种不同方法的计算成本，最终我们可能选择相比随机森林法较简单的插补模型。

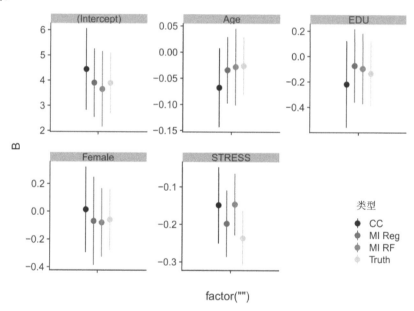

图 9-12　由压力与积极情感的线性回归模型得到的预测

9.3　案例研究：使用 RF 实现多重插补

下面分析一个完整的案例，它使用随机森林法实现了多重插补。由于使用随机森林法实现多重插补往往非常耗时，因此几乎在所有情况下，我们都要考虑使用并行计算。下面的代码首先创建本地集群，然后载入所有需要的包。正如我们之前提到的，使用 checkpoint 包可确保我们能够控制所需要的 R 语言版本和相应的包。确保结果可以再现，以及当读者以后再次阅读代码时，能明白运行所需要的软件。

```
cl <- makeCluster(2)
clusterExport(cl, c("book_directory", "checkpoint_directory" ))

clusterEvalQ(cl, {
  library(checkpoint)
  checkpoint("2018-09-28", R.version = "3.5.1",
  project = book_directory,
  checkpointLocation = checkpoint_directory,
  scanForPackages = FALSE,
  scan.rnw.with.knitr = TRUE, use.knitr = TRUE)
  library(mice)
  library(randomForest)
  library(data.table)
})
```

```
## [[1]]
##  [1] "data.table"    "randomForest"  "mice"       "lattice"
##  [5] "checkpoint"    "RevoUtils"     "stats"      "graphics"
##  [9] "grDevices"     "utils"         "datasets"   "RevoUtilsMath"
## [13] "methods"       "base"
##
## [[2]]
##  [1] "data.table"    "randomForest"  "mice"       "lattice"
##  [5] "checkpoint"    "RevoUtils"     "stats"      "graphics"
##  [9] "grDevices"     "utils"         "datasets"   "RevoUtilsMath"
## [13] "methods"       "base"
```

由于多重插补包含随机成分，因此需要设置随机种子，这样当我们重新运行这个多重插补模型时，就可以得到同样的结果。设置随机种子的一种简单方法就是使用 R 语言内置的.Random.seed 变量。由于值会随时间变化，因此我们不直接使用结果，而是使用 dput()函数把它们导出为可以复制和粘贴的代码。在下面的代码中，我们先介绍一个简单的示例，再介绍如何重用保存起来的随机种子，这样我们就知道使用了哪个种子。为了使用并行计算，必须用 clusterExport()函数把结果导出到本地集群。

```
## example of how to have R return some seed values
dput(.Random.seed[1:5])

## c(403L, 148L, -1767993668L, 1417792552L, 298386660L)

## random seeds
imputation_seeds <- c(403L, 148L, -1767993668L,
  1417792552L, 298386660L, 1360311820L,
1356573822L, -1472988872L, 1215046494L, 759520201L,
1399305648L, -455288776L, 969619279L, 518793662L,
-383967014L, -1983801345L, -698559309L, 1957301883L,
-1457959076L, 1321574932L, -537238757L,
11573466L, 1466816383L, -2113923363L, 1663041018L)

clusterExport(cl, c("davgmiss", "imputation_seeds"))
```

使用随机森林法进行多重插补的实际代码相当简单。不需要为随机森林模型的预测器设置很多参数，因为模型本身能够适应分类型预测量和连续型预测量，对关联的函数形式也不需要做任何假设，因此也不需要考虑数据变换等问题。虽然奇异值会有一些影响，但是由于随机森林法依赖于数据划分，因此预测量的奇异值或极端值往往影响不大。奇异值对连续因变量的影响可能带来一些问题，因此最好先对数据进行检查，看看是否存在这个问题。下面的代码用于快速诊断数据，结果如图 9-13 所示，结果说明数据相当好，可以继续后面的工作。

```
ggplot(melt(davgmiss[, sapply(davgmiss, is.numeric),
             with = FALSE], measure.vars = 1:6), aes(value)) +
      geom_density() + geom_rug() +
      facet_wrap(~variable, scales = "free")

## Warning: Removed 168 rows containing non-finite values (stat_density).
```

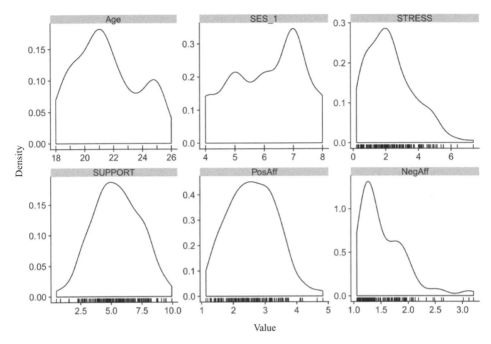

图 9-13　插补模型中包含的连续变量的密度图

最好从相对简单的模型开始，然后生成几个多重插补数据集。这意味着得到初始结果不需要花很长时间，这有助于我们识别初始设置中存在的错误，也可以确保插补模型的结果具有合理性，并且从中估计完成一个完整的插补过程需要多长时间。下面就是这样一个较为简单的例子。我们创建一个本地集群，其中只有两个处理器，而且我们还要创建四个插补数据集。因此，每个处理器需要生成两个数据集。我们可以把迭代次数限制为 5，这样可以在相当程度上改善运算速度。我们在程序的开头和结尾使用了 proc.time()函数，这样我们就可以知道程序的运行时间。

```
start.time <- proc.time()
mi.rfpar1 <- parLapplyLB(cl, 1:4, function(i) {
  mice(
    davgmiss,
    m = 1, maxit = 5,
    method = "rf",
    seed = imputation_seeds[i],
    ntree = 100, nodesize = 10)
})
stop.time <- proc.time()

## estimate of how long it took
stop.time - start.time
```

```
## user system elapsed
## 0 0 15

## combine into a single object
mi.rf1 <- ibind(mi.rfpar1[[1]], mi.rfpar1[[2]])
for (i in 3:4) {
  mi.rf1 <- ibind(mi.rf1, mi.rfpar1[[i]])
}
```

我们看到，运行时间为 15.5 秒。随着每个核的插补次数的增加，或随着迭代次数的增加，运行时间也大致线性地增加。此外，我们还需要检查这个简单模型的诊断信息，看看是否出现异常现象，或者暗示模型中存在问题。我们先看看有关收敛性的诊断信息，如图 9-14 所示。

```
## plot convergence diagnostics
plot(mi.rf1, NegAff + STRESS + Age ~ .it | .ms)
```

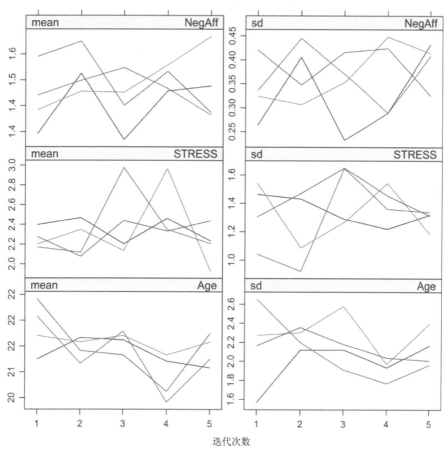

图 9-14*　随机森林插补模型的收敛诊断信息(一)

接下来我们对插补结果与观测数据的分布进行比较,如图 9-15 所示。

```
## model diagnostics for continuous study variables
densityplot(mi.rf1, ~ NegAff + STRESS + Age)
```

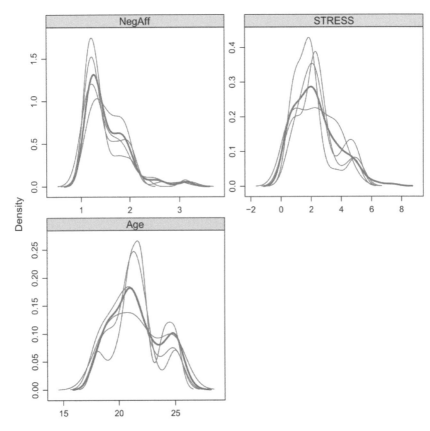

图 9-15* 来自随机森林插补模型的观测值和插补值的密度图(一)

现在可以拟合我们的目标模型——线性回归模型,从每个插补数据集读取残差,并且检验它们的假设和奇异值。由于存在多个回归模型(每个插补数据集一个),我们使用 lapply()函数循环处理每个模型,并把每个模型的残差合并成标准残差向量,并绘制成图形,如图 9-16 所示。虽然分布曲线有点偏移,而且存在几个极端值,但结果不是很严重,残差分布曲线的偏态也不十分严重。

```
## fit the models
fit.mirf1 <- with(mi.rf1,
  lm(NegAff ~ STRESS + Age + EDU + Female + SES_1))

testdistr(unlist(lapply(fit.mirf1$analyses, rstandard)))
```

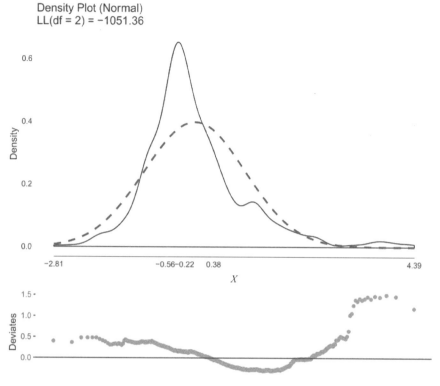

图 9-16　模型残差的分布图(密度图和 Q-Q 偏离值)

最后，合并各个模型的结果并生成摘要信息。使用表 9-3 输出这些摘要信息，这可以帮助我们迟早发现数据、代码和最终的分析模型中可能存在的明显问题。如果存在这些问题，那么使用这种方法可以很快得到解决，而不是等到整个插补模型计算完了才发现这些问题。有趣的是，根据我们的经验，数据中存在的错误刚开始时往往没有被发现，而是直到很晚时才被发现。由于插补算法依赖于数据的正确性，因此数据中存在任何错误时都要重新运行插补模型并进行分析。

```
## pool results and summarize
m.mirf1 <- summary(pool(fit.mirf1), conf.int = TRUE)

xtable(m.mirf1,
  digits = 2,
  caption = "Regression results pooled across multiply imputed data test run",
  label = "tmd-pooledres2")
```

表 9-3 多重插补数据的回归结果

	估计值	标准误差	统计值	df	p 值	2.5%	97.5%
(Intercept)	1.05	0.32	3.30	75.58	0.00	0.42	1.69
STRESS	0.19	0.02	10.41	118.97	0.00	0.15	0.22
Age	0.01	0.01	0.60	103.88	0.55	−0.02	0.03
EDUUni Graduate +	0.02	0.07	0.34	25.31	0.73	−0.12	0.16
FemaleFemale	−0.01	0.06	−0.19	24.86	0.85	−0.14	0.11
SES_1	−0.02	0.02	−0.97	60.39	0.33	−0.06	0.02

一旦确信插补模型能够正常运行，数据中没有问题需要处理并且最终的分析模型能够工作，就继续进行最后的插补处理。在本例中，我们把最大迭代次数从 5 改为 30，这有可能确保收敛性，另外将插补数据集从 4 个增加到 10 个。在实际应用中，通常使用 25～100 个插补数据集，但是这里对问题做了简化，目的是希望这个例子不要运行太长时间。

前面我们已经看到，每个核执行 2 次插补，每次插补进行 5 次迭代，需要 15.5 秒。我们预料，现在 30 次迭代的运行时间大概是前面时间的 6 倍。如果执行 10 次插补(每个核 5 次)，那么需要的时间相应地变为原来的 2.5 倍。总之，我们估计，整个插补过程需要的时间大概是 232.5 秒。如果计划 50 个插补数据集，那么运行时间变为原来的 5 倍。

```
start.time2 <- proc.time()
mi.rfpar2 <- parLapplyLB(cl, 1:10, function(i) {
  mice(
    davgmiss,
    m = 1, maxit = 30,
    method = "rf",
    seed = imputation_seeds[i],
    ntree = 100, nodesize = 10)
})
stop.time2 <- proc.time()

## time taken
stop.time2 - start.time2

## user system elapsed
## 0.04 0.02 274.58
```

```
## combine into a single object
mi.rf2 <- ibind(mi.rfpar2[[1]], mi.rfpar2[[2]])
for (i in 3:10) {
  mi.rf2 <- ibind(mi.rf2, mi.rfpar2[[i]])
}
```

我们看到运行时间是 274.6 秒，稍微大于我们预测的 232.5 秒。与前面的简单模型一样，我们需要检查诊断结果，如图 9-17 所示。

```
## plot convergence diagnostics
plot(mi.rf2, NegAff + STRESS + Age ~ .it | .ms)
```

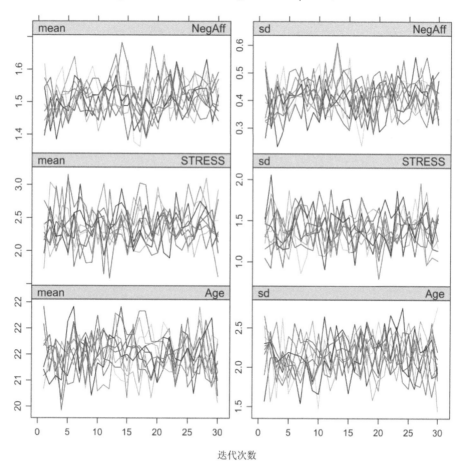

图 9-17*　随机森林插补模型的收敛诊断信息(二)

接着，我们对插补结果与观测数据的分布进行比较，如图 9-18 所示。

```
## model diagnostics for continuous study variables
```

```
densityplot(mi.rf2, ~ NegAff + STRESS + Age)
```

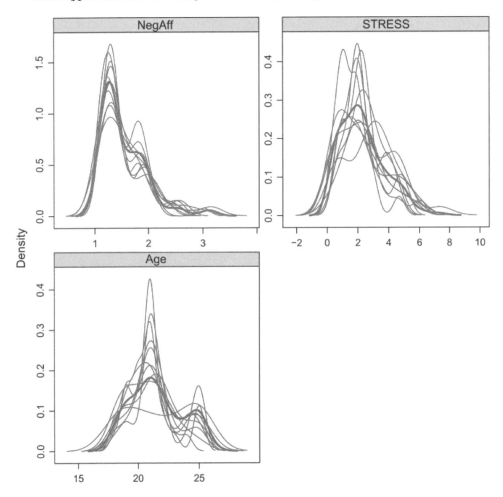

图 9-18*　来自随机森林插补模型的观测值和插补值的密度图(二)

现在拟合目标模型——线性回归模型,并且检查标准残差,结果如图 9-19 所示。

```
## fit the models
fit.mirf2 <- with(mi.rf2,
  lm(NegAff ~ STRESS + Age + EDU + Female + SES_1))

testdistr(unlist(lapply(fit.mirf2$analyses, rstandard)))
```

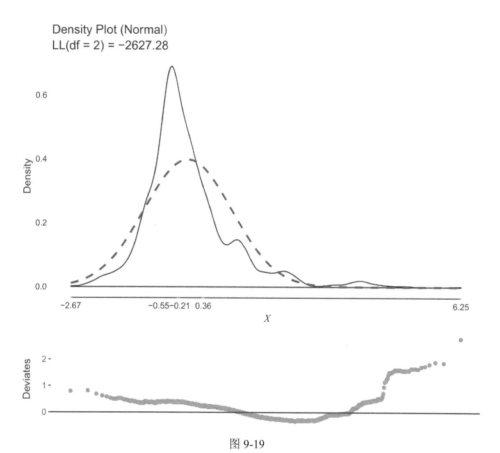

图 9-19

最后，我们合并全部结果，得到的汇总表如表 9-4 所示。

```
## pool results and summarize
m.mirf2 <- summary(pool(fit.mirf2), conf.int = TRUE)

xtable(m.mirf2,
    digits = 2,
    caption = "Regression results pooled across multiply imputed data
               final run",
    label = "tmd-pooledres3")
```

如果我们比较表 9-3 和表 9-4，就会发现一些差别。如果增加更多的插补次数，差别可能会更大。选择 50～100 次插补的理由就是，插补次数越多，一个随机插补与另一个随机插补的差别就会更小。虽然只有 5～10 次插补，但是由于随机性质，结果存在比较大的变异。

表 9-4 合并后的汇总结果

	估计值	标准误差	统计值	df	p 值	2.5%	97.5%
(Intercept)	1.11	0.33	3.39	95.52	0.00	0.46	1.76
STRESS	0.18	0.02	8.94	69.74	0.00	0.14	0.22
Age	0.01	0.02	0.46	44.03	0.65	−0.02	0.04
EDUUni Graduate +	0.03	0.08	0.44	31.10	0.66	−0.12	0.19
FemaleFemale	−0.01	0.07	−0.12	27.86	0.91	−0.15	0.14
SES_1	−0.02	0.02	−1.03	62.65	0.31	−0.07	0.02

9.4 小结

本章介绍了链式方程的多重插补(MICE)，这是处理缺失数据的一种灵活技术。与完全记录分析相比，MICE 可以使用全部的可用数据，因而提高了效率，前者虽然简单，但是经常只能得到次优结果。MICE 也能够减轻缺失数据引起的偏差，前提是与缺失有关的所有变量都包括在 MICE 模型中。一般情况下，处理缺失数据是许多分析中关键的第一步。此外，本章虽然只是简单提到几个后续分析方法，但是 MICE 可以用作任何后续分析方法的第一步，包括本书其他章节中介绍的分析方法。最后，我们简单地总结本章用来处理数据缺失的一些重要函数及其功能，如表 9-5 所示。

表 9-5 本章用到的重要函数及其功能

函数	功能
aggr()	按变量可视化地显示数据集中的缺失数据，并且观测缺失数据的不同模式
marginplot()	可视化地显示一个变量的数据缺失是否与另一个变量有关
mice()	用完全条件规范法执行多重插补
mice.mids()	对上一次运行产生的 mids 类对象执行额外的迭代运算，目的是检查收敛性
densityplot()	mids 类对象的方法，用来绘制观测数据和插补数据的密度图，也可以用来查看插补数据的分布与观测数据的分布有哪些相似或不同之处
xyplot()	mids 类对象的方法，用来创建两个变量的散点图，可以独立地显示观测数据和插补值
with()	mids 类对象的方法，用来对各个插补数据集单独进行指定的分析
pool()	合并各个插补数据集的独立分析结果
ibind()	把各个 mids 类对象合并成一个对象，其中包含所有的多重插补
complete()	从 mids 类对象读取完整的数据集

第 10 章

GLMM：引言

　　广义线性混合模型(Generalized Linear Mixed Model，GLMM)是前几章介绍的广义线性模型(GLM)的扩展，GLMM 使用统计方法解释可聚类的数据(如学校里的孩子、某个医院的门诊病人、同一个人不断重复的观测数据)，并把这些非独立的观测量转换为有条件的独立观测量。

　　解释观测量之间的关系是一项非常重要的工作，而不管这种关系是由层次结构(如班级、学校、工作场所)中的聚类划分引起的，还是由家庭内部的相似性引起的，抑或由重复性测量引起的，因为许多统计模型都假定观测是独立的，或者至少是有条件独立的。上述假设在很多情况下是可以控制的，特别是当观测的每个基本对象(如个人)都只贡献一个观测量时。本章介绍观测量可能非独立的情形。当数据包含非独立观测量时，不仅最终的模型和统计推断需要做相应的修改，而且数据的可视化、数据探索、描述性统计量也都因此随着变化。因此，本章介绍非独立数据的各种处理方法，后面几章介绍如何建立非独立数据的模型。

```
library(checkpoint)
checkpoint("2018-09-28", R.version = "3.5.1",
  project = book_directory,
  checkpointLocation = checkpoint_directory,
  scanForPackages = FALSE,
  scan.rnw.with.knitr = TRUE, use.knitr = TRUE)

library(knitr)
library(ggplot2)
library(cowplot)
library(viridis)
library(JWileymisc)
library(data.table)
library(lme4)
library(lmerTest)
```

```
library(chron)
library(zoo)
library(pander)
library(texreg)

options(width = 70, digits = 2)
```

10.1 多层数据

有两种常见情形会出现非独立观测数据：一种情形是在纵向研究或重复性实验中需要对个体进行重复测量；另一种情形是在把众多个体划分成聚类或组(如家庭、学校、公司等)时，新的人员不断被添加到这些聚类，或者与已经存在的聚类组成嵌套结构。例如，当把家庭作为观测对象时，来自同一家庭的兄弟姐妹的观测数据比起不同家庭的观测数据更有相似性，原因在于同一家庭的成员具有共同的基因或成长环境。同样，如果在一段时间内跟踪某个个体，并且观测一周内每天的行为，则来自同一个人的观测数据比起来自不同人的观测数据更具相关性。

本章将重点介绍一个重复测量数据的例子。虽然重复测量数据可能不同于同一家庭的兄弟姐妹的观测数据，也不同于同一个公司内部多个员工的观测数据，但它们存在同样的问题和解决方法。主要差别是，重复测量数据自然是时间有序的，而聚类数据大多数是时间无序的(例如，从一家100人规模的公司采样10人，通常不会按一种自然方式排序这些员工)。

重复数据与多层数据的第一个差别是，多层数据有两种常见的组织方法。第一种方法类似于单层数据，有时也称宽数据集。每一行代表一个观测单位(如一个人、一所学校)。如果对观测对象进行重复测量，则需要在同一行中添加相应的变量(也就是相应的列)。例如，对患有高血压的人群进行一项长期研究，在研究开始时(T1)测量他们的血压，6个月后(T2)，再测量他们的血压，1年后(T3)再次进行测量。如何组织这些数据呢？表10-1就是一个例子。在这个示例中，ID=3的观测对象缺少最后时间点的观测数据。

表 10-1 一个宽数据集示例，在三个时间点测量高血压患者的收缩压

ID	SBPT1	SBPT2	SBPT3
1	135	130	125
2	120	125	121
3	121	125	

虽然宽数据集适用于某些情形，但却不是多层数据的理想结构。首先，对于需要长期研究的数据，部分信息实际上用变量名来表示，如 T1、T2、T3。通常，我们更愿意变量名只是表达变量本身或测量信息，而时间等附加信息最好用另一个变

量来表示，如时间点。其次，在单位时间内，观测量的个数可能不相等。比如在一些需要长期跟踪的研究中，可能会有不同的时长，学校里的学生人数也不等。对于这些情形，使用宽数据集效率比较低。例如，让我们想象一下，假设一个数据集包含 615 位学生，其中 600 位学生来自一所大的学校，15 位学生来自一所小的学校。如果用宽数据格式保存这些数据，每个测量需要 600 个变量(变量个数对应大学校里的每位学生)。在小的学校里，只需要 15 个变量，其余变量没有数据。

多层数据还有另一种表示法，这种方法有时也称为长格式表示法。在长格式中，多行数据可能属于同一个对象，通过身份(ID)变量来识别，如表 10-2 所示，该表同样表示有关高血压的纵向研究。在这种表示法中，如果某个对象缺失一个观测量，或其中的观测量少于其他对象(如小学校和大学校)，那么表中就没有相应的行。例如，ID 为 3 的观测对象没有时间点 3 的血压测量数据，因此表 10-2 中没有出现这行数据。

表 10-2 长格式表示法，数据是在三个时间点测得的收缩压

ID	SBP	时间点
1	136	1
1	130	2
1	125	3
2	120	1
2	125	2
2	121	3
3	121	1
3	125	2

10.1.1 数据重整

当数据以一种格式表示时，我们可以把数据转换为另一种格式。这不仅是可能的，而且有时很有必要。下面这段代码使用 reshape()函数把宽数据集转换成了长格式表示法。varying 参数表示宽数据集中随时间变化的列。v.names 参数表示出现在长格式表示法中的列变量名，在本例中是 SBP。如果长格式表示法中有多个列变量名，就都添加到这里。direction 参数表示将数据从宽格式转换为长格式还是从长格式转换为宽格式。

```
ex.wide <- data.table(
  ID = c(1, 2, 3),
  SBPT1 = c(135, 120, 121),
  SBPT2 = c(130, 125, 125),
  SBPT3 = c(125, 121, NA))
```

```
print(ex.wide)

##    ID SBPT1 SBPT2 SBPT3
## 1:  1   135   130   125
## 2:  2   120   125   121
## 3:  3   121   125    NA
```

```
reshape(
  data = ex.wide,
  varying = list(paste0("SBPT", 1:3)),
  v.names = c("SBP"),
  idvar = "ID",
  direction = "long")

##    ID time SBP
## 1:  1    1 135
## 2:  2    1 120
## 3:  3    1 121
## 4:  1    2 130
## 5:  2    2 125
## 6:  3    2 125
## 7:  1    3 125
## 8:  2    3 121
## 9:  3    3  NA
```

同理，长格式的数据集也可以转换为宽格式。下面这段代码首先生成长格式的数据集，再使用 reshape() 函数转换为宽格式。sep 参数表示如何生成宽格式数据的列变量名。在这里，构成列变量名的先是基础部分的 SBP，然后是分隔符 T，之后紧跟时间点(1、2 或 3)。

```
ex.long <- data.table(
  ID = c(1, 1, 1, 2, 2, 2, 3, 3),
  SBP = c(135, 130, 125, 120, 125, 121, 121, 125),
  Time = c(1, 2, 3, 1, 2, 3, 1, 2))

print(ex.long)

##    ID SBP Time
## 1:  1 135    1
## 2:  1 130    2
```

```
## 3:   1 125     3
## 4:   2 120     1
## 5:   2 125     2
## 6:   2 121     3
## 7:   3 121     1
## 8:   3 125     2
```

```r
reshape(
  data = ex.long,
  v.names = "SBP",
  timevar = "Time",
  sep = "T",
  idvar = "ID",
  direction = "wide")
```

```
##    ID SBPT1 SBPT2 SBPT3
## 1:  1   135   130   125
## 2:  2   120   125   121
## 3:  3   121   125    NA
```

10.1.2 日记研究数据集

我们先介绍一个新的数据集。这个数据集中的数据来自一项由莫纳什大学于 2017 年展开的每日日常行为研究(daily diary study，简称日记研究)项目。在这个研究项目中，青年人每天完成三次测量(早、中、晚)，持续 12 天。因此，每个参与者为这个数据集贡献了 36 个观测数据。为了保护参与者的机密性和匿名性，这里的数据是从原有数据仿真而来的，但是保留了变量之间的关系和原始数据的绝大部分特征。

表 10-3 列出了日记研究数据集中的变量名和它们的简单描述。

JWileymisc 包内置了这个数据集。可以使用 data() 函数把它载入内存。

```r
data(aces_daily)
str(aces_daily)
```

```
## 'data.frame'         : 6599 obs. of 19 variables:
## $ UserID              : int 1 1 1 1 1 1 1 1 1 1 ...
## $ SurveyDay           : Date, format: "2017-02-24" ...
## $ SurveyInteger       : int 2 3 1 2 3 1 2 3 1 2 ...
## $ SurveyStartTimec11  : num 1.93e-01 4.86e-01 1.16e-05 1.93e-01
```

```
4.06e-01 ...
 ##  $ Female           : int  0 0 0 0 0 0 0 0 0 0 ...
 ##  $ Age              : num  21 21 21 21 21 21 21 21 21 21 ...
 ##  $ BornAUS          : int  0 0 0 0 0 0 0 0 0 0 ...
 ##  $ SES_1            : num  5 5 5 5 5 5 5 5 5 5 ...
 ##  $ EDU              : int  0 0 0 0 0 0 0 0 0 0 ...
 ##  $ SOLs             : num  NA 0 NA NA 6.92 ...
 ##  $ WASONs           : num  NA 0 NA NA 0 NA NA 1 NA NA ...
 ##  $ STRESS           : num  5 1 1 2 0 0 3 1 0 3 ...
 ##  $ SUPPORT          : num  NA 7.02 NA NA 6.15 ...
 ##  $ PosAff           : num  1.52 1.51 1.56 1.56 1.13 ...
 ##  $ NegAff           : num  1.67 1 NA 1.36 1 ...
 ##  $ COPEPrb          : num  NA 2.26 NA NA NA ...
 ##  $ COPEPrc          : num  NA 2.38 NA NA NA ...
 ##  $ COPEExp          : num  NA 2.41 NA NA 2.03 ...
 ##  $ COPEDis          : num  NA 2.18 NA NA NA ..
```

表 10-3 日记研究数据集中的变量名及描述

变量名	描述
UserID	每个个体的唯一身份
SurveyDay	每个观测量的获取日期
SurveyInteger	观测代码，整数类型(1=早、2=中、3=晚)
SurveyStartTimec11	观测的开始时间，在早上 11:00 以后，以整点为中心
Female	二值变量，其中 1 表示女性，0 表示男性
Age	参与者的年龄，最大年龄为 25 岁
BornAUS	二值变量，其中 1 表示在澳大利亚出生，0 表示在澳大利亚之外出生
EDU	教育程度，1 表示大学本科及以上学历，0 表示大学本科以下学历
SES_1	参与者的主观 SES(社会经济地位)，最小值为 4，最大值为 8
SOLs	自我报告睡眠延迟时间，单位为分钟，每天早上测量
WASONs	自我报告入睡后醒来次数，最多 4 次，仅限早上测量
STRESS	总体压力等级，0~10 级，每天 3 次
SUPPORT	总体社会支持等级，0~10 级，每天重复 3 次
PosAff	积极情感等级，1~5 级，每天重复测量 3 次
NegAff	负面情感等级，1~5 级，每天重复测量 3 次
COPEPrb	问题导向因应(problem focused coping)，1~4 级，每天晚上测量一次
COPEPrc	情感处理因应(emotional processing coping)，1~4 级，每天晚上测量 1 次
COPEExp	情感表达因应(emotional expression coping)，1~4 级，每天晚上测量 1 次
COPEDis	情感渲泄因应(mental disengagement coping)，1~4 级，每天晚上测量 1 次

全部数据以长格式保存，因此，每一行代表某个人在某一天的某次测量。使用长格式时，每个个体贡献 36 行数据。虽然长格式可以有效地保存多次重复的测量数据，但是很难识别缺失值。由于缺失的观测量根本就没有在数据集中出现，因此无法做标志。要做的第一项工作是确定观测量的缺失率，这一步很重要，后面的分析都要用到，这里的办法是为缺失数据添加相应的行，并简单标识为 missing(缺失)。为此，我们先建立临时数据集，其中包括全部观测对象的全部观测，从每个人的第一次观测(或日期)到最后一次观测(或日期)，然后与原来的数据集合并，保留所有行。

下面的代码将创建一个临时的数据集。首先找到最小日期和最大日期，并找到最小日期的最早一次观测，以及最大日期的最后一次观测。

然后利用这些信息，创建另一个完全的数据集，其中包括第一次观测到最后一次观测之间所有日期的所有观测。最后，对这两个数据集进行合并，保留所有行，必要时使用 missing 填充缺失值。

```
draw <- as.data.table(aces_daily)
draw <- draw[order(UserID, SurveyDay, SurveyInteger)]
draw[, UserID := factor(UserID)]
tmpdata <- draw[!is.na(SurveyDay) & !is.na(SurveyInteger)][, .(
  MinD = min(SurveyDay),
  MinS = min(SurveyInteger[SurveyDay == min(SurveyDay)]),
  MaxD = max(SurveyDay),
  MaxS = max(SurveyInteger[SurveyDay == max(SurveyDay)])),
  by = UserID]

tmpdata <- tmpdata[, .(
  SurveyInteger = c(
    MinS:3L, #first day
    rep(1L:3L, times = MaxD - MinD - 1), #all days between first/last
    1L:MaxS), #last day
  SurveyDay = as.Date(rep(MinD:MaxD, c(
    4L - MinS, #first day
    rep(3, MaxD - MinD - 1), #all days between first/last
    MaxS)), origin = "1970-01-01")), #lastday
  by = UserID]
d <- merge(draw, tmpdata, by = c("UserID", "SurveyDay", "SurveyInteger"),
          all = TRUE)

nrow(draw)

## [1] 6599

nrow(d)
```

```
## [1] 6927
```

```
nrow(draw)/nrow(d)
```

```
## [1] 0.95
```

新的数据集相比原来的数据集多了几行,因为里面增加了一些行来表示缺失值。

10.2 描述性统计量

对于非独立数据,基本的描述性统计量可以用几种不同方法计算得到。为了理解这些方法的差别,也为了理解多层结构的含义,我们分析图 10-1 中的两个子图。在两个不同的环境中,对 4 个不同个体进行 10 次观测,实线表示每个个体的平均值,圆点表示观测数据。

对于用长格式表示的多层数据,如果要计算某个变量(比如图 10-1 中的 y)的均值和方差,就要对全部个体和全部时间点求平均。方差包含两部分内容:一部分是个体间差异(两条线之间的距离),另一部分是个体自己的方差(个体的数据点相对于个体自己的均值)。相反,如果先对每一个个体按时间求均值,再对每个个体的均值求平均,那么最后得到的均值就是这 4 条线段位置的平均,个体的方差则是相对于每个个体均值(图 10-1 中的 4 条线段)的偏差。

此外,在全部数据点上计算描述性统计量与根据每个个体的均值计算描述性统计量会产生不同的权重。例如,假设我们在所有观测量上计算汇总,如果某个个体有 10 个观测量,那么权重将 10 倍于只有一个观测量的个体(由于缺失数据)。当聚类的大小都一样时,这个问题就显得不那么严重。如果所有的聚类都相同(每个个体都有 10 个观测量),那么它们的权重将没有任何差别。

```
set.seed(1234)
ex.data.1 <- data.table(
  ID = factor(rep(1:4, each = 10)),
  time = rep(1:10, times = 4),
  y = rnorm(40, rep(1:4, each = 10), .2))

ex.data.2 <- data.table(
  ID = factor(rep(1:4, each = 10)),
  time = rep(1:10, times = 4),
  y = rnorm(40, 2.5, 1))

plot_grid(
 ggplot(ex.data.1,
        aes(time, y, colour = ID, shape = ID)) +
```

```
stat_smooth(method = "lm", formula = y ~ 1, se=FALSE) +
geom_point() +
scale_color_viridis(discrete = TRUE),
ggplot(ex.data.2,
       aes(time, y, colour = ID, shape = ID)) +
stat_smooth(method = "lm", formula = y ~ 1, se=FALSE) +
geom_point() +
scale_color_viridis(discrete = TRUE),
ncol = 1,
labels = c(
  "个体间高方差",
  "个体间低方差"),
align = "hv")
```

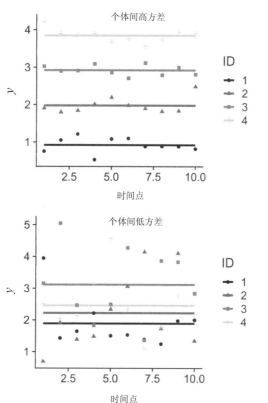

图 10-1* 显示假设数据的两种不同情形：个体间高方差和个体间低方差。个体间高方差表示个体间的观测量变化很小，但个体间的变化比较大；个体间低方差表示个体间的差异很小，但是个体内部的可变性很大

对于多层数据，计算描述性统计量没有简单的对或错的方法。但重要的是，必须知道它们的差别，并且能够准确地描述使用的方法。通常有三种方法：
- 忽略数据结构，在全部观测量上计算描述性统计量。如果每个对象的观测量的个数不一样，则这种方法会使得每个个体的权重不同。通过把个体间方差与个体内方差合并为一个方差，可以反映变量的总体可变性。
- 先求个体内均值，再计算描述性统计量。这种方法给每个个体赋予同等权重，得到的方差反映了变量在个体间的变化，可以用来描述样本特性，不可以用来描述变量的总体可变性。
- 开始时只计算第一个时间点的描述性统计量，这往往包含了个体间和个体内的可变性，但没有平均个体内的可变性。一段时间后，如果发生有意义的变化，或许就不能代表总体的均值。这种方法只对纵向研究有意义。对于多层结构，将没有合适的方法用来选择某个特定学生作为研究对象。

10.2.1 基本描述量

现在使用上述介绍的三种不同方法分别计算日记研究数据集的描述性统计量。这个数据集已经载入内存，因此这里不需要创建新的变量或数据集，所有必要的数据操作可直接由 data.table() 函数完成。为了得到每个 ID 的第一个观测数据，我们首先按 ID，然后按星期几，最后按观测时间(早，中，晚)对数据进行排序，并且根据 ID 获得第一个观测数据。

```
## mean and SD on all observations
egltable("PosAff", data = d)

##                 M (SD)
## 1: PosAff 2.68 (1.07)

## mean and SD first averaging within ID
egltable("PosAff",
  data = d[, .(
    PosAff = mean(PosAff, na.rm = TRUE)) ,
    by = UserID])

##                 M(SD)
## 1: PosAff 2.68 (0.80)

## mean and SD on first observations
egltable("PosAff", data = d[
  order(UserID, SurveyDay, SurveyInteger)][,
```

```
               .(PosAff = PosAff[1]), by = UserID])

##           M (SD)
## 1: PosAff 2.71 (1.02)
```

对于长格式数据,为了计算时不变变量(这里是指性别、年龄、教育程度这些特征量,它们在这段测量时间内的每次测量值是不变的)的汇总值,而我们不是求个体内的均值,而是希望去掉数据中的重复行,得到一个子数据集,这个子数据集实际上会把原始数据变回为单层结构(每个个体内只有一条观测数据)。下面的程序可删除所有包含重复 ID 的数据。

```
tab <- egltable(c("Female", "Age", "BornAUS", "SES_1", "EDU"),
                data = d[!duplicated(UserID)],
                strict = FALSE)
tab


##             M (SD)/N (%)
## 1:  Female
## 2:        0   28 (40.6)
## 3:        1   41(59.4)
## 4:     Age 21.91(2.38)
## 5: BornAUS
## 6:        0   41 (60.3)
## 7:        1   27 (39.7)
## 8:   SES_1 6.05 (1.21)
## 9:     EDU
## 10:       0   45 (66.2)
## 11:       1   23 (33.8)
```

图形是显示描述性统计量的一种非常有用的方法,例如显示按组划分的统计量。图 10-2 显示了男性和女性的各种情感因应均值。为了方便解释,图 10-2 中还增加了尺度的锚点。

```
## create a dataset of the means and labels by gender
copeplotdata <- d[!is.na(Female), .(
  M = c(
    mean(COPEPrb, na.rm = TRUE),
    mean(COPEPrc, na.rm = TRUE),
    mean(COPEExp, na.rm = TRUE),
    mean(COPEDis, na.rm = TRUE)),
```

```
          Var = 1:4,
          Low = sprintf("I usually don't do this at all\n[%s]",
                     c("Problem Focused", "Emotional Processing",
                       "Emotional Expression", "Disengagement")),
          High = sprintf("I usually do this a lot\n[%s]",
                     c("Problem Focused", "Emotional Processing",
                       "Emotional Expression", "Disengagement"))),
    by = Female]
## coded 0/1 but for plotting, R needs to know
## it is discrete not a continuous number
copeplotdata[, Female := factor(Female)]

## create a plot
gglikert(x = "M", y = "Var", leftLab = "Low", rightLab = "High",
        data = copeplotdata, colour = "Female",
 xlim = c(1, 4), title = "Average Coping") +
 scale_colour_manual(values =
   c("1" = "grey70", "0" = "grey30"))
```

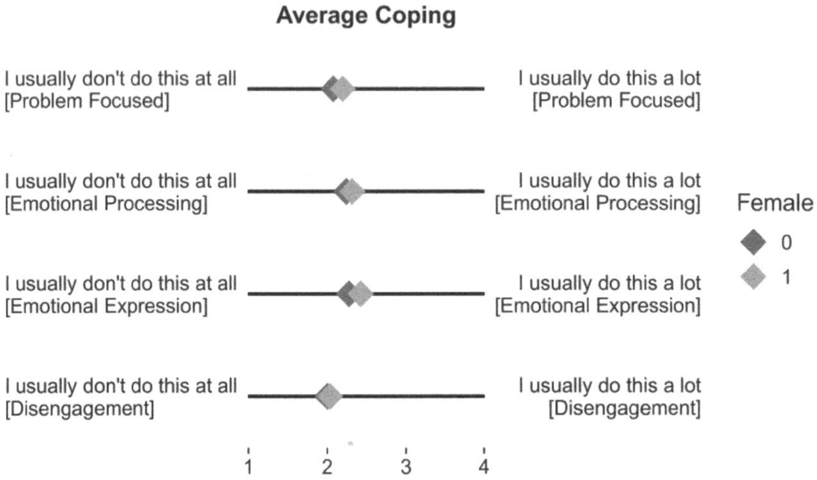

图 10-2 男女平均情感因应级别

描述性统计量可以按其他变量进行分解。例如，下面的代码根据观测对象报告的压力级别计算平均正面情感因应和平均负面情感因应，将结果绘制成图 10-3。注意，由于结果来自观测量，因此只能按观测量级别来解释，而不能按个体级别来解释。这就是说，根据观测量，人们把自己的压力定为大于 5 级，那么如何给自己的平均情感定级呢？图 10-3 并没有告诉我们高压力或低压力个体的平均情感级别。诚然，同一个人，如果有时报告压力大于 5，有时报告压力小于 5，就说明有的观测数据对高压力的均值有贡献，有的观测数据对低压力的均值有贡献。

```
## create a dataset of the means and labels by stress
afplotdata <- d[!is.na(STRESS), .(
  M = c(
    mean(PosAff, na.rm = TRUE),
    mean(NegAff, na.rm = TRUE)),
  Var = 1:2,
  Low = sprintf("Very Slightly or\nNot at all\n[%s]",
                c("Positive Affect", "Negative Affect")),
  High = sprintf("Extremely\n\n[%s]",
                 c("Positive Affect", "Negative Affect"))),
  by = .(Stress = STRESS > 5)]

## add labels to understand stress
afplotdata[, Stress := factor(Stress, levels = c(FALSE, TRUE),
                              labels = c("<= 5", "> 5"))]
## create a plot
gglikert(x = "M", y = "Var", leftLab = "Low", rightLab = "High",
         data = afplotdata, colour = "Stress",
  xlim = c(1, 5), title = "Affect by Stress") +
  scale_colour_manual(values =
    c("<= 5" = "grey70", "> 5" = "grey30"))
```

压力影响情感

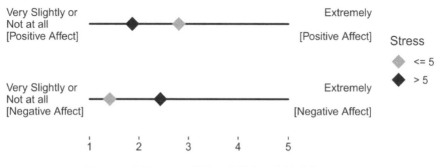

图 10-3　用图形显示男性和女性的平均情感应因级别

对观测量可以进行有意义的排序，例如按一天的时间排序，也可以按时间计算各个描述性统计量。在下面的代码中，我们创建新变量 Survey 来表示观测时间，并且使用容易记住的标签(Morning、Afternoon 和 Evening)表示时间,先求每个个体内每个观测时间的平均量,并按观测时间(Survey)进行分组,最后得到描述性统计量。为了得到好看的分组摘要信息,我们把 Survey 当作分组变量。然而,需要注意的是,在本例中,在分组差异的检验上是不准确的,因为我们假设它们是独立的小组。我们不考虑检验结果,只关注描述性统计量,它们仍然是准确的。这个例子也说明了如何一次性得到多个变量的描述性统计量。

```
d[, Survey := factor(SurveyInteger, levels = 1:3,
    labels = c("Morning", "Afternoon", "Evening"))]

egltable(c("PosAff", "NegAff", "STRESS"), g = "Survey",
  data = d[, .(
    PosAff = mean(PosAff, na.rm = TRUE),
    NegAff = mean(NegAff, na.rm = TRUE),
    STRESS = mean(STRESS, na.rm = TRUE)
  ), by = .(UserID, Survey)])

##          Morning M (SD)  Afternoon M (SD)  Evening M (SD)
## 1: PosAff  2.67 (0.84)      2.69 (0.81)     2.67 (0.81)
## 2: NegAff  1.53 (0.46)      1.57 (0.49)     1.56 (0.49)
## 3: STRESS  2.14 (1.47)      2.52 (1.60)     2.39 (1.56)
##                          Test
## 1: F(2, 570) = 0.05, p = .947
## 2: F(2, 570) = 0.33, p = .720
## 3: F(2, 570) = 3.01, p = .050
```

还有其他选项(如个体内均值、按时间点分组输出),因为对于重复性数据或非独立数据,观测量可以分解为不同级别。具体来说,我们可以想象,积极情感观测量是指为每个参与者的平均积极情感加上某一天或某个时间对情感的影响。

我们可以把变量分解成个体间和个体内成分。方法是计算每个参与者的均值,然后计算每个观测量与参与者自己均值的差值。下面的代码展示了积极情感的一个例子。求得每个个体的均值和个体内的差值后,我们就可以在每个成分上单独计算描述性统计量。注意,为了计算所有参与者的均值,应该先去掉重复数据,否则重复次数越多的参与者,权重越大。这对于级间变量或时不变变量是不合适的。

```
d[, BPosAff := mean(PosAff, na.rm = TRUE), by = UserID]
d[, WPosAff := PosAff - BPosAff]

egltable("BPosAff", data = d[!duplicated(UserID)])
```

```
##                  M (SD)
## 1: BPosAff 2.68 (0.80)

egltable("WPosAff", data = d)

##                  M (SD)
## 1: WPosAff 0.00 (0.72)
```

分解变量不仅对计算描述性统计量有帮助,而且对数据分析也有帮助。在数据分析中,我们可能需要分析变量如何关联个体间数据,以及如何关联个体内数据。为了便于开展这项工作,我们可以为全部的时变变量创建组间变量(between variable)和组内变量(within variable)。为了减小代码量,我们先定义函数 bwmean(),用于计算变量的均值和差分。然后利用 data.table()函数,根据 ID 值加以应用。

```
## define a new function
bwmean <- function(x, na.rm = TRUE) {
  m <- mean(x, na.rm = na.rm)
  list(m, x - m)
}

## apply it to affect, support, and stress, by ID
d[, c("BNegAff", "WNegAff") := bwmean(NegAff), by = UserID]
d[, c("BSUPPORT", "WSUPPORT") := bwmean(SUPPORT), by = UserID]
d[, c("BSTRESS", "WSTRESS") := bwmean(STRESS), by = UserID]
```

我们也可以为睡眠和因应测量值之间的关联创建组间变量和组内变量。它们的处理方式稍有不同。睡眠只是在早上测量,而情感因应只是在晚上测量且作为一天的整体因应,这很容易看出。我们统计整个观测数据中出现缺失值的次数。具体方法是根据是否缺失,使用 is.na()函数把每个值转换为 1 或 0,然后使用 sum()函数计算每个观测时间(Survey)的汇总结果。注意,如果有数据缺失,is.na()函数返回 1,否则返回 0。前面加了感叹号,表示取反。sum()函数的返回值表示在每个观测时间非缺失数据出现的次数。

```
d[, .(
  NCope = sum(!is.na(COPEPrb)),
  NSOLs = sum(!is.na(SOLs))),
  by = Survey]

##       Survey NCope NSOLs
## 1: Afternoon     0     0
```

```
## 2:     Evening  2090    2097
## 3:     Morning     0       0
```

虽然睡眠和情感因应测量数据只是在某个观测时间得到的，但是它们表示一整天的状态，因此我们可以把它们填充到其他观测时间。这对于个体间变量是很容易实现的：用均值填充全部观测时间。但是，填充其他观测时间就会比较复杂。关键是传递一个值，还要使用 R 程序对它进行循环处理。为此，我们利用 data.table()函数按 ID 和观测日期进行分组计算，然后忽略所有的缺失因应值，最后减去个体间的因应变量。由于前面已进行填充处理，因此个体间变量在每个观测时间都有值，情感因应内变量也都有值。

```
d[, BCOPEPrb := mean(COPEPrb, na.rm = TRUE), by = UserID]
d[, WCOPEPrb := na.omit(COPEPrb) - BCOPEPrb,
  by = .(UserID, SurveyDay)]
d[, BCOPEPrc := mean(COPEPrc, na.rm = TRUE), by = UserID]
d[, WCOPEPrc := na.omit(COPEPrc) - BCOPEPrc,
  by = .(UserID, SurveyDay)]
d[, BCOPEExp := mean(COPEExp, na.rm = TRUE), by = UserID]
d[, WCOPEExp := na.omit(COPEExp) - BCOPEExp,
  by = .(UserID, SurveyDay)]
d[, BCOPEDis := mean(COPEDis, na.rm = TRUE), by = UserID]
d[, WCOPEDis := na.omit(COPEDis) - BCOPEDis,
  by = .(UserID, SurveyDay)]
d[, BSOLs := mean(SOLs, na.rm = TRUE), by = UserID]
d[, WSOLs := na.omit(SOLs) - BSOLs,
  by = .(UserID, SurveyDay)]
d[, BWASONs := mean(WASONs, na.rm = TRUE), by = UserID]
d[, WWASONs := na.omit(WASONs) - BWASONs,
  by = .(UserID, SurveyDay)]
```

10.2.2 组内相关系数(ICC)

用于多层模型的另一个描述性统计量是组内相关系数(Intraclass Correlation Coefficient，ICC)。在多层模型背景下，计算 ICC 的方法是把可变性分解为两个来源：个体间可变性和个体内可变性。计算某个变量的 ICC 的一种稳健方法是利用多层模型的最简单形式：只有一个随机截距，但是截距会随 ID 随机变化。这个随机截距的方差就是个体间方差，因为实质上是每个个体均值的方差；模型的残余方差就是个体内方差，这正是无法单独使用个体均值解释的那部分。这两部分方差一起构成了整体方差：

$$整体方差 = \sigma^2_{between} + \sigma^2_{within} = \sigma^2_{randomintercept} + \sigma^2_{residual} \quad (10.1)$$

式(10.1)中，$\sigma^2_{between}$ 代表个体间方差，σ^2_{within} 代表个体内方差，$\sigma^2_{randomintercept}$ 代表随机方差，$\sigma^2_{residual}$ 代表残差。

利用这两个方差源，我们可以计算个体间可变性相对于总体可变性的比例，这个比例介于 0 和 1 之间。若比例为 0，则表示所有个体的均值都相等，所有可变性都是由个体内可变性引起的。相反，若这个比例为 1，则表示个体内的全部值都相等，总体可变性是由个体间可变性引起的。这个比例就是组内相关系数(ICC)，可以按以下公式计算：

$$\text{ICC} = \frac{\sigma^2_{between}}{\sigma^2_{between} + \sigma^2_{within}} = \frac{\sigma^2_{randomintercept}}{\sigma^2_{randomintercept} + \sigma^2_{residual}} \quad (10.2)$$

通过建立随机截距的拟合模型，可以手动计算 ICC，或者使用 iccMixed()函数更方便地计算 ICC。iccMixed()函数需要三个参数，它们分别是变量名、ID 变量名(若存在多个 ID，则需要变量名列表)和数据集，并返回每一级的方差估计(用 Sigma 表示)和每一级方差与总体方差的比例，后者就是 ICC。虽然 ICC 常用于两级结构，但是这个函数也可以推广到多层结构，如学生与班级的观测数据。如果学生和班级都有 ID，则可以计算每一级的方差，并且 ICC 就是每一级方差与总体方差的比例。

```
iccMixed("NegAff", "UserID", d)

##            Var Sigma   ICC
## 1:      UserID  0.21  0.44
## 2:    Residual  0.27  0.56

iccMixed("PosAff", "UserID", d)

##            Var Sigma   ICC
## 1:      UserID  0.63  0.54
## 2:    Residual  0.53  0.46
```

除了提供个体间可变性和个体内可变性指标外，ICC 也可以用来计算"有效"样本量。这里的"有效"样本量是对数据集有多少独立样本的近似估计。例如，采样数据来自于 10 个人的每天记录，并且连续测量 10 天，总共有 100 个观测数据，但是对 100 个人一次观测得到的数据(独立样本)不可能提供同样多的有效信息。

为了更好地理解有效样本量，我们经常使用 NEffective 来表示它。我们考虑两个极端例子。第一个极端例子是，假设每个个体内的每个观测都相同。例如，测量成人的身高，在第一天得到身高，后面 9 天的测量不大可能提供更多有用信息。在这个例子中，ICC 为 1，表示所有可变性都发生，个体内没有任何可变性。虽然成人有许多不同的身高(个体间可变性)，但是同一个成人每天的身高是一样的(个体内没有可变性)。

另一个极端例子是，有些变量在每天发生的变化可能远大于个体间的变化。想象一下，测量同一城市不同成人的通勤时间。目前暂且不考虑线路的不同，观测量的可变性只是由于不同的日子和交通状况引起的。因此，平均来说，他们的通勤时间是相同的(没有个体间差异)，全部可变性发生在日期之间(个体内可变性)。在这个例子中，对 10 个成人在 10 天内进行测量，得到 100 个观测数据等效于对 100 个人在一天内得到的观测数据。

计算 NEffective 的目的是提供等效独立样本数的估计。计算公式与参与者人数或实际独立个体数量(N)、每个人的评估次数(k)以及 ICC 有关，如下所示：

$$\text{NEffective} = \frac{N^* k}{\left(\left(1+(k-1)^* \text{ICC}\right)\right)}$$

(10.3)

有效样本量也可以使用 R 语言的 nEffective()函数求得。ICC 越大，NEffective 越小。下面的 R 程序说明了负面情感和积极情感的 NEffective。尽管使用了同样数量的观测数据，但是负面情感和积极情感的 NEffective 相差很大，原因是它们的 ICC 不一样。这些数值可以由 nEffective()函数自动得到。

```
## number of units
n <- length(unique(d$UserID))

## average observations per unit
k <- nrow(d[!is.na(NegAff)])/n

## effective sample size
nEffective(n, k, dv = "NegAff", id = "UserID", data = d)

##                       Type     N
## 1: Effective Sample Size    420
## 2:      Independent Units   191
## 3:      Total Observations 6389

k <- nrow(d[!is.na(PosAff)])/n
nEffective(n, k, dv = "PosAff", id = "UserID", data = d)

##                       Type     N
## 1: Effective Sample Size    343
## 2:      Independent Units   191
## 3:      Total Observations 6399
```

10.3 探索与假设

10.3.1 分布与奇异值

在本书的开头，在为数据分析做准备时，我们讨论了单变量数据和多变量数据的各种可视化方法。对于非独立数据或重复测量数据，也可以使用相同的方法，只是这些方法要应用于不同的级别或观测单位(如观测量、个体间的均值等)。为了便于数据分解和图形分析，我们使用了 meanDecompose()函数。这个函数使用了公式接口，公式接口的左侧是主变量，右侧是 ID 和需要分解的其他变量。处理过程类似于创建个体间变量和个体内变量，不同的是：它们是在不同的级别创建独立的数据集，因此不存在重复数据。

```
tmp <- meanDecompose(PosAff ~ UserID, data = d)
str(tmp, max.level = 1)


## List of 2
## $ PosAff by UserID  :Classes 'data.table' and 'data.frame': 191 obs. Of 2 variables:
##   ..- attr(*, "sorted")= chr "UserID"
##   ..- attr(*, ".internal.selfref")=<externalptr>
## $ PosAff by residual:Classes 'data.table' and 'data.frame': 6927 obs. Of 1 variable:
##   ..- attr(*, ".internal.selfref")=<externalptr>
```

将各个独立的数据集保存到一个列表中，对它们以变量名加上级别进行命名。这里的"UserID"和"residual"对应级别间变量和级别内变量。与前面几章一样，我们分析每个变量与正态分布(或其他分布)的关系。在下面的程序中，我们只是分析个体间积极情感，结果如图 10-4 所示。

```
testdistr(tmp[[1]]$X, varlab = names(tmp)[1],
          extremevalues = "theoretical", robust=TRUE)
```

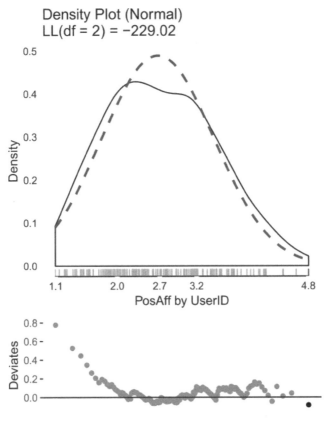

图 10-4　个体间积极情感与正态分布的关系

我们不需要为每个级别编写代码,我们使用 R 循环逐个访问数据的每个级别并绘制相应的图形。我们不需要单独绘制这些图形,而是使用 plot_grid()函数把它们绘制在一起,如图 10-5 所示。

```
plots <- lapply(names(tmp), function(x) {
  testdistr(tmp[[x]]$X, plot = FALSE, varlab = x,
            extremevalues = "theoretical", robust=TRUE)[1:2]
})

do.call(plot_grid, c(unlist(plots, FALSE), ncol = 2))
```

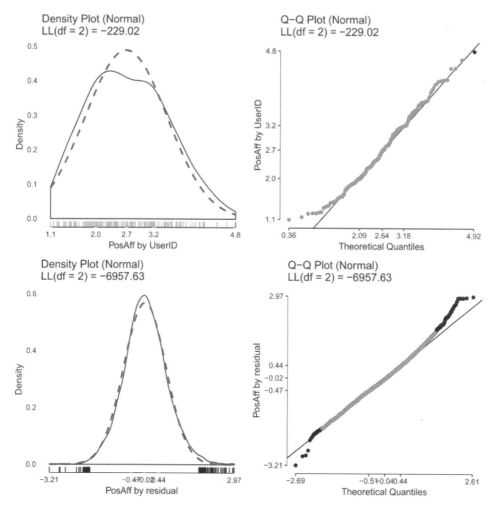

图 10-5　个体间和个体内积极情感与正态分布的关系

meanDecompose()函数的另一个功能是可以添加更多的级别。例如，我们可以分析参与者之间以及参与者每天的变化，最后分析参与者的残差和每日残差，如图 10-6 所示。

```
tmp <- meanDecompose(NegAff ~ UserID + SurveyDay, data = d)
do.call(plot_grid, c(unlist(lapply(names(tmp), function(x) {
  testdistr(tmp[[x]]$X, plot = FALSE, varlab = x,
            extremevalues = "theoretical", robust=TRUE)[1:2]
}), FALSE), ncol = 2))
```

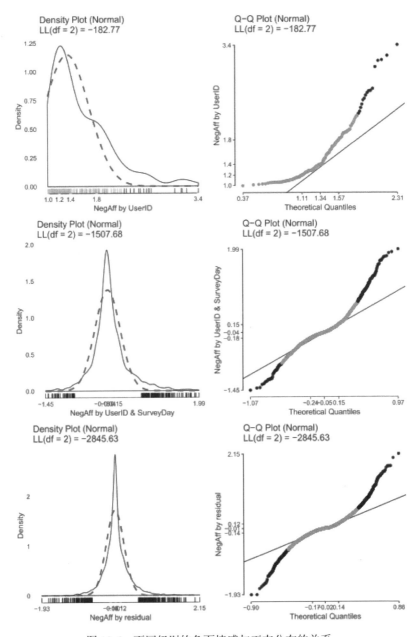

图 10-6　不同级别的负面情感与正态分布的关系

图 10-6 表明,尽管按参与者汇总与按日期汇总的负面情感分布和残差分布是对称的,但是个体间负面情感的分布却是偏斜的。我们尝试采用对数变换,结果如图 10-7 所示。虽然参与者之间负面情感的偏斜程度有些许改善,但是偏斜仍然存在。按 ID 和日期分组的情感级别近似于正态分布。残差分布虽然对称,但是出现了高的尖峰。

这些结果说明，我们需要谨慎假设负面情感的正态性。

```
d[, logNegAff := log(NegAff)]
tmp <- meanDecompose(logNegAff ~ UserID + SurveyDay, data = d)
do.call(plot_grid, c(unlist(lapply(names(tmp), function(x) {
  testdistr(tmp[[x]]$X, plot = FALSE, varlab = x,
            extremevalues = "theoretical", robust=TRUE)[1:2]
}), FALSE), ncol = 2))
```

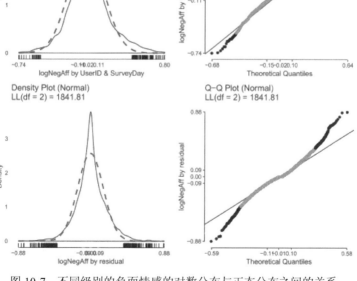

图 10-7　不同级别的负面情感的对数分布与正态分布之间的关系

10.3.2 时间趋势

除了探索模型分布和奇异值外，纵向重复的测量数据还有其他有用的诊断信息。如果数据中没有出现预期的时间趋势，或者时间趋势不是我们研究的重点，则需要证明不存在时间趋势。这是一个很重要的问题，因为很多分析都假设静态过程不会随着时间发生实质性变化。

一种简单的办法就是绘制均值随时间变化的曲线。我们使用个体内变量，忽略不同个体引起的任何可能变化。为了一次性绘制多个变量，我们把数据合并成长格式数据，长格式数据包含 variable 和 value 列，分别对应宽格式数据的各列名称和相应的值，结果如图 10-8 所示。

```
dt <- d[, .(
  WPosAff = mean(WPosAff, na.rm = TRUE),
  WNegAff = mean(WNegAff, na.rm = TRUE),
  WSTRESS = mean(WSTRESS, na.rm = TRUE),
  WSUPPORT = mean(WSUPPORT, na.rm = TRUE),
  WSOLs = mean(WSOLs, na.rm = TRUE),
  WWASONs = mean(WWASONs, na.rm = TRUE)) , by = SurveyDay]
dt <- melt(dt, id.var = "SurveyDay")

ggplot(dt, aes(SurveyDay, value)) +
  geom_point() +
  stat_smooth(method = "gam", formula = y ~ s(x, k = 10)) +
  facet_wrap(~ variable, scales = "free")
```

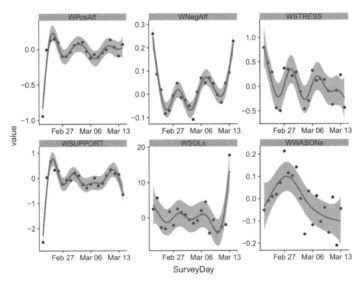

图 10-8　情感变量的时间趋势，这里进行了 GAM 光滑

除了整体性的时间趋势外，我们还可以分析一周内每一天的变化，或者更常见的是，分析工作日与周末之间的变化。下面使用 weekdays()函数把日期转换为星期，然后检验这些日子是不是星期六或星期日，用得到的逻辑值(TRUE 表示是)生成的图形如图 10-9 所示。

```
dt[, Weekend := weekdays(SurveyDay) %in% c("Saturday", "Sunday")]
ggplot(dt, aes(Weekend, Value)) +
  stat_summary(fun.data = mean_cl_boot) +
  facet_wrap(~ variable, scales = "free")
```

```
## Warning: Removed 2 rows containing non-finite values
(stat_summary).
```

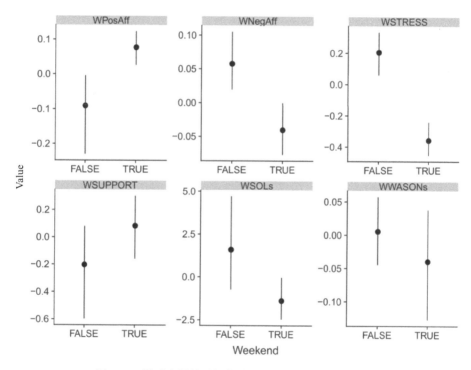

图 10-9　情感变量的时间趋势，这里进行了 GAM 光滑

从总体上看，存在时间趋势，且工作日和周末之间有差异。这些初步结果预示未来在进行分析时需要为这些差异做出相应的调整，可以创建新的变量来表示去掉时间趋势后的残差。

10.3.3 自相关

除时间趋势外，分析一段时间内变量之间的相互关系对我们也很有帮助，这被称为自相关分析。默认的自相关分析工具都假定观测数据在时间上是等间隔的，而且数据没有缺失值。作为一种快速且"不干净的"探索方法，我们先用两个步骤填充缺失值。第一步，对于每个观测时间(早、中、晚)，我们把每个个体的每个观测时间(早、中、晚)的平均时间当作缺失值的开始测量时间。第二步，组合日期与时间，得到如下变量：

```
d[, StartTimec11Alt := ifelse(is.na(SurveyStartTimec11),
                              mean(SurveyStartTimec11, na.rm = TRUE),
                              SurveyStartTimec11),
  by = .(UserID, Survey)]
d[, StartDayTimec11Alt := chron(
    dates. = format(SurveyDay, "%m/%d/%Y"),
    times. = StartTimec11Alt)]
```

大多数自相关函数都是为单个时间序列设计的，因此我们每次只能计算一位参与者。作为示例，我们先从只有单个参与者的图形开始。我们首先使用 zoo()函数(zoo 代表 Z 的有序观测，这里的 Z 是姓氏的第一个字母)把数据变换成时间序列对象，然后利用插值方法填补缺失数据(通过 na.approx()函数来实现)，最后使用 acf()函数计算自相关系数，结果如图 10-10 所示，这说明积极情感在延迟时间为 0(也就是在同一时间点)时是完全自相关的。随着时间发生滞后，这个自相关系数逐渐减小。由于每天测量三次，因此 lag=3 的观测量应该高度自相关，因为它们代表不同日子的同一时间点的观测量，但是数据并不支持这个结论，这意味着绝对时间差可能是最突出的因素。

```
tmpd <- d[UserID == 1]
acf(na.approx(zoo(tmpd$PosAff,
    order.by = tmpd$StartDayTimec11Alt)),
    lag.max = 10)
```

第 10 章 ■ GLMM：引言

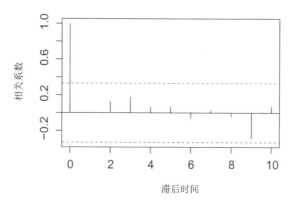

图 10-10　单个参与者的自相关系数

前面这段代码展示了只有一个个体时的结果，但是实际上有多个个体。下面的代码使用了 acf() 的扩展版——acfByID()，目的是按个体的 ID 计算自相关系数。我们生成一个数据集，用以表示积极情感在延迟时间分别为 0 到 10 时的自相关系数。重复此过程，分别计算负面情感和压力的自相关系数，并用箱形图绘制结果，如图 10-11 所示，这展示了全部个体的情感在不同延迟时间下的自相关性。在相关系数为 0 的位置添加直线，在值为 ±0.5 的位置表示存在强自相关性。

```
acf.posaff <- acfByID("PosAff", "StartDayTimec11Alt",
                      "UserID", d)

print(acf.posaff)


##       UserID Variable  Lag  AutoCorrelation
## 1:         1   PosAff    0           1.0000
## 2:         1   PosAff    1           0.0016
## 3:         1   PosAff    2           0.1249
## ---
## 2099:    191   PosAff    8          -0.0199
## 2100:    191   PosAff    9           0.1337
## 2101:    191   PosAff   10           0.1828


## make for other measures
acf.negaff <- acfByID("NegAff", "StartDayTimec11Alt",
                      "UserID", d)
acf.stress <- acfByID("STRESS", "StartDayTimec11Alt",
                      "UserID", d)
```

```r
## put into one dataset for plotting a panel
acf.all <- rbind(
  acf.posaff, acf.negaff,
  acf.stress)

ggplot(acf.all,
    aes(factor(Lag), y = AutoCorrelation)) +
  geom_hline(yintercept = 0, colour = "grey50", size = 1) +
  geom_hline(yintercept = c(-.5, .5),
             linetype = 2, colour = "grey50", size = 1) +
  geom_boxplot() + ylab("自相关系数") +
  facet_wrap(~ Variable, ncol = 1)
```

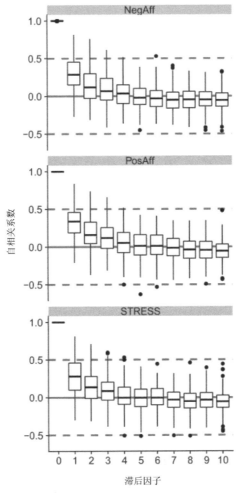

图 10-11　所有参与者的积极情感、负面情感和压力的自相关系数

第 10 章 GLMM：引言

图 10-11 说明，在延迟 1 个单位之后，自相关系数变得很小。因此，在分析这个数据集时，只需要分析延迟时间为 1 个单位的预测结果。为此，要创建一些变量，它们包含延迟时间为 1 个单位的值，后面的程序就是为此而设计的。首先，由于 1 个单位的延迟时间表示观测时间相差 1 个单位，因此需要使用一种方法将每个个体的观测量按时间顺序排序。注意，下面的程序只适用于没有缺失数据或缺失数据已经得到填补的情况。这个问题已经在本章的开头得到解决。然后，我们利用这个数据集计算延迟值。对于情感因应和睡眠，我们只计算延迟一天的延迟值，因为这些属性每天都会测量。最后，我们压缩最后得到的数据集并保存为 RDS 文件，供后面几章使用。

```
## ensure data ordered by ID, date, and time
d <- d[order(UserID, SurveyDay, SurveyInteger)]
## calculate a number for the survey from 1 to total
d[, USURVEYID := 1:.N, by = .(UserID)]

d[,
  c("NegAffLag1", "WNegAffLag1",
    "PosAffLag1", "WPosAffLag1",
    "STRESSLag1", "WSTRESSLag1") :=
  .SD[.(UserID = UserID, USURVEYID = USURVEYID - 1),
      .(NegAff, WNegAff,
        PosAff, WPosAff,
        STRESS, WSTRESS),
      on = c("UserID", "USURVEYID")]]

d[,
  c("WCOPEPrbLag1", "WCOPEPrcLag1",
    "WCOPEExpLag1", "WCOPEDisLag1",
    "WSOLsLag1", "WWASONsLag1") :=
  .SD[.(UserID = UserID, Survey = Survey, SurveyDay = SurveyDay - 1),
      .(WCOPEPrb, WCOPEPrc, WCOPEExp, WCOPEDis,
        WSOLs, WWASONs),
      on = c("UserID", "Survey", "SurveyDay")]]

## save data after processing, with compression
## for use in subsequent chapters
saveRDS(d, file = "aces_daily_sim_processed.RDS",
        compress = "xz")
```

10.3.4 假设

GLMM 也有与回归模型类似的假设,它们都假设:
- 用于随机效应的个体都是独立的。
- 基于连接函数的刻度,预测量与结果量存在线性关系。
- 对于正态分布的结果量,残差是同质的。
- 随机效应遵循(多变量)正态分布。
- 结果量来自期望的分布(如正态分布、泊松分布等)。

虽然没有很好的方法用来检验独立性,但其他假设都可以使用可视化方法得到评估。对于结果量属于非正态分布的 GLMM 模型,评价残差的同质性和结果量的分布有点困难。对于结果量属于正态分布的 GLMM 模型,标准的残差图形和拟合值与残差的关系可以用来分析剩余方差的同质性,以及上述全部分布假设是否都得到满足。使用 plotDiagnosticsLMER()函数可以把这些诊断图形并合在一起。为了显示这些图形,我们拟合一个模型,它可以从个体间和个体的压力(包括随机截距和斜率)预测负面情感。我们后面将解释这个模型本身。现在,我们只是检验这些假设。在图 10-12 中,第一排的左图展示了残差分布,第一排的右图用于评估方差同质性的残差与拟合值的关系,第二排的左图展示了随机截距的分布,第二排的右图展示了随机斜率的分布,最后的一张图展示了随机效应是否是多变量正态分布。

```
m.negaff <- lmer(NegAff ~ 1 + BSTRESS + WSTRESS +
        (1 + WSTRESS | UserID), data = d)
assumptiontests <- plotDiagnosticsLMER(m.negaff, plot = FALSE)
do.call(plot_grid, c(
  assumptiontests[c("ResPlot", "ResFittedPlot")],
  assumptiontests$RanefPlot, ncol = 2))
```

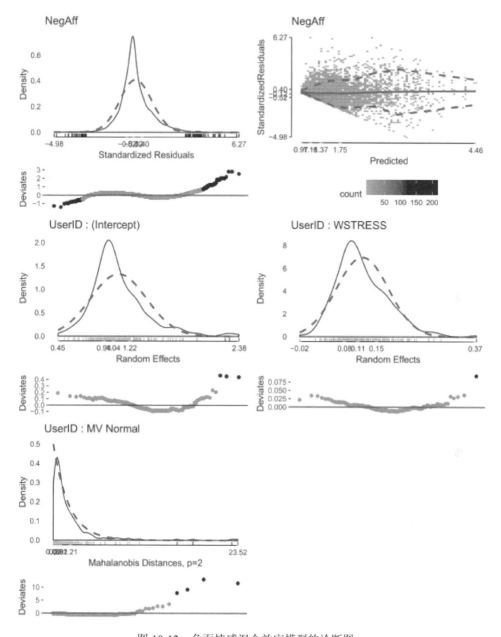

图 10-12　负面情感混合效应模型的诊断图

图 10-13 则说明这样一个事实：从整体上看，正态假设基本上得到满足，且不存在明显的多变量奇异值。

```
m.posaff <- lmer(PosAff ~ 1 + BSTRESS + WSTRESS +
    (1 + WSTRESS | UserID), data = d)
```

```
assumptiontests <- plotDiagnosticsLMER(m.posaff, plot = FALSE)
do.call(plot_grid, c(
  assumptiontests[c("ResPlot", "ResFittedPlot")],
  assumptiontests$RanefPlot, ncol = 2))
```

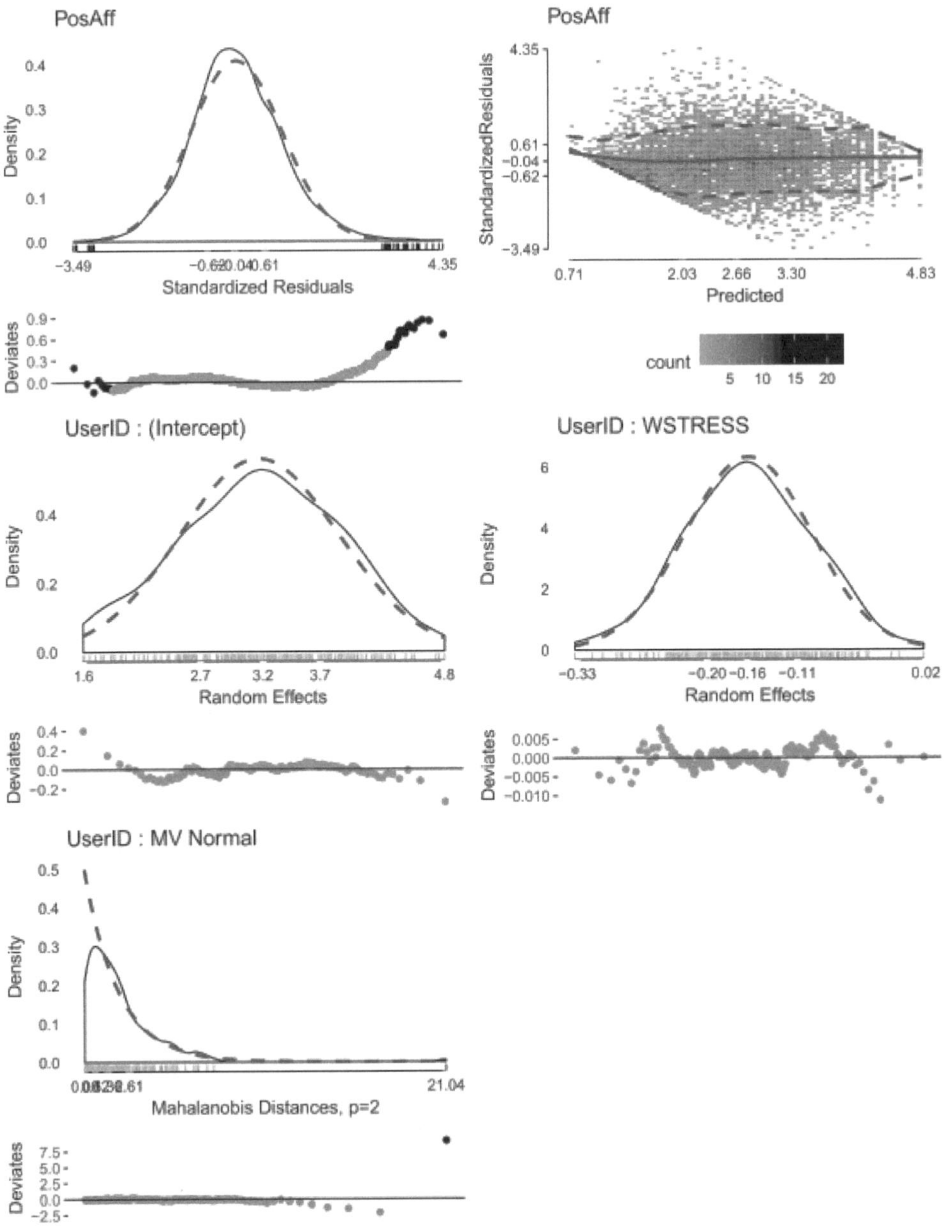

图 10-13 积极情感混合效应模型的诊断图

在图 10-13 中，各子图的含义参见图 10-12。

为了进一步探索多变量奇异性，我们分析极端值。以下这些分别属于不同类型：标准残差、随机效应 UserID:WSTRESS 以及多变量随机效应 UserID。基于以上这些，不必担心残差假设，因为这个样本集足够大。在本例中，我们发现 ID 为 57 和 123 的个体是"罪魁祸首"。为了查看不受这些多变量奇异值影响时的结果，我们删除这两个个体，重新估计这个模型，结果如图 10-14 所示(其中各子图的含义参见图 10-12)。新的结果说明，整体的正态性得到近似满足，在单个变量的随机效应上没有明显的奇异值，也没有明显的多变量奇异值。

```
assumptiontests$ExtremeValues[
  EffectType == "Multivariate Random Effect UserID"]

##     PosAff UserID                    EffectType
## 1:     4.7    123 Multivariate Random Effect UserID
## 2:     3.9    123 Multivariate Random Effect UserID
## 3:     3.8    123 Multivariate Random Effect UserID
## ---
## 20:    3.7    123 Multivariate Random Effect UserID
## 21:    4.9    123 Multivariate Random Effect UserID
## 22:    4.6    123 Multivariate Random Effect UserID

m.posaff <- lmer(PosAff ~ 1 + BSTRESS + WSTRESS +
          (1 + WSTRESS | UserID),
        data = d[!UserID %in% c(57, 123)])

assumptiontests <- plotDiagnosticsLMER(m.posaff, plot = FALSE)
do.call(plot_grid, c(
  assumptiontests[c("ResPlot", "ResFittedPlot")],
  assumptiontests$RanefPlot, ncol = 2))
```

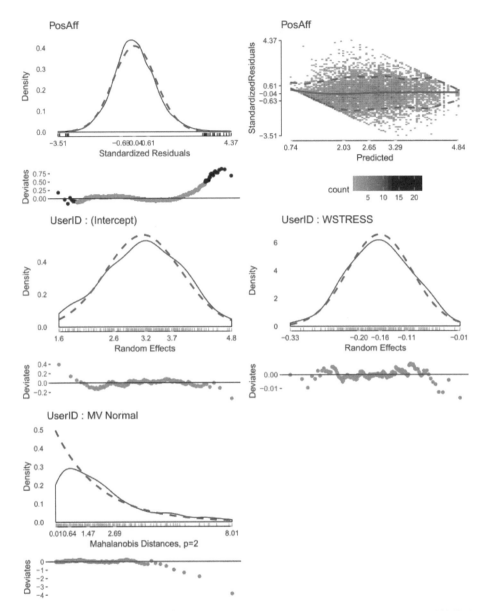

图 10-14　积极情感混合效应模型的诊断图(删除两个多变量奇异值(ID 57 和 ID 123)后的结果)

为了更好地理解这些多变量奇异值的特殊性，我们从积极情感和压力两方面比较他们与其他人的差别。方法之一是，绘制数据集中每个人的压力与积极情感关系的斜率，然后高亮显示极端个体的关系。我们同时也在图形中绘制数据点，只是为了强调单个极端观测值不会影响效应，结果如图 11-15 所示(其中各个子图的含义参见图 10-12)，结果说明 ID 为 57 和 123 的个体确实是极端值，尽管观测值看起来与估计斜率一致。

```
ggplot() +
  stat_smooth(aes(WSTRESS, PosAff, group = UserID),
    data = d[!UserID %in% c(123)], method = "lm",
  se = FALSE, colour = "grey50") +
  stat_smooth(aes(WSTRESS, PosAff, group = UserID),
    data = d[UserID %in% c(123)], method = "lm",
  se = FALSE, colour = "blue", size = 2) +
  geom_point(aes(WSTRESS, PosAff),
    data = d[UserID %in% c(123)], colour = "blue", size = 2) +
  stat_smooth(aes(WSTRESS, PosAff, group = UserID),
  data = d[UserID %in% c(57)], method = "lm",
  se = FALSE, colour = "orange", size = 2) +
  geom_point(aes(WSTRESS, PosAff),
    data = d[UserID %in% c(57)], colour = "orange", size = 2)
```

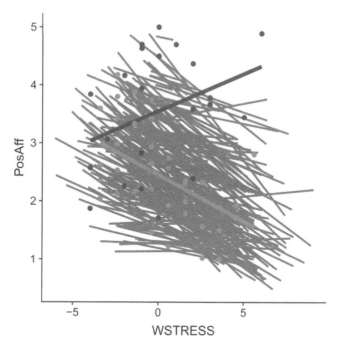

图 10-15*　积极情感与压力的关系，说明存在极端值

10.4　小结

本章首先介绍了多层数据结构及其常用格式和存储格式(宽格式或长格式)，还

介绍了多层数据和单层数据在基本数据探索和描述性统计量的输出上有哪些不同之处。然后，本章介绍了可视化显示和评价广义线性混合模型的几个常见假设。最后，本章介绍了纵向研究的一个特例。这个例子说明了是否在总体上存在时间趋势，以及变量是否在时间上存在自相关性。表10-4归纳了本章用到的重要函数。

表10-4 本章用到的重要函数及其功能

函数	功能
[]	在data.table对象中计算缺失数据，或者执行用以应对全部数据的操作，或者先按ID进行合并再进行计算，常用于多层数据
acfByID()	根据ID计算不同延迟时间的自相关系数，并返回一个数据集，用于摘要输出或图形绘制
egltable()	计算描述性统计量，可以按某个变量的层级进行分组
gglikert()	显示描述性统计量(如均值)与响应量的关系，左右两端都有响应描述
iccMixed()	计算某个变量的组间相关系数
meanDecompose()	在各个层级把某个变量分解为均值和残差，结果可用于绘制多层数据的每一层图形
nEffective()	计算多层数据中某个变量的有效样本大小
plotDiagnosticsLMER()	生成线性混合模型的各种诊断图形
reshape()	把数据从宽格式转换为长格式或从长格式转换为宽格式

第 11 章

GLMM：线性

本章以多层数据为基础，介绍另一类统计模型——广义线性混合模型(Generalized Linear Mixed Model，GLMM)，这类模型适合于多层数据。

```
library(checkpoint)
checkpoint("2018-09-28", R.version = "3.5.1",
  project = book_directory,
  checkpointLocation = checkpoint_directory,
  scanForPackages = FALSE,
  scan.rnw.with.knitr = TRUE, use.knitr = TRUE)

library(knitr)
library(ggplot2)
library(cowplot)
library(viridis)
library(JWileymisc)
library(data.table)
library(lme4)
library(lmerTest)
library(chron)
library(zoo)
library(pander)
library(texreg)
library(xtable)
library(splines)
library(parallel)
library(boot)

options(width = 70, digits = 2)
```

11.1 理论

前面几章介绍了 GLM 模型，GLMM 扩展了固定效应的 GLM 模型。我们先回顾前面的内容。对于 GLM，定义线性期望的因变量 η 为

$$\eta = X\beta \tag{11.1}$$

线性期望的因变量 η 可通过连接函数 $g(\cdot)$ 映射到原始因变量 y：

$$\eta = g(\mu) = g(E(y)) \tag{11.2}$$

逆连接函数 $g^{-1}(\cdot)$ 用于把 η 的尺度变换回原始因变量 y 的尺度：

$$E(y) = \mu = g^{-1}(\eta) \tag{11.3}$$

GLMM 模型建立在这些理论之上，再加上 GLM 模型没有的一些东西。GLM 只包含固定效应。

11.1.1 广义线性混合模型

对于 GLM 模型，期望值是预测量的带权函数 $X\beta$，其中权值就是参数估计(β)。这些参数估计被称为固定效应，但是在讨论 GLM 模型时，通常不会明确使用这个概念，因为 GLM 模型只有固定效应。之所以称它们为固定效应，是因为参数估计(β)不会变化，它们不是随机变量。

对于重复性的测量数据或非独立数据，我们需要用某种方法表示观测中存在的依赖关系。换个角度看，独立数据意味着各单位之间(单位可以人、学生、医院)存在系统性差异。对于 GLMM，解决这个问题的方法是给模型添加一个额外的成分，用以表示两个单位之间存在的差异。至于固定效应，这个成分包含两部分：一部分是数据矩阵，习惯用 Z 来表示；另一部分是参数，习惯用 γ 来表示。表示两个单位之间存在系统性差异的最基本方法是：允许每个单位有自己的截距。在针对人的纵向研究中，这等价为每个参与者都有自己的截距。在这里，Z 是由 0 和 1 组成的对角块状矩阵(想象一下纵向研究中参与者 ID 变量的虚拟编码)。图形相比文字更容易描述这个问题。首先为所有 ID 创建一个虚拟编码矩阵，并把结果保存到 mat 变量中。然后使用图形表示前 10 位参与者和前 300 个值的矩阵，如图 11-1 所示。黑色区域代表 1，白色区域代表 0。接着，使用 data()函数载入 JWileymisc 包中的原始数据。最后读取第 10 章在介绍 GLMM 的基础知识时建立并保存的数据。

```
data(aces_daily)
draw <- as.data.table(aces_daily)
d <- readRDS("aces_daily_sim_processed.RDS")
```

```
mat <- model.matrix(~ 0 + factor(UserID), data = d)

image(t(mat[1:300, 1:10]), col = c("white", "black"),
    xlab = "参与者", ylab = "预测值",
    xaxt = "n", yaxt = "n")
```

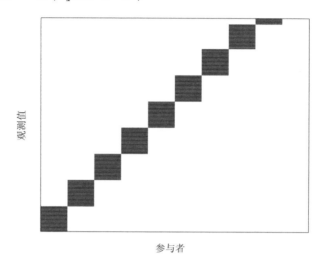

图 11-1　UserID 的虚拟编码矩阵

在这个简单的例子中，γ 的一个元素对应一个参与者，它是某个参与者的估计截距。对于当前数据集，一共有 191 个参与者，因此 γ 包含 191 个估计值。

把这些内容与前面的 GLM 模型结合起来，GLMM 模型可以定义为

$$\eta = X\beta + Z\gamma \tag{11.4}$$

对于这个特定的数据集，这个截距模型有 191 个参与者和 6599 个观测量，每个向量/矩阵的维数如下所示：

$$\underbrace{\eta}_{6599\times1} = \underbrace{X}_{6599\times1}\underbrace{\beta}_{1\times1} + \underbrace{Z}_{6599\times191}\underbrace{\gamma}_{191\times1}$$

可以明显看出，如果我们单独对 γ 中的每个参数进行估计，那么最终需要估计的参数个数至少等于参与者个数，再加上模型中其他需要估计的参数。事实上，如果需要对 γ 中的每个参数进行估计，那么我们当前正在讨论的问题属于 GLM 模型。虽然从理论上讲，可以把 $Z\gamma$ 从 $X\beta$ 分离出来，但是 GLM 模型可以估计这两个量。之所以使用 GLMM 模型而不是含有大量虚拟编码的 GLM 模型，是因为我们不是直接估计 γ。在 GLMM 模型中，我们不是直接对 γ 的每个参数进行估计，而是把 γ 看成随机变量或随机效应(因而是混合效应，因为模型中存在固定效应和随机效

应)。我们假设 γ 来自某个分布。具体来说，假设 γ 来自正态分布，这很少有例外。

为了方便起见，用 N 表示正态分布或高斯分布。正态分布由两个参数控制：均值(位置)μ 和标准差(或尺寸)σ。现在正式定义 γ 分布为均值 μ 和标准差 σ 的正态分布，公式如下：

$$\gamma \sim N(\mu, \sigma) \tag{11.5}$$

这样处理的好处是，不需要单独对 γ 的每个参数进行估计。不管有多少个参与者，截距 GLMM 模型都只需要估计两个额外的参数：μ 和 σ(也就是正态分布的参数)。事实上，我们甚至不需要估计这两个额外参数，因为模型的固定效应部分 $X\beta$ 已包含截距的估计值，因此我们已经知道均值(截距)将要取什么值。习惯上，将 γ 定义为相对于总体均值的偏差，这些偏差可以用固定效应来描述。平均来说，这些偏差总是零。事实上，我们只需要估计参数 σ。因此，上述公式可以表示为

$$\gamma \sim N(0, \sigma) \tag{11.6}$$

我们前面曾提到，几乎在所有情形下，γ 都是正态分布的。但是直觉上，我们认为 GLMM 也可以使用其他分布。在 GLMM 模型中，即使我们假定因变量遵循其他分布(如伯努力分布、泊松分布等)，通常随机效应也仍然按正态分布。虽然这不是 GLMM 的严格要求，但是大多数软件只实现了正态分布的随机效应，唯一例外的情况是贝叶斯 GLMM 软件，这个软件比较灵活，允许使用其他类型的分布。

最后需要指出的是，实际上可能存在多个随机效应。为此，可以假定 γ 遵循多变量正态分布。在下面的公式中，用 $\mathbf{0}$ 表示均值为零的向量，用大写的西格玛符号(Σ)表示方差-协方差矩阵而不是单一的方差或标准差。

$$\gamma \sim N\left(\mathbf{0}, \sum_\theta\right) \tag{11.7}$$

现在通过具体的模型说明这些参数的意义。为此，我们估计截距 GLM 模型和截距 GLMM 模型。在这个示例中，分析日记研究数据集中的积极情感。现在我们用绘制结果说明 GLMM 模型的理论概念，后面将讨论如何用 R 程序分析模型。表 11-1 比较了积极情感的截距 GLM 模型和截距 GLMM 模型。

表 11-1 统计模型(一)

	GLM	GLMM
(Intercept)	2.68***	2.68***
	(0.01)	(0.06)
R^2	0.00	
Adj. R^2	0.00	
Num. obs.	6399	6399

(续表)

	GLM	GLMM
RMSE	1.07	
AIC		14800.56
BIC		14820.85
Log Likelihood		-7397.28
Num. groups: UserID		191
Var: UserID(Intercept)		0.63
Var: Residual		0.53

***$p < 0.001$，**$p < 0.01$，*$p < 0.05$

第一行表示固定效应的截距。我们发现两个模型的估计值相等，但是它们的标准误差(圆括号中的值)不相等，GLMM 的标准差大于 GLM。在 GLM 模型中，其他参数只有一个——剩余标准差，用缩写符 RMSE 表示。在 GLMM 模型中，除了残余方差，用 Var:Residual 表示；还有随机截距的方差，用 Var:UserId(Intercept)表示。

在 GLMM 中，截距的估计值可以解释为全部参与者的平均截距。截距的方差表示每个参与者的截距分散程度。由于我们假设全部截距来自正态分布，因此可以使用标准的经验法则：大约三分之二的个体落在均值的标准差中。根据截距方差的均方根值，我们得到截距的标准差。根据这个值，我们发现有三分之二的个体，它们的截距落在 2.05 与 3.31 之间。

```
## 2.68 - 0.63 = 2.05
## 2.68 + 0.63 = 3.31
```

11.1.2 术语混合效应和多层次模型

在继续讨论之前，有必要说明这两个术语的区别。本书从混合效应模型的角度讨论 GLMM。然而混合效应模型也经常称为多层次模型，因此也经常从多层次模型的角度讨论 GLMM。多层次模型不是用矩阵而是用下标表示哪个参数随参与者变化。首先我们回到 GLM 模型，GLM 模型可以表示为代数式子而非矩阵形式，如下所示：

$$\eta_i = b_0 \tag{11.8}$$

下标 i 用于指示第 i 个参与者的期望值。对于 GLMM 模型或多层次模型，我们至少需要两个下标：一个表示参与者，另一个表示参与者的某个观测值。习惯上，我们总是这样说，"第 j 个参与者的第 i 个观测量"。因此，可以将 GLMM 模型表示成如下形式：

$$\eta_{ij} = b_0 + \gamma_{0j} \tag{11.9}$$

以上形式强调了这样一个事实：某个观测量是平均截距 b_0 和某个参与者相对于均值的偏差 γ_{oj} 的组合。在多层次模型中，可使用不同级别表示观测量的嵌套关系。因此，在日记研究数据集中，参与者内部的观测量属于级别 1，参与者级别的效应属于级别 2。当只有两个级别时，人们通常把级别 1 称为个体内级别，把级别 2 称为个体间级别。这只在日记数据中有意义，因为在这个数据集中，级别为 1 的观测量是每个参与者内部的观测值或差别，级别 2 或个体间级别表示参与者之间的差别。

由于混合效应与多层次模型很常用，因此知道它们在本质上属于同一类模型会对我们有帮助。

11.1.3 统计推断

在线性回归模型中，统计推断(p 值和置信区间)不难计算。可以证明：回归系数在除以它们的标准误差后服从 t 分布，后者的自由度等于观测量个数减去需要估计的参数个数。在线性混合效应模型中，没有公式可以计算"正确的"自由度。

因此，我们无法知道"正确的" p 值和置信区间。正因为如此，R 语言中的 lme4 包在默认时并没有输出 p 值，也不提供自由度。但是，可以使用其他方法来估计置信区间和 p 值。

最简单的方法是假设样本集足够大，以至于 t 分布接近正态分布，因此不需要 t 分布的自由度，而是把正态分布当作足够接近的代替对象。这只需要计算 p 值和置信区间就行。

另一种比较精确地计算置信区间的方法是分析似然函数。诚然，当需要从 lme4 模型确定置信区间时，这是默认使用的方法。虽然用这种方法计算置信区间比较精确，但是计算量很大，而且在某些情况下可能无法收敛或者无法估计。

还有一种方法是尝试估计自由度的近似值。在 lmerTest 包中，可以根据 Satterthwaite 的近似方法计算自由度。当把 lmerTest 包载入内存时，就会屏蔽掉我们使用的 lmer 函数，因此默认会计算近似的自由度并且输出 p 值。与似然函数分析法相比，这种为统计目的设计的自由度近似计算方法的计算成本较低。对于线性混合效应模型，比如 GLMM 模型，由于因变量是连续类型的且服从正态分布，因此这种方法相对简单，可以作为默认的首选方法。

最后两种可以使用的方法是自采样法和贝叶斯估计，但是本书不打算在这里进行深入讨论。我们将通过一些示例说明它们的用法。

自采样法主要包括以下步骤：数据点的随机抽样、模型的估计和结果的保存。而且这几个步骤需要反复执行多次，才能建立起参数值的经验分布。这种方法的优点在于可以按经验估计分布，因此不需要对参数采样分布的形状做任何假设。虽然使用自采样法的置信区间有很多我们需要的特性，但是计算量非常大，除了一些基本模型外，都需要计算很长时间，因此自采样法不是模型迭代构建过程中十分受欢迎的方法。然而，自采样法是用来验证最终模型结果和高风险案例(如随机对照试验)结果的不错选择。贝叶斯估计对统计推断的依赖是通过另一个完全不同的架构来实现的。贝叶斯方法非常强大，可以取代经常使用的经典统计方法，这些方法在本书前面几章中已经讨论过。

在选择统计推断方法时，需要考虑的一种特殊情形是推断是否与随机效应的方差成分有关。仅仅根据近似的正态分布或自由度计算方差成分是不合适的，因为方差成分不可以小于零。因此，对称的置信区间是不合理的。对于方差成分，置信区间可以通过分析似然函数、自采样法或贝叶斯估计得到。

最后，虽然本章只关注连续型正态分布的因变量，但是对于其他类型的 GLMM，如二元因变量或计数因变量，由于自由度不能近似计算，因此统计过程必须仍然使用正态分布，可以使用似然函数、自采样法或贝叶斯估计。

11.1.4 效应量

在线性回归中，常见的效应量是方差中可以被模型解释的比例 R^2。在线性回归中，R^2 很容易计算。总方差是可被模型解释的方差与剩余方差之和。

$$R^2 = 1 - \frac{\sigma^2_{residual}}{\sigma^2_{total}} \tag{11.10}$$

对于混合效应模型，计算 R^2 并没有这么容易。方差可以由固定效应解释，也可以由随机效应解释。一种方法是计算准 R^2，它是预测值与实际相关系数的平方。

```
m <- lmer(NegAff ~ 1 + (1 | UserID), data = d)
cor(na.omit(d$NegAff), fitted(m))^2

## [1] 0.45
```

最近，Nakagawa 和 Schielzeth 为随机截距模型提出了两种不同的计算方法：边际 R^2 和条件 R^2。边际 R^2 是指固定效应解释的方差占总方差的比例。总方差定义为由固定效应解释的方差、由随机效应解释的方差(可能有一个或多个随机截距)和剩余方差之和。边际 R^2 代表可由固定(边际)效应解释的方差的百分比。在原来的计算公式中，Nakagawa 和 Schielzeth 使用了稍微不同的方程，因为他们把误差项和离散方差项分开处理了。但是对于连续正态分布的因变量，它们在本质上是相同的。对于正态分布的变量，简化后的方程如下：

$$边际 R^2 = \frac{\sigma^2_{fixedeffects}}{\sigma^2_{fixedeffects} + \sum_{i=1}^{k}\sigma^2_{random_i} + \sigma^2_{residual}} \tag{11.11}$$

条件 R^2 的定义与边际 R^2 相似，条件 R^2 是指由固定效应和随机效应解释的方差占总方差的比例，计算方程如下：

$$条件 R^2 = \frac{\sigma^2_{fixedeffects} + \sum_{i=1}^{k}\sigma^2_{random_i}}{\sigma^2_{fixedeffects} + \sum_{i=1}^{k}\sigma^2_{random_i} + \sigma^2_{residual}} \tag{11.12}$$

在式(11.11)和式(11.12)中，$\sigma^2_{fixedeffects}$ 代表由固定效应解释的方差，σ^2_{random} 代表由随机效应解释的方差，$\sigma^2_{residual}$ 代表残差。

对于随机截距模型，唯一的固定效应是截距，按上述方程定义的条件 R^2 与 ICC(类内相关系数)一样。R2LMER 函数利用这些公式计算线性混合模型的边际 R^2 和条件 R^2。下面这个示例显示了当模型只有截距参数时，条件 R^2 与 ICC 相等。

```
m <- lmer(NegAff ~ 1 + (1 | UserID), data = d)
R2LMER(m, summary(m))

## MarginalR2 ConditionalR2
##    0.00         0.44

iccMixed("NegAff", "UserID", d)

##          Var Sigma   ICC
## 1:    UserID  0.21  0.44
## 2:  Residual  0.27  0.56
```

自 Nakagawa 和 Schielzeth 推导出随机截距模型的方程后，Johnson 扩展了他们的方法，并加入了随机截距和斜率。R2LMER 函数结合了这些最新内容，因此其中包含了随机截距模型和随机截距斜率模型。

11.1.5 随机截距模型

最简单的混合效应模型是随机截距模型。随机截距模型可以包含任意多个固定效应。但是习惯上，这个名字只用来表示这样的模型：随机截距是其中的唯一随机效应。

随机截距允许每个参与者的截距有差异，因而能够表达观测量之间的相关性。这样，在解释了个体在截距上的差异后，它们的残差将会独立(有条件独立)。除了随机截距外，还可以添加任何数量的固定效应。

除了混合效应模型的理论和方程外，通过可视化不同的模型可以帮助我们更好地理解"随机"效应的真实含意。

11.1.6 可视化随机效应

假定读者已经熟悉标准的线性回归模型(这些模型只有固定效应)。在我们一直使用的日记研究数据集中，每个参与者每天都要报告入睡所需要的时间(单位为分钟),而且要连续报告 12 天。如果想分析某人在研究中的第几天(如第 1 天、第 2 天等)与入睡时间(Sleep Onset Latency,SOL)(单位为分钟)的关系,可以使用线性回归模型,如下所示:

```
## data setup
d[,
  SurveyDayCount := as.integer(SurveyDay - min(SurveyDay)),
  by = UserID]

## setup mini dataset
tmpd <- d[!is.na(SOLs) & !is.na(SurveyDayCount),
  .(SOLs, SurveyDayCount, UserID)]
## fixed effects, all people
mreg <- lm(SOLs ~ 1 + SurveyDayCount, data = tmpd)
## add predictions to the dataset
tmpd[, Fixed := predict(mreg, newdata = tmpd)]
```

这个线性回归模型提供了两个平均(固定)效应。intercept(截距)是参与者第一个晚上入睡时间的期望值。slope(斜率)是 SOL 在研究期间一天的变化期望。这两个值是对研究中每个参与者的求平均结果,它们并没有说明每个参数与者之间的个体差异。上述模型的优点在于能够把所有参与者包含在内,因此相对比较稳健,不容易受奇异值的影响。某个参与者即使只有很少几个数据也不会对结果产生很大影响,因为得到的是所有参与者的数据均值。另一个必须指出的问题是,虽然平均截距和斜率是准确估计,但是与它们相关的 p 值却向下偏移,因为违反了"观测数据必须相互独立"的假设。

另一种简单的方法是运行固定效应的线性回归模型,但是为每个参与者单独运行每个模型。由于我们只对截距的差异感兴趣,因此通过固定的偏移量强制使 SurveyDay 的斜率与前面拟合的固定效应模型中的总体均值相等:

```
## fixed effects, individual models
tmpd[, Individual := fitted(lm(SOLs ~ 1 +
  offset(coef(mreg)[2] * SurveyDayCount))),
  by = UserID]
```

这些单独模型可以估计每个个体的不同截距,但是它们都使用平均斜率。由于每个模型都是对每个个体的数据进行拟合,因此它们对奇异值比较敏感。当某个个体只有少量数据点(如只有两三天的数据)时,这些模型就会变得非常不稳定。这种方法的优点是统计检验可能比较准确,因为对于某个参与者而言,每天都是独立的,并且是不相关的。

最后，运行固定斜率的随机截距模型，如下所示：

```
## random intercept model, all people
m <- lmer(SOLs ~ 1 + + SurveyDayCount + (1 | UserID), data = tmpd)

## add predictions to the dataset
tmpd[, Random := predict(m, newdata = tmpd)]
```

随机截距模型允许每个个体有不同的截距，但我们不是逐个估计每个个体的截距，而是认为它们都服从正态分布，后者的均值和方差需要估计。现在把所有个体的数据都包含在一个模型中，因此这个模型对于奇异值或极端值比较稳健。同样的道理，随机截距模型不能把同一均值用于每个个体。

从另一个角度考虑随机截距模型。随机模型的截距估计是每个个体截距的带权之和或全部个体的平均截距。每个个体的数据越多，随机模型的截距估计与单个个体单独估计的截距越接近。相反，个体的数据越少，随机截距与总体均值越接近。在极端情形下(某个个体没有数据)，模型唯一能做的是估计个体的截距就是总体均值。这种方法的效果相当于把个体估计拉近到总体均值，又称为收缩效应(Shrinkage)：把极端估计值收缩到总体均值。如果读者具有机器学习背景，那么这正是模型调整的一种形式：给个体估计添加约束条件，使得它们接近于正态分布。

为了可视化这两类模型的差别，我们绘制图形，显示个体的研究日期与 SOL 的关系。图 11-2 显示了单个模型的轨迹和随机模型的轨迹，还有一条蓝色粗线表示通过作用于全部参与者的线性回归模型得到的截距和斜率。

```
## select a few example IDs to plot
tmpdselect <- melt(tmpd[UserID %in% unique(UserID)[107:115]],
    id.vars = c("UserID", "SurveyDayCount", "SOLs"))

ggplot(tmpdselect[variable != "Fixed"],
       aes(SurveyDayCount, value, group = UserID)) +
  geom_abline(intercept = coef(mreg)[1], slope = coef(mreg)[2],
              size = 2, colour = "blue") +
  geom_line() +
  facet_wrap(~ variable)
```

第 11 章 GLMM：线性

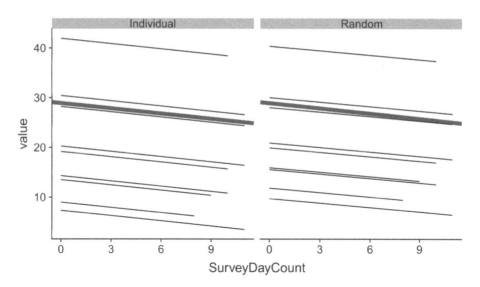

图 11-2* 单个个体回归模型和随机截距模型的估计值曲线，总体均值用粗的蓝色线条表示。虽然所有直线的斜率都一样，但是随机模型中每条直线的截距比起单个模型更接近总体均值，这正好演示了收缩效应

显示模型之间差异的另一种方法是绘制估计值与原始数据的关系曲线，如图 11-3 所示。其中的子图说明，单个固定效应模型或随机截距模型与总体均值一样准确，甚至比总体均值更准确。此外还说明，在每种情况下，随机截距直线与固定效应一样，也可能更接近于总体均值，但决不会比单个固定效应模型更极端。

```
## plots against individual data
ggplot(tmpdselect, aes(SurveyDayCount)) +
  geom_point(aes(y = SOLs), size = 1) +
  geom_line(aes(y = value,
                colour = variable,
                linetype = variable), size = 1.5) +
  facet_wrap(~UserID, scales = "free_y") +
  scale_color_viridis(discrete = TRUE) +
  theme(legend.position = "bottom",
        legend.title = element_blank(),
        legend.key.width = unit(2, "cm"))
```

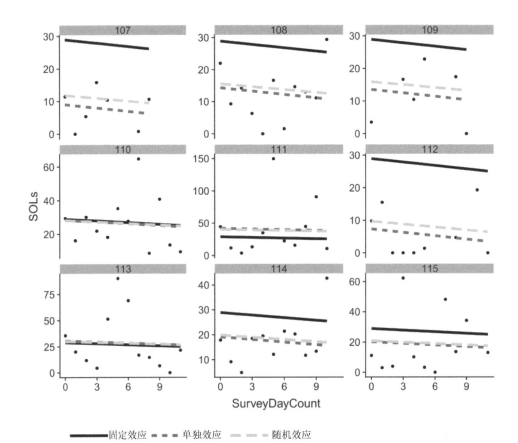

图 11-3* 9 个个体的不同模型估计值与原始数据的关系

收缩效应通过下面的方法比较容易得到解释：绘制个体模型的截距图与随机效应模型的截距图，并显示它们的差异，如图 11-4 所示。为此，绘制全部参与者的数据，根据个体模型得到的均值从最大到最小进行排序。图 11-4 说明，向样本均值收缩的最大值发生在个体估计值离均值最远的个体上。

```
tmpd <- tmpd[SurveyDayCount==0][order(Individual)]
tmpd[, UserID := factor(UserID, levels = UserID)]

ggplot(tmpd, aes(x = Individual, xend = Random,
                 y = UserID, yend = UserID)) +
  geom_segment(
  arrow = arrow(length = unit(0.01, "npc"))) +
geom_vline(xintercept = tmpd[SurveyDayCount==0][1, Fixed]) +
xlab("截距估计") +
theme(axis.text.y = element_blank())
```

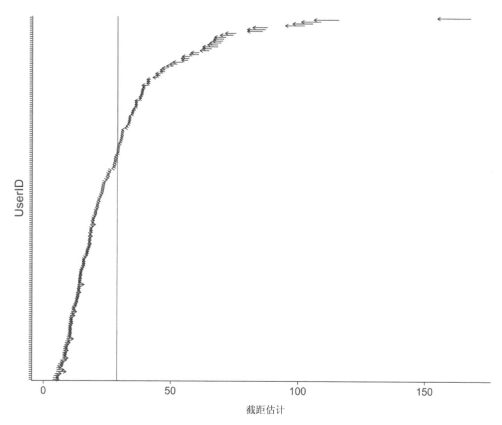

图 11-4　每个个体的个体模型和随机效应模型的估计截距，箭头表示向总体平均截距收缩

11.1.7　解释随机截距模型

通常，解释模型的第一步是评价诊断信息，保证模型是合理的。我们把一些基本的诊断信息绘制成图 11-5。图 11-5 显示，残差基本上是对称分布的，尽管并非严格意义上的正态分布，并且存在一些奇异值。图 11-5 同时也显示，剩余方差随预测值增大。图 11-5 说明，模型似乎存在极端的随机截距，并且随机截距的分布通常是正偏的，这意味着进行变换是有必要的。由于在使用广义可加模型拟合观测日期与入睡时间的关系时并没有考虑任何非线性因素，因此这暗示我们，用线性关系描述它们可能会是合理的近似。

```
assumptiontests <- plotDiagnosticsLMER(m, plot = FALSE)
do.call(plot_grid, c(
  assumptiontests[c("ResPlot", "ResFittedPlot")],
  assumptiontests$RanefPlot,
  list(ggplot(d, aes(SurveyDayCount, SOLs)) +
```

```
        stat_smooth()),
  ncol = 2))

## `geom_smooth()` using method = 'gam' and formula 'y ~
s(x,bs="cs")'
```

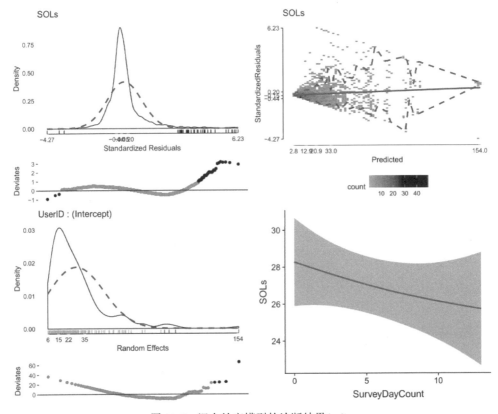

图 11-5 混合效应模型的诊断结果(一)

在图 11-5 中,第一排的左图展示了残差的分布;第一排的右图展示了残差与拟合值的关系,用来评估方差的齐性;第二排的左图展示了随机截距的分布;第二排的右图展示了单个级别的广义可加模型对观测日期与入睡时间之间非线性关系的拟合结果。

由于结果中存在一些零值,使用对数变换可能会产生问题,因此我们尝试进行平方根变换。这要求重新拟合模型,再次检查诊断结果。这可以由下面的程序完成,将诊断结果绘制成图 11-6。从中可以看出,在某些方面结果得到了改善。残差的极端值较少,剩余方差在整个预测范围内更加具有齐性,随机截距的分布更接近正态分布。同时也说明,在预测日期与入睡时间的平方根值之间存在近似的线性关系。因此,将这个模型作为展示和解释的对象是合理的。

```
d[, sqrtSOLs := sqrt(SOLs)]
```

```
m2 <- lmer(sqrtSOLs ~ SurveyDayCount + (1 | UserID),
           data = d)

assumptiontests <- plotDiagnosticsLMER(m2, plot = FALSE)
do.call(plot_grid, c(
  assumptiontests[c("ResPlot", "ResFittedPlot")],
  assumptiontests$RanefPlot,
  list(ggplot(d, aes(SurveyDayCount, sqrtSOLs)) +
         stat_smooth()),
  ncol = 2))

## `geom_smooth()` using method = 'gam' and formula 'y~s(x,bs="cs")'
```

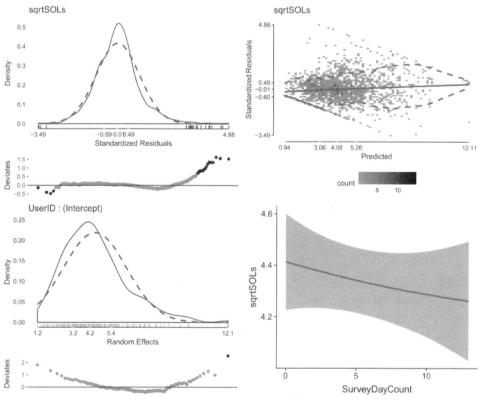

图 11-6　混合效应模型的诊断结果图(二)

在图 11-6 中，各个子图的含义参见图 11-5。展示和解释模型的最好起点是使用 summary()函数。下面的程序使用 summary()函数输出摘要信息。由于已经载入了 lmerTest 包，因而结果中包含自由度的近似值和基于 t 检验的 p 值。在随机效应中，我们看到随机截距的标准差的估计值，而且残差非常接近，这表明每一级别的方差近似相等。摘要信息也显示了模型用到的观测数据数量和个体数量。在固定效应中，出现了总体平均截距，这表示观测日期与入睡时间的平方根之间的平均关系。统计检验显示了这些结果是否显著不同于零。这个问题对观测日期的关系来说是十分合理的，但是对截距来说并不十分重要，因为入睡时间的平均值为零是不符合情理的。通常，固定效应的解释与单级别广义线性模型的解释十分相似。在本例中，观测日期与入睡时间的平方根之间存在显著关联。例如，研究中额外增加一天，入眠时间的平方根就会减少 0.02 分钟。

```
summary(m2)

## Linear mixed model fit by REML. t-tests use Satterthwaite's method [
## lmerModLmerTest]
## Formula: sqrtSOLs ~ SurveyDayCount + (1 | UserID)
##    Data: d
##
## REML criterion at convergence: 9552
##
## Scaled residuals:
##    Min     1Q Median     3Q    Max
## -3.486 -0.601 -0.012  0.490  4.878
##
## Random effects:
##  Groups   Name        Variance Std.Dev.
##  UserID   (Intercept) 3.72     1.93
##  Residual             4.50     2.12
## Number of obs: 2097, groups: UserID, 191
##
## Fixed effects:
##                 Estimate Std. Error       df t value Pr(>|t|)
## (Intercept)       4.4578     0.1639 289.5176   27.20   <2e-16 ***
## SurveyDayCount   -0.0223     0.0135 1914.7904   -1.65      0.1 .
## ---
## Signif. codes:  0 '***' 0.001 '**' 0.01 '*' 0.05 '.' 0.1 ' ' 1
##
## Correlation of Fixed Effects:
##             (Intr)
## SurveyDyCnt -0.438
```

第 11 章　GLMM：线性

最近，许多刊物要求论文中要有估计值和置信区间，不再要求有估计值和标准误差。本章前面曾提到，当讨论统计推断时，有多种方法用来计算置信区间。通常，使用 confint()函数计算置信区间，但是使用的计算方法有很多，而且各不相同。有简单的方法，如 Wald 法，Wald 法使用标准误差，并且假定自由度足够大，因此认为 t 分布接近正态分布。有的方法比较准确但是十分耗时，如 Profile 法和自采样法。每种方法都会定时提供计算强度的动态指示。

```
system.time(
  ci.wald <- confint(m2,
    method = "Wald", oldNames = FALSE))

##    user  system elapsed
##    0.02    0.00    0.01

system.time(
  ci.profile <- confint(m2,
    method = "profile", oldNames = FALSE))

## Computing profile confidence intervals ...

##    user  system elapsed
##    0.98    0.00    0.99

system.time(
  ci.boot <- confint(m2,
    method = "boot", oldNames = FALSE,
    nsim = 200, seed = 1234))

## Computing bootstrap confidence intervals ...

##    user system elapsed
##     4.3    0.0     4.4

ci.compare <- data.table(
  Param = rownames(ci.wald),
  Wald = sprintf("%0.2f, %0.2f",
    ci.wald[,1], ci.wald[,2]),
  Profile = sprintf("%0.2f, %0.2f",
    ci.profile[,1], ci.profile[,2]),
```

```
            Boot = sprintf("%0.2f, %0.2f",
                ci.boot[,1], ci.boot[,2]))

print(ci.compare)

##                     Param           Wald         Profile           Boot
## 1:   sd_(Intercept)|UserID         NA, NA      1.72, 2.16     1.70, 2.15
## 2:                   sigma         NA, NA      2.06, 2.19     2.05, 2.18
## 3:             (Intercept)     4.14, 4.78      4.14, 4.78     4.12, 4.80
## 4:          SurveyDayCount    -0.05, 0.00    -0.05, 0.00    -0.05, 0.01
```

虽然这三种方法存在细微的差别，但是从总体上看，这三种方法在这个示例中表现出高度一致。Wald 方法几乎瞬时完成，而 Profile 方法需要一段比较短的时间，自采样法的运算速度明显比较慢，特别是在交互建模时需要等待一段较长的时间。

以下是使用 Wald 法生成的完整结果：

```
testm2 <- detailedTests(m2, method = "Wald")

## Parameters and CIs are based on REML,
## but detailedTests requires ML not REML fit for comparisons,
## and these are used in effect sizes. Refitting.

formatLMER(list(testm2))

##                    Term             Model 1
## 1:        Fixed Effects
## 2:          (Intercept)   4.46*** [ 4.14, 4.78]
## 3:       SurveyDayCount   -0.02 [-0.05, 0.00]
## 4:       Random Effects
## 5: sd_(Intercept)|UserID                 1.93
## 6:                sigma                 2.12
## 7:        Overall Model
## 8:             Model DF                    4
## 9:            N (UserID)                 191
## 10:     N (Observations)                2097
## 11:               logLik             -4771.82
## 12:                  AIC              9551.65
```

```
## 13:                        BIC                     9574.24
## 14:                Marginal R2                        0.00
## 15:             Conditional R2                        0.45
## 16:               Effect Sizes
## 17: SurveyDayCount (Fixed)    0.00/0.00, p = .099
```

下面是使用 Profile 法生成的完整结果。固定效应并没有变化，但是可以估计随机效应的置信区间。

```
testm2b <- detailedTests(m2, method = "profile")

## Computing profile confidence intervals ...

## Parameters and CIs are based on REML,
## but detailedTests requires ML not REML fit for comparisons,
## and these are used in effect sizes. Refitting.

formatLMER(list(testm2b))

##                    Term               Model 1
##  1:         Fixed Effects
##  2:            (Intercept)     4.46*** [ 4.14, 4.78]
##  3:         SurveyDayCount   -0.02 [-0.05, 0.00]
##  4:         Random Effects
##  5:   sd_(Intercept)|UserID   1.93 [1.72, 2.16]
##  6:                  sigma    2.12 [2.06, 2.19]
##  7:          Overall Model
##  8:               Model DF                       4
##  9:              N (UserID)                     191
## 10:        N (Observations)                    2097
## 11:                 logLik                -4771.82
## 12:                    AIC                 9551.65
## 13:                    BIC                 9574.24
## 14:            Marginal R2                    0.00
## 15:         Conditional R2                    0.45
## 16:           Effect Sizes
## 17: SurveyDayCount (Fixed)    0.00/0.00, p = .099
```

11.1.8 随机截距斜率模型

前面我们只介绍了随机截距模型。但是,混合效应模型允许包含一个或多个随机斜率参数。把预测量作为随机斜率加入模型中的唯一要求是:预测量在个体内必须是变化的(否则需要用高阶聚类单元计算随机效应)。

这里我们继续使用本章一直在使用的数据集。研究日期、压力和睡眠都可以作为随机斜率加入模型中。年龄、教育和个体是否出生在澳大利亚不可以作为随机斜率加入模型中。换一种方法,要把数据作为随机斜率加入模型中,那么数据必须在个体内(或参与者内部)有某种程度的变异性。如果只是在个体之间有变异性,则不可以作为随机斜率。

随机斜率与随机截距的处理方式相似。也就是说,我们可以想象每个参与者(或其他级别更高的单元)的预测量与因变量之间都有独立的斜率。但是,我们不是逐个估计斜率,而是假设这些斜率来自一个分布,因此需要估计这个分布的参数。通常,这个分布是正态分布,因此需要估计均值和方差。

与前面一样,我们用如下方程表示 GLMM 模型:

$$\eta = X\beta + Z\gamma \tag{11.13}$$

对于日记研究数据集,其中有 191 个参与者、6599 个观测数据,每个向量(或矩阵)的维数如下:

$$\underbrace{\eta}_{6599\times1}\ \underbrace{X}_{6599\times1}\underbrace{\beta}_{1\times1}+\underbrace{Z}_{6599\times382}\underbrace{\beta}_{382\times1}$$

对于本例,Z 的列数是参与者个数的两倍,这是因为对于每个参与者,有一列表示随机截距,还有一列表示随机斜率。

与随机效应模型相比,随机截距斜率模型的另一个变化是,前者只包含随机效应;而后者同时包含方差和协方差,用协方差表示随机效应之间的关系。例如,如果参与者的起点较高(正随机截距较大),就会有较大的负向斜率,因此截距与斜率之间可能存在一种负相关的关系。举一个实际的例子,如果某个参与者加入这个研究项目,在第一天晚上睡了 12 小时,那么想在第二天睡更长时间几乎是不可能的。相反,某个参与者在第一天晚上熬夜,那么可以肯定,他在第二天需要睡更长的时间。重要的是,在许多场合中,把随机截距和随机斜率当作互相关联的变量是十分合理的。因此在 R 语言中,用于构建随机效应的方法在默认时,都需要估计随机效应的整个方差-协方差矩阵。我们可以把协方差固定为零,而强制使随机效应相互独立,但是一般情况下还是应该尽量避免这样处理。

理论上,混合效应模型可以只加入随机斜率,而不需要考虑随机截距。但是,我们实际上从来不这样处理。含随机斜率但不含随机截距的模型只是当所有的参与者都从同一位置出发但却有不同的斜率时才会合理。假如参与者实际上都有不同的截距，而我们强制它们使用同一个值，则会使随机斜率失真，因为它们的斜率都要通过同一个平均斜率。相反，如果模型中包含非必需的随机截距，则不会对模型或结果产生明显的偏差。

为了说明随机截距斜率模型相对普通的线性回归模型的差异，我们采用与随机截距模型一样的步骤。在我们一直使用的日记研究数据集中，每个参与者都要报告他们的入睡时间(单位为分钟)，而且连续报告 12 天。假设我们想研究参与者在项目中的日期(第一天、第二天等)与入睡时间(Sleep Onset Latency，SOL)之间的关系，可以从线性回归模型开始。

```
## setup dataset
tmpd <- d[!is.na(sqrtSOLs) & !is.na(SurveyDayCount),
  .(sqrtSOLs, SurveyDayCount, UserID)]

## fixed effects, all people
mreg <- lm(sqrtSOLs ~ 1 + SurveyDayCount, data = tmpd)
## add predictions to the dataset
tmpd[, Fixed := predict(mreg, newdata = tmpd)]
```

我们为每个参与者分别运行这个线性回归模型，如下所示：

```
## fixed effects, individual models
tmpd[, Individual := fitted(lm(sqrtSOLs ~ 1 + SurveyDayCount)),
  by = UserID]
```

将这个线性回归模型应用于不同的参与者，可以得到不同的截距估计和斜率估计。为每个参与者单独估计截距和斜率，它们对奇异值敏感，当参与者的观测数据比较少时会变得不稳定。

最后，在下面的程序中运行随机截距斜率模型。为了在模型中添加斜率，我们把 SurveyDayCount 变量添加到模型的随机区(在括号里面，处在竖杠之前，表示这些参数随 UserID 随机变化)。需要说明的是，即使我们要给 SurveyDayCount 定义随机斜率，也要先添加固定效应。

```
## random intercept model, all people
m <- lmer(sqrtSOLs ~ 1 + SurveyDayCount +
        (1 + SurveyDayCount | UserID), data = tmpd)
## add predictions to the dataset
tmpd[, Random := predict(m, newdata = tmpd)]
```

随机模型允许每个个体有不同的截距和斜率，但是假定这些截距和斜率都来自一个多变量正态分布，而且这个分布的参数可以估计得到。与前面分析的随机截距模型一样，我们也可以用图形可视化随机效应模型与固定效应模型之间的差异，方法是绘制几个参与者的研究日期与 SOL 之间的关系。图 11-7 显示了固定模型和随机模型的估计曲线，它们的斜率都来自所有参与者的线性回归模型。

```
## select a few example IDs to plot
tmpdselect <- melt(tmpd[UserID %in% unique(UserID)[107:115]],
    id.vars = c("UserID", "SurveyDayCount", "sqrtSOLs"))

ggplot(tmpdselect[variable != "Fixed"],
       aes(SurveyDayCount, value, group = UserID)) +
  geom_abline(intercept = coef(mreg)[1], slope = coef(mreg)[2],
              size = 2, colour = "blue") +
  geom_line() +
  facet_wrap(~ variable)
```

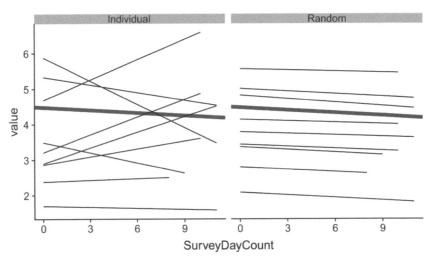

图 11-7　单个个体回归模型和随机截距模型的估计值曲线，总体均值用粗的蓝色线条表示。随机模型的截距和斜率更接近总体平均截距和斜率，这正好演示了收缩效应

分析两个模型间差异的另一种方法是绘制估计曲线与原始数据的关系，结果如图 11-8 所示。其中的子图说明，单个固定效应模型或随机效应模型的精度与总体均值一样，也可能高于后者。这些子图还说明，在每个案例中，随机截距线和固定效应一样，也可能更接近总体均值。诚然，对于 ID 为 114 的参与者，随机效应模型会把斜率拉回到总体均值位置，因而使得极端 SOL 的影响最小化。

```
## plots against individual data
ggplot(tmpdselect, aes(SurveyDayCount)) +
  geom_point(aes(y = sqrtSOLs), size = 1) +
  geom_line(aes(y = value,
```

```
              colour = variable,
              linetype = variable), size = 1.5) +
  facet_wrap(~UserID, scales = "free_y") +
  scale_color_viridis(discrete = TRUE) +
  theme(legend.position = "bottom",
        legend.title = element_blank(),
        legend.key.width = unit(2, "cm"))
```

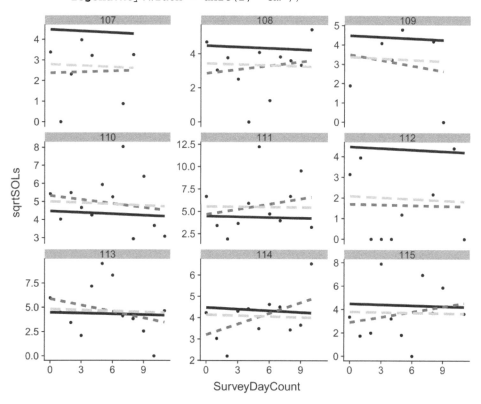

图 11-8*　9 个参与者的模型估计线与原始数据之间的关系

为了说明收缩效应与模型拟合有关，我们绘制斜率估计值的变化图形，如图 11-9 所示。

```
tmpd <- d[, .(
  Individual = coef(lm(
    sqrtSOLs ~ 1 + SurveyDayCount))[2]),
  by = UserID]
```

```r
## estimated random slope is deviation + average
tmpd$Random <- ranef(m)$UserID[, "SurveyDayCount"] + fixef(m)[2]
tmpd <- tmpd[order(Individual)]
tmpd[, UserID := factor(UserID, levels = UserID)]

ggplot(tmpd, aes(x = Individual, xend = Random,
                 y = UserID, yend = UserID)) +
geom_segment(
 arrow = arrow(length = unit(0.01, "npc"))) +
geom_vline(xintercept = coef(mreg)[2]) +
xlab("估计斜率") +
theme(axis.text.y = element_blank())
```

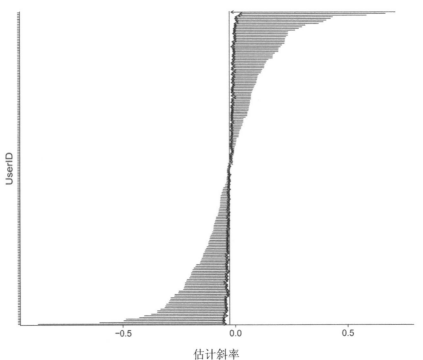

图 11-9　每个参与者的单个模型和随机效应模型的估计斜率，箭头显示向总体均值斜率收缩

11.1.9　将截距和斜率作为因变量

随机截距和斜率允许个体间的级别(截距)和关联(斜率)有差异。对于某个特定的个体(单位)，即使可能存在重复测量数据，也只有一个截距和一个斜率。因此，虽然随机截距和斜率是从重复测量数据(个体层)中得到的，但是截距和斜率本身还是

群体层的重复测量数据。换句话讲，每个个体的截距(或斜率)并不会随着估计而变化。假设截距和斜率确实因个体而变化，则我们有兴趣确定截距和斜率的预测量。为了更具体化，我们用图形表示这个问题。图 11-10 显示了两级(个体层和群体层)模型的混合效应，这个模型包含随机截距和斜率。因变量 y 是由个体层的 x 通过随机斜率和随机截距预测得到的。随机截距(i)和随机斜率(s)本身也是群体层的结果变量，它们是由群体层的预测量(w)预测得到的。

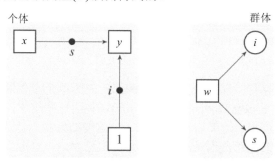

图 11-10　个体层和群体层。方形框表示观测量(因变量或预测量)，空心圆表示隐变量(更高级别的随机效应)，实心圆表示随机效应(随机截距和斜率)。在个体层，存在随机截距(i)和 y 相对于 x 的随机斜率(s)。在群体层，有两个隐变量：一个是随机截距(i)，另一个是随机斜率(s)，它们是由群体层的预测量 w 预测得到的

举一个具体的例子。前面我们分析了一个混合效应模型。在这个模型中，由研究日期的随机截距和随机斜率预测入睡时间。假设我们想知道，对于醒来次数多于均值的参与者，他们的入睡时间是否也比较长(用醒来次数预测随机截距)；或者对于醒来次数较少的参与者，他们在整个研究期间是否变化较少(随机斜率比较平坦)。由于平均醒来次数没有变化，因此是个体间变量。图 11-11 说明了它们之间的关系。在图 11-11 中，入睡时间(SOL)的随机截距以及入睡时间相对研究日期的斜率都可以由群体层的预测量(平均醒来次数)预测得到。

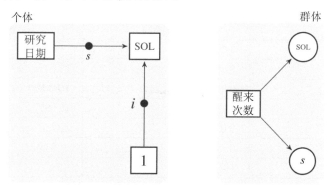

图 11-11　用于研究日期的个体层和群体层，用随机截距和斜率预测入睡时间，用平均醒来次数预测随机截距和斜率

如果认为截距和斜率是新变量(隐变量或不可观测变量),那么可以根据混合效应模型的估计创建这些新变量。在 R 语言中,这相对比较容易实现,只需要读取截距和斜率的随机系数估计。使用下面这段代码创建群体层数据集,其中包含 ID、性别和年龄,并把它们与混合效应模型的截距和斜率估计(借用 coef()函数)合并在一起:

```
between_data <- cbind(
  d[, .(
  BWASONs = na.omit(BWASONs)[1]),
  by = UserID][order(UserID)],
  coef(m)$UserID)
```

截距和斜率估计有时也称为 BLUP,BLUP 表示单个个体的截距和斜率的无偏最优线性预测(Best Linear Unbiased Prediction)。利用这些结果,我们可以在群体层运行普通广义线性模型,结果如表 11-2 所示。这些结果表示,当平均醒来次数较大时,会预测到较大的截距,但是不会预测到随机斜率。

```
between.int <- lm(`(Intercept)` ~ BWASONs,
            data = between_data)
between.slope <- lm(SurveyDayCount ~ BWASONs,
            data = between_data)

texreg(list(
  Intercept = between.int,
Slope = between.slope),
digits = 3,
label = "tglmml-blups",
float.pos = "!hb")
```

表 11-2 统计模型(二)

	截距	斜率
(截距)	4.093***	−0.022***
	(0.218)	(0.001)
BWASONs	0.394*	0.000
	(0.189)	(0.001)
R^2	0.022	0.000
Adj. R^2	0.017	−0.005
Num. obs.	191	191
RMSE	1.800	0.010

***$p < 0.001$, **$p < 0.01$, *$p < 0.05$

虽然这种方法看起来比较吸引人，但是读取 BLUP 作为随机效应并把它们用在其他的分析分法中并不是最优做法。受到的主要局限是，对于每个个体，都需要读取截距和斜率估计值，然后把它们当作没有误差的观测量用在后面的模型中。实际上，这些本身带有一些不确定性的估计值被当作确定性数据使用。虽然计算 BLUP 的置信区间很困难，但是使用 ranef()函数很容易得到近似的置信区间，只需要为这个函数设置参数 condVar = TRUE，结果如图 11-12 所示，这说明使用这个模型求得的每个人的随机截距和斜率估计值都有很大的不确定性。这种不确定性说明我们使用的方法(从混合效应模型读取截距和斜率估计)存在问题。

```
ggplot(as.data.frame(ranef(m, condVar = TRUE)),
  aes(grp, condval,
      ymin = condval - 2 * condsd,
      ymax = condval + 2 * condsd)) +
geom_pointrange(size = .2) +
facet_wrap(~ term, scales = "free_x") +
coord_flip() +
theme(axis.text.y = element_blank(),
      axis.ticks.y = element_blank()) +
ylab("随机效应+不确定性") +
xlab("个体 ID")
```

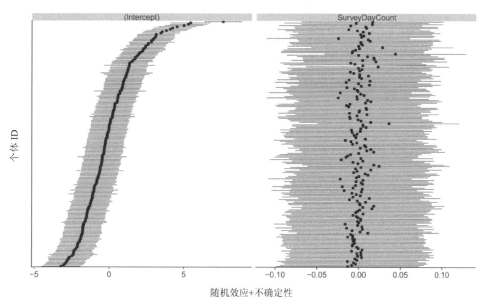

图 11-12　估计的随机效应的点阵图和近似置信区间

虽然读取 BLUP 或每个个体的随机截距和斜率的单个估计值并不是最优方法，

但是我们经常利用这种方法分析随机截距和斜率的预测结果。添加随机效应的预测量的最好办法是把它们作为混合效应模型的一部分加入模型中,这样随机效应和它们的预测量就都在同一个模型中,并且同时得到估计。这样就把不确定性考虑在内了。由群体层变量预测随机效应的过程变为所谓的跨层交互作用(cross-level interaction)——层间变量与层内变量之间的交互作用。预测随机截距和斜率需要交互作用,这初看起来有点不符常理,但是,预测随机截距的真实意思是:研究日期与入睡时间的关系(斜率)与平均醒来次数有关。希望这样解释能让读者更加清楚"预测斜率"和"交互作用"的含义。由于随机截距是因变量在常量值(按照约定,这个常量值是 1)上的回归系数。预测随机截距的交互作用方面可以忽略,因为任何变量乘以 1 仍是这个变量本身。

总之,判断平均醒来次数能否预测混合效应模型中随机截距和斜率的最好办法是把平均醒来次数作为一个预测量(预测截距)添加到模型中,并且把研究日期与平均醒来次数的交互作用作为另一个预测量(预测随机斜率)添加到模型中。单个混合模型的结果,以及前面读取 BLUP 和线性回归模型的结果已合并在表 11-3 中。我们发现,随机截距的估计值相比预测的标准误差与随机斜率的(SurveyDayCount:BWASONs)都有差异。与往常一样,在考虑了随机截距和斜率的不确定性因素后,效应值会比较大,但是估计值仍然有较大的不确定性,佐证就是存在较大的标准误差。

```
me.prediction <- lmer(sqrtSOLs ~
    SurveyDayCount + BWASONs +
    SurveyDayCount:BWASONs +
    (1 + SurveyDayCount | UserID),
  data = d)

texreg(list(
  Intercept = extract(between.int),
  Slope = extract(between.slope),
  Random = extract(me.prediction)),
  digits = 3,
  label = "tglmml-blupsme",
  float.pos = "!hb")
```

表 11-3 统计模型(三)

	截距	斜率	随机
(Intercept)	4.093***	− 0.022***	4.014***
	(0.218)	(0.001)	(0.272)
BWASONs	0.394*	0.000	0.480*
	(0.189)	(0.001)	(0.236)
SurveyDayCount			− 0.015
			(0.023)

(续表)

	截距	斜率	随机
SurveyDayCount:BWASONs			-0.008
			(0.020)
R^2	0.022	0.000	
Adj. R^2	0.017	-0.005	
Num. obs.	191	191	2097
RMSE	1.800	0.010	
AIC			9570.914
BIC			9616.100
Log Likelihood			-4777.457
Num. groups: UserID			191
Var: UserID(Intercept)			3.640
Var: UserID SurveyDayCount			0.002
Cov: UserID (Intercept) SurveyDayCount			-0.004
Var: Residual			4.479

***$p < 0.001$，**$p < 0.01$，*$p < 0.0$

11.2 R 示例

11.2.1 随机截距的线性混合模型

前面我们分析了积极情感的随机截距模型(这里是指只有随机模型)，当时，我们把重点放在简单的线性模型与随机截距模型的对比上。现在，我们把重点放在如何在 R 语言中设计和构建线性混合模型。

与 lm()和 R 语言中的其他建模函数一样，lmer()函数也使用简单的公式接口。波形符的左侧是因变量，右侧全部是预测变量。线性混合模型有别于线性模型的地方就是增加了随机效应。固定效应的添加方法与线性模型一样：在括号中添加随机效应。在括号里面，可以写上任何其他模型公式，只是在竖线后要写上分类型变量。

```
## mixed effects, with random intercept by ID
m.lmm <- lmer(PosAff ~ 1 + (1 | UserID), data = d)
summary(m.lmm)

## Linear mixed model fit by REML. t-tests use Satterthwaite's method [
## lmerModLmerTest]
## Formula: PosAff ~ 1 + (1 | UserID)
```

```
##   Data: d
## 
## REML criterion at convergence: 14795
## 
## Scaled residuals:
##    Min     1Q Median     3Q    Max
## -4.345 -0.647 -0.034  0.617  4.058
## 
## Random effects:
## Groups   Name        Variance Std.Dev.
## UserID   (Intercept) 0.629    0.793
## Residual             0.529    0.727
## Number of obs: 6399, groups: UserID, 191
## 
## Fixed effects:
##             Estimate Std. Error       df t value Pr(>|t|)
## (Intercept)   2.6787     0.0581 189.8310    46.1   <2e-16 ***
## ---
## Signif. codes: 0 '***' 0.001 '**' 0.01 '*' 0.05 '.' 0.1 ' ' 1
```

与线性模型做比较，我们发现随机效应的标准误差比较大，而且增加了随机截距，如下面的摘要信息所示：

```
## fixed effects only, GLM
m.lm <- lm(PosAff ~ 1, data = d)
summary(m.lm)
```

```
## 
## Call:
## lm(formula = PosAff ~ 1, data = d)
## 
## Residuals:
##     Min     1Q  Median     3Q    Max
## -1.6760 -0.8751 -0.0065 0.7886 2.3240
## 
## Coefficients:
##             Estimate Std. Error t value Pr(>|t|)
## (Intercept)   2.6760     0.0134     200   <2e-16 ***
## ---
## Signif. codes: 0 '***' 0.001 '**' 0.01 '*' 0.05 '.' 0.1 ' ' 1
## 
```

```
## Residual standard error: 1.1 on 6398 degrees of freedom
##   (528 observations deleted due to missingness)

## nice side by side comparison
screenreg(list(
  GLM = extract(m.lm),
  GLMM = extract(m.lmm)))

## 
## ====================================================
##                          GLM              GLMM
## ----------------------------------------------------
## (Intercept)              2.68 ***         2.68 ***
##                         (0.01)           (0.06)
## ----------------------------------------------------
## R^2                      0.00
## Adj. R^2                 0.00
## Num. obs.                6399             6399
## RMSE                     1.07
## AIC                                      14800.56
## BIC                                      14820.85
## Log Likelihood                           -7397.28
## Num. groups: UserID                        191
## Var: UserID (Intercept)                    0.63
## Var: Residual                              0.53
## ====================================================
## *** p < 0.001, ** p < 0.01, * p < 0.05
```

与R语言中的其他回归模型函数一样，很容易添加额外的固定效应预测量。在下面的例子中，我们增加了平均压力作为积极情感的固定效应预测量。从summary()函数的返回结果中可以得出如下显著结论：平均压力越大，积极情感越低。

```
## mixed effects, with random intercept by ID
m2.lmm <- lmer(PosAff ~ 1 + BSTRESS + (1 | UserID), data = d)
summary(m2.lmm)

## Linear mixed model fit by REML. t-tests use Satterthwaite's method [
## lmerModLmerTest]
## Formula: PosAff ~ 1 + BSTRESS + (1 | UserID)
##    Data: d
## 
## REML criterion at convergence: 14762
```

```
## 
## Scaled residuals:
##    Min      1Q  Median      3Q     Max
## -4.347  -0.645  -0.034   0.617   4.049
## 
## Random effects:
##  Groups   Name         Variance  Std.Dev.
##  UserID   (Intercept)  0.517     0.719
##  Residual              0.529     0.727
## Number of obs: 6399, groups: UserID, 191
## 
## Fixed effects:
##              Estimate Std. Error       df  t value  Pr(>|t|)
## (Intercept)    3.2201     0.0998  188.3579    32.3   < 2e-16 ***
## BSTRESS       -0.2300     0.0359  188.6190    -6.4  1.2e-09 ***
## ---
## Signif. codes:  0 '***' 0.001 '**' 0.01 '*' 0.05 '.' 0.1 ' ' 1
## 
## Correlation of Fixed Effects:
##         (Intr)
## BSTRESS -0.848
```

在肯定模型的结果之前，最重要的是检验模型的假设。这个模型的几个假设很容易用 plotDiagnosticsLMER() 函数来检验，结果如图 11-13 所示。从中可以看出，残差基本上是对称分布的，没有证据显示存在异方差性。另外，随机截距也是正态分布的。这好像在提示我们，在平均压力与积极情感之间可能存在非线性关系。

```
assumptiontests <- plotDiagnosticsLMER(m2.lmm, plot = FALSE)
do.call(plot_grid, c(
  assumptiontests[c("ResPlot", "ResFittedPlot")],
  assumptiontests$RanefPlot,
  list(ggplot(d, aes(BSTRESS, PosAff)) +
         stat_smooth()),
  ncol = 2))

## `geom_smooth()` using method = 'gam' and formula 'y~s(x,bs="cs")'
```

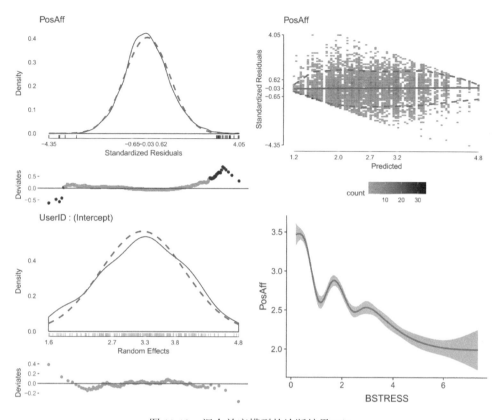

图 11-13 混合效应模型的诊断结果(三)

在图 11-13 中,第一排的左图展示了残差的分布;第一排的右图展示了残差与拟合值的关系,用来评估方差的齐性;第二排的左图展示了随机截距的分布;第二排的右图展示了用于描述平均压力与积极情感间关系的单层广义可加模型的光滑曲线,用来评估非线性。由于图 11-13 中出现了非线性关系的证据,因此我们应该考虑使用一种更加灵活的函数形式。前面几章介绍过样条和广义可加模型(GAM)。虽然我们还没有介绍 GAM 混合效应模型,但是我们可以相对容易地引入样条。然而,首先我们需要确定哪种样条能够比较好地近似表示数据。这很容易实现,只需要用图形对样条与 GAM 进行比较即可。图 11-14 显示了几个样条曲线与 GAM 模型。结果表示:10 阶样条模型太灵活;3 阶样条模型比较合适,尽管无法表示 GAM 模型中的一些起伏变化,但是相比线性拟合比较灵活,而且趋势曲线十分光滑。

```
ggplot(d, aes(BSTRESS, PosAff)) +
  stat_smooth(method = "lm",
              formula = y ~ bs(x, df = 3),
              colour = viridis(3)[1]) +
  stat_smooth(method = "lm",
```

```
                formula = y ~ bs(x, df = 10),
                colour = viridis(3)[2]) +
  stat_smooth(colour = viridis(3)[3])
```

Warning: Removed 528 rows containing non-**finite** values
(stat_smooth).
Warning: Removed 528 rows containing non-**finite** values
(stat_smooth).

`geom_smooth()` using method = 'gam' and formula 'y~s(x,bs="cs")'

Warning: Removed 528 rows containing non-**finite** values
(stat_smooth).

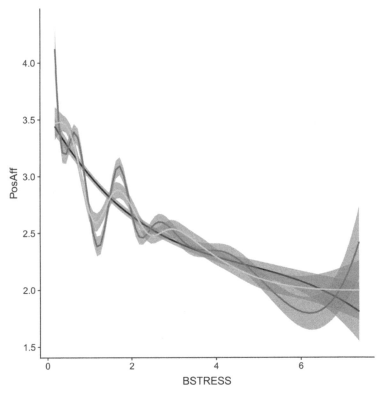

图 11-14*　分别用 3 阶、10 阶的 B-样条和广义可加模型拟合平均压力与积极情感的关系

我们使用 bs() 函数把 B-样条添加到模型中，然后对添加了 B-样条的模型与线性趋势模型进行比较，比较它们的 AIC。注意，计算 AIC 要用到实际的似然值。因此，我们使用 refitML() 函数重新拟合模型，取代原来那个受限的默认最大似然值，后者

只是准似然值。AIC 显示，B-样条模型优于线性模型，尽管优势不是很大。

```
## mixed effects model
m3.lmm <- lmer(PosAff ~ 1 + bs(BSTRESS, df = 3) +
                 (1 | UserID), data = d)
summary(m3.lmm)

## Linear mixed model fit by REML. t-tests use Satterthwaite's method [
## lmerModLmerTest]
## Formula: PosAff ~ 1 + bs(BSTRESS, df = 3) + (1 | UserID)
##    Data: d
##
## REML criterion at convergence: 14752
##
## Scaled residuals:
##    Min     1Q  Median     3Q    Max
## -4.352 -0.644 -0.034  0.618  4.052
##
## Random effects:
##  Groups   Name        Variance Std.Dev.
##  UserID   (Intercept) 0.509    0.713
##  Residual             0.529    0.727
## Number of obs: 6399, groups: UserID, 191
##
## Fixed effects:
##                     Estimate Std. Error       df t value Pr(>|t|)
## (Intercept)            3.464      0.167  186.213   20.78  <2e-16 ***
## bs(BSTRESS, df = 3)1  -1.536      0.561  186.428   -2.74  0.0068 **
## bs(BSTRESS, df = 3)2  -0.898      0.569  186.628   -1.58  0.1162
## bs(BSTRESS, df = 3)3  -1.706      0.624  186.082   -2.73  0.0069 **
## ---
## Signif. codes: 0 '***' 0.001 '**' 0.01 '*' 0.05 '.' 0.1 ' ' 1
##
## Correlation of Fixed Effects:
##                 (Intr) b(BSTRESS,d=3)1 b(BSTRESS,d=3)2
## b(BSTRESS,d=3)1 -0.857
## b(BSTRESS,d=3)2  0.252 -0.630
## b(BSTRESS,d=3)3 -0.478  0.620          -0.738
```

```
## compare the linear and B-spline models
AIC(refitML(m3.lmm), refitML(m2.lmm))

##                   df    AIC
## refitML(m3.lmm)    6  14760
## refitML(m2.lmm)    4  14761
```

接着，我们再增加如下预测量：工作日与周末的关系。首先，我们利用 weekdays() 函数对日期进行转换，并把结果保存到一个新的变量中。然后把结果添加到模型中。与其不断地重新编写模型的程序，如果只是添加或删除预测量，不如使用 update() 函数，这样更方便。

```
## create the new variable in the dataset
d[, Weekend := factor(as.integer(
    weekdays(SurveyDay) %in% c("Saturday", "Sunday")))]

## update the model adding weekend
m4.lmm <- update(m3.lmm, . ~ . + Weekend)

## screenreg summary
screenreg(m4.lmm)

##
## ====================================
##                      Model 1
## ------------------------------------
## (Intercept)          3.43 ***
##                     (0.17)
## bs(BSTRESS, df = 3)1  -1.54 **
##                     (0.56)
## bs(BSTRESS, df = 3)2  -0.90
##                     (0.57)
## bs(BSTRESS, df = 3)3  -1.71 **
##                     (0.62)
## Weekend1             0.10 ***
##                     (0.02)
## ------------------------------------
## AIC                 14745.61
## BIC                 14792.96
```

```
## Log Likelihood            -7365.81
## Num. obs.                  6399
## Num. groups: UserID        191
## Var: UserID (Intercept)    0.51
## Var: Residual              0.53
## ====================================
## *** p < 0.001, ** p < 0.01, * p < 0.05
```

为了显示模型的结果，特别是添加了 B-样条模型后的结果，最简单的办法是生成预测结果并把结果绘制成图形。第一步是获取预测值，这一步可以使用 predict() 函数来实现。对 LMM(线性混合模型)使用 predict()函数时，需要注意一件事情：有一个参数表示使用或不使用随机效应。这个参数就是 re.form。为了得到总体样本的平均预测结果而忽略随机效应，我们把预测的随机效应——re.form 参数设置为 0。

```
preddat <- as.data.table(expand.grid(
  BSTRESS = seq(
    from = min(d$BSTRESS, na.rm=TRUE),
    to = max(d$BSTRESS, na.rm=TRUE),
    length.out = 1000),
  Weekend = levels(d$Weekend)))

preddat$yhat <- predict(m4.lmm,
  newdata = preddat,
  re.form = ~ 0)
```

现在我们就可以绘制预测值，显示模型结果，如图 11-15 所示，这说明 B-样条模型显示出数据中的非线性趋势。

```
ggplot(preddat, aes(BSTRESS, yhat, colour = Weekend)) +
  geom_line(size = 1) +
  ylab("积极情感") +
  xlab("平均压力") +
  scale_color_viridis(discrete = TRUE) +
  theme(
    legend.position = c(.75, .8),
    legend.key.width = unit(1, "cm"))
```

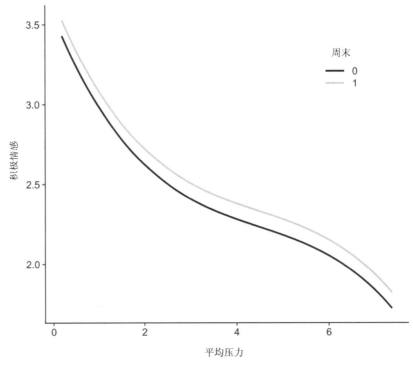

图 11-15　从平均压力模型预测积极情感，两条曲线分别对应工作日和周末

预测结果的标准差(及其"代理"——置信区间)可以用普通 GLM 模型生成，用线性混合模型(LMM)则比较复杂。当前，生成预测的标准误差(预测来自 LMM 拟合并且使用了 lmer()函数)或置信区间的主要方法是使用自采样法(Bootstrapping)。为了加快自采样速度，我们建立本地集群用于并行计算。我们需要载入相关的包，并导出数据集用于预测：

```
cl <- makeCluster(2)
clusterExport(cl, c("book_directory",
                    "checkpoint_directory",
                    "preddat", "d"))

clusterEvalQ(cl, {
  library(checkpoint)
  checkpoint("2018-09-28", R.version = "3.5.1",
    project = book_directory,
    checkpointLocation = checkpoint_directory,
    scanForPackages = FALSE,
    scan.rnw.with.knitr = TRUE, use.knitr = TRUE)
```

```
  library(data.table)
  library(lme4)
  library(lmerTest)
  library(splines)
})
## [[1]]
##  [1] "splines"      "lmerTest"     "lme4"        "Matrix"
##  [5] "data.table"   "checkpoint"   "RevoUtils"   "stats"
##  [9] "graphics"     "grDevices"    "utils"       "datasets"
## [13] "RevoUtilsMath" "methods"     "base"
##
## [[2]]
##  [1] "splines"      "lmerTest"     "lme4"        "Matrix"
##  [5] "data.table"   "checkpoint"   "RevoUtils"   "stats"
##  [9] "graphics"     "grDevices"    "utils"       "datasets"
## [13] "RevoUtilsMath" "methods"     "base"
genPred <- function(m) {
  predict(m,
    newdata = preddat,
    re.form = ~0)
}
```

自采样法是一种参数模型, 使用 lme4 包中的 bootMer() 函数可以实现自采样法。最后根据预测结果计算置信区间, 并把结果添加到数据集中。

```
system.time(
  bootres <- bootMer(m4.lmm,
    FUN = genPred,
    nsim = 1000,
    seed = 12345,
    use.u = FALSE,
    type = "parametric",
    parallel = "snow",
    cl = cl)
)

## user system elapsed
## 43.3   0.2    43.8

## calculate percentile bootstrap confidence intervals
## and add to the dataset for plotting
preddat$LL <- apply(bootres$t, 2, quantile, probs = .025)
```

```
preddat$UL <- apply(bootres$t, 2, quantile, probs = .975)
```

既然现在有了用自采样参数模型得到的置信区间，就可以重新绘制图形了。这一次，用着色区域表示预测的不确定性，结果如图 11-16 所示。

```
ggplot(preddat, aes(BSTRESS, yhat, colour = Weekend,
                    fill = Weekend)) +
  geom_ribbon(aes(ymin = LL, ymax = UL),
              alpha = .25, colour = NA) +
  geom_line(size = 1) +
ylab("积极情感") +
xlab("平均压力") +
scale_color_viridis(discrete = TRUE) +
scale_fill_viridis(discrete = TRUE) +
theme(
  legend.position = c(.75, .8),
  legend.key.width = unit(1, "cm")) +
coord_cartesian(xlim = c(0, 8), ylim = c(1, 4),
                expand = FALSE)
```

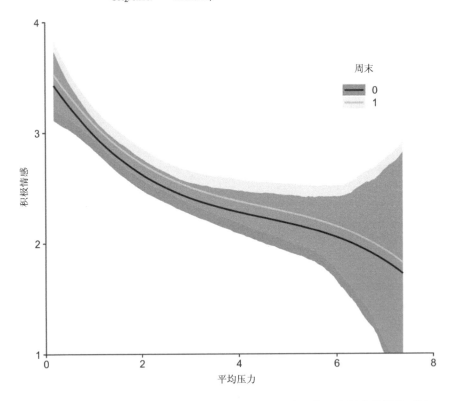

图 11-16* 由平均压力模型预测积极情感以及分别对应工作日和周末的置信区间

11.2.2 随机截距和随机斜率的线性混合模型

除了随机截距，LMM 模型还可以添加随机斜率。随机斜率表示个体在预测量与因变量之间关系上的差异。为了估计每个个体在预测量与因变量之间关系上的差异，至少某些人(理想情况是全部个体)有不止一个预测量值和因变量值。因此，只有个体内变化的变量才可以用作随机斜率。

在讨论随机斜率模型之前，我们先分析只添加一个个体内预测量作为固定效应会有什么变化。前面我们已经讨论了平均压力与积极情感之间的关系。现在我们分析个体内压力的关系：每个个体相对自己的平均压力的偏离值。同样，这里要靠 update()函数把这个预测量添加到前面的 LMM 模型中。

```
## update the model adding within person stress
m5.lmm <- update(m4.lmm, . ~ . + WSTRESS)

## screenreg summary
screenreg(m5.lmm)

##
## ====================================
##                         Model 1
## ------------------------------------
## (Intercept)              3.46 ***
##                         (0.17)
## bs(BSTRESS, df = 3)1    -1.54 **
##                         (0.56)
## bs(BSTRESS, df = 3)2    -0.90
##                         (0.57)
## bs(BSTRESS, df = 3)3    -1.71 **
##                         (0.62)
## Weekend1                 0.01
##                         (0.02)
## WSTRESS                 -0.16 ***
##                         (0.00)
## ------------------------------------
## AIC                  13389.59
## BIC                  13443.70
## Log Likelihood       -6686.80
## Num. obs.             6399
```

```
## Num. groups: UserID           191
## Var: UserID (Intercept)       0.51
## Var: Residual                 0.42
## ====================================
## *** p < 0.001, ** p < 0.01, * p < 0.05
```

结果显示，个体内的压力也可以预测到较低级别的积极情感。同样，我们生成预测结果，并绘制成图形，显示个体内和个体间压力与积极情感之间的关系(分工作日和周末两种情形)。个体内相对于均值的差值可能受压力均值高低的影响。因此，我们需要分别在平均压力高低两种情形下计算个体内压力的范围。我们选取两个平均压力值：25%和75%分位数。对于个体内压力，我们不是绘制整个区间，而是绘制2%~98%分位数区间，它们分别对应平均压力的低分位数和高分位数。这样处理的意图是，如果平均压力非常低，则不可能更低于这个平均压力，因为参与者报告的压力在 0 和 10 之间。

```
bstress.low <- round(quantile(d[!duplicated(UserID)]$BSTRESS,
                     probs = .25), 1)
bstress.high <- round(quantile(d[!duplicated(UserID)]$BSTRESS,
                      probs = .75), 1)

preddat.low <- as.data.table(expand.grid(
  BSTRESS = bstress.low,
  WSTRESS = seq(
    from = quantile(d[BSTRESS <= bstress.low]$WSTRESS,
              probs = .02, na.rm = TRUE),
    to = quantile(d[BSTRESS <= bstress.low]$WSTRESS,
              probs = .98, na.rm = TRUE),
    length.out = 1000),
  Weekend = factor("1", levels = levels(d$Weekend))))
preddat.high <- as.data.table(expand.grid(
  BSTRESS = bstress.high,
  WSTRESS = seq(
    from = quantile(d[BSTRESS >= bstress.high]$WSTRESS,
              probs = .02, na.rm = TRUE),
    to = quantile(d[BSTRESS >= bstress.high]$WSTRESS,
              probs = .98, na.rm = TRUE),
    length.out = 1000),
  Weekend = factor("1", levels = levels(d$Weekend))))

preddat <- rbind(
  preddat.low,
```

```
  preddat.high)

preddat$yhat <- predict(m5.lmm,
  newdata = preddat,
  re.form = ~ 0)

## convert BSTRESS to factor for plotting
preddat$BSTRESS <- factor(preddat$BSTRESS)
```

现在我们把结果绘制成图形，如图 11-17 所示。从图中可以看出，平均压力低时，个体内压力的范围比平均压力高时的范围要小许多。

```
ggplot(preddat, aes(WSTRESS, yhat, colour = BSTRESS)) +
  geom_line(size = 1) +
  ylab("积极情感") +
  xlab("个体内压力") +
  scale_color_viridis(discrete = TRUE) +
  theme(
    legend.position = c(.05, .2),
    legend.key.width = unit(1, "cm"))
```

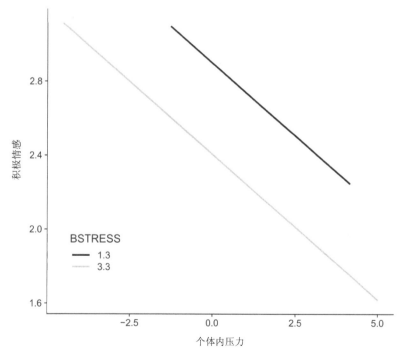

图 11-17　用平均压力模型预测积极情感(一)

如果需要，我们还可以绘制预测线，并加入随机效应，用以说明由于个体的差异，哪些个体会落在预测结果的某个区间内。这需要使用随机截距模型生成预测结果。

```r
bstress.low <- round(quantile(d[!duplicated(UserID)]$BSTRESS,
                      probs = .25), 1)
bstress.high <- round(quantile(d[!duplicated(UserID)]$BSTRESS,
                      probs = .75), 1)
preddat.low <- as.data.table(expand.grid(
  UserID = unique(d$UserID),
  BSTRESS = bstress.low,
  WSTRESS = seq(
    from = quantile(d[BSTRESS <= bstress.low]$WSTRESS,
            probs = .02, na.rm = TRUE),
    to = quantile(d[BSTRESS <= bstress.low]$WSTRESS,
          probs = .98, na.rm = TRUE),
    length.out = 1000),
  Weekend = factor("1", levels = levels(d$Weekend))))

preddat.high <- as.data.table(expand.grid(
  UserID = unique(d$UserID),
  BSTRESS = bstress.high,
  WSTRESS = seq(
    from = quantile(d[BSTRESS >= bstress.high]$WSTRESS,
            probs = .02, na.rm = TRUE),
    to = quantile(d[BSTRESS >= bstress.high]$WSTRESS,
          probs = .98, na.rm = TRUE),
    length.out = 1000),
  Weekend = factor("1", levels = levels(d$Weekend))))

preddat <- rbind(
  preddat.low,
  preddat.high)

preddat$yhat <- predict(m5.lmm,
  newdata = preddat,
  re.form = NULL)

## convert BSTRESS to factor for plotting
preddat$BSTRESS <- factor(preddat$BSTRESS)
```

现在我们用图形来表示结果,如图 11-18 所示。从图中可以看出,对于不同的个体,积极情感级别变化较大。虽然某个特定线段基于样本中的随机效应,但给我们的整体感觉是:在总体样本中存在一定程度的可变性。

```
ggplot(preddat, aes(WSTRESS, yhat, group = UserID)) +
  geom_line(alpha = .2) +
  ylab("积极情感") +
  xlab("个体内压力") +
  facet_wrap(~ BSTRESS, ncol = 2) +
  coord_cartesian(
    xlim = c(-4, 5),
    ylim = c(1, 5),
    expand = FALSE)
```

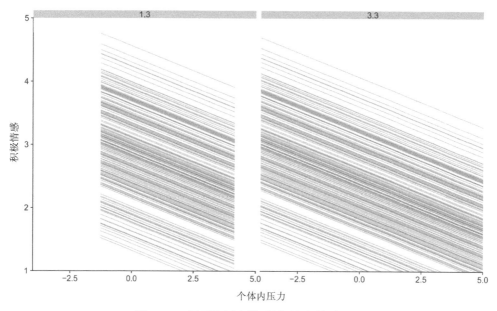

图 11-18　用平均压力模型预测积极情感(二)

下面分析个体内压力的随机斜率。我们再次更新前面的模型,但是这一次更新比较复杂,因为在 lmer()函数中需要定义多个随机效应。前面的模型都有随机截距。如果要添加随机斜率,我们自然认为需要使用下面这样的表示法:(WSTRESS | UserID)。但是与固定效应一样,R 语言也是自动添加截距。因此,公式(WSTRESS | UserID)会被扩展为(1 + WSTRESS | UserID)。这并不合适,因为模型中已经包含了截距。另一种办法则与固定效应一样,就是显式地把截距排除在外,公式为(0 +

WSTRESS | UserID)。但是这种办法会产生随机截距和随机斜率，需要强制使它们两个成为不相关量。当它们同时出现在同一个式子中时，lmer()只会加入它们的相关项。因此，我们真正需要的还是(WSTRESS | UserID)，但是需要删除初始的随机截距。下面这段代码实现了这个功能：首先从原来的模型中删除随机截距，然后添加新的一项来表示随机效应，其中包含随机截距和随机斜率。如果我们从头开始编写模型的创建程序，只需要写一行表示随机效应的代码就行。但是现在，我们需要更新现有的模型，因此必须删除原来的随机截距。

```
m6.lmm <- update(m5.lmm, . ~ . - (1 | UserID) +
  (1 + WSTRESS | UserID))

screenreg(m6.lmm)

##
## ==========================================
##                               Model 1
## ------------------------------------------
## (Intercept)                    3.45 ***
##                               (0.16)
## bs(BSTRESS, df = 3)1          -1.59 **
##                               (0.54)
## bs(BSTRESS, df = 3)2          -0.75
##                               (0.54)
## bs(BSTRESS, df = 3)3          -1.72 **
##                               (0.59)
## Weekend1                       0.02
##                               (0.02)
## WSTRESS                       -0.16 ***
##                               (0.01)
## ------------------------------------------
## AIC                         13196.60
## BIC                         13264.23
## Log Likelihood              -6588.30
## Num. obs.                    6399
## Num. groups: UserID           191
## Var: UserID (Intercept)        0.51
```

```
## Var: UserID WSTRESS                          0.01
## Cov: UserID (Intercept) WSTRESS            -0.02
## Var: Residual                                0.40
## ==========================================
## *** p < 0.001, ** p < 0.01, * p < 0.05
```

我们再次生成预测结果。这一次,我们的重点是添加随机截距和随机斜率,用以说明个体间的变化。由于这个模型与前面的例子使用相同的变量,因此我们只需要生成新的预测值,并把它们绘制成图形。我们不需要重新生成预测所需要的数据。

```
## convert BSTRESS from factor to numeric for prediction
preddat$BSTRESS <- as.numeric(as.character(
  preddat$BSTRESS))

preddat$yhat2 <- predict(m6.lmm,
  newdata = preddat,
  re.form = NULL)

## convert BSTRESS to factor for plotting
preddat$BSTRESS <- factor(preddat$BSTRESS)
```

把结果绘制成图形,如图 11-19 所示。从图中可以看出,在压力等级上有比较大的变化,而压力与积极情感的斜率在个体间有微小的变化。

```
ggplot(preddat, aes(WSTRESS, yhat2, group = UserID)) +
  geom_line(alpha = .2) +
  ylab("积极情感") +
  xlab("个体内压力") +
  facet_wrap(~ BSTRESS, ncol = 2) +
  coord_cartesian(
    xlim = c(-4, 5),
    ylim = c(1, 5),
    expand = FALSE)
```

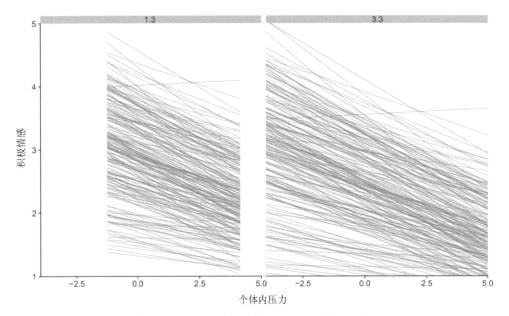

图 11-19 用平均压力模型预测积极情感(三)

与往常一样,最好检查诊断信息,结果如图 11-20 所示。

```
assumptiontests <- plotDiagnosticsLMER(m6.1mm, plot = FALSE)
do.call(plot_grid, c(
  assumptiontests[c("ResPlot", "ResFittedPlot")],
  assumptiontests$RanefPlot,
  list(ggplot(d, aes(WSTRESS, PosAff)) +
      stat_smooth()),
  ncol = 2))

## `geom_smooth()` using method = 'gam' and formula 'y~s(x,bs="cs")'
```

图 11-20 所示的诊断信息表示,存在多变量奇异值,但是其他诊断信息显得十分合适,尽管个体内压力存在一些非线性趋势。在继续讨论之前,我们需要删除多变量奇异值。先仔细查看一下检验结果,记下多变量奇异值的 ID。

```
assumptiontests$ExtremeValues[
  EffectType == "Multivariate Random Effect UserID"]

##      PosAff UserID                         EffectType
##  1:     4.7    123 Multivariate Random Effect UserID
##  2:     3.9    123 Multivariate Random Effect UserID
##  3:     3.8    123 Multivariate Random Effect UserID
## ---
## 20:     3.7    123 Multivariate Random Effect UserID
## 21:     4.9    123 Multivariate Random Effect UserID
## 22:     4.6    123 Multivariate Random Effect UserID
```

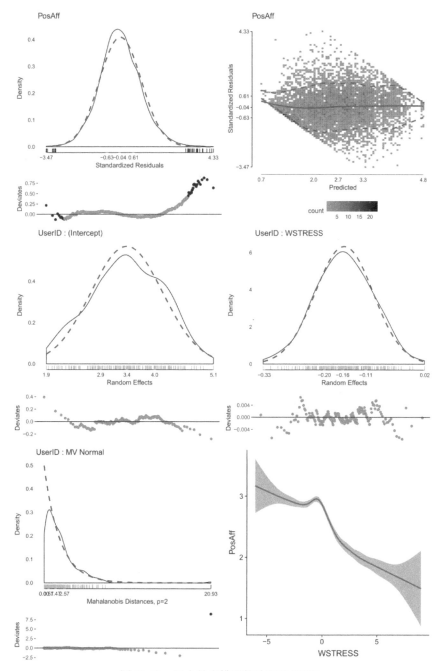

图 11-20 混合效应模型的诊断结果(四)

在图 11-20 中,第一排的左图展示了残差的分布;第一排的右图展示了残差与拟合值的关系,用来评估方差的齐性;第三排的左图展示了随机截距的分布;第三排的右图展示了用于描述平均压力与积极情感间关系的单层广义可加模型的光滑曲线，用来评估非线性。

接着，我们更新模型。我们不需要修改公式，但是需要修改数据集。在本例中，结果看起来相似，但是 B-样条有些变化。由于后面要根据拟合指标比较模型，以确定哪个个体的趋势最优，因此需要设置参数 REML = FALSE，从而把默认受限的最大似然值改为真实的最大似然值。

```
m7.lmm <- update(m6.lmm,
  data = d[UserID != 123],
  REML = FALSE)

screenreg(list(m6.lmm, m7.lmm))

##
## ============================================================
##                                    Model 1      Model 2
## ------------------------------------------------------------
## (Intercept)                         3.45 ***     3.43 ***
##                                    (0.16)       (0.16)
## bs(BSTRESS, df = 3)1               -1.59 **     -1.50 **
##                                    (0.54)       (0.52)
## bs(BSTRESS, df = 3)2               -0.75        -0.91
##                                    (0.54)       (0.52)
## bs(BSTRESS, df = 3)3               -1.72 **     -1.63 **
##                                    (0.59)       (0.57)
## Weekend1                            0.02         0.02
##                                    (0.02)       (0.02)
## WSTRESS                            -0.16 ***    -0.16 ***
##                                    (0.01)       (0.01)
## ------------------------------------------------------------
## AIC                                13196.60     13083.77
## BIC                                13264.23     13151.38
## Log Likelihood                     -6588.30     -6531.89
## Num. obs.                           6399         6377
## Num. groups: UserID                  191          190
## Var: UserID (Intercept)              0.51         0.50
## Var: UserID WSTRESS                  0.01         0.01
## Cov: UserID (Intercept) WSTRESS     -0.02        -0.03
## Var: Residual                        0.40         0.40
## ============================================================
## *** p < 0.001, ** p < 0.01, * p < 0.05
```

接着，重新检查诊断信息，评估删除多变量奇异值之后的模型，结果如图 11-21 所示。

```
assumptiontests <- plotDiagnosticsLMER(m7.lmm, plot = FALSE)
do.call(plot_grid, c(
  assumptiontests[c("ResPlot", "ResFittedPlot")],
  assumptiontests$RanefPlot,
  list(ggplot(d[UserID != 123], aes(WSTRESS, PosAff)) +
```

```
          stat_smooth()),
ncol = 2))
```

`geom_smooth()` using method = 'gam' and formula 'y~s(x,bs="cs")'

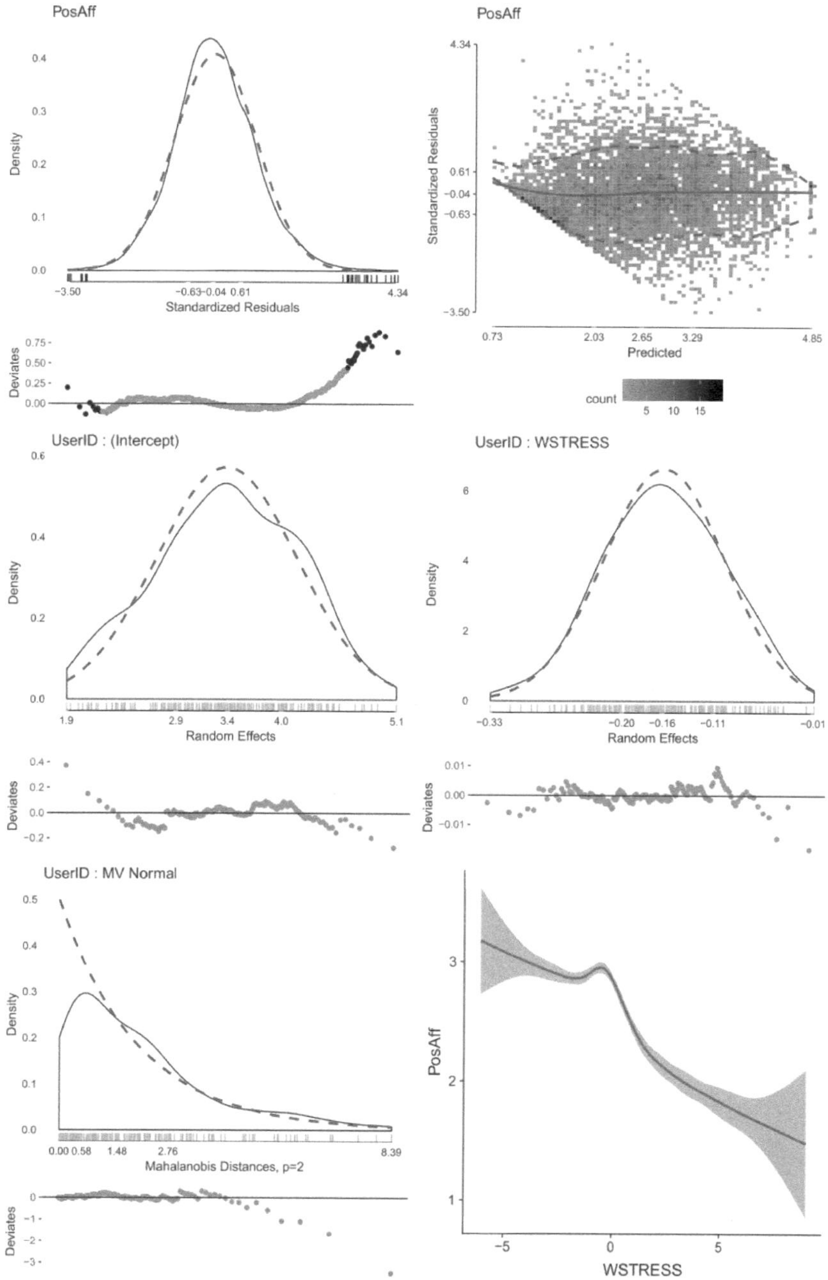

图 11-21　混合效应模型的诊断结果(五)

在图 11-21 中，各子图的含义参见图 11-20。更新后的模型的诊断结果相对比较好，但存在的问题在于个体内压力仍是非线性的。深入探究这个问题的办法是：拟合几个模型，用 AIC 或 BIC 准则从中选择最优模型。需要注意的是，在所有模型的趋势中，都包括了固定效应和随机效应，而且所有模型都基于随机线性斜率模型且已删除多变量奇异值。对于应该在哪一步添加或删除奇异值，人们一直有争论。线性趋势中的多变量奇异值不会出现在其他趋势中，这可能成为在最后选定的模型中删除奇异值的理由。然而，奇异值也可以影响哪一类模型会选为最优模型，这成为在比较模型之前删除奇异值的理由。在本例中，我们就是这样做的。

```
m7.lmmb <- update(m7.lmm, . ~ . - (1 + WSTRESS | UserID) +
  WSTRESS + I(WSTRESS^2) +
  (1 + WSTRESS + I(WSTRESS^2) | UserID))

m7.lmmc <- update(m7.lmm, . ~ . - (1 + WSTRESS | UserID)
  - WSTRESS +
  pmin(WSTRESS, 0) + pmax(WSTRESS, 0) +
  (1 + pmin(WSTRESS, 0) + pmax(WSTRESS, 0) | UserID))

m7.lmmd <- update(update(m7.lmm, . ~ . - WSTRESS), . ~ .
  - (1 + WSTRESS | UserID) +
  bs(WSTRESS, df = 3) + (1 + bs(WSTRESS, df = 3) | UserID))
```

当全部模型都得到拟合后，我们就可以使用 AIC() 函数比较它们的 AIC 参数。结果显示，线性模型次优，二次模型、线性拼接模型和 B-样条模型都比较接近。由于二段拼接模型比二次模型或 B-样条模型更容易展示和解释，因此下面我们继续讨论二段线性拼接模型。

```
AIC(
  m7.lmm,
  m7.lmmb,
  m7.lmmc,
  m7.lmmd)

##         df   AIC
## m7.lmm  10   13084
## m7.lmmb 14   13007
## m7.lmmc 14   13014
## m7.lmmd 19   13004
```

我们最后一次重新检查诊断信息，确保线性拼接模型没有任何错误，结果如图 11-22 所示。诊断结果显示，没有违反任何假设。

```
assumptiontests <- plotDiagnosticsLMER(m7.lmmc, plot = FALSE)
do.call(plot_grid, c(
  assumptiontests[c("ResPlot", "ResFittedPlot")],
  assumptiontests$RanefPlot,
  ncol = 2))
```

第 11 章 GLMM：线性

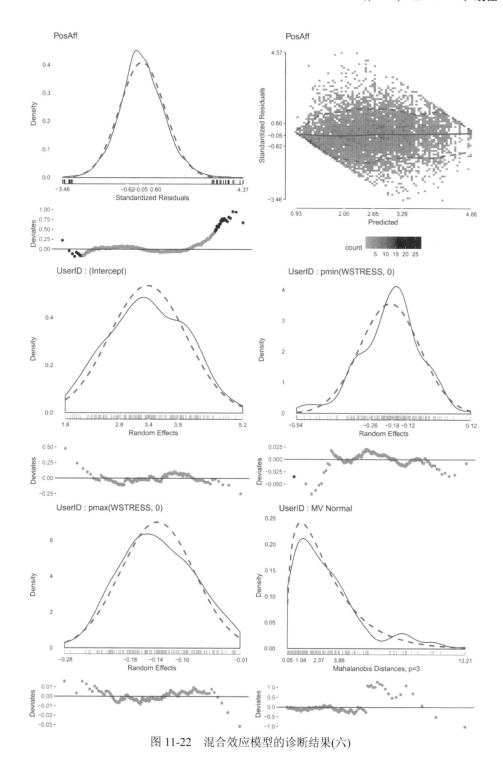

图 11-22　混合效应模型的诊断结果(六)

在图 11-22 中，第三排的右图用来检验随机效应的多变量正态性，其他子图的含义参见图 11-20。

现在我们继续讨论。分析模型的摘要输出和效应参数，包括每个预测量的边际 R^2、条件 R^2 和 f^2。这可以通过调用 JWileymisc 包中的 detailedTests()函数来实现。但遗憾的是，当模型中包含 B-样条时，从这些模型获得的模型架构并不正确，因为它们仍然是用于压力的平均效应。

为了解决这个问题，我们重新定义了内置的 model.frame()函数。读取 test.m7.lmmc 对象中保存的结果，然后删除所有额外的函数以及创建的副本，这样就不会影响其他函数的正常使用。

```
## hack
model.frame <- function(obj)
{
  d[UserID != 123][
    !is.na(PosAff) & !is.na(BSTRESS) &
    !is.na(WSTRESS) & !is.na(Weekend)]
}
detailedTests <- detailedTests
environment(detailedTests) <- environment()
.detailedTestsLMER <- .detailedTestsLMER
environment(.detailedTestsLMER) <- environment()

## calculate the detailed tests
test.m7.lmmc <- detailedTests(m7.lmmc,
  method = "Wald")

## remove our hack
rm(model.frame, detailedTests,
  .detailedTestsLMER)
```

现在我们得到了全部的检验结果，使用 formatLMER()函数生成格式好看的输出。注意，即使采用最简单的 Wald 方法计算置信区间，整个过程也可能需要几秒时间。最终结果如表 11-4 所示。在 Effect Sizes 中，每个变量都有两个值，第一个是边际 f^2，第二个是紧跟在斜杠后面的条件 f^2，具体取决计算过程是否基于边际或条件 R^2。

```
effecttable <- formatLMER(list(test.m7.lmmc))

xtable(effecttable,
  caption = paste("Final random intercept and slope model",
    "with a B-spline for average stress and linear piecewise",
    "model for within person stress."),
```

```
label = "tglmm1-effecttable")
```

表 11-4 最后的随机截距斜率模型，用 B-样条拟合平均压力，用线性拼接模型拟合个体内压力

编号	项目	模型
1	Fixed Effects	
2	(Intercept)	3.35*** [3.03, 3.66]
3	Weekend1	0.02 [− 0.01, 0.06]
4	bs(BSTRESS, df = 3)1	− 1.47** [− 2.48, − 0.46]
5	bs(BSTRESS, df = 3)2	− 0.75 [− 1.74, 0.23]
6	bs(BSTRESS, df = 3)3	− 1.53** [− 2.65, − 0.40]
7	pmax(WSTRESS, 0)	− 0.14*** [− 0.16, − 0.12]
8	pmin(WSTRESS, 0)	− 0.19*** [− 0.22, − 0.16]
9	Random Effects	
10	cor_pmax(WSTRESS, 0).(Intercept)|UserID	− 0.83
11	cor_pmax(WSTRESS, 0).pmin(WSTRESS, 0)|UserID	0.02
12	cor_pmin(WSTRESS, 0).(Intercept)|UserID	0.17
13	sd_(Intercept)|UserID	0.76
14	sd_pmax(WSTRESS, 0)|UserID	0.07
15	sd_pmin(WSTRESS, 0)|UserID	0.16
16	sigma	0.62
17	Overall Model	
18	Model DF	14
19	N(UserID)	190
20	N(Observations)	6377
21	logLik	− 6492.77
22	AIC	13013.53
23	BIC	13108.18
24	Marginal R^2	0.18
25	Conditional R^2	0.65
26	Effect Sizes	
27	bs(BSTRESS, df = 3) (Fixed)	0.11 / − 0.03, $p < 0.001$
28	Weekend(Fixed)	0.00 / 0.00, $p = 0.191$
29	pmin(WSTRESS, 0) (Fixed + Random)	− 0.01 / 0.06, $p < 0.001$
30	pmin(WSTRESS, 0) (Random)	− 0.01 / 0.03, $p < 0.001$
31	pmax(WSTRESS, 0) (Fixed + Random)	0.00 / 0.03, $p < 0.001$
32	pmax(WSTRESS, 0) (Random)	− 0.03 / − 0.02, $p < 0.001$

需要指出的是，我们可以使用不同的格式输出结果。使用 sprintf()函数输出拟合系数、p 值、置信区间和效应量。在使用 sprintf()函数时，我们可以设置不同的标签或格式。在下面的例子中，输出固定效应系数的实际 p 值而不是输出星号，用括号而不是中括号表示置信区间，并且给所有效应加上标签，结果如表 11-5 所示。

```
xtable(
formatLMER(
  list(test.m7.lmmc),
  format = list(
    FixedEffects = c("b = %s, %s, CI = (%s; %s)"),
    RandomEffects = c("%s", "%s (%s; %s)"),
    EffectSizes = c("Marg f2 = %s; Cond f2 = %s, %s")),

pcontrol = list(
  digits = 3,
  stars = FALSE,
  includeP = TRUE,
  includeSign = TRUE,
  dropLeadingZero = TRUE)),
caption = paste("Different formatting for the final",
  "random intercept and slope model."),
label = "tglmml-effecttablealt")
```

表 11-5　用另一种格式输出随机截距斜率模型的最终结果

编号	项目	模型
1	Fixed Effects	
2	(Intercept)	b = 3.35, $p < 0.001$, CI = (3.03; 3.66)
3	Weekend1	b = 0.02, $p = 0.191$, CI = (- 0.01; 0.06)
4	bs(BSTRESS, df = 3)1	b = - 1.47, $p = 0.005$, CI = (- 2.48; - 0.46)
5	bs(BSTRESS, df = 3)2	b = - 0.75, $p = 0.136$, CI = (- 1.74; 0.23)
6	bs(BSTRESS, df = 3)3	b = - 1.53, $p = 0.009$, CI = (- 2.65; - 0.40)
7	pmax(WSTRESS, 0)	b = - 0.14, $p < 0.001$, CI = (- 0.16; - 0.12)
8	pmin(WSTRESS, 0)	b = - 0.19, $p < 0.001$, CI = (- 0.22; - 0.16)
9	Random Effects	
10	cor_pmax(WSTRESS,0).(Intercept)|UserID	- 0.83
11	cor_pmax(WSTRESS, 0).pmin(WSTRESS, 0) | UserID	0.02

(续表)

编号	项目	模型
12	cor_pmin(WSTRESS, 0).(Intercept)|UserID	0.17
13	sd_(Intercept)|UserID	0.76
14	sd_pmax(WSTRESS, 0)|UserID	0.07
15	sd_pmin(WSTRESS, 0)|UserID	0.16
16	sigma	0.62
17	Overall Model	
18	Model DF	14
19	N(UserID)	190
20	N(Observations)	6377
21	logLik	−6492.77
22	AIC	13013.53
23	BIC	13108.18
24	Marginal R^2	0.18
25	Conditional R^2	0.65
26	Effect Sizes	
27	bs(BSTRESS, df = 3) (Fixed)	Marg f2 = 0.11; Cond f2 = −0.03, $p<0.001$
28	Weekend(Fixed)	Marg f2 = 0.00; Cond f2 = 0.00, $p=0.191$
29	pmin(WSTRESS, 0) (Fixed + Random)	Marg f2 = −0.01; Cond f2 = 0.06, $p<0.001$
30	pmin(WSTRESS, 0) (Random)	Marg f2 = −0.01; Cond f2 = 0.03, $p<0.001$
31	pmax(WSTRESS, 0) (Fixed + Random)	Marg f2 = 0.00; Cond f2 = 0.03, $p<0.001$
32	pmax(WSTRESS, 0) (Random)	Marg f2 = −0.03; Cond f2 = −0.02, $p<0.001$

11.3 小结

本章介绍了线性混合模型(LMM)，LMM是广义线性混合模型(GLMM)的特例。GLMM的典型特征是除了引入经常出现在统计模型中的固定效应外，还引入了随机效应。随机效应允许变量间的关联随不同个体而异。随机效应为非独立评估提供了巧妙的解决办法，不需要在每个个体的数据上建立模型。本章还介绍了一些挑战性问题，例如，如何决定效应量，如何从GLMM生成预测，如何用自采样法准确表示预测中的不确定性。表11-6总结了本章用到的重要函数及其功能。

表 11-6 本章用到的重要函数及其功能

函数	功能
aes()	控制哪些变量影响哪些图形特征(比如，x/y 轴和颜色)
AIC()	Akaike 信息准则
apply()	接收某个函数并将之作用于某些变量
bootMer()	从 lmer() 模型对象生成自采样数据，并生成系数或预测结果的置信区间
cat()	连接字符串并输出
clusterEvalQ()	来自 parallel 包的函数，用于把给定的环境复制给每个集群实例
clusterExport()	从全局计算环境导出数值，供其他集群使用
confint()	置信区间生成函数
coord_cartesian()	设置图形中直角坐标系的极限值
data()	把数据导入内存(在本章中，它们来自 Jwileymisc 包)
detailedTests()	根据 lmer() 模型对象计算置信区间、模型的总体效应量和单个系数的效应量
element_blank()	确保 ggplot 中的某个元素不被绘制
facet_wrap()	为每个刻面(或每个因子)创建整个图形的副本
factor()	把某个特定的数据元素集合转换为因子类型
fitted()	类似于 predict()，但是用于建立模型的原始数据来自输入，这两个函数都会返回模型对象(yhat)
fixef()	以模型为参数，从模型中读取固定效应
formatLMER()	格式化输出模型结果，保证输出数据的一致性并使用标准格式
geom_line()	绘制线段
geom_ribbon()	在 y 值的两侧绘制阴影区域(经常用来绘制置信区间)
geom_segment()	在两点之间绘制线段，常用于离散数据
geom_vline()	绘制一条水平线段
ggplot()	绘制图形对象(与 R 语言的基本图形函数对应)
iccMixed()	用混合效应模型计算某个变量的类内相关系数(ICC)。参数是变量名、集群名或 ID 变量以及数据集
image()	基本图形函数，用于显示方形
is.na()	返回布尔值，指示元素是否为 NA
lm()	拟合线性模型
lmer()	估计线性混合模型
makeCluster()	创建并行计算集群
melt()	把宽格式数据转换为长格式数据
offset()	把模型中的某个系数设置为某个固定值，而不是根据模型的计算来确定值

(续表)

函数	功能
plotDiagnosticsLMER()	为 lmer 模型对象生成各种诊断图形
predict()	类似于 fitted()函数,但是需要 data 参数,这两个函数都会返回模型对象(yhat)
print()	把某个字符串输出到控制台
R2LMER()	根据线性混合模型,计算边际 R^2 和条件 R^2
rbind()	按行把数据组合在一起
ranef()	从拟合的 lmer 模型对象中读取随机效应
refitML()	模型重新拟合函数,使用新的似然值取代默认受限的最大似然值
round()	把数值四舍五入到某个小数位
scale_color_viridis()	利用 viridis 颜色包,提供颜色尺度
sprintf()	按特定格式输出字符
stat_smooth()	生成光滑图形,避免绘制过拟合图形
update()	更新和重新拟合模型
VarCorr()	从 lmer 模型对象读取随机效应方差、协方差、标准差或相差系数,参数是拟合模型

第 12 章

GLMM：高级

本章介绍广义线性混合模型(GLMM)，本章的内容建立在前两章内容的基础之上。其中第 10 章介绍了如何预处理多层数据；第 11 章介绍了 GLMM 线性模型，针对的是连续正态分布的因变量。本章介绍作用于他类型因变量的 GLMM 模型，比如二元因变量和计数因变量。

本章将要用到 optimx 包和 dfoptim 包。虽然我们并没有直接使用它们(它们是其他包的附属包)，但还是需要安装它们。

```
library(checkpoint)
checkpoint("2018-09-28", R.version = "3.5.1",
  project = book_directory,
  checkpointLocation = checkpoint_directory,
  scanForPackages = FALSE,
  scan.rnw.with.knitr = TRUE, use.knitr = TRUE)

library(knitr)
library(ggplot2)
library(cowplot)
library(viridis)
library(JWileymisc)
library(data.table)
library(lme4)
library(lmerTest)
library(chron)
library(zoo)
library(pander)
library(texreg)
library(xtable)
library(splines)
```

```
library(parallel)
library(boot)
library(optimx)
library(dfoptim)

options(width = 70, digits = 2)
```

12.1 概念背景

本章实际上并没有引入新内容，而是第 10 和 11 章中内容的综合。这两章详细讨论了混合效应或多层模型的特性。读者还需要熟悉其他方面，如各种不同类型的分布簇和连接函数。这些概念已经在本书第 3 和 4 章中介绍过，这两章介绍了如何把线性回归模型推广到 Logistic 回归和泊松回归，利用它们分析二元因变量和计数因变量。本章将对线性混合模型加以推广，包括固定效应和随机效应。然而实际上，两者在概念上几乎没有差别。如果读者已经熟悉混合效应、Logistic 回归和泊松回归，就会发现，同样的思想和概念将贯穿本章。

12.2 Logistic 广义线性混合模型

12.2.1 随机截距

我们将要分析的第一组模型是随机截距 Logistic 回归模型。首先我们载入数据，包括原始数据和经过第 10 章处理后的数据。

```
data(aces_daily)
draw <- as.data.table(aces_daily)
d <- readRDS("aces_daily_sim_processed.RDS")
```

从技术上讲，我们一直使用的这个数据集并没有二元因变量。但是，通过对连续类型的因变量值进行分类，就可以创建二元因变量。每一天，参与者都要报告他们的入睡时间。入睡时间如果大于 30 分钟，即可认定为临床显著时长(clinically significant length)。

```
d[, SOLs30 := as.integer(SOLs >= 30)]
```

GLMM 模型的建立过程与线性混合模型非常相似，主要的差别在于这里使用的是 glmer()函数而不是 lmer()函数。另一个差别是需要定义分布函数和连接函数(可选)。对于二元因变量，我们需要使用二项分布函数和对数连接函数。此外，我们还需要增加两个预测量：一个表示入睡后平均醒来次数(BWASONs)；另一个表示情感宣泄因应平均级别(BCOPEDis)。这两个预测量已经在第 10 章创建好了。使用 GLMM 模型的挑战在于除了正态因变量外，其他都没有封闭解(closed solution)，只能用数值积分方法得到近似解。在 R 语言中，默认情况下会使用拉普拉斯近似方法，但只有一个积分点，增加积分点能改善精度。这里可利用参数 nAGQ 设置 9 个积分点：

```
m1.glmm <- glmer(SOLs30 ~ BCOPEDis + BWASONs + (1 | UserID),
                 family = binomial(link = logit),
                 data = d, nAGQ = 9)
summary(m1.glmm)


## Generalized linear mixed model fit by maximum likelihood (Adaptive
##   Gauss-Hermite Quadrature, nAGQ = 9) [glmerMod]
##  Family: binomial ( logit )
## Formula: SOLs30 ~ BCOPEDis + BWASONs + (1 | UserID)
##    Data: d
##
##      AIC      BIC   logLik deviance df.resid
##     1969     1991     -980     1961     2093
##
## Scaled residuals:
##     Min      1Q  Median      3Q     Max
##  -2.558  -0.453  -0.226   0.346   3.343
##
## Random effects:
##  Groups Name        Variance Std.Dev.
##  UserID (Intercept) 3.55     1.88
## Number of obs: 2097, groups: UserID, 191
##
## Fixed effects:
##             Estimate Std. Error z value Pr(>|z|)
## (Intercept)   -3.606      0.684   -5.27  1.4e-07 ***
## BCOPEDis       0.777      0.295    2.63   0.0085 **
## BWASONs        0.520      0.228    2.29   0.0223 *
## ---
## Signif. codes:  0 '***' 0.001 '**' 0.01 '*' 0.05 '.' 0.1 ' ' 1
##
## Correlation of Fixed Effects:
##          (Intr) BCOPED
```

```
## BCOPEDis   -0.918
## BWASONs    -0.410 0.101
```

对结果进行分析，可以得出下面的结论：如果某人的渲泄因应平均为 0，且入睡后平均醒来 0 次，那么这个人入睡时需要 30 分钟或更长时间的对数概率为-3.6。我们可以使用逆连接函数 $\frac{1}{1+e^{-\mu}}$ 把它转换为概率值，在 R 语言中，使用 plogis()函数就可把对数概率值转换为概率值：

```
plogis(fixef(m1.glmm)[["(Intercept)"]])

## [1] 0.026
```

仔细分析每个系数，我们发现，对于某人的渲泄因应平均级别，每增加一个单位，入睡时间 30 分钟或更长时间(根据前面的定义，可以使用专用术语"临床显著时长"来表示)的对数概率将增大 0.8(对应结果中的 0.777)。同样的道理，入睡后醒来次数平均增加一次，临床显著时长的对数概率将增大 0.5(对应结果中的 0.52)。简而言之，结果表明，渲泄因应平均级别越大，入睡后醒来次数越多，需要 30 分钟以上时间才能入睡的概率越大。

解释固定效应的另一种方法是把它们转换为概率比。固定效应的概率比的计算方法与普通 Logistic 回归的计算方法相似，都是进行求幂运算。下面这段代码用于计算固定效应的概率比和置信区间。首先使用 fixef()函数，把 confint()函数的参数 parm 设置为 beta_(parm="beta_")，从而只返回固定效应的置信区间，不返回随机效应。然后使用 cbind()函数把它们的结果组合起来，再对全部结果进行幂运算，得到概率比的估计值和置信区间。

```
exp(cbind(
  B = fixef(m1.glmm),
  confint(m1.glmm, parm = "beta_", method = "Wald")))

##                   B    2.5 %   97.5 %
## (Intercept)   0.027   0.0071    0.1
## BCOPEDis      2.176   1.2199    3.9
## BWASONs       1.682   1.0768    2.6
```

通过分析概率比，我们发现，渲泄因应平均级别每提高一个单位，处于长入睡时间的概率提高 2.2 倍(对应结果中的 2.176)。同样的道理，入睡后醒来次数平均增加一次，临床显著时长的对数概率提高 1.7 倍(对应结果中的 1.682)。

为了更好地进行解释，我们可以生成预测概率值。但是，从 GLMM 模型生成预测概率值相比使用普通 Logistic 回归方法复杂许多，原因是随机效应。虽然随机截距的均值在对数尺度上总是 0，但是它们在概率尺度上不会为 0。

我们首先使用平均随机效应生成预测结果(实际上就是把它们都设置为0)：

```
preddat <- as.data.table(expand.grid(
  BCOPEDis = seq(
    from = min(d$BCOPEDis, na.rm=TRUE),
    to = max(d$BCOPEDis, na.rm = TRUE),
    length.out = 1000),
  BWASONs = quantile(d$BWASONs, probs = c(.2, .8),
                     na.rm = TRUE)))
## predictions based on average random effects
preddat$yhat <- predict(m1.glmm,
  newdata = preddat,
  type = "response",
  re.form = ~ 0)
```

接着为样本中的每个个体生成预测结果：

```
preddat2 <- as.data.table(expand.grid(
  UserID = unique(d$UserID),
  BCOPEDis = seq(
    from = min(d$BCOPEDis, na.rm=TRUE),
    to = max(d$BCOPEDis, na.rm = TRUE),
    length.out = 1000),
  BWASONs = quantile(d$BWASONs, probs = c(.2, .8),
                     na.rm = TRUE)))

## predictions based on average random effects
preddat2$yhat <- predict(m1.glmm,
  newdata = preddat2,
  type = "response",
  re.form = NULL)
```

现在对所有参与者的预测概率求平均值。也就是说，先求预测概率再求平均值，而不是在生成预测概率之前求平均值。

```
## calculate predicted probabilities
## averaging across participants
preddat3 <- preddat2[, .(yhat = mean(yhat)),
        by = .(BCOPEDis, BWASONs)]
```

现在我们用图形表示这些结果，如图12-1所示。图12-1说明了使用两种不同方法生成的预测概率有多大差别。一种方法是在概率尺度上求各种随机效应的均值；另一种方法是先在对数尺度上求它们的均值，再生成一组预测概率。通常，前者更适合，尽管计算过程要麻烦许多。

```
ggplot(rbind(
  cbind(preddat, Type = "Zero"),
  cbind(preddat3, Type = "Average")),
  aes(BCOPEDis, yhat, colour = Type)) +
  geom_line(size = 1) +
  scale_color_viridis(discrete = TRUE) +
  facet_wrap(~ round(BWASONs, 1)) +
  theme(
    legend.key.width = unit(1, "cm"),
    legend.position = c(.1, .9)) +
  xlab("平均渲泄因应") +
  ylab("入睡时间大于 30 分钟的概率") +
  coord_cartesian(
    xlim = c(1, 4),
    ylim = c(0, .6),
    expand = FALSE)
```

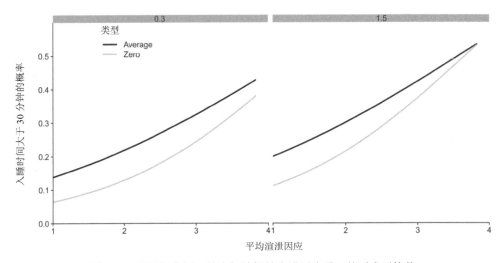

图 12-1　预测概率图，首先把随机效应设置为零，然后求平均值

通过绘制每个个体的预测概率图，我们也可以看出随机截距对概率尺度的影响，这些结果如图 12-2 所示。

```
ggplot(preddat2,
```

```
aes(BCOPEDis, yhat, group = UserID)) +
geom_line(alpha = .2) +
facet_wrap(~ round(BWASONs, 1))+
xlab("平均渲泄因应") +
ylab("入睡时间大于 30 分钟的概率") +
coord_cartesian(
  xlim = c(1, 4),
  ylim = c(0, 1),
  expand = FALSE)
```

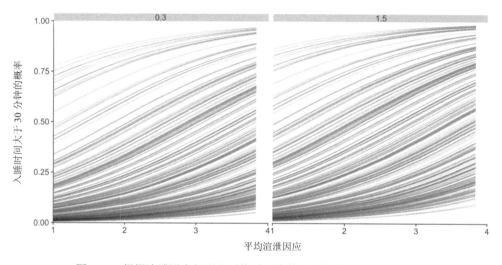

图 12-2　根据渲泄因应级别和平均睡醒次数预测临床显著时长的概率

12.2.2　随机截距和随机斜率

与线性混合模型一样，GLMM 模型也可以同时加入随机截距和随机斜率。随机斜率反映了个体内预测量与事件发生概率之间关系上的个体差异，这里的事件是指入睡需要 30 分钟或更长时间。现在我们讨论这样一个模型：它利用个体内的平均积极情感级别和积极情感预测入睡时间，其中包含随机截距以及用来表示个体内积极情感效应的随机斜率。

```
m2.glmm <- glmer(SOLs30 ~ BPosAff + WPosAff +
  (1 + WPosAff | UserID),
  family = binomial(link = logit),
  data = d, nAGQ = 1)

summary(m2.glmm)
```

```
## Generalized linear mixed model fit by maximum likelihood (Laplace
##   Approximation) [glmerMod]
##  Family: binomial ( logit )
## Formula: SOLs30 ~ BPosAff + WPosAff + (1 + WPosAff | UserID)
##    Data: d
##
##    AIC      BIC    logLik  deviance  df.resid
##   1813     1846      -900      1801      1894
##
## Scaled residuals:
##    Min     1Q  Median     3Q    Max
## -2.334 -0.451 -0.242  0.341  3.415
##
## Random effects:
##  Groups Name        Variance Std.Dev. Corr
##  UserID (Intercept) 3.7615   1.94
##         WPosAff     0.0897   0.30     1.00
## Number of obs: 1900, groups: UserID, 191
##
## Fixed effects:
##             Estimate Std. Error z value Pr(>|z|)
## (Intercept)   -1.877      0.561   -3.34  0.00082 ***
## BPosAff        0.117      0.198    0.59  0.55573
## WPosAff       -0.337      0.123   -2.73  0.00627 **
## ---
## Signif. codes: 0 '***' 0.001 '**' 0.01 '*' 0.05 '.' 0.1 ' ' 1
##
## Correlation of Fixed Effects:
##         (Intr) BPsAff
## BPosAff -0.952
## WPosAff  0.092 -0.001
```

这些结果表示，当个体的积极情感比自己的平均值每增大一个单位时，预期在夜里需要长时间睡眠的对数概率会减少 0.34。注意，这并不是说比较幸福的人会快速入睡，因为群体内变量是相对于个体均值的偏差。这些结果表示，在白天，当人们感觉比平常更幸福时，他们需要长时间睡眠的可能性会比较小。

与前面一样，我们很容易计算概率比。这些结果表示，当人们的积极情感比平均情感每多一个单位时，他们就有 0.71 的概率需要 30 分钟或更长时间才能入睡。

```
exp(cbind(
  B = fixef(m2.glmm),
  confint(m2.glmm, parm = "beta_", method = "Wald")))

##                  B    2.5%    97.5%
## (Intercept)   0.15   0.051    0.46
## BPosAff       1.12   0.762    1.66
## WPosAff       0.71   0.560    0.91
```

在把个体间积极情感的影响转换为概率时，除了需要考虑其他预测量外，还要考虑随机截距和随机斜率，并且需要对这两个预测量求平均值。由于个体内不同情感级别的概率取决于积极情感的平均级别，因此它们需要分开计算。

```
bpa.low <- quantile(d$BPosAff, probs = .2, na.rm=TRUE)
bpa.high <- quantile(d$BPosAff, probs = .8, na.rm=TRUE)

preddat4.low <- as.data.table(expand.grid(
  UserID = unique(d$UserID),
  WPosAff = seq(
    from = min(d[BPosAff <= bpa.low]$WPosAff,
               na.rm = TRUE),
    to = max(d[BPosAff <= bpa.low]$WPosAff,
             na.rm = TRUE),
    length.out = 1000),
  BPosAff = bpa.low))

preddat4.high <- as.data.table(expand.grid(
  UserID = unique(d$UserID),
  WPosAff = seq(
    from = min(d[BPosAff >= bpa.high]$WPosAff,
               na.rm = TRUE),
    to = max(d[BPosAff >= bpa.high]$WPosAff,
             na.rm = TRUE),
    length.out = 1000),
  BPosAff = bpa.high))
```

```
preddat4 <- rbind(
  preddat4.low,
  preddat4.high)

## predictions including random effects
preddat4$yhat <- predict(m2.glmm,
  newdata = preddat4,
  type = "response",
  re.form = NULL)

## calculate predicted probabilities
## averaging across participants
preddat4b <- preddat4[, .(yhat = mean(yhat)),
        by = .(WPosAff, BPosAff)]
```

现在我们可以把这些不同的结果绘制成图形，如图 12-3 所示。图 12-3 说明个体内的变化范围相差较大，有的平均积极情感比较低(20%分位数)，有的平均积极情感比较高(80%分位数)。

```
ggplot(preddat4b,
  aes(WPosAff, yhat, colour = factor(round(BPosAff, 1)))) +
  geom_line(size = 1) +
scale_color_viridis("平均积极情感",
                    discrete = TRUE) +
theme(
  legend.key.width = unit(1.5, "cm"),
  legend.position = c(.7, .9)) +
coord_cartesian(
  xlim = c(-4, 4),
  ylim = c(0, .45),
  expand = FALSE) +
xlab(paste0("个体内积极情感(相对于个体自己的平均值)")) +
ylab("入睡时间大于 30 分钟的概率")
```

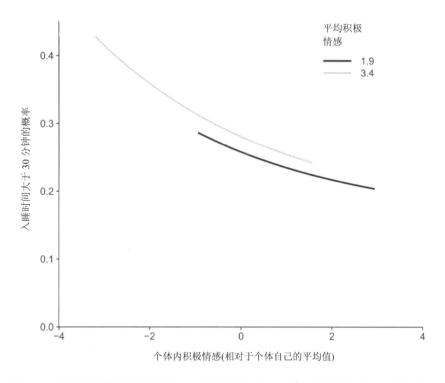

图 12-3　全部个体的平均预测概率，可以解释个体内积极情感的随机截距和随机斜率

12.3 泊松分布和负二项分布 GLMM

12.3.1 随机截距

对于计数型因变量，我们经常假设它们服从泊松分布或负二项分布，因为正态分布通常很难表示计数型数据。我们在第 4 章中引入了泊松分布，用于只有固定效应的模型(单一级别)。本节对此进行扩展，允许添加随机截距。泊松分布的典型特征是：方差与均值相等。如果可变性大于均值，则表示过离散。虽然过离散问题经常出现在泊松模型中，但是对于混合效应泊松模型来说，这不是一个十分严重的问题。还有很大的机会，我们可以调节模型，以适应每个个体，而且方差与均值相等这个假设也比较容易可控。

在 R 语言中，使用 glmer()函数可以运行包含随机截距的泊松 GLMM，但是需要设置分布簇和连接函数(family =poisson(link = log))。否则，这种模型在结构上与其他 GLMM 相比没有什么不同。在本例中，我们以夜里醒来次数作为因变量，以年龄和是否出生在澳大利亚作为(1 表示是，0 表示不是)作为预测变量。

```
m3.glmm <- glmer(WASONs ~ Age + BornAUS +
```

```
    (1 | UserID),
    family = poisson(link = log),
    data = d, nAGQ = 9)

summary(m3.glmm)

## Generalized linear mixed model fit by maximum likelihood (Adaptive
##   Gauss-Hermite Quadrature, nAGQ = 9) [glmerMod]
##  Family: poisson ( log )
## Formula: WASONs ~ Age + BornAUS + (1 | UserID)
##    Data: d
## 
##      AIC   BIC  logLik deviance df.resid
##     2070  2092   -1031     2062     1910
## 
## Scaled residuals:
##    Min     1Q Median     3Q    Max
## -1.763 -0.673 -0.360  0.477  3.983
## 
## Random effects:
##  Groups Name        Variance Std.Dev.
##  UserID (Intercept) 0.52     0.721
## Number of obs: 1914, groups: UserID, 190
## 
## Fixed effects:
##             Estimate Std. Error z value Pr(>|z|)
## (Intercept)  -1.7574     0.5810   -3.02  0.00249 **
## Age           0.0588     0.0266    2.21  0.02681 *
## BornAUS       0.4250     0.1243    3.42  0.00063 ***
## ---
## Signif. codes: 0 '***' 0.001 '**' 0.01 '*' 0.05 '.' 0.1 ' ' 1
## 
## Correlation of Fixed Effects:
##         (Intr) Age
## Age     -0.991
## BornAUS -0.061 -0.019
```

由于泊松 GLMM 使用对数连接函数，因此结果使用的也是对数尺度。年龄每增加一岁，每晚醒来次数的对数增加 0.1(结果中的 0.0588)。与出生在澳大利亚之外的人相比，出生在澳大利亚的人每晚醒来次数的对数会增加 0.4。

与 Logistic GLMM 一样，为了更好地解释结果，我们也可以使用逆连接函数。在本例中，逆连接函数就是 exp()。对截距进行变换后，我们可以这样说：零岁且不在澳大利亚出生的人，每晚醒来次数为 0.2。

我们可以把幂运算应用于这些系数，得到的结果是基线计数的倍数。结果可以这样解释：年龄每增大一岁，就会有 1.1 倍的醒来次数。与出生在澳大利之外的人相比，出生在澳大利亚的人有 1.5 倍的醒来次数。泊松系数经过幂运算后，就有了另一个名称：事故率(Incident Rate Ratio，IRR)。IRR 是相对度量值，表示在一个组中的比例相比在另一个组中的比例高多少倍，或者表示连续预测量发生变化时会使原来的比例增大多少。

为了求得 IRR 和置信区间，我们首先提取系数和置信区间，然后对这些结果应用幂运算，并把它们转换为 IRR 尺度而不是对数尺度。

```
exp(cbind(
  B = fixef(m3.glmm),
  confint(m3.glmm, parm = "beta_", method = "Wald")))


##                  B   2.5 %  97.5 %
## (Intercept)   0.17   0.055    0.54
## Age           1.06   1.007    1.12
## BornAUS       1.53   1.199    1.95
```

为了得到绝对效应，我们对样本中的每个人进行预测，并对结果求平均：

```
preddat5 <- as.data.table(expand.grid(
  UserID = unique(d[!is.na(BornAUS) & !is.na(Age)]$UserID),
  Age = seq(
    from = min(d$Age, na.rm=TRUE),
    to = max(d$Age, na.rm = TRUE),
    length.out = 1000),
  BornAUS = 0:1))

## predictions based on average random effects
preddat5$yhat <- predict(m3.glmm,
  newdata = preddat5,
  type = "response",
  re.form = NULL)

## calculate predicted counts
```

```
## averaging across participants
preddat5 <- preddat5[, .(yhat = mean(yhat)),
        by = .(Age, BornAUS)]
```

此外，我们还可以通过绘制单个预测概率图，检查随机截距对概率尺度的影响，结果如图12-4所示。

```
ggplot(preddat5,
  aes(Age, yhat, colour = factor(BornAUS))) +
  geom_line(size = 2) +
  scale_colour_viridis("出生在澳大利亚", discrete = TRUE) +
  xlab("年龄(年)") +
  ylab("入睡后醒来次数的预测值") +
  theme(
    legend.key.width = unit(1.5, "cm"),
    legend.position = c(.1, .9)) +
  coord_cartesian(
    xlim = c(18, 26.5),
    ylim = c(0, 2),
    expand = FALSE)
```

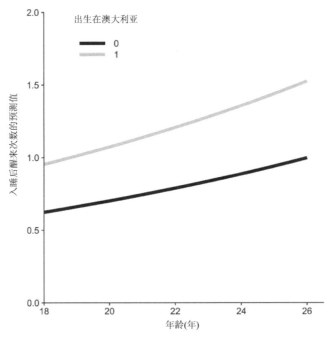

图12-4　由年龄和是否出生在澳大利亚，得到入睡后醒来次数的预测值的均值

第 12 章 ■ GLMM：高级

如果对过离散问题感兴趣，还可以用负二项分布模型取代计数模型。lme4 包增加了对这个功能的支持，这样的模型可以使用 glmer.nb()函数来拟合。注意，这些模型比拟合的泊松模型要慢许多。下面我们重新拟合泊松随机截距模型，得到负二项分布模型。

```
m3.glmm.nb <- glmer.nb(formula(m3.glmm),
  data = d)

## Warning in checkConv(attr(opt, "derivs"), opt$par, ctrl =
    control$checkConv, : Model failed to converge with max|grad| =
0.00224463(tol = 0.001, component 1)

## Warning in theta.ml(Y, mu, weights = object@resp$weights, limit
= limit, : iteration limit reached

## Warning in checkConv(attr(opt, "derivs"), opt$par, ctrl =
    control$checkConv, : Model failed to converge with max|grad| =
0.00115603(tol = 0.001, component 1)

## Warning in checkConv(attr(opt, "derivs"), opt$par, ctrl =
    control$checkConv, : Model failed to converge with max|grad| =
0.00162663(tol = 0.001, component 1)

## Warning in checkConv(attr(opt, "derivs"), opt$par, ctrl =
    control$checkConv, : Model failed to converge with max|grad| =
0.00194197(tol = 0.001, component 1)

## Warning in checkConv(attr(opt, "derivs"), opt$par, ctrl =
    control$checkConv, : Model failed to converge with max|grad| =
0.00147706(tol = 0.001, component 1)

## Warning in checkConv(attr(opt, "derivs"), opt$par, ctrl =
    control$checkConv, : Model failed to converge with max|grad| =
0.0016048(tol = 0.001, component 1)

## Warning in checkConv(attr(opt, "derivs"), opt$par, ctrl =
    control$checkConv, : Model failed to converge with max|grad| =
0.0014179(tol = 0.001, component 1)

## Warning in checkConv(attr(opt, "derivs"), opt$par, ctrl =
```

```
   control$checkConv, : Model failed to converge with max|grad| =
0.00177251(tol = 0.001, component 1)

   ## Warning in checkConv(attr(opt, "derivs"), opt$par, ctrl =
   control$checkConv, : Model failed to converge with max|grad| =
0.0012395(tol = 0.001, component 1)

   ## Warning in checkConv(attr(opt, "derivs"), opt$par, ctrl =
   control$checkConv, : Model failed to converge with max|grad| =
0.00139838(tol = 0.001, component 1)

   ## Warning in checkConv(attr(opt, "derivs"), opt$par, ctrl =
   control$checkConv, : Model failed to converge with max|grad| =
0.00142382(tol = 0.001, component 1)

   ## Warning in checkConv(attr(opt, "derivs"), opt$par, ctrl =
   control$checkConv, : Model failed to converge with max|grad| =
0.00144676(tol = 0.001, component 1)

   ## Warning in checkConv(attr(opt, "derivs"), opt$par, ctrl =
   control$checkConv, : Model failed to converge with max|grad| =
0.00138734(tol = 0.001, component 1)
```

负二项 GLMM 模型出现了"无法收敛"警告信息。为了分析出现这些警告信息的原因，我们尝试使用不同的优化器拟合模型，看看不同的优化器能否收敛到同样的值。lme4 包中并没有这样的函数，但是这个包附带了一个脚本，其中提供了一个具有上述功能的函数。注意，这个脚本需要载入其他几个 R 包，这些包提供了其他优化器。当我们从 lme4 包获得这个脚本后，可通过调用 allFit()函数，用不同的优化器拟合模型。

```
   ## load R code shipped with lme4 to provide the allFit()
   source(system.file("utils", "allFit.R", package="lme4"))
   m3.all <- allFit(m3.glmm.nb)

   ## bobyqa :

   ## Warning in checkConv(attr(opt, "derivs"), opt$par, ctrl =
   control$checkConv, : Model failed to converge with max|grad| =
0.00130544(tol = 0.001, component 1)

   ## [OK]
```

```
## Nelder_Mead :

## Warning in checkConv(attr(opt, "derivs"), opt$par, ctrl =
    control$checkConv, : Model failed to converge with max|grad| =
0.00199142(tol = 0.001, component 1)

## [OK]
## nlminbw : [OK]
## nmkbw :

## Warning in checkConv(attr(opt, "derivs"), opt$par, ctrl =
    control$checkConv, : Model failed to converge with max|grad| =
0.00894524(tol = 0.001, component 1)

## [OK]
## optimx.L-BFGS-B :

## Warning in checkConv(attr(opt, "derivs"), opt$par, ctrl =
    control$checkConv, : Model failed to converge with max|grad| = 0.361426
    (tol = 0.001, component 1)

## [OK]
## nloptwrap.NLOPT_LN_NELDERMEAD :

## Warning in checkConv(attr(opt, "derivs"), opt$par, ctrl =
    control$checkConv, : Model failed to converge with max|grad| =
0.00541331(tol = 0.001, component 1)

## [OK]
## nloptwrap.NLOPT_LN_BOBYQA :

## Warning in checkConv(attr(opt, "derivs"), opt$par, ctrl =
    control$checkConv, : Model failed to converge with max|grad| =
0.00541331(tol = 0.001, component 1)

## [OK]
```

虽然仍出现"无法收敛"警告信息，但是我们发现，其中许多案例的绝对梯度值接近 0.001 这个默认值。下面使用全部拟合结果生成摘要，分析固定效应、对数似然值和 theta 值。这里的 theta 表示随机截距方差。

```
m3.all.sum <- summary(m3.all)
```

```
m3.all.sum$fixef
```

```
##                                   (Intercept)  Age BornAUS
## bobyqa                                   -1.8 0.059    0.42
## Nelder_Mead                              -1.8 0.059    0.42
## nlminbw                                  -1.8 0.059    0.42
## nmkbw                                    -1.8 0.059    0.42
## optimx.L-BFGS-B                          -1.7 0.055    0.42
## nloptwrap.NLOPT_LN_NELDERMEAD            -1.8 0.059    0.42
## nloptwrap.NLOPT_LN_BOBYQA                -1.8 0.059    0.42
```

```
m3.all.sum$llik
```

```
##                         bobyqa                        Nelder_Mead
##                          -2270                              -2270
##                        nlminbw                              nmkbw
##                          -2270                              -2270
##                optimx.L-BFGS-B      nloptwrap.NLOPT_LN_NELDERMEAD
##                          -2270                              -2270
##      nloptwrap.NLOPT_LN_BOBYQA
##                          -2270
```

```
m3.all.sum$theta
```

```
##                                UserID.(Intercept)
## bobyqa                                       0.72
## Nelder_Mead                                  0.72
## nlminbw                                      0.72
## nmkbw                                        0.72
## optimx.L-BFGS-B                              0.72
## nloptwrap.NLOPT_LN_NELDERMEAD                0.72
## nloptwrap.NLOPT_LN_BOBYQA                    0.72
```

这些结果显示，全部优化器都收敛到同样的估计值。因此，尽管出现了"无法收敛"警告信息，但我们还是认为事实上已经找到最优解，而且模型已经收敛。

接着，我们使用 screenreg()函数，并排输出两个模型的结果，看看泊松模型与负二项模型的差异。在这里，我们发现，这两个模型十分相似，只是负二项模型的年龄和截距标准误差比泊松模型的结果小一点。

```
screenreg(
  list(Poisson = m3.glmm,
       NegBin = m3.glmm.nb))


## 
## =================================================
##                         Poisson      NegBin
## -------------------------------------------------
## (Intercept)             -1.76 **     -1.76 ***
##                         (0.58)       (0.48)
## Age                      0.06 *       0.06 **
##                         (0.03)       (0.02)
## BornAUS                  0.42 ***     0.42 ***
##                         (0.12)       (0.12)
## -------------------------------------------------
## AIC                    2070.12      4549.55
## BIC                    2092.34      4577.34
## Log Likelihood        -1031.06     -2269.78
## Num. obs.              1914         1914
## Num. groups: UserID     190          190
## Var: UserID (Intercept) 0.52         0.51
## =================================================
## *** p < 0.001, ** p < 0.01, * p < 0.05
```

与前面一样，我们使用 IRR 值和它们的置信区间生成一张表格。我们首先读取固定效应和它们的置信区间，然后对它们进行求幂运算。下面的程序以并排格式输出了泊松 GLMM 和负二项 GLMM 的结果。

```
exp(cbind(
  fixef(m3.glmm),
  confint(m3.glmm, parm = "beta_", method = "Wald"),
  fixef(m3.glmm.nb),
  confint(m3.glmm.nb, parm = "beta_", method = "Wald")))


##                          2.5%    97.5%    2.5%    97.5%
```

```
## (Intercept)  0.17 0.055 0.54 0.17 0.068 0.44
## Age          1.06 1.007 1.12 1.06 1.016 1.11
## BornAUS      1.53 1.199 1.95 1.53 1.202 1.95
```

此外，有必要对期望分布与观测分布进行比较，看看它们的接近程度。下面这段代码从负二项 GLMM 读取过离散(称为 theta)估计值，然后计算每天晚上醒来次数的观测密度和期望密度，并把计算结果保存在一个数据集中以供绘图使用。

```
theta <- getME(m3.glmm.nb, "glmer.nb.theta")

density <- data.table(
  X = as.integer(names(table(d$WASONs))),
  Observed = as.vector(prop.table(table(d$WASONs))))

density$NegBin <- colMeans(do.call(rbind, lapply(fitted(m3.glmm.nb),
function(mu) {
  dnbinom(density$X, size = theta, mu = mu)
})))

density$Poisson <- colMeans(do.call(rbind, lapply(fitted(m3.glmm),
function(mu) {
  dpois(density$X, lambda = mu)
})))
```

现在可以绘制密度图，分析拟合模型的预测分布与观测分布的接近程度，如图 12-5 所示。总体上，观测分布与期望分布符合得比较好。由此可以得出以下结论：期望分布的结果并不是完全不合理的。我们还看到，在这个示例中，泊松模型和负二项模型没有差别。

```
ggplot(melt(density, id.vars = "X"),
  aes(X, value, fill = variable)) +
  geom_col(position = "dodge") +
  scale_fill_viridis("Type", discrete = TRUE) +
  theme(legend.position = c(.8, .8)) +
  xlab("醒来次数") +
  ylab("密度") +
  coord_cartesian(
    xlim = c(-.5, 4.5),
    ylim = c(0, .5),
    expand = FALSE)
```

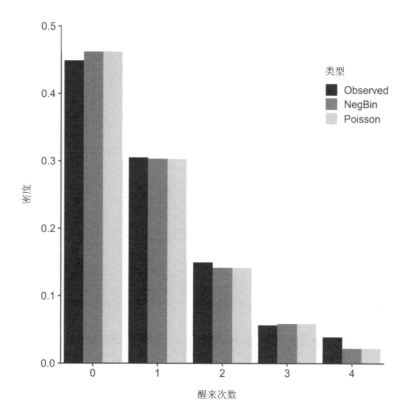

图 12-5 根据泊松 GLMM 和负二项 GLMM，每个晚上醒来次数的期望分布

为了更好地理解为什么泊松 GLMM 与负二项 GLMM 会得到同样的分布结果，我们分析模型给出的 theta 估计值，这是一个非常大的估计值，在这个示例中，这表明负二项分布逼近泊松分布。

```
getME(m3.glmm.nb, "glmer.nb.theta")
```

```
## [1] 40993
```

考虑到 theta 估计值与结果的相似性，以及泊松模型的期望分布与负二项模型的期望分布的相似性，在本例中，我们最有可能选择比较简单的泊松模型。

12.3.2 随机截距和随机斜率

与 Logistic GLMM 模型一样，我们不仅要为这个模型添加随机截距，还要添加随机斜率。下面我们继续预测入睡后的醒来次数。假设已经有了随机截距模型的结果，我们这里只讨论泊松 GLMM，不考虑负二项 GLMM。

除了年龄和参与者是否出生在澳大利亚外,夜里醒来次数的更好预测量应该是前一天晚上的醒来次数。在第10章,我们创建了几个滞后变量。比如WWASONsLag1表示个体内偏差,用以指示前一天晚上与平常的数值相比,醒来次数多了多少次或少了多少次。虽然醒来次数是离散型数值,但是有12天,相对于均值的差值是连续分布,因为有的人多于自己的均值,有的人少于自己的均值。图12-6显示了个体内醒来次数的滞后偏差的分布。可以看出,虽然不是正态分布,但分布是连续的、比较对称的。

```
testdistr(d[, WWASONsLag1],
          varlab = "Within WASONs lag 1"
```

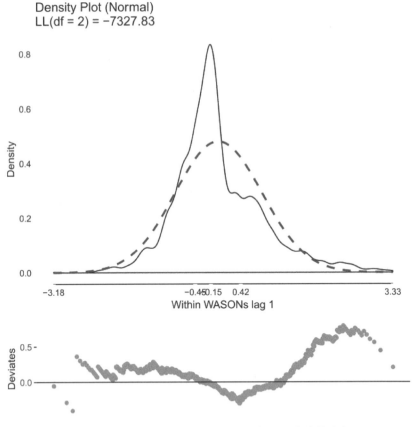

图12-6　个体内醒来次数的滞后(相对前一天)偏差的分布

第 12 章 GLMM：高级

在下面的模型中，我们添加 WWASONsLag1 变量，它既可作为固定效应，也可作为随机效应。由于已加入截距作为随机效应，因此模型就允许与变量具有交互效应。

```
m4.glmm <- glmer(WASONs ~ Age + BornAUS +
  WWASONsLag1 +
  (1 + WWASONsLag1 | UserID),
  family = poisson(link = log),
  data = d, nAGQ = 1)
summary(m4.glmm)

## Generalized linear mixed model fit by maximum likelihood (Laplace
##   Approximation) [glmerMod]
##  Family: poisson ( log )
## Formula:
## WASONs ~ Age + BornAUS + WWASONsLag1 + (1 + WWASONsLag1 | UserID)
##    Data: d
##
##      AIC      BIC   logLik  deviance df.resid
##     4246     4284    -2116      4232     1770
##
## Scaled residuals:
##    Min     1Q  Median     3Q    Max
## -1.768 -0.655 -0.333  0.485  3.892
##
## Random effects:
##  Groups Name        Variance Std.Dev. Corr
##  UserID (Intercept) 0.5043   0.7101
##         WWASONsLag1 0.0044   0.0663   1.00
## Number of obs: 1777, groups:  UserID, 189
##
## Fixed effects:
##             Estimate Std. Error z value Pr(>|z|)
## (Intercept) -1.6039     0.5728   -2.80   0.00511 **
## Age          0.0527     0.0262    2.01   0.04472 *
## BornAUS      0.4045     0.1218    3.32   0.00089 ***
## WWASONsLag1 -0.0986     0.0457   -2.16   0.03093 *
```

```
## ---
## Signif. codes: 0 '***' 0.001 '**' 0.01 '*' 0.05 '.' 0.1 ' ' 1
##
## Correlation of Fixed Effects:
##             (Intr) Age    BrnAUS
## Age         -0.991
## BornAUS     -0.059 -0.020
## WWASONsLag1 -0.039  0.043  0.112
```

模型的摘要信息显示，平均来说(固定效应)，前一天晚上与第二天晚上的醒来次数之间存在负相关。具体来说，相对于自己的平均值，醒来次数每增加一次，第二天晚上的醒来次数的对数值减少 0.1。我们对这个数值应用幂运算，得到 IRR。IRR 表示，如果醒来次数比平均值多一次，那么第二天晚上的醒来次数是原来的 0.91 倍。

```
exp(cbind(
  B = fixef(m4.glmm),
  confint(m4.glmm, parm = "beta_", method = "Wald")))
```

```
##                 B    2.5 %  97.5 %
## (Intercept)  0.20  0.065   0.62
## Age          1.05  1.001   1.11
## BornAUS      1.50  1.180   1.90
## WWASONsLag1  0.91  0.828   0.99
```

虽然变化不是很大，但是斜率的值确实有变化，这可以从随机方差和标准差看出来。使用 coef()读取每个参与者的斜率，其中包含固定效应和随机效应。然后，把幂运算应用于这些斜率，并绘制图形，显示 IRR 的分布。从分布图可以看出，根据预测，几乎所有的参与者都有小于 1 的 IRR。这说明，几乎所有人，如果某天晚上的醒来次数比平常多，那么第二天晚上的醒来次数会比较少(见图 12-7)。

```
testdistr(exp(coef(m4.glmm)$UserID$WWASONsLag1))
```

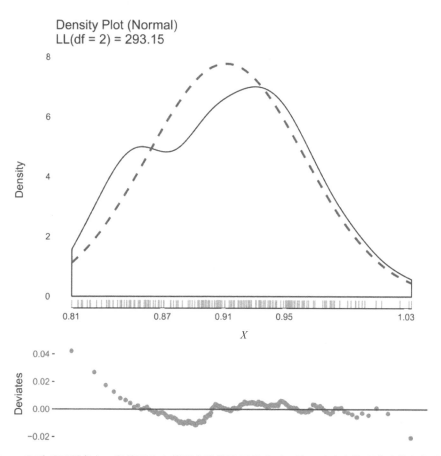

图 12-7　几乎对于所有人，当某天晚上的醒来次数比平常多时，第二天晚上的醒来次数往往比较少

最后，我们生成醒来次数的预测结果。通常，最好增加一个度量值来表示预测的确定性。但是，由 GLMM 生成的预测值附近的置信区间比较复杂。我们改用自采样法(Bootstrapping)获得近似的置信区间。但是有必要指出，使用自采样法获得的置信区间当前仅限于参数自采样，因此对于分布仍然需要做出假设。首先创建一个用于预测的数据集，然后生成全部预测结果，预测结果都是基于连接函数的尺度。

```
preddat.boot <- as.data.table(expand.grid(
  UserID = unique(model.frame(m4.glmm)$UserID),
  WWASONsLag1 = seq(
    from = min(d$WWASONsLag1, na.rm = TRUE),
    to = max(d$WWASONsLag1, na.rm = TRUE),
    length.out = 100),
  Age = quantile(d[!duplicated(UserID)]$Age,
                 probs = c(.2, .8), na.rm = TRUE),
```

```
    BornAUS = 0:1))

preddat.boot$yhat <- predict(m4.glmm,
  newdata = preddat.boot)
```

为了加快自采样速度，我们建立本地集群，用于并行处理。我们需要载入相关的包，并导出数据用于预测：

```
genPred <- function(m) {
  predict(m,
    newdata = preddat.boot)
}

cl <- makeCluster(4)
clusterExport(cl, c("book_directory",
                    "checkpoint_directory",
                    "preddat.boot", "d", "genPred"))

clusterEvalQ(cl, {
  library(checkpoint)
  checkpoint("2018-09-28", R.version = "3.5.1",
    project = book_directory,
    checkpointLocation = checkpoint_directory,
    scanForPackages = FALSE,
    scan.rnw.with.knitr = TRUE, use.knitr = TRUE)

  library(data.table)
  library(lme4)
  library(lmerTest)
})
## [[1]]
##  [1] "lmerTest"     "lme4"         "Matrix"       "data.table"
##  [5] "checkpoint"   "RevoUtils"    "stats"        "graphics"
##  [9] "grDevices"    "utils"        "datasets"     "RevoUtilsMath"
## [13] "methods"      "base"
##
## [[2]]
##  [1] "lmerTest"     "lme4"         "Matrix"       "data.table"
##  [5] "checkpoint"   "RevoUtils"    "stats"        "graphics"
```

```
##  [9] "grDevices"      "utils"          "datasets"       "RevoUtilsMath"
## [13] "methods"        "base"
##
## [[3]]
##  [1] "lmerTest"       "lme4"           "Matrix"         "data.table"
##  [5] "checkpoint"     "RevoUtils"      "stats"          "graphics"
##  [9] "grDevices"      "utils"          "datasets"       "RevoUtilsMath"
## [13] "methods"        "base"
##
## [[4]]
##  [1] "lmerTest"       "lme4"           "Matrix"         "data.table"
##  [5] "checkpoint"     "RevoUtils"      "stats"          "graphics"
##  [9] "grDevices"      "utils"          "datasets"       "RevoUtilsMath"
## [13] "methods"        "base"
```

以上自采样法可以由 lme4 包的 bootMer()函数来实现。需要说明的是，这里使用较少的自采样样本数据，因为即使是拥有四个核的并行集群，速度也还是比较慢。

我们通常使用 1000、5000 或 10 000 个自采样样本，但是可能耗时好几分钟甚至几小时。

```
system.time(bootres <- bootMer(m4.glmm,
    FUN = genPred,
    nsim = 100,
    seed = 12345,
    use.u = FALSE,
    type = "parametric",
    parallel = "snow",
    ncpus = 4,
    cl = cl))

##    user  system elapsed
##     3.3     1.7   169.4
```

下面根据结果计算简单的置信区间，并将计算结果添加到数据集中。这比线性混合模型要复杂一些，我们需要按 ID 对数据进行分组。这是因为，不管是在连接尺度上(对数值，均值为 0)，还是在响应尺度上(计数值，随机效应平均不为 0)，随机效应的均值都是不一样的。在预测结果集中，有 75 600 行，对应 189 个不同的 ID，每个 ID 重复 400 次,因而会生成不同的预测值。为了能够在全部数据中找到预测量相同但是 ID 不同的行,我们需要创建索引,分别对应预测值的第一个、第二个组合。为此,我们只需要重复生成某个索引值,而且重复的次数就是唯一 ID 值的个数,但是数据集必须按预测值排序。

```
preddat.boot[, Index := rep(1L:400L,
    each = length(unique(UserID)))]
```

生成一个较小的预测值数据集,这个数据集中只有平均预测结果和所需要的预测值。注意先对预测的对数计数值执行求幂运算,再按 ID 求平均,而不是先平均后求幂。

```
preddat.boot.avg <- preddat.boot[, .(yhat = mean(exp(yhat))),
    by = .(WWASONsLag1, Age, BornAUS)]
```

现在可以根据新的指数进行循环,从自采样样本求平均计数的置信区间。如果直接根据百分位数求置信区间,则可能引入不确定性,这个不确定性是由于个体不同引起的,或是由于平均估计值不确定引起的。实际上,如果在计算百分位数的置信区间之前先执行幂运算,再对全部 ID 计算它们的均值,则意味着我们已经平均了个体之间的可变性,并且只考虑了自采样之间的估计均值的可变性。我们考虑了由于 ID 不同引起的可变性,但是这针对另一个问题。

为此,我们注意到,前面得到的 boot 结果对不同的列有不同的预测结果(这里,所谓的列是指能够区分不同 ID 和预测变量的不同值的那些列),并且每个新生的自采样结果都保存在不同的行中。为了用某个预测值集中对全部 ID 的可变性求平均,我们把前面建立的索引应用于列,求行的均值,然后执行幂运算。计算置信区间的百分位数,并把计算结果添加到预测结果集中,后者已经按 ID 顺序排列。

```
dim(bootres$t)

## [1] 100 75600

for (i in 1:400) {
  ## find which indices to use
  ok <- which(preddat.boot$Index == i)

  ## now average across people
  tmp_avg <- rowMeans(exp(bootres$t[, ok]))
```

```
## lower confidence interval
preddat.boot.avg[i,
  LL := quantile(tmp_avg, probs = .025, na.rm = TRUE)]
preddat.boot.avg[i,
  UL := quantile(tmp_avg, probs = .975, na.rm = TRUE)]
}
```

现在有了参数自采样的置信区间,我们就可以绘制图形,显示预测的醒来次数,结果如图12-8所示。从中可以看出,当第一天晚上的醒来次数多于平均醒来次数时,第二天晚上的醒来次数就下降。我们也可以看出年龄的主要效应,"年纪较大的"人的醒来次数多于"年纪较轻的"人。由图12-8中的不同颜色可以看出,澳大利亚出生的人相比非澳大利亚出生的人报告较多的醒来次数。置信区间也不是严格对称的,这是正常的,因为这里的置信区间基于响应尺度(经过幂运算后的结果)。置信区间的边界线有点锯齿。自采样的数据集如果不是100个样本,而是5000个样本,边界就会比较光滑。

```
ggplot(preddat.boot.avg, aes(WWASONsLag1, yhat,
  colour = factor(BornAUS), fill = factor(BornAUS))) +
  geom_ribbon(aes(ymin = LL, ymax = UL),
              alpha = .25, colour = NA) +
  geom_line(size = 1) +
  ylab("醒来次数的预测值") +
  xlab("个体内醒来次数(滞后因子为1天)") +
  scale_color_viridis("出生在澳大利亚", discrete = TRUE) +
  scale_fill_viridis("Born in Australia", discrete = TRUE) +
  theme(
    legend.position = "bottom",
    legend.key.width = unit(1, "cm")) +
  facet_wrap(~ Age) +
  coord_cartesian(
    xlim = c(-3, 3),
    ylim = c(0, 2.5),
    expand = FALSE)
```

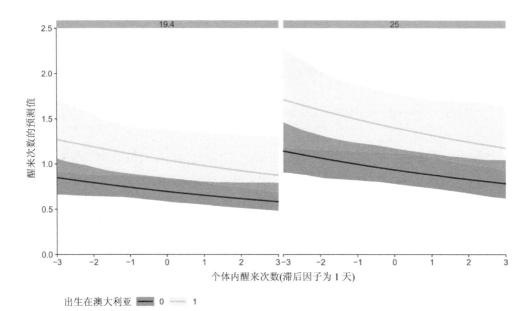

图12-8* 根据前一天晚上的醒来次数(相对自己的平均值)预测第二天晚上的醒来次数。左右两图分别对应于年龄的20%和80%分位值(19.4岁和25岁),不同颜色分别对应是否在澳大利亚出生,用阴影表示平均预测的醒来次数的自采样置信区间

12.4 小结

本章在线性混合模型的基础上创建了用于二元因变量和计数因变量的混合效应模型。具体来说,本章讨论了Logistic混合效应模型、泊松混合效应模型和负二项混合效应模型。本章也讨论了在由GLMM生成预测结果的过程中存在的一些特殊问题,重点介绍了如何解释预测中的随机效应对原始尺度的影响。最后,说明了如何用自采样法获得预测的置信区间,从而解释随机效应。表12-1列出本章用到的一些重要函数及其功能。

表12-1 本章用到的重要函数及其功能

函数	功能
glmer()	估计广义线性混合效应模型
glmer.nb()	估计负二项广义线性混合效应模型
bootMer()	自采样线性或广义线性混合效应模型
binomial()	用于Logistic广义线性混合模型的分布簇函数,通常与正则的对数连接函数一起使用
poisson()	用于泊松广义线性混合模型的分布簇函数,通常与正则的对数连接函数一起使用

(续表)

函数	功能
summary()	生成数据输入的摘要信息
fixef()	读取固定效应,需要以模型作为参数
coef()	从广义线性混合模型读取模型系数。注意,不同于单层模型,对于使用 glmer()或 lmer()函数拟合的混合效应模型,返回每个参与者的系数,或者返回包含固定效应和随机效应的聚类级别
confint()	置信区间生成函数
predict()	与 fitted()函数相似,只是需要数据参数,两者都返回 yhat 值
quantile()	计算给定数据的分位数

第 13 章

建模 IIV

到目前为止，我们仅重点介绍了分布的位置(或均值)统计模型。本章将重点转向另一个新的主题：分布的尺度(scale)或可变性。具体而言，本章介绍个体内可变性(Intra-Individual Variability，IIV)的概念。IIV 是指在各次重复测量中，个体内的观测值存在可变性。这虽然只是一个非常小的研究领域，但却可以提供个体对象的额外信息，引发一些新的研究问题或实际问题，如具有较大可变性的个体(如学校、工厂)是否具有不同的结果？本章使用的 varian 包是由本书一位作者专为进行可变性分析而开发的 R 程序包。

```
library(checkpoint)
checkpoint("2018-09-28", R.version = "3.5.1",
  project = book_directory,
  checkpointLocation = checkpoint_directory,
  scanForPackages = FALSE,
  scan.rnw.with.knitr = TRUE, use.knitr = TRUE)

library(knitr)
library(ggplot2)
library(cowplot)
library(viridis)
library(data.table)
library(JWileymisc)
library(varian)
library(mice)
library(parallel)

options(width = 70, digits = 2)
```

13.1 概念背景

13.1.1 贝叶斯推断

现在介绍贝叶斯方法的使用。虽然本章不要求读者深入理解贝叶斯方法，但是，掌握贝叶斯采样的基本理论和实际应用有助于读者充分理解本章的内容。这里只是非常扼要地介绍贝叶斯推断的相关内容，强烈建议以前未曾接触过这些方法的读者阅读其他相关图书。

贝叶斯推断利用贝叶斯准则计算参数 p 的后验分布，p 是与数据和先验分布有关的参数概率。使用马尔科夫链蒙特卡洛(Markov Chain Monte Carlo，MCMC)方法可以从参数的后验概率分布中获取样本。通过对从后验分布得到的 MCMC 样本进行求和运算可以得到点估计，如计算样本的均值或中位数。它们的不确定性可以用 MCMC 样本的标准差或分位数(如95%置信区间的2.5和97.5分位数)等参数来描述。如果需要 p 值，那么两侧尾部的经验 p 值可以这样计算得到：将样本中落在大于 0 或小于 0 区域的比例取较小者乘以 2：$2*min(prop(2*min(prop(\theta \leq 0), prop(\theta > 0))$。可以通过检查模型中每个参数的比例缩减因子(Percent Scale Reduction Factor，PSRF)来确定收敛性。PSRF 的别名是 Rhats，估计比例缩减因子可能会使 MCMC 链的运行时间延长。这个因子值为 1 表示收敛，但是通常当它非常接近于 1 时也认为表示收敛。

贝叶斯推断依赖于后验分布的求和运算。因此，为了得到稳定的求和结果，后验样本的数量必须足够大。然而，如果样本间存在高自相关性，那么即使有很多后验样本，也仍然不足以表达整个后验参数分布的特征。通常，这些有用的信息可以从每个参数的有效样本大小中获得，再通过变异函数和多链方差得到的自相关估计进行适当调整。每个参数的有效后验样本大小可以估算得到。如果估算的样本大小不够，就表示需要增加迭代次数，或者使用其他方法，如数据缩放、模型简化，也可以使用更强大的先验分析。

13.1.2 什么是 IIV

在大多数应用中，人们只关心均值(也称为"位置")上的差异。例如，大家经常问这样的问题：两组数据是否有不同的均值，它们的均值是否可以通过其他因素预测得到(例如，回归模型)，它们的均值如何随时间变化，等等。然而研究人员也承认，个体间或个体内可变异(又称为尺度)也很重要。例如，Russell 等人的经验研究表明：具有边缘性人格障碍(Borderline Personality Disorder，BPD)的病人在情感认知方面，与对照组相比，明显表现出很高的个体内可变性。边缘性人格障碍的主要特征是不稳定的人际关系和情绪。在有关衰老和发育过程的研究中，Ram 等人概述了在研究个体间可变性时需要考虑的重要概念、研究方法和研究设计。在睡眠研究领域人们发现也存在个体内可变性问题，这样的研究受下面的发现驱动：两个晚上的睡眠是不可能完全相同的，人们在睡眠方面表现出巨大的差异，如上床时间、睡眠时间、睡眠质量。尽管人们对 IIV 表现出来的兴趣不如对均值等参数的大，但是，仍然有人对 IIV 问题感兴趣。

本章旨在介绍一种严格而易用的个体内可变性估计方法。我们强调可变性估计指数的重要作用，特别是当个体内的差异具有理论上和经验上的相关性时，重要性更为突出。在介绍复杂的统计均值和尺度模型之前，先介绍几个容易理解的 IIV 量化方法。

1. 可变性的量化和建模方法

在介绍贝叶斯位置尺度模型之前，我们先回顾一下现有的量化和建模方法。

也许常用的测量可变性的方法是标准差。利用标准差，可以计算每个个体的观测值相对于均值的偏差，并当作个体内可变性或个体标准差(Individual Standard Deviation，ISD)。在求得 ISD 后，我们还可以把 ISD 作为另一个统计模型的因变量或预测变量。由于 ISD 量化了个体观测值与个体均值之间的差异，因此系统性的时间效应(时间的线性增长)会增大 ISD 值。是否需要考虑这个因素，取决于我们是否要计算某个个体的全部可变性，或者只考虑非系统的可变性。

例如，在睡眠问题上，季节性的日光变化会影响个体的睡眠/唤醒行为，这种变化对研究和临床诊断没有直接的相关性。在这些情况下，ISD 值可能会高估我们感兴趣的那一类可变性。这种偏差可以这样来解决：先对时间或其他相关因素进行调整，再根据残差计算 ISD(去趋势化)。

另一种量化可变性的传统方法是连续差分均方根(Root Mean Square of Successive Difference，RMSSD)。RMSSD 由于是基于连续差分的，因此能自然消除系统性时间效应。例如，在下面的程序中，同一组数据，先按从小到大排序，再随机排序。虽然标准差并没有变化，但是当数据重新排序时，排序后的 RMSSD 比未排序的 RMSSD 要小许多。这正好说明这样的道理：对于具有系统性趋势(有序数据)的数据，RMSSD 比标准差要小许多；但是对于无序数据，则可能与标准差相等，甚至更大。

```
## ordered
```

```
sd(c(1, 3, 5, 7, 9))

## [1] 3.2

rmssd(c(1, 3, 5, 7, 9))

## [1] 2

## randomized
sd(c(3, 1, 9, 5, 7))

## [1] 3.2

rmssd(c(3, 1, 9, 5, 7))

## [1] 4.7
```

可变性的其他度量方法还有方差(ISD^2)、连续差分均方根($RMSSD^2$)、中位数绝对差(Median Absolute Difference,MAD)、区间(Range)、四分位距(InterQuartile Range,IQR)和变异系数(Coefficient of Variation,CV)。

为了更好地理解这些方法之间的相互关系,我们载入前面在介绍广义线性混合模型时用到的 AGES 数据,同时也载入在有关 GLMM 模型的几章中创建并保存的数据。下面先定义函数 variability_measures(),用于计算上述全部度量值,进而大大简化我们的工作。

```
data(aces_daily)
draw <- as.data.table(aces_daily)
d <- readRDS("aces_daily_sim_processed.RDS")

variability_measures <- function(x) {
  x <- na.omit(x)
  list(
    SD = sd(x),
    VAR = sd(x)^2,
    RMSSD = rmssd(x),
    MSSD = rmssd(x)^2,
    MAD = median(abs(x - median(x))),
    RANGE = range(x),
    IQR = abs(diff(quantile(x, probs = c(.25, .75)))),
    CV = sd(x) / mean(x))
}
```

现在按参与者的 ID 计算每个个体的可变性，并生成新的数据集，然后计算 AGES 数据中四个不同变异量的相关矩阵，并绘制成图形。

```
plot_grid(
  plot(SEMSummary(~ .,
    data = d[, variability_measures(PosAff), by = UserID][,-1]),
    order = "asis") +
    ggtitle("PosAff"),
  plot(SEMSummary(~ .,
    data = d[, variability_measures(NegAff), by = UserID][,-1]),
    order = "asis") +
    ggtitle("NegAff"),
  plot(SEMSummary(~ .,
    data = d[, variability_measures(COPEPrc), by = UserID][,-1]),
    order = "asis") +
    ggtitle("COPEPrc"),
  plot(SEMSummary(~ .,
    data = d[, variability_measures(SOLs), by = UserID][,-1]),
    order = "asis") +
    ggtitle("SOLs"),
ncol = 2)
```

图 13-1 证实了原来需要通过计算才能得到的结论：标准差(SD)、方差(VAR)、连续差分均方根(RMSSD)、连续差分均方(MSSD)、中位数绝对偏差(MSD)、四分位距(IQR)都是强相关的。通常，区间和变异系数则差别比较大。

所有这些方法都受测量误差的限制。虽然这种说法对任何统计计算都是成立的，但是在侧重于均值的研究中，这实际上不会成为一个大的问题。均值说明可靠，因此重复测量多次可以减小测量误差。相反，当测量数据很少时，ISD 非常不可靠，特别当重复测量的次数很少时，以及当个体的差值在 ISD 中非常小时。根据对 ISD 所做的可靠性分析，一份调查问卷想要可靠(可靠性为 0.9)，至少需要 50 个重复测量数据。在很多情况下，由于负担和成本原因，收集很多测量数据是不现实的。

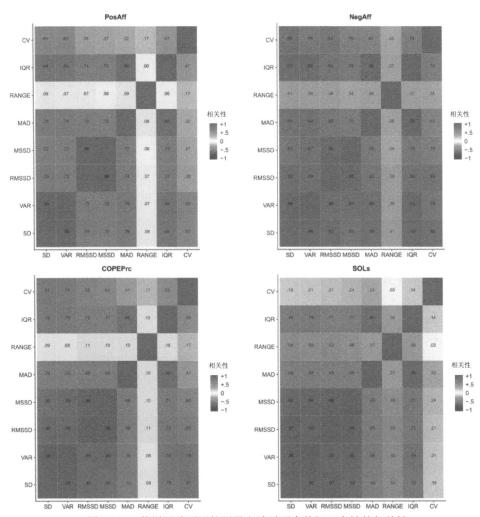

图 13-1* 使用四种不同的测量方法说明个体间可变性的相关性

在心理学测量领域，人们广泛地研究如何评估和解释测量误差。例如，隐变量模型(latent variable model)可以用来解释测量误差。然而，大多数统计模型是为检验位置(均值)效应而非范围(可变性)效应而设计的。明显的例外是独立观测。针对独立观测，人们已经提出使用广义可加模型(GAM)计算位置和尺度的思想。然而，位置和尺度 GAM 模型不能应用于重复测量数据(非独立观测)，因此也不能用于研究个体内可变性。

评测技术的进步，如用于自我报告的移动 App 和可穿戴设备的爆炸式增长，产生了大量密集型的测量数据，因而出现了很多研究项目，研究每个个体有多少重复测量数据。最近的研究都在关注使用新的方法定量化表示个体在一段时间内的特性，如 IIV。

Hedeker 等人在最大似然构架中提出了混合效应的位置和尺度模型。Hedeker 的模型允许用解释变量预测个体间和个体内因子，包括随机截距和随机 IIV。

另一种方法是先计算连续差分的平方值，再用广义线性混合模型表示它们。这种方法由于需要计算连续差分，因此对系统性的个体间变化不大敏感。利用这种方法可以预测截距和连续差分均方根($RMSSD^2$)，方法是把每个连续差分平方值输入广义线性混合模型。这种方法的局限性在于处理缺失数据的能力。例如，假设数据要在三天内收集，有两个连续差分值——t2-t1 和 t3-t2，但是如果第二天(t2)的数据丢失，那么这两个连续差分值就无法求得。

Wang 等人提出了贝叶斯多级模型，可以直接使用原始数据。这种模型结合了时间相关性(用自相关系数表示)和可变大小，而 Hedeker 及其同事发明的方法只考虑了可变大小。对于很多重复测量，能够解释时间相关性是很有必要的。自相关性有时候也称为惯性，表示改变突发趋势的难度。虽然有诸多优点，但是为了解释个体在级别(截距)、时间相关性(自相关性)和 IIV 等方面的差异，需要有一个很大的样本数据集。Wang 及其同事发现，在涉及超过 200 个参与者的活动中，当每个参与者都重复 56 次测量时，他们的方法就会收敛，但是如果每个参与者只重复测量 7 次或 14 次，就不会收敛。

总之，除非有大量的重复测量数据(可能需要多于 50 个测量数据)，简单的量化方法(如 ISD 或 RMSSD)并不是最优方法，因为这些方法要么无法解释测量误差，要么解释的可靠性低。即使有大量的重复测量数据，显式的位置和尺度模型也有许多优点，比如它们可以分离可变性的来源(通过删除时间相关性)。到目前为止，我们只是把 IIV 当作因变量。接下来我们将介绍贝叶斯可变性模型，从而提供 IIV 估计，并且把 IIV 估计当作预测量。

13.1.3　将 IIV 作为预测量

在把 IIV 当作预测量时需要考虑两个方面。一方面，我们必须有一种可靠的方法来测量 IIV，或者有一种能同时测量 IIV 以及不确定性的方法(也就是能够解释测量误差)。另一方面，这种测量值可能作为另一个模型的预测量，第二个模型的细节并不重要，因为 IIV 估计值实际上可以作为任何模型的输入量。

进行 IIV 估计的基础是多层次模型或混合效应模型。这些模型在前几章中已经介绍过。混合效应模型因十分灵活，可以作为理想的起点。具体来说，根据研究的问题不同，定义 IIV 有不同的方法。例如，假设有两个个体 A 和 B，它们每周都得到干预和测量，它们的时间轨迹如图 13-2 所示。

```
iivdat <- data.table(
  Assessment = 0:15,
```

```
              PersonA = c(1, 3, 2, 4, 3, 5, 4, 6, 5, 7, 6, 8, 7, 9, 8, 10),
              PersonB = c(2, 5, 2, 6, 3, 7, 4, 8, 5, 9, 6, 10, 7, 11, 8, 12))

ggplot(iivdat, aes(Assessment)) +
  stat_smooth(aes(y = PersonA), method = "lm", se=FALSE,
              colour = viridis(2)[1], linetype = 2) +
  geom_line(aes(y = PersonA),
            colour = viridis(2)[1], size = 1) +
  stat_smooth(aes(y = PersonB), method = "lm", se=FALSE,
              colour = viridis(2)[2], linetype = 2) +
  geom_line(aes(y = PersonB),
            colour = viridis(2)[2], size = 1) +
  ylab("因变量得分")
```

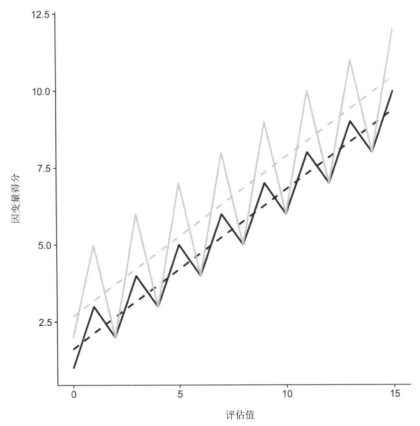

图 13-2　假设两个个体得到干预：个体 A(黑色)和个体 B(灰色)。两者都以同样的速率得到改善，但是个体 B 的一致性不如个体 A

图 13-2 说明如下事实：虽然两个个体都得到同样的干预，但是其中一个比较稳

定地得到了改善。这些差异很容易从它们的 ISD 值看出。

```
## ISD
sd(iivdat$PersonA)
```

[1] 2.6

```
sd(iivdat$PersonB)
```

[1] 3

但是，即使没有这些调整或干预，这些 ISD 值也包含因变量得分(outcome score)的可变性。产生这些可变性的原因如下：时间引起的系统变化或时间趋势又引起了波动。如果研究的目的是只是使用 IIV 总值，那么这些 ISD 值是比较理想的。然而，如果研究的问题是关于随时间改善的稳定性或可变性，那么我们首先要删除这些系统性变化，结果如下所示：删除系统性趋势后，ISD 值要少许多。

```
## ISD, after removing systematic improvements
sd(resid(lm(PersonA ~ Assessment, data = iivdat)))
```

[1] 0.77

```
sd(resid(lm(PersonB ~ Assessment, data = iivdat)))
```

[1] 1.8

尽管我们并不提倡直接读取残余误差或对残余误差进行处理，但是从理论上讲，它们是我们研究的目标。混合效应模型是理想的选择，因为它们允许分析师灵活地调整或不调整系统性的时间趋势。混合效应模型还允许我们把其他相关预测量考虑在内，因此可以隔离我们期望的 IIV 源。取决于研究者的目标，这可能不需要添加任何预测量，也可能需要给模型添加时间变量，或者添加许多不同的潜在预测量，并且根据残余误差构建模型。

出于实用目的，在贝叶斯架构中用马尔科夫链蒙特卡洛模拟方法估计模型比较方便。贝叶期构架之所以有用，是因为：

- 贝叶斯方法可以灵活地定义模型和分布，不需要显式地导出似然函数。
- 在估计 IIV 时，使用最大似然法很可能会出现收敛困难，而贝叶斯方法虽然很慢，但是通常只要运行足够长的时间就会出现混合效应和收敛。
- 通过使用马尔科夫链蒙特卡洛模拟方法，由后验分布得到的结果允许 IIV 估计中的不确定性表示为随机估计的概率分布，而不是简单的"最优估计"。

接下来详细介绍贝叶斯可变性模型(BVM)。

贝叶斯可变性模型

前面几章已经介绍了混合效应模型。如果读者还不熟悉这些内容，最好先阅读这几章内容，里面详细介绍了位置混合效应模型。

假设 Y 表示个体间因变量，V 表示个体内变量，后者是对每个个体重复进行测量后得到的。我们从 V 中估计 IIV，并预测它们在 Y 上的得分。此外，还可以估计每个个体的 V 均值，并作为 Y 的另一个预测量。在有关 IIV 的文献中，我们认为，当需要检验 IIV 能否预测因变量时，需要对变量的均值做统计上的调整。首先，考虑 V 的一种多层次模型，为了简单但不失一般性，我们从如下无条件模型开始：

$$V_{ij} \sim N(\mu_j, \sigma) \tag{13.1}$$

其中，V_{ij} 是第 j 个个体($j=1,2,\cdots,N$)第 i 次($i=1,2,\cdots,I_j$)的估测值。每个个体有各自的估计均值 μ_j，假设均值的分布服从正态分布：

$$\mu_j \sim N(\mu_\mu, \sigma_\mu)$$

上面这个基本的混合效应模型只有一个估计值，并且假定可以应用于每个个体。我们推广这个模型，允许标准差因每个个体而异。扩展后的模型仍然服从正态分布，但是现在允许位置 μ 和剩余标准差 σ 发生变化。因此，新模型可以定义为

$$V_{ij} \sim N(\mu_j, \sigma_j) \tag{13.2}$$

与前面一样，但是 μ_j 代表每个个体的标准差，如果是条件模型，则代表个体剩余标准差。在观测的残差上估计 ISD 并不能解释以下事实：模型估计中存在的不确定性可能会导致残差中的差异。然而，作为模型的一部分，位置参数的不确定性会传递到残差，因而会传递到 ISD 估计。

个体剩余标准差与个体均值一样，后者假定服从正态分布；前者假定服从某个分布，具体来说，服从尺度参数和形状参数分别为 α 和 β 的伽马分布：

$$\sigma_j \sim -(\alpha, \beta) \tag{13.3}$$

利用任何一种标准模型，把个体剩余标准差 σ_j 的估计值作为因变量 Y 的预测量。作为例子，我们可以使用多变量线性回归：

$$Y_j \sim N(\mu 2_j, \sigma) \tag{13.4}$$

在以上模型中，预测值可以表示为

$$\mu 2_j = \beta_0 + \beta_1 Covariate_1 + \cdots + \beta_k Covariate_k + \alpha_1 \sigma_j + \alpha_2 \mu_j \tag{13.5}$$

为了突出模型中的预测量或协方差与混合效应模型的个体均值和 ISD 之间的差异，我们定义另一个参数向量，我们用 β 表示普通的预测量，用 α 表示隐均值和 ISD。

需要指出的是，虽然这里使用了线性回归，但是我们也可以用任何统计模型取代这个线性模型。

用 ISD 估计 IIV 的方法受到人们的批评，因为没有考虑预测的顺序。但是，这个问题在混合效应模型中可通过估计 IIV 得到解决。作为混合效应模型的一部分，系统性时间趋势和其他相关变量也可以添加为预测量。通过添加迟延后的因变量测量值，相当于添加了自动回归效应。这给我们提供了灵活性，允许 ISD 包含全部的可变性，或只包含部分可变性。此外，去掉统计模型中的时间趋势后，又可以捕获到不确定性并且可以传递给 IIV 估计。

13.1.4 软件实现：VARIAN

任何通用的贝叶斯架构都可以用来估计贝叶斯可变性模型(BVM)，如 JAGS、BUGS 或 Stan。这里介绍 Stan，Stan 是一种通用的编程语言，使用马尔科夫链蒙特卡洛方法实现贝叶斯推断，用 No-U-Turn 采样器实现采样，后者是对哈密尔顿蒙特卡洛方法的推广。

虽然在 Stan 中可以使用人工方法定义每个模型，但是为了方便不熟悉贝叶斯方法的分析师，我们使用了 R 语言包 varian，这个包可以从 CRAN 或 GitHub 仓库(https://github.com/ElkhartGroup/VARIAN)下载。将 varian 包链接到 Stan 后，只需要几行代码就可以估计 BVM 模型。目前，varian 只支持连续、正态分布变量的可变性模型。

在 varian 中，默认情况下，先验值的信息量很少，并且假定变量的标准差近似小于或等于 10。具体来说，均值和回归系数使用均值为 0、标准差为 1000 的正态先验分布。伽马分布的尺度和形状参数以及第二阶段因变量的剩余残差服从半柯西先验分布，因为相比用于方差成分的均匀或逆伽马分布，半柯西先验分布是较好的弱信息先验分布。

收敛性可以用比例缩减因子估计得到。由于 σ_j 和 μ_j 的每个估计都是参数，因此有很多单个的 PSRF 因子。在 varian 中，绘制 Rhats 的直方图，利用它很容易对全部参数的收敛性进行检查。一项仿真研究表明，用 varian 描述和实现的 BVM 模型可以得到最小的有偏估计，前提是对每个个体重复测量 5 次或 5 次以上。

13.2 R 程序示例

使用 IIV 方法预测连续因变量

为了使用前面介绍的 BVM 模型预测连续因变量，我们使用 varian()函数。varian 包和 Stan 使用 C++编译模型。因此，为了运行这些包，需要安装 C++编译器，并且允许 R 语言访问。在 Windows 计算机中，最简单的办法是安装应用商店中提供的 R 软件。在 Linux 或 UNIX 计算机中，可利用系统自带的包管理器安装 GCC 或其他 C++编译器(安装最新版的 R 工具或其他编译器)，这是最简单的办法。最后，需要注意的是，在编译过程中，通常会弹出很多信息或警告。如果没有出现错误，表示模型创建成功，大多数信息和警告可以忽略。

varian()函数需要几个参数。第一个参数是 y.formula，它表示模型公式，用以说明个体间因变量。varian()函数自动包含 IIV 估计，因此只需要定义因变量和其他额外的协变量或预测变量。接着给 v.formula 参数定义公式。由于 IIV 需要用于重复测量的因变量，因此必须有 ID 变量。数据的定义与往常一样。此外还需要定义 design 参数，用于指示是否单独估计 IIV，是否预测因变量，以及是否预测连续型因变量。在下面的示例模型中，我们估计 IIV，然后用它们预测连续因变量。此外，还有几个参数与 MCMC 采样有关，它们是：totaliter 表示迭代次数；warmup 表示预热迭代次数，chains 表示独立链的个数，thin 表示稀疏间隔(thinning interval)。为了使程序运行得更快一些，我们选择的迭代次数和稀疏间隔都比较小。为了确保最终模型的收敛性和稳定估计，人们往往选择很大的数据集，因此最终有效的采样数据集多达几千个数据。在本例中，我们只是检验除了平均积极情感外，用积极情感的 IIV 能否预测平均负面情感。也就是说，判断积极情感能否唯一地预测个人的负面情感级别。

```
cl <- makeCluster(2)
clusterExport(cl, c("book_directory", "checkpoint_directory" ))

clusterEvalQ(cl, {
  library(checkpoint)
  checkpoint("2018-09-28", R.version = "3.5.1",
  project = book_directory,
  checkpointLocation = checkpoint_directory,
  scanForPackages = FALSE,
  scan.rnw.with.knitr = TRUE, use.knitr = TRUE)

  library(varian)
})
```

```
## [[1]]
## [1] "varian"     "rstan"      "StanHeaders"  "ggplot2"
## [5] "checkpoint" "RevoUtils"  "stats"        "graphics"
## [9] "grDevices"  "utils"      "datasets"     "RevoUtilsMath"
## [13] "methods"   "base"
##
## [[2]]

## [1] "varian"     "rstan"      "StanHeaders"  "ggplot2"
## [5] "checkpoint" "RevoUtils"  "stats"        "graphics"
## [9] "grDevices"  "utils"      "datasets"     "RevoUtilsMath"
## [13] "methods"   "base"

system.time(m <- varian(
  y.formula = BNegAff ~ 1,
  v.formula = PosAff ~ 1 | UserID,
  data = d,
  design = "V -> Y",
  useU = TRUE,
  totaliter = 10000,
  warmup = 500, thin = 5,
  chains = 2, verbose=TRUE,
  cl = cl))

##   user  system  elapsed
##    1.3     1.5    510.2
```

在分析模型的估计值之前,我们使用 vm_diagnostics()函数分析模型的基本收敛情况,结果如图 13-3 所示。Rhat 值的范围说明收敛得很好。然而,所有参数的有效样本大小都一样,有些相对很小。现在继续讨论,实际上,人们可能希望增大迭代次数,并且用更强的先验分布或其他方法确保最小有效样本大小也比较大。

```
## check diagnostics
vm_diagnostics(m)
```

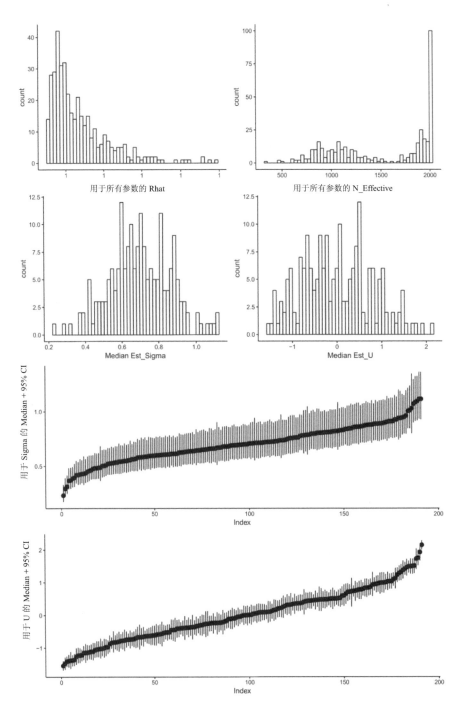

图 13-3 vm_diagnostics()函数的诊断信息：比例缩减因子(Rhat)、有效样本大小、个体标准差的分布、个体均值的分布、包含置信区间的个体标准差的估计和均值

虽然其他参数也让我们感兴趣,但我们主要关心的是 IIV 是否确实能预测因变量。为此,我们读取 MCMC 采样数据并使用 vmp_plot()函数绘制图形。我们特地绘制 Yalpah 图形,结果如图 13-4 所示。图 13-4 使用散点图显示了个体 ISD、个体均值和它们的联合分布,使用条形图显示了 MCMC 样本大于或小于 0 的比例,可利用它们生成 p 值。在本例中,IIV 和个体均值都是显著的预测量,它们位于两个相反的方向。积极情感平均值越大,就越能够显著地预测到较低的负面情感。然而,不管平均积极情感如何,积极情感不大稳定的人(容易变化),通常它们的负面情感较高。

```
## extract MCMC samples
mcmc.samples <- extract(m$results,
  permute = TRUE)

## examine MCMC samples of
## the alpha regression coefficients
vmp_plot(mcmc.samples$Yalpha)
```

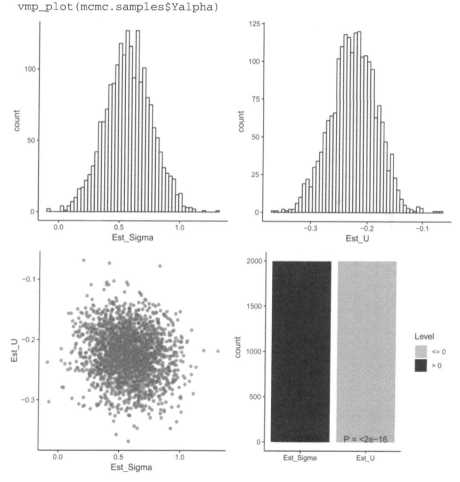

图 13-4　分布图、二变量散点图以及经验 p 值大于零和小于零两种情形的比例

最后，我们使用 param_summary()函数输出任意参数的摘要信息。下面的程序显示了每个成分的摘要信息：IIV 模型以及用于预测平均负面情感的模型。结果显示，用于平均负面情感的截距非常小，接近于 1(区间为 1~5 级)。IIV 模型的结果显示，积极情感的 IIV 越大，负面情感也越大。读者的结果可能与本书的结果不一样，因为 MCMC 采样存在随机性。当有效样本量比较小时，这种随机性会影响结果。但是在本例中，IIV 每增大一个单位，相应地会使平均负面情感增大半个单位。我们看到了关于积极情感平均级别的结果：平均来说，人们的积极情感越大，负面情感越小。最后，对于平均负面情感，我们输出关于残余误差的摘要信息，它们无法用积极情感 IIV 和积极情感个体均值来解释。

```
## intercept of average negative affect
param_summary(mcmc.samples$YB[, 1])

##    Mean Median   SE LL2.5 UL97.5 p-value
## 1   1.1    1.1 0.14  0.87    1.4  < .001

## IIV on average negative affect
param_summary(mcmc.samples$Yalpha[, 1])

##    Mean Median   SE LL2.5 UL97.5 p-value
## 1  0.57   0.57 0.19  0.19   0.95    .002

## individual mean on average negative affect
param_summary(mcmc.samples$Yalpha[, 2])

##     Mean Median   SE LL2.5 UL97.5 p-value
## 1  -0.22  -0.22 0.04 -0.31  -0.15  < .001

## residual error of average negative affect
param_summary(mcmc.samples$sigma_Y)

##    Mean Median   SE LL2.5 UL97.5 p-value
## 1  0.43   0.43 0.02  0.38   0.48  < .001
```

此外，我们也得到了 IIV 模型参数的摘要信息，包括截距、每个预测变量的效应，以及 IIV 的随机效应和伽马分布参数的摘要信息，如下所示：

```
## intercept of positive affect
param_summary(mcmc.samples$VB[, 1])
```

```
##   Mean Median   SE LL2.5 UL97.5 p-value
## 1  2.7    2.7 0.06   2.6    2.8  < .001

## positive affect random intercept standard deviation
param_summary(mcmc.samples$sigma_U)

##   Mean Median   SE LL2.5 UL97.5 p-value
## 1  0.8    0.8 0.04  0.73   0.89  < .001

## estimate of the gamma rate parameter for IIVs
param_summary(mcmc.samples$rate)

##   Mean Median  SE LL2.5 UL97.5 p-value
## 1   19     19 2.4    15     24  < .001

## estimate of the gamma shape parameter for IIVs
param_summary(mcmc.samples$shape)

##   Mean Median  SE LL2.5 UL97.5 p-value
## 1   14     13 1.6    11     17  < .001
```

最后的任务是把估计值应用到其他模型,但是必须先读取这些估计值。如果我们的目标只是使用 varian() 函数直接估计 IIV,则不需要执行这一步。读取 IIV 的贝叶斯估计值很有必要,因为它们可以应用于很多模型。例如,它们可以用作广义可加模型和机器学习模型的预测变量。IIV 参数的别名是 Sigma_V,可以作为矩阵,经稀疏处理后,矩阵中的每一列对应数据集中的每一个 ID(预测没有缺失值),每一行代表一个 MCMC 样本。在本例中,这是一个大小为 2000×191 的矩阵。作为贝叶斯模型的一部分,IIV 估计的不确定性会被自动传递到后面的参数。但是,如果要读取结果,就必须保证结果的不确定性能传递下去。办法之一是将 MCMC 样本数据作为缺失变量的多重插补。本质上,我们将 IIV 和个体均值看成缺失值,因为我们无法观测它们。我们的模型要对最优估计进行插补,但是这些处理可能存在误差。注意,这种处理方法也会产生个体均值,但这里使用了别名 U。

```
dim(mcmc.samples$Sigma_V)

## [1] 2000  191

str(mcmc.samples$Sigma_V)
##  num [1:2000, 1:191] 0.558 0.478 0.525 0.6 0.44 ...
##  - attr(*, "dimnames")=List of 2
```

```
##    ..$ iterations: NULL
##    ..$           : NULL
```

应用 IIV 估计的最简单但不是最优的方法是简单地对 MCMC 样本进行均值处理。下面这段程序先读取 MCMC 样本并对它们求平均，然后对结果与平均负面情感进行合并，最后使用它们估计回归模型。结果与只需要一步就能完成的贝叶斯模型有相似之处，但是在均值的估计值和置信区间等方面有很大的不同。

```
avg_dataset <- cbind(
  d[!duplicated(UserID), .(BNegAff)],
  IIV = colMeans(mcmc.samples$Sigma_V),
  IIM = colMeans(mcmc.samples$U))

avg_model <- lm(BNegAff ~ IIV + IIM, data = avg_dataset)

summary(avg_model)

##
## Call:
## lm(formula = BNegAff ~ IIV + IIM, data = avg_dataset)
##
## Residuals:
##     Min      1Q  Median      3Q     Max
## -0.7862 -0.2762 -0.0538  0.1933  1.5671
##
## Coefficients:
##               Estimate Std. Error t value Pr(>|t|)
## (Intercept)    1.0518     0.1334    7.88  2.5e-13 ***
## IIV            0.7119     0.1841    3.87  0.00015 ***
## IIM           -0.2321     0.0389   -5.97  1.2e-08 ***
## ---
## Signif. codes:  0 '***' 0.001 '**' 0.01 '*' 0.05 '.' 0.1 ' ' 1
##
## Residual standard error: 0.42 on 188 degrees of freedom
## Multiple R-squared:   0.2,   Adjusted R-squared: 0.192
## F-statistic: 23.5 on 2 and 188 DF,  p-value: 7.72e-10
```

接着利用不同的 MCMC 样本生成许多数据集，但是并没有使用全部的 1000 个样本数据，而是从每 10 个中抽取 1 个。在这些数据上应用回归模型，然后组合并收集数据。换言之，先使用 as.mira()函数把它们转换为多变量插补数据，然后使用 pool()函数组合回归结果。至于多重插补数据，这个问题已经在前面有关数据缺失的章节中详细讨论过了。

```
ind_dataset <- lapply(seq(1, 1000, by = 10), function(i) {
  cbind(
    d[!duplicated(UserID), .(BNegAff)],
    IIV = mcmc.samples$Sigma_V[i, ],
    IIM = mcmc.samples$U[i, ])
})

ind_model <- lapply(ind_dataset, function(tmpdat) {
  lm(BNegAff ~ IIV + IIM, data = tmpdat)
})

ind_model_pooled <- pool(as.mira(ind_model))
```

最后为了进行比较，我们使用简单的 ISD 估计值拟合模型：

```
raw_model <- lm(BNegAff ~ IIV + IIM,
  data = d[, .(BNegAff = BNegAff[1],
               IIV = sd(PosAff, na.rm = TRUE),
               IIM = mean(PosAff, na.rm = TRUE)),
           by = UserID])
```

为了便于比较，我们输出贝叶斯模型的结果，计算贝叶斯模型(使用平均 IIV 估计值)、原始模型以及把 IIV 估计值当作多重插补的模型的回归系数和置信区间。通过对这些不同的模型进行比较，可以看出，尽管它们不完全相同，但是结果非常接近。

```
## Bayesian Results
param_summary(mcmc.samples$YB[, 1]) ## intercept

##   Mean Median   SE LL2.5 UL97.5 p-value
## 1  1.1    1.1 0.14  0.87    1.4   < .001

param_summary(mcmc.samples$Yalpha[, 1]) ## IIV

##   Mean Median   SE LL2.5 UL97.5 p-value
## 1 0.57   0.57 0.19  0.19   0.95    .002
```

```
param_summary(mcmc.samples$Yalpha[, 2]) ## IIM

##      Mean  Median   SE   LL2.5  UL97.5  p-value
## 1   -0.22   -0.22  0.04  -0.31  -0.15    < .001

## using averages only
cbind(B = coef(avg_model), confint(avg_model))

##                    B    2.5 %   97.5 %
## (Intercept)     1.05    0.79    1.31
## IIV             0.71    0.35    1.08
## IIM            -0.23   -0.31   -0.16

## using raw ISDs
cbind(B = coef(raw_model), confint(raw_model))

##                    B    2.5 %   97.5 %
## (Intercept)     1.82    1.52    2.11
## IIV             0.46    0.15    0.77
## IIM            -0.22   -0.29   -0.14
## treating as multiply imputed
summary(ind_model_pooled, conf.int = TRUE)

##               estimate  std.error  statistic   df  p.value   2.5 %   97.5 %
## (Intercept)      1.14      0.14       8.2    129  5.3e-14    0.87    1.42
## IIV              0.58      0.19       3.0    127  3.0e-03    0.20    0.96
## IIM             -0.22      0.04      -5.6    175  7.2e-08   -0.30   -0.15
```

  这些例子说明，利用贝叶斯方法可以帮助我们估计 IIV，而且它们强调了，在计算原始的 ISD 或者把 IIV 估计值当作没有误差的测量值时存在偏差。由于每个参与者平均来说都有 30 个以上的积极情感的评估值，因此这些结果更加引人注意。这个结果的可靠性比起只有 5 个或 14 个观测值会高许多。尽管如此，每个模型的估计值和估计的不确定性都有很大的差别。只有单步贝叶斯解决方法与把 IIV 估计当作多重插补值得到的结果非常接近。

13.3 小结

  本章介绍了个体内可变性(IIV)的基本概念，以及如何通过 IIV 提供有关重复测量数据的更多额外信息。本章还归纳了计算单个个体的标准差以及简单的 IIV 量化方法存在的局限性,介绍了贝叶斯可变性模型(BVM),后者利用混合效应控制我们感兴趣的变量,如时间效应和时间依赖性,最后介绍了如何在残差上计算 IIV。BVM 用一步法和贝叶斯架构实现了这些功能。BVM 模型考虑了 IIV 估计的不确定性,这会减小结果中的偏差,并且提供更加准确的统计推断。表 13-1 归纳了本章用到的重要函数及其功能。

表 13-1 本章用到的重要函数及其功能

函数	功能
sd()	返回采样数据的标准差
rmssd()	返回采样数据的连续差分均方根
varian()	在贝叶斯架构中根据位置和尺度的混合效应估计贝叶斯可变性模型。可以根据个体间可变性预测其他因变量,或者仅仅用来估计 IIV,解释测量误差
vm_diagnostics()	绘制贝叶斯可变性模型的诊断结果,可以使用 variant() 函数估计得到
extract()	读取马尔科夫链蒙特卡洛方法样本,用于绘制图形或者生成摘要信息,也可用在其他模型中
vmp_plot()	绘制贝叶斯可变性模型中的参数,分析个体分布或联合分布
param_summary()	从贝叶斯可变性模型创建包含全部参数的摘要信息,其中包括均值、中位数、置信区间或经验 p 值
as.mira()	把模型结果转换为多重插补对象,并且可以从模型收集结果,用于 IIV 分析,它们还可以用作多重插补值
pool()	从一系列分析模型中收集结果,可将这些分析重复作用于各种不同的多重插补数据集